BASTEI
LÜBBE
Paperback

Alfred Hitchcock

Meisterhaft mörderisch

BASTEI LÜBBE Paperback

BASTEI-LÜBBE-PAPERBACK
Band 28 148

Deutsche Lizenzausgabe 1987
Bastei-Verlag Gustav H. Lübbe GmbH & Co., Bergisch Gladbach
Originaltitel: Hitchcock in Prime Time
Ins Deutsche übertragen von Elisabeth Köppel
Titelillustration: Bastei-Archiv
Umschlaggestaltung: Quadro-Grafik, Bensberg
Druck und Verarbeitung:
Clausen & Bosse, Leck
Printed in Western Germany
ISBN 3-404-28148-9

Der Preis dieses Bandes versteht sich einschließlich
der gesetzlichen Mehrwertsteuer.

Inhaltsverzeichnis

EINFÜHRUNG

Henry Slesar

In den frühen sechziger Jahren waren die Büros von Shamley Productions in Universal City in einem gemütlichen Bungalow untergebracht, eingebettet zwischen gepflegten Blumenbeeten. Wäre nicht der Straßenlärm vom Lankersham Boulevard gewesen, man hätte sich wie in einer englischen Vorstadt gefühlt – ein Eindruck, der noch verstärkt wurde durch den Akzent der Leute, die hier arbeiteten. Alles strahlte Frieden aus, obwohl Shamleys Geschäft Mord, Raub und Diebstahl jeglicher Art war. Hier war das Zuhause von *Alfred Hitchcock Presents*.

Eines Morgens, nach dem Flug von meinem Wohnort New York nach Los Angeles, kam ich zu Shamley zu einer Drehbuchbesprechung. Das Wetter ließ diesen Morgen ungewöhnlich erscheinen; anstatt des ewigen Sonnenscheins, der Touristen und Eidechsen so glücklich stimmt, überzogen bleigraue Wolken den Himmel. Auf meinem Weg zum Haus traf ich Gordon Hessler, damals Co-Produzent der Hitchcock-Show. Er begrüßte mich in seiner üblichen knappen, leutseligen Art und lächelte breiter als sonst. Während wir den gewundenen Pfad entlangschlenderten, begegnete uns Joan Harrison, die Produktionsleiterin. Ihr Lächeln hatte etwas Besonderes, und ihr Gang war lebhaft. Ihre gute Laune war ansteckend, wenn ich auch ihre Ursache nicht verstand, bis Gordon meinte: »Schöner Tag heute, nicht?« Joan schloß sich dieser Äußerung begeistert an. Dann betraten wir den Bungalow, wo uns Norman Lloyd, ein weiterer englischer Auswanderer, mit einem fröhlichen »Guten Morgen« begrüßte, das endlich Klarheit verschaffte. Sie alle freuten sich unbändig über das schlechte Wetter.

Es ist nicht verwunderlich, daß das Produktionsteam von *Alfred Hitchcock Presents* und der Folgeserie *Alfred-Hitchcock-Hour* aus Inhabern britischer Geburtsurkunden bestand. Hitchcock war natürlich selbst Brite, und sein Leben und seine lange Karriere hatten in London ihren Anfang genommen. Aber rückblickend auf ihre gesamten Fernsehproduktionen, die Stimmung, die sie hervorriefen, und die Zeichen, die sie für spannende Unterhaltung setzten, war das Britische des Hitchcock-Teams wahrscheinlich der wichtigste Faktor für den langanhaltenden Erfolg der Serie und deren Anspruch auf ›Klassik‹. Ich hatte fast ein Vierteljahrhundert und über fünfzig Fernsehspiele gebraucht, um festzustellen, daß ich es nicht mit einem streng amerikanischen Fernsehvorhaben zu tun hatte. Die Leute in diesem britischen Bungalow produzierten britischen Humor.

Ich kann mir nur mit dem Wort *spaßig* erklären, warum *Alfred Hitchcock Presents* das am wenigsten brutale Programm dieses Genres ist, obwohl es sich mit Geheimnis und Verbrechen befaßt. Nicht das Verbrechen hat die Zauberkünstler von Shamley Productions fasziniert, sondern das seltsame Verhalten von Menschen, die das Verbrechen begingen, und die Verwicklungen und Verwirrungen, die jedes Verbrechen umgaben. Sie wollten die Ironie, die Launen des Schicksals und den Spott der Götter auf die kleinen Bildschirme Amerikas bringen. Kann man noch britischer sein?

All das ergab schließlich die ›spezielle‹ Alfred-Hitchcock-Story – eine Mischung aus Spannung, Ironie und trockenem Humor, die Shamley immer mehr Schwierigkeiten hatte, aufzutreiben, vor allem seit die Firma begonnen hatte, bereits veröffentlichte Geschichten zu verfilmen, eine Politik, mit der nur selten gebrochen wurde.

Zum Glück für mich veröffentlichte ich gerade eine Menge spannender und geheimnisvoller Kurzgeschichten, als sie am nötigsten gebraucht wurden. Wie es der Zufall so wollte, behandelten auch meine Geschichten das Verbrechen selbst nur am Rande. Mein Interesse galt, wie das von Shamley, vor allem dem merkwürdigen Verhalten der Menschen, die sich in Extreme flüchten, und den ironischen und manchmal komischen Folgen, die ihr Handeln nach sich zog. Auch ich liebte den verwirrenden Schluß, möglicherweise als Spätfolge einer Kinderkrankheit namens William Sidney Porter, der sich O. Henry nannte. Ganz offensichtlich waren Shamley und Slesar wie füreinander geschaffen.

Nach der Veröffentlichung von einem Dutzend Geschichten, fast alle in Hitchcocks gleichnamigem *Alfred Hitchcock Mystery Magazine* erschienen, holte mein Agent tief Luft und stellte Shamley ein Ultimatum: Es würden keine weiteren Geschichten mehr verkauft, wenn der Autor seine Werke nicht selbst bearbeiten dürfte. Ich erbebte ob dieser Kühnheit, denn schließlich hatte er nur zehn Prozent zu verlieren, doch seine Strategie erwies sich als richtig. Ich begann, meine Werke selbst zu überarbeiten, und hatte bald meinen festen Stammplatz, während ich ungefähr alle zwei Monate zwischen meinem Job als Artikelschreiber in New York und den sonnendurchfluteten Blumenrabatten von Universal City hin- und herpendelte. Ich schrieb zum ersten Mal fürs Fernsehen, eine sehr doppelbödige Erfahrung. Bei Shamley waren alle nett zu mir. Die Geschichten wurden genau nach der Vorlage gesendet. Ein solches Paradies würde ich kaum wieder finden. Wahrscheinlich gibt es auch kein anderes.

Die Geschichten, die ich schrieb und bearbeitete, waren alle typisch ›Hitchcock‹. Doch die Geschichte, die von den meisten Fans als deren Prototyp betrachtet wurde, stammt nicht aus meiner Feder. Ich weiß gar nicht mehr, wie oft ich gefragt wurde, ob ich der Verfasser ›von dem mit der Lammkeule‹ wäre.

›Die Lammkeule‹ stammt von Roald Dahl. Die Geschichte kann in einem Satz zusammengefaßt werden: Frau tötet Ehemann mit tiefgekühlter Lammkeule, die sie darauf den ermittelnden Beamten als Mahlzeit vorsetzt. Sicherlich ein idealer Halbstunden-Hitchcock. Mord eines Amateurs. Gemütliche häusliche Szenerie. Spannung. Ironie. Und – nicht zuletzt – das spaßig verwirrende Ende.

Ich möchte jedoch nicht den Eindruck erwecken, daß alle Hitchcock-Fernsehspiele nach demselben Muster gestrickt sind. Zum Beispiel mußten nicht alle Verbrechen von Amateuren begangen werden. Gelegentlich übernahmen Profis dieses schmutzige Handwerk. Zwei meiner Geschichten sind dafür Paradebeispiele. Eine handelt von einem altgedienten bewaffneten Räuber, die zweite von einem Polizistenmörder. Der erste wurde von Walter Matthau verkörpert, den zweiten spielte Robert Redford. Shamley verstand sich darauf, mit zukünftigen Superstars zu drehen.

Die Hitchcock-Show war auch ein nostalgischer Schaukasten. Mit unbändigem Vergnügen sah ich, wie die Gestalten meiner Geschichten zum Leben erweckt wurden durch Leute wie Claude Rains, Judy Canova, Claire Trevor, Shirley Booth und Eduardo Cianelli, letzterer ein ständiger Begleiter meines kindlichen Seelenlebens, wenn auch nur durch seine Darstellung des verrückten Thuggee in *Gunga Din*. Ich erinnere mich auch des freudigen Schocks, als ich Ed Gardner *meine Worte* sprechen sah, auch wenn sich vielleicht viele an ihn nur als Seriendarsteller in *Duffys Tavern* im Radio erinnern können.

Aber am liebsten waren mir die Leute, die die Show zusammenstellten. In den sechziger Jahren waren Fernsehproduzentinnen eine Seltenheit, und Joan Harrison war durch ihren offenen Umgang mit den Autoren noch ungewöhnlicher. Ich schrieb das der Tatsache zu, daß sie mit einem Autor verheiratet war, und zwar einem recht ordentlichen. Sein Name ist Eric Ambler.

Joans Co-Produzent, Gordon Hessler (jetzt ein sehr erfolgreicher Regisseur), war ungemein herzlich und zeigte eine kindliche Begeisterung für die Show, die ihn sogar bei Gesprächen über brutale Morde mit blutigen Äxten strahlen ließ. Einige Jahre später traf ich mich wieder mit Gordon in seiner Wohnung in London, um ein Drehbuch mit ihm auszuarbeiten.

Norman Lloyd, der selbst ein angesehener Produzent wurde, war so verschmitzt wie der Teufel, den er einmal in einer Westernepisode von Hitchcock gespielt hatte. Norman ist, wie jeder aufrechte Kinogänger wissen muß, der Mann, der in Hitchcocks *Sabotage* von der Freiheitsstatue fiel; gar nicht zu reden von all den anderen darstellerischen Leistungen, einschließlich einer Dauerbesetzung in der Fernsehserie *St. Elsewhere*. Sein grenzenloses Talent und sein Humor verbesserten nicht nur die Moral von Shamley Productions, sondern auch das Produktionsergebnis.

Dann war da Hitchcock. Ich sprach ihn nie mit ›Hitch‹ an wie alle anderen. Sein Image war mir zu heilig, auch wenn ich, nachdem ich ihn kennengelernt hatte, den Eindruck eines herzlichen, korpulenten und gemütlichen Mannes gewann, der gerne über Geschichten sprach, als hätte er sie selbst geschrieben. Tatsächlich zeigten die Zuschriften im Shamley-Briefkasten deutlich, daß Hunderte, vielleicht sogar Tausende glaubten, Alfred Hitchcock wäre selbst der Verfasser all der Geschichten, die er erzählte.

Auf dieser eng umgrenzten, kleinen Insel Shamley Production blühten ich und andere Autoren auf in einer Zeit, als Geschichten das Feld beherrschten und das Wort Anthologie keine Fernsehverantwortlichen erschauern ließ. (Aber wieviele Anthologien hatten auch einen Alfred Hitchcock als zugkräftige Qualitätsmarke?)

Doch wie alle anderen kleinen Inseln war auch Shamley nur ein halbes Paradies. Anscheinend ist es Produzenten und Autoren angeboren, nie übereinzustimmen, und es kostete die üblichen Reibereien, bis auf einem Manuskript der Stempel SCHLUSSFASSUNG saß. Vor allem reagierte Shamley sehr empfindlich auf die häufigste Kritik von Fernsehzuschauern: »Ich habe Ihre letzte Sendung gesehen und den Schluß nicht verstanden.«

In der Tat war eine große Zahl von Fernsehzuschauern nicht fähig, die spaßigen, verheerenden und herrlich ironischen Verwicklungen zu begreifen. Shamley und seine Autoren bemühten sich sehr, jeweils den ›Mausefallenschluß‹, der das Hitchcock-Markenzeichen war, richtig hinzubekommen. Aber nur zu oft saßen einige Zuschauer, nachdem die Falle zugeschnappt war, offenen Mundes da und warteten auf den Schlußeffekt. Sie bildeten zwar eine Minderheit, aber ihr Einfluß war spürbar. Die geläufigste Anweisung an einen Autor lautete: »Machen Sie um Gottes willen den Schluß deutlich!«

Des öfteren mußte der Schluß noch von Hitchcock selbst erläutert werden. Ohne diese berühmten ›Einwürfe‹ wäre Hitchcocksche Ironie unmöglich gewesen. Ironie in der Erzählkunst erfordert manchmal, daß Gerechtigkeit niemandem nutzt, daß Verbrechen sich auszahlt, daß die Gemeinheit der Schurken zum Erfolg führt. Einwurf: »Unser Freund Robert«, würde Hitch anheben, »dachte nur, er würde mit dem Mord durchkommen. Er hatte übersehen, daß eine neugierige alte Dame auf der anderen Straßenseite jede seiner Bewegungen mit einem starken Fernglas beobachtete in der Hoffnung, er würde irgendwas Gemeines tun . . .« So etwa lief das. Der Autor einer Folge von *Alfred Hitchcock Presents* mußte also feststellen, daß kein Geringerer als Alfred Hitchcock selbst ihn zunichte gemacht hatte, sein Antiheld im Gefängnis saß und seine Geschichte durch ganz alltägliche Moral am Boden zerstört war.

Noch eine andere Furcht ging im Shamley-Bungalow um. In den sechziger Jahren (wie heute auch) stand das Fernsehen unter Beschuß, und die Vorwürfe bezüglich Sex und Gewalt im Fernsehen waren unüberhörbar. Kaum zu glauben,wenn man auf die Schwarz-Weiß-Filme dieser Ära zurückblickt, in denen ein Besen häufiger zu sehen war als ein Bett und Gewalt nicht viel anderes war als eine unblutige Schußwunde. Doch Shamley reagierte, wie alle übrigen in dieser Branche, sehr empfindlich und daher vorsichtig. Das half allerdings nichts, als einige Episoden aus *Alfred Hitchcock Presents* Gegenstand von polizeilichen Ermittlungen wurden.

Bei dreien solcher Vorfälle war ich betroffen. Einer beruhte auf einer Geschichte, die ich von einem anderen Autor übernommen hatte: Ein Mann fesselt sich selbst ans Bett, um den Anschein eines Überfalls zu erwecken und die Versicherung zu betrügen. Seine Frau verlieh diesem Eindruck noch größere Glaubwürdigkeit, indem sie ihn in seinem hilflosen Zustand erschlug. Hitchcocks warnender Kommentar konnte eine Hausfrau nicht davon abhalten, am nächsten Tag diese Mordmethode in die Praxis umzusetzen.

Das gleiche passierte nach der Ausstrahlung eines Filmes, in dem eine Frau zu einer Fernsehshow ging und ihrem Mann ein Glas vergifteter Milch zu Hause hinterließ. (Sie beging den Fehler, die Geschenke, die sie bei der Show für ihren Mann bekommen hatte, vor der Heimkehr wegzuwerfen.) Die Frau in New Jersey, die sich bei ihrem Mord davon inspirieren ließ, nannte nur zu bereitwillig die Hitchcock-Folge als Auslöser für ihre Tat.

Der wohl bekannteste Vorfall dieser Art war ein Verbrechen, das sich in London zutrug. *Alfred Hitchcock Presents* war in England, Europa und Asien sehr beliebt. Eines Abends sah ein Bankangestellter voller Interesse die Verfilmung einer meiner Geschichten, *Not the Running Type*. Offensichtlich sah er sich in der Hauptrolle, einem Bankangestellten, dargestellt von Paul Hartmann. In der Geschichte unterschlägt er mehrere hunderttausend Dollar – und stellt sich prompt am nächsten Tag der Polizei mit der Behauptung, er habe nicht die Nerven für so etwas. Nur ein Problem gibt es: Er weigert sich, das Versteck seiner Beute preiszugeben. Der Beamte, der den Fall bearbeitet, schließt daraus sofort, daß der andere einen Tauschhandel Haft gegen Geld versucht. Als der Bankangestellte seine Strafe verbüßt hat, besucht ihn der Beamte und warnt ihn, daß er mit seiner Beute nicht davonkommt. Paul Hartman sieht ihn mit seinem speziellen Dackelblick an und gibt klein bei. Er hat immer noch nicht die nötigen Nerven. Er langt unter das Bett und holt einen Koffer, vollgestopft mit Banknoten, hervor. Natürlich gibt es noch einen Dreh. In der Schlußszene sieht man den Antihelden auf einer Weltreise, eine teure Zigarre rauchend, während er einem jungen Mitreisenden die Vorteile von Zinseszinsen erklärt.

Der Bankangestellte in London war von der Einfachheit der Idee fasziniert und begann, denselben Plan in die Tat umzusetzen, indem er ein kleines Vermögen unterschlug und die entwendeten Pfunde auf verschiedenen Banken in ganz London deponierte. Es gab nur einen Haken: Als er sich ohne Geld bei der Polizei stellen wollte, erkannte einer der Beamten sofort das Schema aus *Not the Running Type*. Eine Überprüfung kürzlicher Bankeinlagen erbrachte den Beweis, und der Fall, den die englische Presse den ›Alfred-Hitchcock-Fall‹ nannte, war gelöst.

Hitchcocks Name wird wohl für immer mit dem Wort Verbrechen in Verbindung gebracht werden. Aber ich behaupte noch immer, daß sein Metier nicht das Verbrechen war, sondern das Geschichtenerzählen. Es war die Begeisterung für die wohl älteste Form der Unterhaltung, eine Kunst, so ursprünglich wie Höhlenmalerei, denkt man an die Zeit zurück, als Geschichtenerzähler sich ihre Säbelzahntigersteaks verdienten, indem sie an primitiven Lagerfeuern saßen und mit üppigen Ausschmückungen von Begebenheiten ihrer Jagdzüge berichteten. Später dann erzählten sie Mythen und Fabeln, kriegerische Sagen und Liebesgeschichten, während sie auf den Tag der Erfindung des Papyrus und der Druckerpresse, auf Marconi und Edison und die Kathodenstrahlröhre warteten.

Alfred Hitchcocks Filme werden ihm immer ein Denkmal setzen. Aber das Fernsehen ist unser Lagerfeuer, und Hitch war einer unserer besten Geschichtenerzähler in diesen Jahren, wenn er in sein eigenes Profil trat und »Guten Abend« sagte. Das war wirklich sehr gut, Hitch.

RIABUTSCHINSKA

Ray Bradbury

Der Tote war ebenso kalt wie der Zementboden im Keller, auf dem er lag. Man konnte den Regen fallen hören, und die Menschen standen um die Leiche herum, als wäre sie an den Strand gespültes Treibgut. Alle Schwerkraft schien sich in diesem Zimmer im Souterrain zu konzentrieren – ihre Gesichter sahen zu Boden, die Mundwinkel zogen sich herab, und die Füße waren bleiern; wenn sie sich bewegten, war es, als wateten sie durch Wasser.

Jemand rief, doch keiner hörte.

Wieder rief die Stimme, und erst nach einer langen Weile drehten sich die Leute um und blickten kurz nach oben, als wären sie an einem Strand im November, und eine Möwe kreischte über ihren Köpfen im grauen, dämmerigen Himmel. Es war ein trauriger Ruf wie von Vögeln, die vor dem bitterkalten Winter in den Süden ziehen, wie das Rauschen des Ozeans am Strand, so weit entfernt wie das Wispern von Sand und Wind in einer Meeresmuschel.

Die Menschen im Souterrainzimmer richteten ihren Blick auf einen Tisch, auf dem ein goldener Kasten stand, der nicht länger als einen guten halben Meter war, mit der Aufschrift RIABUTSCHINSKA. Unter dem Deckel dieses kleinen Sarges drang also die Stimme hervor. Die Leute starrten den Kasten an, während der Tote auf dem Boden den leisen Ruf nicht wahrnahm.

»Laßt mich heraus, laßt mich heraus, o bitte, bitte, irgend jemand soll mich herauslassen!«

Schließlich beugte sich Mr. Fabian, der Bauchredner, zu dem Kasten herab und flüsterte ihm zu: »Nein, Ria, dies ist eine ernste Sache. Später. Jetzt sei ein braves Mädchen und schweig.« Er schloß die Augen und versuchte zu lachen.

Unter dem polierten Deckel hervor erwiderte ihre ruhige Stimme: »Bitte lach nicht. Nach allem, was geschehen ist, solltest du netter sein.«

Detektive-Lieutenant Krowitsch berührte Fabians Arm. »Wenn's Ihnen nichts ausmacht, verschieben wir Ihre Puppennummer auf später. Jetzt müssen wir erst mal damit zu Ende kommen.« Sein Blick wanderte zu der Frau, die jetzt in dem Klappstuhl Platz genommen hatte. »Mrs. Fabian.« Er nickte dem jungen Mann an ihrer Seite zu. »Mr. Douglas, Sie sind Mr. Fabians Presseagent und Manager?«

Der junge Mann bestätigte das. Krowitsch betrachtete das Gesicht des Mannes am Boden. »Fabian, Mrs. Fabian, Mr. Douglas – Sie alle sagen, daß Sie den Mann, der vergangene Nacht hier ermordet wurde, nicht kennen und den Namen Ockham nie zuvor gehört haben. Doch Ockham hat vorher dem Bühnenleiter erklärt, er kenne Fabian und müsse ihn in einer lebenswichtigen Angelegenheit sehen.«

Wieder rührte sich leise die Stimme im Kasten.

Krowitsch rief: »Verdammt noch mal, Fabian!«

Die Stimme unter dem Deckel lachte. Es klang wie eine gedämpfte Glocke.

»Achten Sie nicht auf sie, Lieutenant«, meinte Fabian.

»Auf sie? Oder Sie, verdammt! Was soll das? Kommt zusammen, ihr zwei!«

»Wir werden nie eins sein«, erklärte die leise Stimme, »nicht nach heute nacht.«

Krowitsch streckte die Hand aus. »Geben Sie mir den Schlüssel, Fabian.«

In der Stille hörte man das Klicken des Schlüssels in dem kleinen Schloß und das Quietschen der Miniaturscharniere, als der Deckel geöffnet und nach hinten auf den Tisch geklappt wurde.

»Danke«, sagte Riabutschinska.

Reglos stand Krowitsch da, sah hinunter auf Riabutschinska in ihrem Kasten und glaubte nicht, was er sah.

Das Gesicht war weiß und aus Marmor oder dem weißesten Holz geschnitten, das er je gesehen hatte. Es hätte aus Schnee geformt sein können. Der Kopf, so fein und zart wie eine Porzellantasse, durch die Sonnenlicht scheint, saß auf einem ebenso weißen Hals. Die Hände schienen wie aus Elfenbein, klein, mit winzigen Fingernägeln und Ringen auf den Fingerspitzen, kleinen, feinen Spiralen und Linien.

Sie war ganz wie weißer Stein, und Licht schien durch den Stein und die Augen, die so blau wie frische Maulbeeren schimmerten, zu dringen. Es erinnerte ihn an Milchglas oder Sahne, die in einen Becher rann. Die Augenbrauen bildeten einen feinen schwarzen Bogen, die Wangen waren hohl, an den Schläfen waren schwach rosa Adern zu sehen, an der schmalen Nasenwurzel, zwischen den schimmernden dunklen Augen, war kaum sichtbar eine blaue Ader.

Ihre Lippen waren halb geöffnet und erschienen etwas feucht. Die gebogenen Nasenflügel waren ebenso vollkommen geformt wie die Ohren. Das schwarze Haar war in der Mitte geteilt und hinter die Ohren frisiert. Das Haar war echt – er konnte jede einzelne Haarsträhne erkennen. Ihr Gewand war so schwarz wie das Haar und ließ die Schultern frei, die aus Holz geschnitzt waren, so weiß wie ein lange von der Sonne gebleichter Stein. Sie war wunderschön. Krowitsch hatte ein seltsames Gefühl in der Kehle, doch dann unterdrückte er es und sagte kein Wort.

Fabian nahm Riabutschinska aus dem Kasten. »Meine hübsche Dame«, sagte er. »Aus den seltensten exotischen Hölzern geschnitzt. Sie ist schon in Paris, Rom und Istanbul aufgetreten. Alle Welt liebt sie und hält sie für lebendig wie ein unglaublich zartes Zwergenwesen. Sie werden nie akzeptieren, daß sie einst ein Teil der Wälder war, die weitab von Städten und dummen Menschen wachsen.«

Fabians Frau Alyce konnte den Blick nicht von seinen Lippen wenden. Sie blinzelte kein einziges Mal, während er von der Puppe in seinen Armen erzählte. Er seinerseits schien niemanden außer der Puppe wahrzunehmen; der Kellerraum und die Menschen darin schienen in Nebel zu versinken.

Doch schließlich bewegte sich die kleine Gestalt und erbebte. »Bitte, sprich nicht über mich! Du weißt, Alyce mag das nicht.«

»Alyce hat das nie gemocht.«

»Pscht, nicht!« rief Riabutschinska. »Nicht hier und nicht jetzt.« Dann wandte sie sich rasch Krowitsch zu und bewegte ihre winzigen Lippen. »Wie ist das geschehen? Mr. Ockham, meine ich, Mr. Ockham.«

Fabian meinte: »Du gehst jetzt besser schlafen, Ria.«

»Ich will aber nicht«, erwiderte sie. »Ich habe das gleiche Recht, zuzuhören und zu sprechen, ich bin ebenso Teil dieses Mordes wie Alyce oder – oder sogar Mr. Douglas!«

Der Presseagent warf seine Zigarette zu Boden. »Zieh mich da nicht mit hinein, du –« Er sah die Puppe an, als wäre sie plötzlich einsachtzig groß und atmete.

»Ich möchte ja nur, daß die Wahrheit gesagt wird.« Riabutschinska betrachtete alle Anwesenden. »Und wenn ich in meinen Sarg gesperrt werde, kommt die Wahrheit nicht ans Licht, denn John ist ein ausgemachter Lügner, und ich muß auf ihn aufpassen. Stimmt's nicht, John?«

»Ja«, gab er mit geschlossenen Augen zu, »so wird es wohl sein.«

»John liebt mich von allen Frauen am meisten, und ich liebe ihn und versuche, seine quere Denkweise zu verstehen.«

Krowitsch hieb mit der Faust auf den Tisch. »Gottverdammt, oh, verdammt, Fabian! Wenn Sie glauben, Sie könnten –«

»Ich bin machtlos.« unterbrach Fabian.

»Aber sie ist –«

»Ich weiß, ich weiß, was Sie sagen wollen«, meinte Fabian ruhig und sah den Beamten an. »Sie ist in meiner Kehle, das meinen Sie doch? Nein, nein. Dort ist sie nicht. Sie ist irgendwo anders. Ich weiß es nicht genau. Da, oder da.« Er berührte seine Brust, seinen Kopf.

»Sie kann sich rasch verbergen. Manchmal kann ich nichts dagegen tun. Manchmal ist sie ganz sie selbst, ohne einen Zug von mir. Manchmal sagt sie mir, was ich tun soll, und das muß ich dann tun. Sie steht Wache; sie tadelt mich; sie ist ehrlich, wenn ich unehrlich bin, sie ist gut, wo ich böse wie die Sünde bin. Sie führt ihr Eigenleben. Sie hat in meinem Kopf eine Mauer errichtet, hinter der sie lebt und unbeachtet läßt, wenn ich sie veranlassen möchte, unfeine Dinge zu sagen, oder mitmacht, wenn ich ihr die richtigen Worte und Gesten unterlege.« Fabian seufzte. »Wenn Sie also fortfahren möchten, muß Ria, fürchte ich, mit dabeibleiben. Es wäre nicht gut, sie wegzusperren, überhaupt nicht gut.«

Lieutenant Krowitsch saß eine gute Minute schweigend da, dann faßte er einen Entschluß. »Gut. Lassen Sie sie hier. Bei Gott, es kann leicht passieren, daß ich im Laufe der Nacht so abgespannt bin, daß ich sogar eine Bauchrednerpuppe befrage.«

Krowitsch wickelte eine neue Zigarre aus, zündete sie an und blies eine Rauchwolke in die Luft. »Sie erkennen den Toten also nicht, Mr. Douglas?«

»Er kommt mir irgendwie bekannt vor. Könnte Schauspieler sein.«

Krowitsch fluchte. »Hören Sie doch alle auf, mir Lügen aufzutischen, wie wäre das? Sehen Sie sich Ockhams Schuhe und seine Kleidung an. Offensichtlich brauchte er Geld, und heute abend kam er hierher, um es zu erbitten, zu borgen oder zu stehlen. Ich möchte Sie etwas fragen, Mr. Douglas: Lieben Sie Mrs. Fabian?«

»Halt, warten Sie mal!« rief Alyce Fabian.

Krowitsch bedeutete ihr zu schweigen. »Sie beide sitzen da Seite an Seite. Ich bin nicht ganz blind. Wenn der Presseagent da sitzt, wo eigentlich Ihr Mann sein sollte, und die Ehefrau tröstet, nun gut! So wie Sie den Kasten der Marionette ansehen, Mrs. Fabian, und den Atem anhalten, wenn sie erscheint. Wenn sie spricht, ballen Sie die Fäuste. Zum Teufel, das ist doch nicht zu übersehen.«

»Wenn Sie auch nur einen Augenblick glauben können, ich sei eifersüchtig auf ein Stück Holz!«

»Sind Sie das denn nicht?«

»Nein, nein, nicht im geringsten!«

Fabian bewegte sich. »Du brauchst ihm nichts zu sagen, Alyce.«

»Laß sie!«

Alle Köpfe ruckten herum und starrten die kleine Gestalt an, deren Mund sich eben schloß. Sogar Fabian sah sie an, als hätte sie ihm einen Schlag versetzt.

Nach einer langen Weile begann Alyce Fabian zu sprechen.

»Vor sieben Jahren habe ich John geheiratet, weil er sagte, er liebe mich, und weil ich ihn und Riabutschinska liebte. Zumindest am Anfang. Doch dann merkte ich, daß er sein Leben und seine ganze Aufmerksamkeit ihr widmete, während ich jede Nacht nur ein Schatten war, der in den Kulissen harrte.

Für ihre Garderobe gab er im Jahr fünfzigtausend Dollar aus – hunderttausend für ein Puppenhaus mit Möbeln aus Gold, Silber und Platin. Jede Nacht brachte er sie in ein Bett aus Satin und sprach mit ihr. Zuerst hielt ich das alles für einen raffinierten Spaß und amüsierte mich köstlich. Doch als mir schließlich klar wurde, daß ich in Wirklichkeit kaum mehr als eine Assistentin in seiner Nummer war, begann ich, etwas wie Haß und Mißtrauen zu empfinden – nicht gegenüber der Marionette, denn es war seine Schuld. Immerhin hatte er die Kontrolle, und seine ganze Schlauheit und sein angeborener Sadismus traten durch seine Beziehung mit der Holzpuppe zu Tage.

Wie dumm von mir, daß ich schließlich so eifersüchtig wurde! Einen größeren Tribut hätte ich ihm und seiner vollendeten Kunst, seine Stimme zu verändern, kaum noch zollen können. Es war alles so idiotisch, so unwirklich. Und doch wußte ich, daß etwas von John Besitz ergriffen hatte, so wie Trinker ein hungriges Tier in sich tragen, das vor Hunger umkommt.

So wurde ich zwischen Wut und Mitleid, zwischen Eifersucht und Verständnis hin- und hergerissen. Es gab lange Abschnitte, in denen ich ihn überhaupt nicht haßte, und ich haßte niemals das, was Ria in ihm war, denn sie war seine beste Hälfte, die gute, ehrliche und liebenswürdige Seite an ihm. Sie war alles, was er sich selbst niemals zu sein gestattete.«

Als Alyce Fabian zu sprechen aufhörte, war es ganz still in dem Souterrainraum.

»Erzähle von Mr. Douglas«, flüsterte eine Stimme.

Mrs. Fabian sah nicht zu der Puppe hin. Mühsam brachte sie heraus: »Als die Jahre mit so wenig Liebe und Verständnis von seiten Johns dahingingen, war es wohl nur natürlich, daß ich mich – Mr. Douglas zuwandte.«

Krowitsch nickte. »Allmählich kommt alles an seinen richtigen Platz. Mr. Ockham war mittellos, vom Glück verlassen, und heute abend kam er ins Theater, weil er etwas über Sie und Mr. Douglas wußte. Vielleicht drohte er, mit Mr. Fabian zu sprechen, wenn Sie ihm nicht Geld gaben. Damit hätten Sie das beste Motiv, ihn loszuwerden.«

»Das ist noch dümmer als alles andere«, erwiderte Mrs. Fabian müde. »Ich habe ihn nicht umgebracht.«

»Aber vielleicht Mr. Douglas, ohne Ihnen etwas davon zu sagen?«

»Warum jemanden töten?« fragte Douglas. »John wußte alles über uns.«

»Ich wußte es tatsächlich«, sagte John Fabian und lachte.

Sein Lachen brach ab. Seine Hand, verborgen in dem weißflokkigen Innenleben der kleinen Puppe, zuckte, und ihr Mund öffnete und schloß sich, immer wieder. Sie sollte sein Lachen fortsetzen, nachdem er geendet hatte, aber nichts war zu hören außer dem leisen, leeren Geflüster ihrer sich bewegenden und zuckenden Lippen, während Fabian auf das kleine Gesicht starrte und auf seinen Wangen Schweißperlen glitzerten.

Am nächsten Nachmittag wanderte Lieutenant Krowitsch durch das dunkle Theater hinter die Bühne, entdeckte die Eisentreppe und stieg äußerst vorsichtig und gemächlich zu den Garderoben im zweiten Stock hinauf. Er klopfte an eine der dünn verkleideten Türen.

»Herein«, rief Fabian, anscheinend aus weiter Ferne.

Krowitsch trat ein, schloß die Tür und sah zu dem Mann hinüber, der zusammengesunken vor seinem Spiegel saß. »Ich möchte Ihnen gerne etwas zeigen«, meinte Krowitsch. Sein Gesicht verriet keinerlei Gefühl, als er eine Mappe öffnete und eine Hochglanzphotographie herausnahm, die er auf den Garderobentisch legte.

John Fabian hob die Brauen, blickte Krowitsch rasch an und setzte sich in seinem Stuhl zurück. Er legte die Finger auf den Nasenrücken und massierte sich das Gesicht, als hätte er Kopfschmerzen. Krowitsch drehte die Photo um und begann, die maschinengeschriebenen Daten auf der Rückseite abzulesen: »Name: Miss Iljana Riamonowa. Einhundert Pfund. Blaue Augen. Schwarzes Haar. Ovales Gesicht. Geboren 1914 in New York City. Verschwunden 1934. Vermutlich ein Opfer von Gedächtnisverlust. Russisch-slawischer Herkunft. Undsoweiter. Undsoweiter.«

Fabians Lippen zuckten.

Nachdenklich den Kopf schüttelnd, legte Krowitsch das Photo zurück. »Es war schon ziemlich dumm von mir, die Polizeiakten nach dem Photo einer Marionette durchzugehen. Sie hätten mal das Gelächter in der Polizeidirektion hören sollen, lieber Gott! Dennoch, hier ist sie – Riabutschinska. Nicht aus Papiermaché, nicht aus Holz, keine Puppe, sondern eine Frau, die einmal lebte und sich bewegte und – verschwand.« Er sah Fabian unverwandt an. »Ich nehme an, sie war das Vorbild.«

Fabian lächelte schwach. »Das hat damit gar nichts zu tun. Ich habe vor Jahren ein Bild dieser Frau gesehen. Sie gefiel mir, und ich habe meine Marionette nach ihr gestaltet.«

»Das hat damit nichts zu tun.« Krowitsch atmete tief durch und wischte sich mit einem großen Taschentuch das Gesicht. »Fabian, heute vormittag habe ich einen *so* hohen Stapel *Billboard*-Ausgaben durchgeblättert. Im Jahrgang 1934 fand ich einen interessanten Artikel über eine Nummer in einer zweitklassigen Tournee, bekannt als Fabian und Sweet William. Sweet William war eine kleine Knabenpuppe. Es gab da eine Assistentin – Iljana Riamonowa. Dem Artikel war kein Bild von ihr beigefügt, aber ich hatte endlich einen Namen, den Namen einer wirklichen Person, mit dem ich was anfangen konnte. Danach war es einfach, die Polizeiakten durchzusehen und das Bild hier auszugraben. Man braucht wohl nicht zu erwähnen, daß die Ähnlichkeit zwischen der lebenden Frau und der Puppe geradezu verblüffend ist. Ich denke, Sie fangen mit Ihrer Geschichte noch mal von vorne an, Fabian.«

»Sie war meine Assistentin, das ist alles. Sie war lediglich mein Modell.«

»Sie machen mich krank«, erwiderte der Detektiv. »Halten Sie mich für einen Idioten? Glauben Sie, ich erkenne Liebe nicht, wenn ich sie sehe? Ich habe doch gesehen, wie Sie die Marionette behandeln; wie Sie mit ihr sprechen; wie Sie ihre Reaktion auf Sie herbeiführen. Sie lieben die Puppe natürlich, weil Sie das lebendige Original sehr tief geliebt haben. Ich lebe schon zu lange, um das nicht zu spüren. Zum Teufel, Fabian, hören Sie auf, Versteck zu spielen!«

Fabian hob die schmalen, blassen Hände, drehte sie um, betrachtete sie eingehend und ließ sie fallen.

»Also schön. Im Jahr 1934 war ich als Fabian und Sweet William bekannt. Sweet William war eine kleine, knollennasige Jungenpuppe, die ich lange vorher geschnitzt hatte. Ich befand mich in Los Angeles, als dieses Mädchen eines Nachts an der Bühnentür erschien. Sie hatte schon seit Jahren meine Arbeit verfolgt, suchte verzweifelt Arbeit und hoffte, ich nähme sie als Assistentin . . .«

Er sah sie wieder vor sich in der dämmerigen Beleuchtung der Allee hinter dem Theater, erinnerte sich, wie ihn ihre Frische und ihr Eifer, mit ihm und für ihn zu arbeiten, erschreckte; wie der kühle Regen sanft auf die schmale Straße fiel, in ihrem Haar glitzerte, wo er in dunkler Wärme verging; wie er auf ihre porzellanweiße Hand perlte, die den Mantel zusammenhielt.

Er sah, wie sich ihre Lippen im Dunkel bewegten, und ihre Stimme schien losgelöst von jedem anderen Geräusch im Herbstwind mit ihm zu sprechen. Er erinnerte sich, daß sie, ohne seine Zustimmung oder Absage, plötzlich neben ihm auf der Bühne im gleißenden Rampenlicht stand, und nach zwei Monaten war er, der sich immer seines Zynismus und Unglaubens gerühmt hatte, ihr verfallen, in einen bodenlosen Abgrund ohne Grenzen und Licht gestürzt.

Sie stritten. Schlimmer noch – Dinge wurden gesagt und getan, die jeglichen Sinns, jeglicher Vernunft und Fairneß entbehrten. Schließlich entzog sie sich ihm, was bei ihm Wutanfälle und Hysterie auslöste. Einmal verbrannte er in einem Anfall von Eifersucht ihre gesamte Garderobe. Sie hatte das ruhig hingenommen. Doch dann drückte er ihr eines Abends die Kündigung bis zum Ende der Woche in die Hand, beschuldigte sie gröblicher Untreue, schrie sie an, packte sie und schlug sie immer wieder ins Gesicht, schüttelte sie und warf sie zur Tür hinaus und knallte die Tür hinter ihr zu!

In jener Nacht verschwand sie.

Als er am nächsten Tag feststellte, daß sie wirklich weg war und er sie nirgends finden konnte, fühlte er sich wie im Zentrum einer gewaltigen Explosion. Die Welt lag in Trümmern, und das Echo der Explosion ließ ihn die ganze Nacht erbeben. Benommen stand er früh auf, nahm das Geräusch des durchlaufenden Kaffees, der Streichhölzer, die entzündet, und der Zigaretten, die angesteckt wurden, wahr. Er versuchte, sich zu rasieren, und als er in den Spiegel sah, wurde ihm von dem verzerrten Spiegelbild übel.

All die Anzeigen, die er in die Zeitungen hatte setzen lassen, schnitt er aus und klebte sie in säuberlichen Serien in ein Album – all die Anzeigen mit ihrer Beschreibung und der Bitte um ihre Rückkehr. Er setzte sogar einen Privatdetektiv auf den Fall an. Die Leute redeten. Die Polizei befragte ihn. Das Gerede wurde lauter.

Aber sie war verschwunden wie hauchdünnes Seidenpapier, das der Wind in den Himmel getragen hatte. Eine Akte über sie wurde an alle größeren Städte geschickt, und damit war die Sache für die Polizei erledigt, aber nicht für Fabian. Sie konnte tot oder nur weggelaufen sein, doch wo immer sie auch war, er wußte, daß er sie irgendwann einmal zurückbekommen würde.

Eines Abends kam er düster nach Hause und brach auf dem Stuhl zusamen, und noch bevor es ihm recht klar wurde, sprach er in dem stockdunklen Zimmer mit Sweet William.

»William, es ist aus und vorbei. Ich kann nicht mehr!«

Und William rief: »Feigling! Feigling!« aus dem Nichts über ihm. »Du kannst sie zurückholen, wenn du willst!«

Sweet William quietschte und klatschte ihm in der Dunkelheit zu. »Ja, kannst du! Überlege!« beharrte er. »Überleg dir einen

Weg. Du kannst es. Leg mich weg, sperr mich ein. Fang noch mal von vorne an.«

»Von vorne anfangen?«

»Ja«, flüsterte Sweet William, und die Dunkelheit wurde noch schwärzer. »Ja. Kauf Holz. Kauf feines, neues Holz. Kauf schwach gemasertes Holz. Kauf schönes, frisches, neues Holz. Und schnitze. Schnitze langsam und vorsichtig! Schneide behutsam Stückchen für Stückchen weg. Forme die kleinen Nasenflügel: So! Und schnitze ihre dünnen, schwarzen Augenbrauen rund und hoch, so, und höhle ihre Wangen ein wenig aus. Schnitze, schnitze . . .«

»Nein! Das ist töricht. Nie brächte ich das fertig!«

»Doch, du könntest. Du könntest, könntest, könntest, könntest . . .«

Die Stimme verrann wie ein Wassertropfen im Ozean. Das Meer erhob sich und verschlang ihn. Sein Kopf fiel nach vorne. Sweet William seufzte. Dann lagen beide da, wie Steine unter einem Wasserfall begraben.

Gleich am nächsten Tag kaufte John Fabian das härteste, feinstgemusterte Holz, das er bekommen konnte, brachte es heim und legte es auf den Tisch; doch er konnte es nicht anrühren. Vier Stunden saß er da und starrte es an. Der Gedanke, aus diesem kalten Holzklotz aus dem Gedächtnis mit seinen Händen etwas Warmes, Schmiegsames und Vertrautes zu erschaffen, war ihm unmöglich. Er wußte nicht, wie er auch nur annähernd den Regen, den Sommer und die ersten Schneeschleier an einem Fenster mitten in einer Dezembernacht nachempfinden sollte. Kein Weg, kein Weg, eine Schneeflocke zu fangen, ohne daß sie einem in den unbeholfenen Fingern zerschmolz.

Und doch sagte Sweet William seufzend und flüsternd nach Mitternacht: »Du kannst es. O ja, ja, du kannst es!«

So fing er an. Einen Monat brauchte er, um ihre Hände so natürlich und schön wie Muscheln in der Sonne zu schnitzen. Nach einem weiteren Monat nahm das Gerippe Gestalt an, das er wie ein in Holz gepreßtes, verstecktes Fossil herausarbeitete. Alles war so erregend und unendlich zart wie etwa die Fasern im weißen Fleisch eines Apfels.

Während all der Zeit lag Sweet William eingehüllt in Staub in seinem Kasten, der bald ein richtiger Sarg wurde. Sweet William krächzte und flüsterte matt ein paar sarkastische Bemerkungen, eine bissige Kritik, einen Tip oder einen hilfreichen Hinweis, doch die ganze Zeit hindurch starb er, verging unberührt und abgelegt wie eine im Sommer abgeworfene Haut, die der Wind verweht.

Im Laufe der Wochen, während Fabian das neue Holz aushöhlte, schabte und polierte, lag Sweet William immer länger in bedrücktem Schweigen da. Und als Fabian eines Tages die Puppe in Händen hielt, schien Sweet William ihn einen Augenblick verwirrt anzusehen, dann durchlief ein ersterbendes Klappern seine Kehle.

Sweet William war dahingegangen.

Als er nun arbeitete, regte sich eine zitternde, schwache Stimme tief hinten in seiner Kehle, kam immer wieder zurück, leise wie das Rascheln des Windes in trockenen Blättern. Dann hielt er die Puppe zum erstenmal in einer bestimmten Weise in der Hand. Erinnerung durchflutete ihn, hinab in seinen Arm und seine Finger und von dort in das bearbeitete Holz; ihre kleinen Hände zuckten, und ihr Körper wurde plötzlich weich und anschmiegsam. Sie öffnete die Augen und sah ihn an.

Der kleine Mund öffnete sich kaum wahrnehmbar, bereit zu sprechen. Er wußte all die Dinge, die sie zu ihm sagen mußte, was er sie sagen lassen würde. Da war ein Flüstern, ein Flüstern, ein Flüstern.

Der winzige Kopf drehte sich langsam nach der einen, dann nach der anderen Seite. Der Mund öffnete sich wieder halb und begann dann zu sprechen. Und als sie sprach, neigte er den Kopf und konnte den warmen Atem spüren – natürlich war er da! – und als er mit geschlossenen Augen genau hinhörte, war da nicht auch – leise, sanft – ihr Herzschlag?

Krowitsch saß eine volle Minute im Sessel, nachdem Fabian geendet hatte. Schließlich meinte er: »Ich verstehe. Und Ihre Frau?«

»Alyce? Sie war natürlich meine zweite Assistentin. Sie arbeitete sehr hart, und, Gott helfe ihr, sie liebte mich. Jetzt ist es nur schwer zu verstehen, warum ich sie jemals geheiratet habe. Es war unrecht von mir.«

»Und was ist mit dem Toten – Ockham?«

»Ich habe ihn nie gesehen, bevor Sie ihn mir gestern abend im Souterrain des Theaters zeigten.«

»Fabian«, mahnte der Detektiv.

»Das ist die Wahrheit!«

»Fabian.«

»Die Wahrheit, die Wahrheit! Verdammt, ich schwöre, das ist die Wahrheit!«

»Die Wahrheit.« Ein Flüstern, wie wenn das Meer am frühen Morgen ans graue Ufer brandet. Das Wasser verebbte in einem feinen Saum am Strand. Der Himmel war kalt und leer. Am Strand war keine Menschenseele. Die Sonne war verschwunden. Und wieder flüsterte die Stimme: »Die Wahrheit.«

Fabian setzte sich auf und umklammerte seine Knie mit den dünnen Händen. Sein Gesicht war wie zu Stein erstarrt. Krowitsch merkte, daß er dieselbe Bewegung machte wie gestern – er sah zur grauen Decke hinauf, als wäre sie ein Novemberhimmel, an dem ein einsamer Vogel dahinzog, grau in eisigem Grau.

»Die Wahrheit.« Die Stimme erstarb. »Die Wahrheit.«

Krowitsch erhob sich und ging so vorsichtig wie möglich auf die andere Seite der Garderobe, wo der offene goldene Kasten stand, in dem das Ding lag, das flüsterte und sprach, manchmal lachen und manchmal singen konnte. Er trug den goldenen Kasten herüber, stellte ihn vor Fabian ab und wartete, daß er seine Hand in die zarte Höhlung steckte; wartete, daß der zarte, kleine Mund bebte und die Augen zu leben begannen. Er mußte nicht lange warten.

»Der erste Brief kam vor einem Monat.«

»Nein.«

»Der erste Brief kam vor einem Monat.«

»Nein, nein!«

»In dem Brief stand: ›Riabutschinska, geboren 1914, gestorben 1934. Wiedergeboren im Jahr 1935.‹ Mr. Ockham war ein Falschspieler. Vor Jahren trat er im gleichen Programm auf wie John und Sweet William. Er erinnerte sich daran, daß es vor der Puppe eine Frau gegeben hatte.«

»Nein, das ist nicht wahr!«

»Doch«, sagte die Stimme.

Das Schweigen in der Garderobe war wie dicke Schneeflocken, die alles unter ihrer Decke erstickten. Fabians Lippen zitterten. Er starrte die nackten Wände an, als suche er nach einem weiteren Ausweg. Er erhob sich halb vom Stuhl. »Bitte –«

»Ockham hat damit gedroht, aller Welt von uns zu erzählen.«

Krowitsch sah die Puppe beben, sah die nervös zuckenden

Lippen, sah Fabians sich weitende Augen und den starrten Blick, sah seine Kehle sich verkrampfen, als wolle er das Flüstern zum Schweigen bringen.

»Ich – ich war hier, als Mr. Ockham kam. Ich lag in meinem Kasten. Ich lauschte und hörte und begriff.« Die Stimme verschwamm, wurde wieder klar und fuhr fort: »Mr. Ockham drohte, mich zu zerreißen und zu verbrennen, wenn John ihm nicht tausend Dollar gab. Dann folgte das Geräusch eines Falles, ein Schrei. Mr. Ockhams Kopf muß auf dem Boden aufgeschlagen sein. Ich hörte John aufschreien, fluchen und schluchzen. Ich hörte Keuchen und ein würgendes Geräusch.«

»Du hast nichts gehört! Du bist taub, du bist blind! Du bist ein Stück Holz!« schrie Fabian.

»Aber ich höre!« erwiderte sie und verstummte, als hätte jemand eine Hand auf ihren Mund gelegt.

Fabian war aufgesprungen und stand mit der Puppe in der Hand da. Der Mund klappte auf, zweimal, dreimal, dann kamen die Worte heraus: »Das Würgen hörte auf. Ich hörte, wie John Mr. Ockham die Treppen unter dem Theater in die alten Garderoben, die seit Jahren nicht mehr benutzt werden, hinunterschleppte. Hinunter, hinunter, hinunter, ich hörte sie weggehen, weiter und weiter – hinunter . . .«

Krowitsch trat zurück, als betrachte er einen Film, der plötzlich überdimensional geworden war. Die Gestalten erschreckten und entsetzten ihn, sie waren übergroß, turmhoch! Sie drohten ihn mit ihrer Größe zu erdrücken. Jemand hatte die Lautstärke bis zum Schreien aufgedreht.

Er sah Fabians Zähne, eine Grimasse, ein Flüstern, ein Anspannen. Er sah die zusammengekniffenen Augen des Mannes.

Die Stimme war nun so hoch und schwach, daß sie bebte und erlosch.

»Ich kann nicht so leben. Nicht so. Es gibt keinen Weg für uns. Jeder wird es wissen, jeder. Auch dann, wenn du ihn getötet hast und ich letzte Nacht geschlafen und geträumt habe. Ich wußte, ich erkannte es. Wir wußten beide, wir erkannten es beide, daß dies unsere letzten Tage und Stunden waren. Denn während ich mit deiner Schwäche und deinen Lügen gelebt habe, kann ich nicht mit etwas leben, das tötet und jemandem dabei Schmerzen zufügt. Ich kann so nicht weitermachen. Wie kann ich mit einem solchen Wissen weiterleben? . . .«

Fabian hielt sie ins Sonnenlicht, das trübe durch das kleine Garderobenfenster fiel. Sie sah ihn ausdruckslos an. Seine Hand zitterte und damit auch die Marionette. Ihr Mund öffnete und schloß sich, öffnete und schloß sich, öffnete und schloß sich, wieder und wieder und wieder. Schweigen.

Ungläubig fuhr sich Fabian mit den Fingern über den Mund. Ein Schleier legte sich über seine Augen. Er sah aus wie ein Mann, der sich in einer Straße verirrt hat und versucht, sich an die Nummer eines bestimmten Hauses zu erinnern, versucht, hinter einem bestimmten Fenster ein bestimmtes Licht zu sehen. Er schwankte herum, starrte die Wände, Krowitsch, die Puppe, seine freie Hand an; er drehte und wendete die Finger, berührte seine Kehle, öffnete den Mund. Er lauschte.

Meilen entfernt rauschte eine einzelne Welle von der See herein und verlor sich in flüsterndem Schaum. Geräuschlos und ohne Flügelschlag huschte eine Möwe vorbei – ein Schatten.

»Sie ist fort. Sie ist fort. Ich kann sie nicht finden. Sie ist fortgelaufen. Ich kann sie nicht finden. Ich kann sie nicht finden! Ich versuche es, ich versuche es, aber sie ist zu weit fortgelaufen. Werden Sie mir helfen? Werden Sie mir helfen, sie zu finden? Werden Sie mir helfen, sie zu finden? Helfen Sie mir bitte, sie zu finden?«

Riabutschinska glitt geschmeidig von seiner Hand, klappte zusammen und rutschte lautlos auf den kalten Boden. Augen und Mund geschlossen.

Fabian sah sie nicht an, als Krowitsch ihn hinausführte.

›Riabutschinska‹ (And So Died Riabutschinska). *Alfred Hitchcock Presents*, Februar 1956, Regie: Robert Stevenson. Drehbuch von Mel Dinelli nach Ray Bradburys Kurzgeschichte ›And So Died Riabutschinska‹ (*The Saint Detective Magazine*, Juni-Juli 1953; aus der Sammlung von Bradburys *The Machineries of Joy*, Simon & Schuster, 1964). Mit Claude Rains (Fabian), Charles Bronson (Krowitsch), William Haade (Bühnenarbeiter), Claire Carlton (Alyce), Lowell Gilmore (Mel Douglas), Charles Cantor (Danny Slate), Harry Tyler (Bo Sewell), Iris Adrian (Maisie Sloane), Virginia Gregg (Die Stimme).

Ray Bradbury (1920–●) begann seine schriftstellerische Laufbahn mit unheimlichen Kriminalgeschichten in Groschenheften wie *Dime Mistery* und *Detective Tales*. Er verkaufte eine Reihe Geschichten, von denen fünfzehn kürzlich in Bradburys Taschenbuchsammlung *A Memory of Murder* (Dell, 1984) erschienen. Selbst in den frühen Fünfzigerjahren, als er durch seine Fantasy-, Horror- und Science-Fiction-Erzählungen als einer der besten Nachwuchsschriftsteller des Landes bekannt war, fand er gelegentlich noch Zeit, geheimnisvolle Geschichten wie ›Riabutschinska‹ zu schreiben. Die Redakteure der Alfred-Hitchcock-TV-Serie scheinen Fans von Bradburys Geschichten in jedem seiner Genres zu sein, denn bereits in der ersten Laufzeit wurden die Fernsehversionen von ›Riabutschinska‹ und ›Shopping for Death‹, eine seiner anderen Kriminalgeschichten der frühen Fünfziger, gedreht. In späteren Jahren wurden die Rechte für weitere vier grausige Erzählungen erworben. Ich kann mich an gar nichts mehr von der ›Riabutschinska‹-Fernsehfassung erinnern, doch da Claude Rains und Charles Bronson die Hauptrolle spielen, kann ich mir nicht vorstellen, daß es ein Flop war.

DIE GEORDNETE WELT DES MR. APPLEBY

Stanley Ellin

Mr. Appleby war ein kleiner, pedantischer Mann mit randloser Brille, der das ergrauende Haar in der Mitte gescheitelt trug und ein düsteres Vergnügen daran fand, darauf hinzuweisen, daß es in einem ordentlich eingerichteten Leben keinen Platz für das Wirken des Zufalls gebe. Als er daher zu dem Schluß gekommen war, es wäre nun an der Zeit, die wirkungsvollsten Methoden zur Beseitigung seiner Frau zu erkunden, da wußte er, wo er zu suchen hatte.

Er fand das Buch, einen gerichtsmedizinischen Text, auf dem Regal eines Buchantiquariats unter verschiedenen Bänden über das gleiche Thema. Da alle außer dem einen beklagenswert schäbig aussahen und Eselsohren hatten, was ihn zutiefst kränkte, wählte er das einzige, das sich in halbwegs ordentlichem Zustand befand. Die meisten darin vorgestellten Fälle waren, wie er bei näherer Prüfung entdeckte, grausige Studien der (lebhaft illustrierten) Folgen von Wahnsinn und Begierde – genug, daß jeder anständige Mensch sich über die Zahl der Ungeheuer wundern mußte, die unsere Erde bevölkern. Ein Fall jedoch schien genau das zu behandeln, wonach er suchte, und er widmete diesem Gegenstand seine eingehenden Untersuchungen.

Es war der Fall von Mrs. X (das Buch quoll über von Mrs. Xs, Mr. Ys und Miss Zs), die nach einem scheinbar zufälligen Sturz auf einer Teppichbrücke in ihrer Wohnung starb. Ein Anwalt jedoch, der die Interessen der Verewigten vertrat, beschuldigte den Ehemann des Mordes und versuchte bei einer Untersuchung durch den Coroner, seine Anklage zu beweisen, als der Beschuldigte die Angelegenheit abrupt beendete, indem er einen Herzschlag erlitt und tot zu Boden sank.

All dies war für Mr. Appleby nur von mäßigem Interesse, dessen Motiv, möglichst sofort in den Besitz des Vermögens seiner Frau zu gelangen, eine verblüffende Ähnlichkeit mit dem Motiv aufwies, das dem Gatten von Mrs. X unterstellt worden war. Viel wichtiger dagegen waren die tatsächlichen Einzelheiten des Falles. Mrs. X hatte ihrem Mann gerade ein Glas Wasser bringen wollen, als die Brücke – wie dies lose Brücken so an sich haben – unter ihren Füßen plötzlich ins Rutschen geriet.

Um dies zu widerlegen, hatte der unermüdliche Anwalt eine medizinische Autorität beigebracht, die an Hand zahlreicher Tabellen (in dem Buch alle säuberlich abgedruckt) darlegte, daß es für den Gatten beim Empfang des Wasserglases ein Kinderspiel gewesen wäre, eine Hand zwischen die Schultern, die andere an den Kiefer seiner Frau zu legen und mit einem heftigen Stoß die gleiche drastische Wirkung zu erzielen wie beim Sturz auf die Brücke, ohne Hinweise auf die Art seines Verbrechens zu hinterlassen.

Es sollte klargestellt werden, daß Mr. Appleby beim unermüdlichen Studium der Tabellen und Erläuterungen keineswegs die Rolle des habgierigen Ehemannes spielte, der vor nichts zurückschreckte, um diese Gier zu befriedigen. Gewiß, seine Wünsche richteten sich schon auf Geld, aber Geld für den Unterhalt dessen, was er als heilige Sache ansah, nämlich seinen Laden: *Appleby, Antiques and Curios.*

Der Laden war die Sonne von Mr. Applebys Universum. Er hatte ihn vor zwanzig Jahren mit der geringen Hinterlassenschaft seines Vaters erworben, und er bot ihm bestenfalls einen kärglichen Lebensunterhalt. Schlimmstenfalls – und meist war es dies – zwang er ihn, sich an den mageren Vorrat seiner Mutter an Gutwilligkeit und Kapital zu halten. Da seine Mutter jeden Pfennig zweimal umdrehte, führte der Laden zu einer Vielzahl erbitterter Auseinandersetzungen, in denen er jedoch stets Sieger blieb – denn letzten Endes war der Laden für Mr. Appleby, was Mr. Appleby für seine Mutter war.

Dieses unselige Dreieck wurde endgültig erschüttert durch den Tod seiner Mutter. Zu dieser Zeit entdeckte Mr. Appleby, daß sie bei der Aufrechterhaltung seiner geordneten kleinen Welt eine weit größere Rolle gespielt hatte, als ihm bisher klargeworden war. Das betraf nicht nur das Geld, das sie ihm gelegentlich zusteckte, sondern auch seine persönlichen Gewohnheiten.

Er pflegte leicht und bedachtsam zu essen. Seine Mutter hatte die Zubereitung seiner Mahlzeiten mit vollendeter Meisterschaft beherrscht. Wenn irgend etwas im Hause nicht genau am Platz war, erschütterte dies seine Nerven auf das heftigste, und sie war eine lebende Versicherung dafür gewesen, daß ihm dies erspart bliebe. Ihr Tod hinterließ daher in seinem Leben eine gähnende, unbequeme Lücke. Bei der Prüfung von Methoden zur Überbrükkung dieser Lücke zog er schließlich eine Ehe in Erwägung, die er dann auch schloß.

Seine Frau war eine blasse, dünnlippige Person, die seiner Mutter in Aussehen und Gesten so sehr glich, daß er manchmal über diese Ähnlichkeit zutiefst verblüfft war, wenn sie ins Zimmer trat. Nur in einer Hinsicht war sie seiner Mutter überhaupt nicht ähnlich: Sie besaß nicht das geringste Verständnis für die Bedeutung des Ladens oder das, was er für ihn empfand. Das zeigte sich zum erstenmal, als er das Thema eines kleinen Darlehens anschnitt, mit dem er einige Geschäftsausgaben hätte dekken können.

Mrs. Appleby war bereits erheblich verwelkt, als ihr künftiger Gatte ihr einen Heiratsantrag machte, doch um der Gerechtigkeit willen muß gesagt werden, daß sie nicht einfach wegen der Aussicht, doch noch einen Mann zu bekommen, einwilligte. Tatsächlich waren es die großen traurigen Augen hinter der randlosen Brille, die geheime Gefühlstiefen unter der adretten Hülle äußerster Achtbarkeit ahnen ließen, auch wenn sie bei der nackten Feststellung ihrer geheimsten Gedanken errötet wäre. Als sie recht bald nach ihrer Heirat merkte, daß die verborgenen Tiefen offenbar so gut verborgen waren, daß sie sich der Entdekkung entzogen, da tat sie dies mit einem Achselzucken ab und widmete sich der Zubereitung seiner Mahlzeiten mit viel Anstand. Die Erkenntnis, daß das eindrucksvolle *Appleby, Antiques and Curios* eine leere Hülle war, nahm sie allerdings anders auf.

Sie stellte einige rasche Nachforschungen an und verkündete das Ergebnis anschließend ihrem Mann mit einer gewissen Erregung. »Antiquitäten und Kuriositäten!« erklärte sie schrill. »Das ist doch nichts anderes als ein Haufen Trödel, eine Ansammlung von wertlosen Staubfängern!«

Ihr entging dabei, daß diese Gegenstände, die dem groben, kommerziellen Blick wertlos erscheinen mochten, für Mr. Appleby der Stoff des Lebens selbst waren. Der Laden war unmittelbar aus seiner kindlichen Leidenschaft für das Sammeln, Sortieren, Etikettieren und Aufbewahren aller Dinge entstanden, deren er habhaft werden konnte. Der Wert jedes Postens im Laden stieg proportional zur Länge der Zeit, die er sich in seinem Besitz befand. Es spielte keine Rolle, ob es sich dabei um eine angestoßene Sèvres-Imitation, eine plumpe Chippendale-Fälschung oder einen rostigen Säbel handelte. Jedes Stück hatte seinen eigenen dauerhaften, unwandelbaren Platz gewonnen, soweit Mr. Appleby betroffen war. Seltsamerweise war es seine aufrichtige Qual, sich von einem Stück zu trennen, die zu den wenigen Verkäufen führte. Ein Kunde, der wenig Ahnung vom tatsächlichen Wert einer Sache hatte, brauchte nur einen Blick auf diesen gequälten Ausdruck zu werfen, und schon war er davon überzeugt, er habe es mit einer seltenen Gelegenheit zu tun, die sich nicht so schnell wieder bot. Zum Glück kam kein Kunde auch nur für einen Augenblick auf den Gedanken, daß es der Gedanke an den leeren Platz war, den die Weggabe des Gegenstands bewirkte – die kurze, durch die Leere verursachte Unordnung –, und nicht die Leidenschaft für das Objekt selbst, die Mr. Applebys Gesichtszüge zu einer Maske der Pein erstarren ließ.

Dieses Unverständnis hatte für Mrs. Appleby eine unerfreuliche Konsequenz. »Du kannst mein bißchen Geld haben, wenn ich tot und begraben bin«, sagte sie, »und keinen Augenblick früher.«

So sprach sie sich unwissentlich selbst das Urteil, das nur noch der Vollstreckung harrte. Als der Zeitpunkt nahte, wandte Mr. Appleby die Lektionen an, die er in seinem unschätzbaren Fachbuch studiert hatte, und fand sie in allen Einzelheiten zutreffend. Alles war rasch, ruhig und – abgesehen von einem Wasserspritzer auf seiner Hose – sauber über die Bühne gegangen. Der Gerichtsmediziner brummte etwas von jenen unbeschreiblichen Teppichbrücken, die mehr Menschenleben forderten als betrunkene Autofahrer. Der mit dem Fall beauftragte Polizeibeamte erbot sich freundlicherweise, in jeder Weise behilflich zu sein und die Anordnungen für die Bestattung in die Hand zu nehmen. Mehr blieb nicht zu tun.

Alles war so einfach – in der Tat so völlig undramatisch verlaufen, daß Mr. Appleby erst nach einer Woche, als ihm ein angemessen mitfühlender Rechtsanwalt die Vermögensverhältnisse seiner Frau darlegte, plötzlich die ganze herrliche neue Welt begriff, die sich ihm aufgetan hatte.

Besonnenheit hat mitunter mehr Gewicht als Gefühl, und Mr. Appleby war, was immer er sonst sein mochte, ein besonnener

Mann. Nachdem er das Erbe seiner Frau angetreten hatte, verlegte er den Laden in ein anderes Lokal weit von seinem früheren Standort entfernt. Er wurde von neuem verlegt nach dem plötzlichen Ableben der zweiten Mrs. Appleby, und zu dem Zeitpunkt, als er sich der sechsten Mrs. Appleby entledigt hatte, waren die Umzüge nur noch Bestandteil eines erfolgreich angewandten Schemas.

Wegen ihrer Ähnlichkeit miteinander – alle Frauen waren blaß, dünn und schmallippig, geschickt im Kochen und von herausragender Ordnungsliebe – neigte Mr. Appleby dazu, sich an seine dahingeschiedenen Frauen eher vage *en masse* zu erinnern. Er unterschied sie nur nach einem Merkmal: Die Stellen, auf die sich ihr Bankkonto belaufen hatte. Aus diesem Grund gedachte er der ersten beiden Mrs. Applebys als Vier, der dritten als einer Drei (eine recht unerfreuliche Überraschung!) und der letzten drei als Fünfer. Nach dem Standard jedes anderen wäre dies ein recht erkleckliches finanzielles Polster gewesen. Da jedoch jeder neue Happen von dem unersättlichen *Appleby, Antiques and Curios* aufgeschnappt worden war – ungefähr in der gleichen Weise, wie eine Fliege von einer hungrigen Eidechse aufgeschnappt wird –, befand sich Mr. Appleby bald nach dem Begräbnis der sechsten Mrs. Appleby tiefer und zäher im finanziellen Sumpf als je zuvor. Seine Lebensumstände waren so verzweifelt, daß er zwar von einer neuen Fünf träumte, jedoch auf der Stelle mit einer Vier zufrieden gewesen wäre. Dies war der geeignete Augenblick, in dem Martha Sturgis in sein Leben trat, und nachdem er sich eine Viertelstunde mit ihr unterhalten hatte, fegte er jeden Gedanken an eine Vier oder Fünf beiseite.

Martha Sturgis war, so hatte es den Anschein, eine Sechs.

Nicht nur nach der Größenordnung ihres Vermögens durchbrach sie das von den Frauen aus Mr. Applebys früherem Erfahrungsbereich geprägte Schema. Anders als sie war Martha Sturgis eine große, ziemlich formlose Frau, die man nach Person, Kleidung und Art beinahe als schlampig (Mr. Appleby schauderte bei diesem Wort) hätte bezeichnen können.

Es bestand die entfernte Möglichkeit, daß sie entsprechend ausstaffiert, aufgezäumt, frisiert und geschmückt vielleicht einigermaßen vorzeigbar gewesen wäre, doch allem Anschein nach war Martha Sturgis eine Frau, die solchen Konventionen trotzte. Ihr in grellem Orangerot gefärbtes Haar war achtlos auf dem Kopf aufgetürmt; ihr fleckiges Gesicht war rücksichtslos mit Puder bedeckt und so unvorteilhaft wie nur möglich angemalt; ihre offenbar nach dem Gesichtspunkt der Bequemlichkeit gewählte Kleidung war gleichzeitig in schmerzhaft grellen Farben gehalten, und die Schuhe zeugten von langem, angenehmem Tragen, ohne daß ihnen die entsprechende Pflege zuteil geworden wäre.

Dies und die Wirkung auf den Betrachter schien Martha Sturgis überhaupt nicht wahrzunehmen. Sie schritt durch den Laden von *Appleby, Antiques and Curios* mit einer Energie, daß die beweglichen Gegenstände auf ihren Plätzen zu tanzen begannen. Sie rauchte unaufhörlich, zündete eine Zigarette an der anderen an, während Mr. Appleby sich vor seinem Gesicht die Luft fächelte und nachdrücklich hustete; und sie redete pausenlos, laut und mit einer tiefen, heiseren Stimme, die in einem auf höhere, leise Töne eingestimmten Laden seltsam dröhnte.

In den ersten vierzehn Minuten ihrer Bekanntschaft legte sie allerdings eine Eigenschaft an den Tag, die Mr. Appleby bewog, seine unmittelbare Abneigung etwas zu modifizieren: Ihre Sorgfalt, mit der sie jeden einzelnen Gegenstand taxierte. Sie prüfte, bewertete, prüfte von neuem und in allen Einzelheiten, ehe sie mit offenkundiger Mißbilligung zum nächsten weiterschritt. Er hielt mit ihr Schritt mit wachsender Gewißheit, daß er sie aus dem Laden hinausbekäme, ehe sein Lager oder seine Geduld Schaden erlitten. In der fünfzehnten Minute sprach sie dann das entscheidende Wort.

»Ich habe eine halbe Million Dollar auf der Bank«, bemerkte Martha Sturgis mit fröhlicher Verachtung, »aber ich hätte nicht im Traum daran gedacht, auch nur einen Nickel für solches Zeug da auszugeben.«

Mr. Appleby hielt seine Hand vor das Gesicht, um den Tabaksqualm fortzuwedeln, der ihn umwirbelte. In der Zeit, die seine Hand brauchte, um kraftlos herabzusinken, nahm sein Verstand eine erstaunliche Zahl von Problemen in Angriff. Eins betraf den bedeutsamen Finger an ihrer linken Hand, der keinen Ring trug. Die anderen lagen mehr im rechnerischen Bereich und befaßten sich mit kurzfristigen und langfristigen Schuldscheinen und mit Zinssätzen. Als die Hand seine Seite berührte, waren die Probleme, soweit es Mr. Appleby anging, bereits dabei, einer Lösung zugeführt zu werden.

Es sei vermerkt, daß die ganze Angelegenheit einen zusätzlichen Ansporn erhielt einfach durch die Natur von Martha Sturgis' unordentlichem und schrillem Wesen. Ein anderer Mann, der sie ansah, nachdem sie das schwerwiegende Wort ausgesprochen hatte, hätte sie vielleicht durch eine Art Schleier betrachtet, wie ihn geschickte Photographen über die Linse der Kamera hängen, wenn sie eine wohlhabende, aber reizlose Person aufnehmen. Mr. Appleby, der zu solchem Selbstbetrug nicht fähig war, lieferte stattdessen das Beispiel eines Mannes, der eine schwere Last auf dem Rücken trägt um des Vergnügens willen, das ihm das Ablegen dieser Last bereitet. Der Schlußakt einer Ehe mit Martha Sturgis würde nicht nur wichtige rechnerische Probleme lösen, er konnte diesen Schlußakt auch mit dem künstlerischen Sinn eines Mannes spielen, der die Welt von einem unerfreulichen Objekt erlöst.

Er wandte ihr daher seine Augen, die melancholischer glänzten als je zuvor, zu und sagte: »Es ist wirklich schade, Mrs. –«

Sie nannte ihm ihren Namen, wobei sie das »Miss« besonders betonte, und Mr. Appleby lächelte um Verzeihung heischend.

»Natürlich. Wie ich schon sagte, es ist wirklich schade, wenn jemand mit Vornehmheit und Kultur –« (das »wie Sie« schwebte unausgesprochen im Raum) »nie die Freude besessen haben sollte, schöne Kunstwerke sein eigen zu nennen. Aber, wie wir alle lernen, es ist nie zu spät für einen Anfang, nicht wahr?«

Martha Sturgis warf ihm einen scharfen Blick zu, dann brach sie in ein herzliches, bellendes Gelächter aus, das sich schmerzhaft in sein Trommelfell bohrte. Einen Augenblick fragte sich Mr. Appleby, der nicht viel Sinn für Humor besaß, dunkel, ob er etwa unwissentlich etwas so Treffendes geäußert hätte, das diese alarmierende Wirkung ausgelöst hatte.

»Guter Mann«, sagte Martha Sturgis, »sollten Sie sich einbilden, daß ich hierhergekommen bin, um damit anzufangen, mein Leben mit Ihren Monstrositäten vollzustopfen, dann schlagen Sie sich das nur gleich aus dem Kopf. Ich bin hier, um ein Geschenk für eine Freundin zu kaufen, eine ekelhafte Person, die einen zur Raserei bringen kann und etwa Natur und Empfindung einer rostfreien Stahlstange hat. Ich kann mir nichts Besseres vorstellen, um ihr meine Gefühle zu zeigen, als wenn ich ihr beinahe alles, was Sie in Ihrem Laden ausgestellt haben, zum Geschenk mache. Wenn es sich durchführen läßt, möchte ich die

Sachen so ausgeliefert haben, daß ich bei Ankunft des Paketes selbst anwesend bin.«

Mr. Appleby brach bei dieser Eröffnung beinahe zusammen, riß sich aber dann tapfer hoch. »In diesem Falle«, sagte er und schüttelte fest den Kopf, »kommt das überhaupt nicht in Frage, unter keinen Umständen.«

»Unsinn«, erklärte Martha Sturgis. »Ich werde selbst für die Auslieferung sorgen, wenn Sie das nicht übernehmen können. Sie müssen verstehen, daß es keinen Sinn hat, so etwas zu machen, wenn man nicht an Ort und Stelle ist, um das Resultat zu beobachten.«

Mr. Appleby beherrschte sich eisern. »Ich spreche nicht von der Art der Lieferung«, sagte er. »Was ich klarzumachen versuche, ist, daß ich es nicht dulden kann, wenn etwas aus meinem Laden in einem solchen Geist gekauft wird. Für keinen Preis, den Sie mir nennen könnten.«

Martha Sturgis sperrte den Mund auf. »Was haben Sie da eben gesagt?« fragte sie verblüfft.

Das war ein gefährlicher Augenblick, und Mr. Appleby wußte das. Seine nächsten Worte konnten einen weiteren Schwall ihres schrecklichen Gelächters auslösen, der ihn völlig am Boden zerstören würde; sie konnten, was noch schlimmer wäre, sie dazu bewegen, seinen Laden auf der Stelle zu verlassen, aber sie konnten die Sache auch augenblicklich zu seinen Gunsten entscheiden. Doch dieser Augenblick mußte durchgestanden werden, und was immer Martha Sturgis sein mochte, dachte Mr. Appleby verzweifelt, sie war eine Frau.

Er holte tief Luft. »Es ist eine Geschäftsgepflogenheit dieses Ladens«, führte er ruhig aus, »niemals etwas zu verkaufen, wenn der künftige Käufer nicht die volle Wertschätzung für den zu erwerbenden Artikel zeigt und die Sorgfalt und Hingabe zusichern kann, der dem Gegenstand zukommt. Das war immer unsere Politik, und sie wird es auch bleiben, solange ich hier bin. Alles andere würde ich als Entweihung ansehen.«

Er beobachtete Martha Sturgis mit angehaltenem Atem. Sie ließ sich schwer auf einen in der Nähe stehenden Stuhl fallen, so daß ihre Röcke sich um die ausladenden Hüften spannten und die obszönen Schuhe unbarmherzig den Blicken preisgaben. Sie zündete sich eine weitere Zigarette an, betrachtete ihn aus halbgeschlossenen Augen durch die Flamme des Streichholzes und fächelte dann ein wenig die Luft, um die Rauchwolke zu vertreiben.

»Wissen Sie«, sagte sie, »das ist ausgesprochen interessant. Ich möchte gern mehr darüber hören.«

Für einen Unerfahrenen mochte das Problem, einem völlig Fremden Informationen von höchst persönlicher Natur zu entlokken, verwirrend erscheinen. Für Mr. Appleby, dessen Interessen so oft von solchen Informationen abhingen, war das kein Problem. Im Handumdrehen hatte er Hinweise darauf erlangt, daß Martha Sturgis' Angaben über ihr Vermögen durchaus zutrafen; daß sie offensichtlich auf der Welt allein dastand ohne Angehörige oder engere Freunde und – daß sie den Gedanken einer Ehe nicht unbedingt ablehnte.

Diesen letzten Anhaltspunkt holte er während eines ihrer nun regelmäßigen Besuche im Laden aus ihr heraus, wo sie es sich auf einem Stuhl bequem machte und endlos redete. Ihre Erzählungen drehten sich häufig um ihren Vater, mit dem Mr. Appleby anscheinend eine verblüffende Ähnlichkeit besaß.

»Er war sogar ähnlich gekleidet wie Sie«, meinte Martha Sturgis nachdenklich. »Wie aus dem Ei gepellt, und nicht nur, was seine Person betraf. Er unternahm jeden Tag eine Inspektion im Haus, ging durch und sah nach, daß alles genau so war, wie es sein sollte. Und das blieb so bis zu seinem Ende. Ich erinnere mich noch, wie er eine Stunde vor seinem Tod herumging und die Bilder an den Wänden gerade hängte.«

Mr. Appleby, der leicht irritiert ein Bild betrachtet hatte, das etwas schief an der Wand des Ladens hin, wandte seine Aufmerksamkeit zögernd ab.

»Und Sie waren bei ihm bis zu seinem Ableben?« fragte er mitfühlend.

»Ja, gewiß.«

»Nun«, sagte Mr. Appleby strahlend, »für ein solches Opfer verdient man schon eine Belohnung, nicht wahr? Vor allem – und ich hoffe, ich bringe Sie damit nicht in Verlegenheit, Miss Sturgis –, wenn man bedenkt, daß eine Frau wie Sie gewiß jederzeit die Pflege eines greisen Vaters in andere Hände hätte legen und eine Ehe eingehen können. So war es doch?«

Martha Sturgis seufzte. »Vielleicht, vielleicht auch nicht«, sagte sie. »Ich will nicht leugnen, daß ich auch meine Träume gehabt habe. Aber mehr war es nicht, und mehr wird es wohl auch nie werden.«

»Warum?« fragte Mr. Appleby aufmunternd.

»Weil«, sagte Martha Sturgis düster, »ich bisher noch nie den Mann getroffen habe, der in diese Träume paßt. Ich bin kein schwärmerisches Schulmädchen, Mr. Appleby. Ich brauche nicht meine Person gegen mein Bankkonto in die Waagschale zu werfen, um zu wissen, warum jeder Mann sich gerne mir widmen würde, und offen gesagt, seine Motive wären ohne Interesse. Aber er muß ein anständiger, respektabler Mann sein, der sich in jeder Sekunde seines Lebens um mich kümmert und für mich sorgt. Und er müßte ein Mann sein, der das Andenken an meinen Vater lebendig erhält.«

Mr. Appleby ließ eine Hand leicht auf ihrer Schulter ruhen.

»Miss Sturgis«, sagte er ernst, »vielleicht treffen Sie einen solchen Mann noch.«

Sie blickte ihn mit einem Gesicht an, das durch ihre Gefühlsbewegung noch schwammiger und unansehnlicher wirkte.

»Meinen Sie, Mr. Appleby?« fragte sie. »Glauben Sie das wirklich?«

In Mr. Applebys Blicken leuchtete der Glaube, als er auf sie hinablächelte.

»Er ist Ihnen vielleicht näher, als Sie ahnen«, sagte er warm.

Die Erfahrung hatte Mr. Appleby gelehrt, daß es am besten ist, wenn das Eis erst einmal gebrochen war, tief Luft zu holen und hineinzuspringen. Deshalb ließ er nur wenige Tage verstreichen, ehe er ihr seinen Antrag machte.

»Miss Sturgis«, sagte er, »für jeden einsamen Mann kommt einmal die Zeit, da er die Einsamkeit nicht länger ertragen kann. Wenn er in einem solchen Augenblick das Glück hat, der einzigen Frau zu begegnen, der er seine ganze Achtung, seine ganzen zarten Gefühle uneingeschränkt entgegenbringen kann, dann ist dieser Mann wirklich glücklich zu preisen. Miss Sturgis – ich bin dieser Mann.«

»Nun, Mr. Appleby!« erwiderte Martha Sturgis und errötete ein wenig. »Das ist wirklich sehr gut von Ihnen, aber . . .«

Bei diesem Anklang von Unentschiedenheit sank ihm das Herz. »Warten Sie!« warf er rasch ein. »Wenn Sie irgendwelche Zweifel hegen, Miss Sturgis, dann sprechen Sie offen darüber, damit ich darauf antworten kann. In Anbetracht meines Gemütszustandes wäre das nur fair, nicht wahr?«

»Ja, ich glaube wohl«, sagte Martha Sturgis. »Sehen Sie, Mr. Appleby, ich möchte lieber nicht heiraten, als Gefahr zu laufen, an einen Mann zu geraten, der mir nicht genau das geben kann, wonach ich mich in einer Ehe sehne: absolute und uneingeschränkte Hingabe für den Rest meines Lebens.«

»Miss Sturgis«, erklärte Mr. Appleby feierlich, »ich bin bereit, Ihnen das und nichts weniger zu geben.«

»Männer sagen das so leicht dahin«, seufzte sie. »Aber – ich werde gewiß darüber nachdenken, Mr. Appleby.«

Die fatale Aussicht, unabsehbare Zeit warten zu müssen, bis eine Frau von so unbekümmerten Gewohnheiten ihre Entscheidung getroffen hatte, wurde nicht gemildert durch den plötzlichen Empfang eines Schreibens wenige Tage später, in dem gebieterisch Mr. Applebys Erscheinen in der Kanzlei von Gainsborough, Gainsborough und Golding, Rechtsanwälte, verlangt wurde. Nachdem seine Gläubiger sich wie ein Wolfsrudel zusammengerottet hatten, konnte Mr. Appleby eigentlich nur auf das Schlimmste gefaßt sein. So war er bei seinem Eintreffen angenehm überrascht, daß Gainsborough, Gainsborough und Golding nicht seine Gläubiger, sondern Martha Sturgis selbst vertraten.

Der ältere Gainsborough, offensichtlich der führende Geist der Firma, war ein kleiner, ungeheuer dicker Mann mit einem herabhängenden Doppelkinn, das beinahe seinen Kragen überdeckte, und großen Fischaugen, die auf Mr. Appleby gerichtet waren. Der jüngere Gainsborough war ein Duplikat seines Bruders, – sein Doppelkinn war allerdings nicht ganz so eindrucksvoll –, während sich Golding als ruhiger junger Mann mit einem Adlergesicht erwies.

»Dies«, begann der ältere Gainsborough und fixierte Mr. Appleby mit gläsernem Blick, »ist eine delikate Angelegenheit. Miss Sturgis, eine geschätzte Klientin –«, der jüngere Gainsborough nickte bekräftigend – »hat erwähnt, daß sie die Ehe mit Ihnen eingehen möchte, Sir.«

Mr. Appleby, der steif auf einem Stuhl saß, wurde von einer angenehmen Erregung erfaßt. »Ja?« sagte er.

»Miss Sturgis«, fuhr der ältere Gainsborough fort, »ist zwar absolut bereit, zuzugeben, daß ihr Vermögen in den Augen jedes Bewerbers ein Anziehungspunkt sein könnte –« er hob eine schwammige Hand hoch, um Mr. Applebys entsetzten Protest abzuwehren, »– doch sie ist auch gewillt, dieses Problem fallenzulassen –«

»Das heißt, zu ignorieren, beiseitezuschieben«, sagte der jüngere Gainsborough streng.

»– falls der Bewerber bereit ist, allen anderen Erwartungen gerecht zu werden.«

»Das bin ich«, sagte Mr. Appleby hitzig.

»Mr. Appleby«, fragte der ältere Gainsborough unvermittelt, »waren Sie vorher schon einmal verheiratet?«

Mr. Appleby überlegte geschwind. Leugnen würde jedes zufällige Wort über seine Vergangenheit zu einer tödlichen Falle machen. Wenn er es auf der anderen Seite zugab, dann schützte er sich gegen eine solche Gefahr, und noch dazu auf eine recht ehrenvolle Weise.

»Ja«, sagte er.

»Geschieden?«

»Du lieber Himmel, nein!« entgegnete Mr. Appleby ehrlich entsetzt.

Die Gainsboroughs sahen sich zustimmend an. »Gut«, meinte der ältere, »sehr gut. Die Frage mag Ihnen unverschämt erschienen sein, Mr. Appleby, doch in diesen Zeiten moralischer Laschheit . . .«

»Ich sollte das in diesem Falle klarmachen«, erklärte Mr. Appleby energisch, »daß mir moralische Laschheit so ferne ist wie nur je einem Menschen. Tabak, starke Getränke, und – eh –«

»Lose Weiber«, sagte der jüngere Gainsborough schroff.

»Ja«, sagte Mr. Appleby und wurde rot, »sind mir unbekannt.«

Der ältere Gainsborough nickte. »Miss Sturgis«, bemerkte er, »wird unter keinen Umständen eine überstürzte Entscheidung treffen. Sie dürfte jedoch in ungefähr einem Monat ihre Antwort für Sie bereit haben, und ich schlage Ihnen vor, wenn Sie den Rat eines alten Mannes anhören wollen, ihr in dieser Zeit ausdauernd den Hof zu machen. Sie ist eine Frau, Mr. Appleby, und ich kann mir vorstellen, daß alle Frauen recht ähnlich sind.«

»Das nehme ich auch an«, sagte Mr. Appleby.

»Verehrung«, meinte der jüngere Gainsborough, »Beharrlichkeit. Das ist die richtige Marschrichtung.«

In einem seiner einsamen Augenblicke überlegte Mr. Appleby, daß man ihn um nichts anderes gebeten habe, als den Laden und die wohlgeordnete Welt, die er repräsentierte, beiseite zu schieben und an seine Stelle die wenig ansprechende Gestalt von Martha Sturgis zu setzen. Natürlich war das nur eine vorübergehende Maßnahme, eine Maßnahme jedoch, die reichen Lohn tragen würde, wenn Martha Sturgis erst einmal geehelicht und auf den Weg der früheren Mrs. Appleby geschickt worden war. Eine erzwungene Vertraulichkeit mit der Frau erleichterte die Sache in keiner Weise. Da Mr. Appleby die Sache nicht nur vom Standpunkt des angehenden Bräutigams, sondern auch des angehenden Witwers ansah, konnte es nicht ausbleiben, daß er sich ständig der unfreiwilligen Ironie ausgesetzt sah, die sich in viele ihrer mühseligen Diskussionen über die Ehe einschlich.

»Ich sehe das so«, führte sie einmal aus, »daß ein Mann, der sich von seiner Frau scheiden läßt, sich auch von jeder anderen Frau scheiden ließe, die er geheiratet hätte. Sehen Sie sich einmal die vielen zerbrochenen Ehen heutzutage an, und ich wette, daß Sie praktisch in jedem Fall einen Mann finden, der ständig herumsucht und nie das findet, was er will. Nun, der Mann, den ich heirate«, sagte sie klipp und klar, »muß bereit sein, eine klare Entscheidung zu treffen und auch dabei zu bleiben.«

»Selbstverständlich«, stimmte Mr. Appleby zu.

Ihm schien es, daß sich in diesem Monat der Prüfung sein Anteil an der Konversation größtenteils auf dieses »selbstverständlich« beschränkte, das er mit unterschiedlichen Nuancierungen vorbrachte. Seine Taktik mußte jedoch richtig gewesen sein, denn am Ende dieses Monats konnte er die Formel »Ja, ich will« bei einer Trauzeremonie austauschen, bei der Gainsborough, Gainsborough und Golding die einzigen Gäste bildeten.

Unmittelbar danach wurde Mr. Appleby (zu seinem Mißbehagen) von seiner eben Angetrauten zu einem Photographen geschleppt, der unter der Aufsicht des mürrischen Golding eine Unzahl von Bildern knipste. Danach tauschte Mr. Appleby (zu seinem Entzücken) mit seiner Frau Dokumente aus, in der sich beide gegenseitig zu Erben an jeglichem Eigentum, Besitz etc. etc. einsetzten.

Wenn Mr. Appleby bei diesen Feierlichkeiten gelegentlich etwas geistesabwesend wirkte, dann aus dem Grunde, weil sein Geist bereits sorgfältig das Programm der bevorstehenden Ereignisse arrangierte. Die Teppichbrücke (die gleiche, die schon bei sechs früheren Episoden so gute Dienste geleistet hatte) mußte aufgelegt werden; dann würde der Augenblick kommen, wenn er um ein Glas Wasser bat, wenn er seine Hand auf ihre Schulter legte, die andere . . . Dieser Augenblick durfte erst eintreten, wenn eine angemessene Zeit verstrichen war, doch zu lange konnte er ihn im Hinblick auf die gefräßigen Gläubiger des Ladens auch nicht hinausschieben. Als er die Feder in der Hand seiner Frau beobachtete, mit der sie ihr Testament unterzeichnete, beschloß er, die angemessene Zeit werde in einigen Wochen gekommen sein. War erst das Testament in seinem Besitz, dann bestand keine Notwendigkeit, noch länger zuzuwarten.

Bevor die erste dieser Wochen um war, wußte Mr. Appleby, daß er diese Schätzung würde drastisch revidieren müssen. Es gab gar keine Frage: Er war dieser Ehe ganz einfach nicht gewachsen.

Einmal war ihr Heim (nun auch das seine), eine von ihrer Mutter geerbte Backsteinhöhle, ein Alptraum an Unordnung. Nach dem Grundsatz, daß Dinge, die einmal achtlos beiseite geworfen waren, es nicht lohnten, daß man sie aufhob und bei nächster Gelegenheit wieder beiseite warf, hatte sich in jedem Raum ein erstaunlicher Haufen von wild herumliegendem Zeug angesammelt. Der Inhalt überquellender Schränke und Schubladen wurde rücksichtslos ausgetauscht, verlegt oder zur allgemeinen Unordnung geworfen, und über allem lag eine dünne Staubschicht. Auf Mr. Applebys bebendes Nervensystem hatte all dies die gleiche Wirkung, wie wenn man mit dem Fingernagel über eine Schiefertafel kratzt.

Die einzige Tätigkeit, der sich Mrs. Appleby widmete, war zufälligerweise auch die einzige, von der ihr Gatte händeringend wünschte, sie würde sich nicht damit befassen: Das Kochen. Dem gab sie sich nachdrücklich hin, und während der Mahlzeiten schlurfte sie endlos zwischen Küche und Wohnzimmer hin und her, beladen mit Gerichten, die außerhalb von Mr. Applebys Erfahrungswelt lagen.

Auf seine ersten schwachen Proteste hin hatte seine Frau sich die Mühe genommen, in klaren Worten zu erläutern, daß sie gegen jegliche Kritik an ihrer Kochkunst, und sei es auch nur in Form eines halb leergegessenen Tellers, sehr empfindlich wäre. Von da ab quälte sich Mr. Appleby hoffnungslos durch seltene Fleischgerichte, fette Soßen und schweres Backwerk und sah sich neben seinen sonstigen Drangsalen auch den unaufhörlichen stechenden Schmerzen einer gestörten Verdauung ausgesetzt.

Seine Schmerzen wurden keineswegs dadurch gelindert, daß seine Frau darauf beharrte, er solle ihrem Eifer als fleißiger Esser Gerechtigkeit widerfahren lassen. Sie stellte Teller voll von unbekömmlichem Zeug unter seine bebende Nase, und Mr. Appleby löffelte seine Portion mit dem Gehabe eines Märtyrers im Angesicht der Löwen in einen Verdauungstrakt, der nach einfacher, ordentlich gekochter und gebratener Kost schrie.

Einer seiner liebsten Tagträume wurde von der Szene beherrscht, in der er von der Beerdigung seiner Frau zurückkehrte und sich eine Mahlzeit mit heißem Tee und Toast, vielleicht auch einem wachsweichen Ei zu Gemüte führte. Doch selbst dieser Traum und seine Fortsetzung – in der er daranging, im Haus Ordnung zu schaffen – reichte nicht aus, ihm den nötigen Auftrieb zu verleihen, wenn er täglich morgens erwachte und über das nachdachte, was ihn erwartete.

Jeden Tag wurde seine Frau nachdrücklicher in ihren Forderungen an seine Aufmerksamkeit, und an dem Tag, als sie ihm offen vorwarf, er widme dem Laden mehr Beachtung als ihr, da wußte Mr. Appleby, daß die Zeit gekommen war, den Schlußakt in die Wege zu leiten. An diesem Abend brachte er die Teppichbrücke mit nach Hause und legte sie sorgfältig an einen Platz zwischen Wohnzimmer und Flur, wo es zur Küche ging. Martha Appleby schaute ihm ohne große Begeisterung zu.

»Das ist aber mal ein schäbiges Ding«, sagte sie. »Was ist das denn, Appie, antik oder was sonst?«

Sie hatte sich angewöhnt, ihn bei diesem gräßlichen Namen zu nennen, und mißachtete auf fröhliche Weise, wie er darunter zusammenzuckte. Nun zuckte er auch wieder.

»Er ist nicht antik«, gab er zu, »aber aus vielerlei Gründen hänge ich daran. Er hat einen großen gefühlsmäßigen Wert für mich.«

Mrs. Appleby lächelte ihn liebevoll an. »Und du hast ihn für mich heimgebracht, nicht wahr?«

»Ja«,sagte er, »das habe ich.«

»Du bist ein Schatz, wirklich«, sagte Mrs. Appleby.

Mr. Appleby beobachtete, wie sie mit Schlappschuhen über die Brücke zum Telefon ging, das auf einem Tischchen am anderen Ende des Flurs stand, und dabei spielte er mit dem Gedanken, da sie jeden Abend ungefähr um die gleiche Zeit telefonierte, könnte er den Unfall für diesen Zeitpunkt planen. Die Vorteile lagen auf der Hand: Da diese Gespräche die einzige Routine war, die sie mit einer gewissen Pünktlichkeit einhielt, würde sie zu einer bestimmten Zeit über die Brücke gehen, und er wäre in der Lage, die Angelegenheit auf der Stelle zu erledigen.

Damit aber, überlegte Mr. Appleby, während er seine Brille polierte, erhob sich das Problem, wie er sich ihr unter diesen Umständen nähern konnte. Die erprobten und getesteten Methoden waren eindeutig die besten, doch wenn Telefonanruf und Wasserglas synchronisiert werden konnten . . .

»Ein Pfennig für deine Gedanken, Appie«, sagte Mrs. Appleby fröhlich. Sie legte den Telefonhörer nieder und kam durch den Flur, so daß sie gerade auf der Brücke stand. Mr. Appleby setzte die Brille wieder auf und blickte sie an.

»Ich wünschte«, nörgelte er, »du würdest mich nicht mit diesem schrecklichen Namen anreden. Du weißt, daß ich ihn verabscheue.«

»Unsinn«, erklärte seine Frau kurz, »ich finde ihn hübsch.«

»Ich nicht.«

»Nun, ich mag ihn«, sagte Mrs. Appleby mit der Haltung eines Menschen, der eine Sache ein für allemal erledigt hat. »Auf jeden Fall«, maulte sie, »kann es nicht das gewesen sien, worüber du nachgedacht hast, als ich dich angesprochen habe, nicht wahr?«

Plötzlich fiel Mr. Appleby auf, daß diese stämmige, ungekämmte Frau, wenn sie schmollte, in ganz besonderer Weise einer Wachspuppe ähnlich sah, der Zeit und Umgang übel mitgespielt haben. Er schob den Gedanken beiseite, eine passende Antwort zurechtzuschneidern.

»Zufälligerweise«, sagte er, »befaßte sich mein Geist mit dem schandbaren Zustand meiner Kleider. Muß ich dich wirklich daran erinnern, daß an fast jedem meiner Kleidungsstücke Knöpfe fehlen?«

Mrs. Appleby verzog den Mund zu einem breiten Gähnen. »früher oder später erledige ich das.«

»Morgen vielleicht?«

»Das bezweifle ich«, sagte Mrs. Appleby. Sie wandte sich der Treppe zu. »Komm schlafen, Appie. Ich bin todmüde.«

Mr. Appleby folgte ihr nachdenklich. Morgen, das wußte er, mußte er einen seiner Anzüge zum Schneider bringen, wenn er bei der Beerdigung etwas Ordentliches zum Anziehen haben wollte.

Er hatte den Anzug nach Hause gebracht und ordentlich weggehängt; er hatte sein Abendessen zu sich genommen, und er hatte im Wohnzimmer gesessen und hatte der heiseren Stimme seiner Frau zugehört, die, wie es ihm schien, seit Stunden forttönte, obwohl es noch nicht einmal neun Uhr war.

Mit wachsender Erregung sah er nun, wie sie langsam von ihrem Sessel aufstand und durch das Zimmer zum Flur ging. Als sie nach dem Telefon griff, räusperte sich Mr. Appleby kräftig. »Wärest du bitte so gut,«, sagte er, »ich möchte gern ein Glas Wasser haben.«

Mrs. Appleby drehte sich um und sah ihn an. »Ein Glas Wasser?«

»Wenn es dir nichts ausmacht«, sagte Mr. Appleby und wartete, während sie zögerte, dann das Telefon niederlegte und zur Küche ging. Er hörte, wie ein Glas ausgespült wurde, und dann kam Mrs. Appleby auf ihn zu und hielt es ihm entgegen. Er legte eine Hand anerkennend auf ihre plumpe Schulter, dann hob er die andere Hand, als wollte er eine unordentliche Haarsträhne von ihrer Wange streichen.

»Ist es so bei den anderen passiert?« sagte Mrs. Appleby ruhig.

Mr. Appleby fühlte seine halberhobene Hand erstarren, und die Kälte rann hinab bis ins Mark. »Andere?« brachte er heraus. »Was für andere?«

Seine Frau lächelte ihn grimmig an, und er bemerkte, daß das Wasserglas in ihrer Hand völlig ruhig war. »Sechs andere«, erwiderte sie. »Das heißt, sechs nach meiner Berechnung. Warum? Gab es noch mehr?«

»Nein«, sagte er, dann fuhr er auf: »Ich verstehe nicht, wovon du redest!«

»Mein lieber Appie! Sicherlich wirst du nicht sechs Ehefrauen so mir nichts, dir nichts vergessen haben! Außer natürlich, wenn ich dir soviel bedeute, daß du den Gedanken an die anderen nicht mehr ertragen kannst. Das wäre wirklich äußerst beglückend, nicht wahr?«

»Ich war vorher schon verheiratet«, sagte Mr. Appleby laut. »Ich habe das selbst ganz klar gesagt. Aber was soll dieses Gerede von sechs Frauen?«

»Natürlich warst du vorher verheiratet, Appie, und es war ganz einfach, herauszufinden mit wem – und es war genau so einfach, herauszufinden, wer davor dran war, und alle anderen, oder auch alles über deine Mutter, wo du zur Schule gegangen bist oder wo du geboren wurdest. Du siehst, Appie, Mr. Gainsborough ist wirklich ein äußerst cleverer Mann.«

»Dann war es also Gainsborough, der dir das in den Kopf gesetzt hat!«

»Aber ganz gewiß nicht, du törichter kleiner Mann«, hielt ihm seine Frau verächtlich entgegen. »Die ganze Zeit, während du deine Pläne gemacht hast, habe ich sie wieder zerstört. Von dem Augenblick an, als ich dich das erste Mal sah, wußte ich, wer du warst. Überrascht dich das?«

Mr. Appleby rang mit seinen Gefühlen wie ein Mann, der einen Zweig aufheben will und merkt, daß er eine Viper in der Hand hält. »Woher kannst du das wissen?« keuchte er.

»Weil du das Abbild meines Vaters bist. Weil du in allem – der Art, dich zu kleiden, deiner unerträglichen Ordnungsliebe, deinem Hochmut und deiner Arroganz, den kleinen moralisierenden Tiraden, die du von dir gibst – sein genaues Ebenbild bist. Mein ganzes Leben habe ich ihn gehaßt wegen dem, was er war und was er meiner Mutter angetan hat. Er heiratete sie um ihres Geldes willen, machte ihr jeden Tag das Leben zur Hölle und tötete sie dann um dessentwillen, was noch von ihrem Vermögen übrig war.«

»Tötete sie?« sagte Mr. Appleby wie betäubt.

»O komm«, sagte seine Frau scharf, »bildest du dir vielleicht ein, du wärest der einzige Mann, der dazu fähig ist? Ja, er tötete sie – ermordete sie, wenn dir das lieber ist –, indem er sie um ein Glas Wasser bat und ihr das Genick brach, als sie es ihm reichte. Mutet dich diese Methode nicht seltsam vertraut an?«

In Mr. Appleby dämmerte langsam die unglaubliche Erkenntnis, doch er weigerte sich, sie zu akzeptieren. »Was ist mit ihm geschehen?« wollte er wissen. »Sag mir, was geschehen ist? Wurde er gefaßt?«

»Nein, er wurde nie gefaßt. Es gab keine Zeugen für seine Tat, doch Mr. Gainsborough war der Anwalt meiner Mutter, ein lieber alter Freund von ihr. Er hatte einen Verdacht und verlangte eine Untersuchung. Er brachte zu der Verhandlung einen Arzt, der darlegte, wie mein Vater sie getötet haben und es so darstellen konnte, daß es aussah, als wäre sie auf dem Teppich ausgerutscht. Doch ehe eine Entscheidung fiel, starb mein Vater an einem Herzanfall.«

»Das war ja der Fall, – der Fall, den ich gelesen habe!« stöhnte Mr. Appleby, dann verstummte er unter dem höhnischen Blick seiner Frau.

»Nach seinem Tod«, fuhr sie unerbittlich fort, »schwor ich mir, daß ich eines Tages einen Mann finden würde, genau wie er, und daß ich diesem Mann das Leben bereiten würde, das er eigentlich hätte leben müssen. Ich wollte jede seiner Gewohnheiten, seinen Geschmack genau erkunden, und er sollte in keinem Falle Befriedigung finden. Ich würde wissen, daß er mich um meines Geldes willen heiratete, doch er sollte keinen Pfennig bekommen vor meinem Tod. Und das würde sehr, sehr lange dauern, denn er sollte sein Leben in Sorge darüber verbringen, daß ich mein Leben bis zum letztmöglichen Atemzug lebe.«

Mr. Appleby nahm seinen ganzen Grips zusammen und sah, daß sie trotz ihrer Erregung in der gleichen Haltung stehengeblieben war. »Wie kannst du ihn dazu bringen?« fragte er leise und bewegte sich einen Zoll auf sie zu.

»Das klingt seltsam, nicht wahr, Appie?« bemerkte sie. »Aber kaum so seltsam wie die Tatsache, daß deine sechs Frauen starben, indem sie auf einer Teppichbrücke ausrutschten – ziemlich genau wie diese –, während sie dir ein Glas Wasser brachten – ziemlich genau wie dieses. So seltsam, daß Mr. Gainsborough zu der Bemerkung veranlaßt wurde, zuviele Zufälle würden einen Mann an den Galgen bringen. Vor allem, wenn ausreichende Gründe vorliegen, diese Zufälle bei einer Morduntersuchung ans Licht zu bringen.«

Mr. Appleby fand plötzlich, daß ihn sein Kragen unerträglich einschnürte. »Das beantwortet meine Frage nicht«, erklärte er verschlagen. »Wie kannst du sicher sein, daß ich mein Leben der Verlängerung deines Lebens widmen werde?«

»Ein Mann, dessen Frau in der Lage ist, ihm den Strick um den Hals zu legen, sollte in der Lage sein, das klar zu erkennen.«

»Nein«, sagte Mr. Appleby mit erstickter Stimme, »ich erkenne nur, daß ein solcher Mann gezwungen ist, sich seiner Frau so schnell wie möglich zu entledigen.«

»O, aber hier kommen nun die Vorkehrungen ins Spiel.«

»Vorkehrungen? Was für Vorkehrungen?« fragte Mr. Appleby.

»Ich will dir das gern erklären«, sagte seine Frau. »Ich sehe in der Tat, daß die Zeit gekommen ist, wo dies dringend notwendig ist. Aber ich finde es höchst unbequem, hier so herumzustehen.«

»Mach dir nichts draus«, sagte Mr. Appleby ungeduldig, und seine Frau zuckte die Schultern.

»Nun denn«, erklärte sie kühl. »Mr. Gainsborough besitzt all die Dokumente über deine Ehen – die Art, wie die früheren Todesfälle vor sich gingen, die Art, wie du das Erbteil zufällig immer im richtigen Augenblick kassiert hast, um die Schulden deines Ladens zu bezahlen.

Außerdem hat er einen Brief von mir in Händen, in dem erklärt wird, daß im Falle meines Ablebens sofort eine Untersuchung vorgenommen und die nötigen Schritte eingeleitet werden sollen. Mr. Gainsborough ist wirklich sehr tüchtig. Die Fingerabdrücke und Photographien . . .«

»Fingerabdrücke und Photographien!« rief Mr. Appleby.

»Selbstverständlich. Nach dem Tode meines Vaters stellte sich heraus, daß er bereits alle Vorbereitungen getroffen hatte, um sich schnell ins Ausland abzusetzen. Mr. Gainsborough hat mir versichert, falls dir solche Gedanken im Kopf herumgehen, solltest du sie lieber möglichst ganz schnell vergessen. Ganz gleich, wo du bist, sagte er, würde man dich damit ganz schnell zurückbekommen.«

»Was willst du von mir?« fragte Mr. Appleby benommen. »Du erwartest doch sicher nicht von mir, daß ich nun bleibe, und –«

»O gewiß, genau das erwarte ich. Und da wir schon über diesen Punkt sprechen, kann ich dir auch sagen, daß ich von dir erwarte, daß du deinen nutzlosen Laden ein für allemal aufgibst und grundsätzlich den ganzen Tag bei mir zu Hause bist.«

»Den Laden aufgeben!« rief er.

»Du darfst nicht vergessen, Appie, daß ich in meinem Brief, in dem eine vollständige Untersuchung meines Todes verlangt wird, die Todesart nicht im einzelnen aufgeführt habe. Ich erwarte ein langes, angenehmes Leben, bei dem du ständig an meiner Seite sein wirst; vielleicht – ich sage ausdrücklich: vielleicht – werde ich dann eines Tages diesen Brief und das ganze Beweismaterial an dich aushändigen. Du siehst also, wie sehr es in deinem eigenen Interesse ist, mit größter Sorgfalt auf mich zu achten.«

Das Telefon klingelte mit plötzlicher Heftigkeit, und Mrs. Appleby nickte in seine Richtung. »Mit ebensoviel Sorgfalt«, sagte sie leise, »wie Mr. Gainsborough. Wenn ich ihn nicht jeden Abend um neun Uhr anrufe und mitteile, daß ich gesund und glücklich bin, dann zieht er womöglich die furchtbarsten Schlußfolgerungen.«

»Warte«, sagte Mr. Appleby. Er nahm den Hörer ab, und da gab es keinen Irrtum über die Stimme am anderen Ende.

»Hallo«, sagte der ältere Gainsborough. »Hallo, Mrs. Appleby?«

Mr. Appleby wagte einen geschickten Schachzug. »Nein«, erwiderte er, »ich fürchte, sie kann im Augenblick nicht mit Ihnen sprechen. Worum geht's denn?«

Die Stimme in seinem Ohr nahm den Ton einer unmißverständlichen, kalten Drohung an. »Hier spricht Gainsborough, Mr. Appleby, und ich wünsche umgehend Ihre Frau am Apparat. Ich gebe Ihnen zehn Sekunden, sie ans Telefon zu holen, Mr. Appleby. Haben Sie verstanden?«

Mr. Appleby wandte sich dumpf seiner Frau zu und hielt ihr den Hörer entgegen. »Für dich«, sagte er, und dann sah er entsetzt, wie der Teppich in dem Augenblick, als sie das Wasserglas abstellte, unter ihren Füßen leicht nachgab. Ihre Arme ruderten durch die Luft, als sie das Gleichgewicht zu halten versuchte. Das Glas zerschellte zu seinen Füßen und bespritzte seine adrette Hose; ihr Gesicht verzerrte sich zu einem stummen Schrei. Dann schlug ihr Körper auf den Boden und blieb in einer Position liegen, die ihm so vertraut war.

Er beobachtete sie und nahm kaum die Stimme wahr, die mit metallener Schärfe aus dem Hörer drang.

»Die zehn Sekunden sind um, Mr. Appleby«, tönte es schrill. »Haben Sie verstanden? *Ihre Zeit ist um*!«

›The Orderly World of Mr. Appleby‹. *Alfred Hitchcock Presents*, 15. April 1956. Regie James Neilson. Fernsehspiel von Victor Wolfson und Robert C. Dennis nach der Kurzgeschichte von Stanley Ellin ›The Orderly World of Mr. Appleby‹ (Ellery Queen's Mystery Magazine, Mai 1950; Sammelband Ellins *Mystery Stories*, Simon & Schuster, 1956). Mit Robert H. Harris (Mr. Appleby), Louise Larabee (Lena), Meg Mundy (Martha Sturgis), Michael Ansara (Dizar), Gage Clarke (Gainsborough), Helen Spring (Mrs. Grant), Edna Holland (Mrs. Murchie), Mollie Glassing (Ella).

Ich muß zu meiner Schande gestehen, daß ich keinerlei Erinnerung an die Fernsehaufführung habe, doch meine Frau meint, daß wir sie angeschaut haben und daß sie wie die meisten Verfilmungen gut war. Ich kann nur entschuldigend darauf hinweisen, daß inzwischen achtundzwanzig Jahre vergangen sind und ich einen Punkt erreicht habe, wo Ereignisse der vergangenen Wochen in dem, was von meinem Geist noch übrig ist, schnell verblassen.

MORD ZAHLT SICH NICHT AUS

Cornell Woolrich

Paine lungerte draußen vor dem Haus herum und wartete, daß der Besucher des alten Ben Burroughs ging, denn er wollte Burroughs alleine treffen. Man kann schlecht jemanden in Gegenwart eines anderen um zweihundertfünfzig Dollar bitten, vor allem nicht, wenn man bereits dunkel ahnt, daß man glatt abgewiesen und obendrein noch vor die Tür geworfen wird.

Aber er hatte einen noch besseren Grund, bei seinem Gespräch mit dem alten Knauser keine Zeugen zu wünschen. Das große, dreieckig gefaltete Taschentuch in seiner Gesäßtasche diente einem speziellen Zweck; und jenes kleine Instrument in der anderen Tasche – benützte man es nicht zum Aufstemmen eines Fensters?

Während er im Gebüsch auf der Lauer lag und das erhellte Fenster und den dahintersitzenden Burroughs beobachtete, wiederholte er für sich die Bitte, die er formuliert hatte, als wollte er sie immer noch vorbringen.

»Mr. Burroughs, ich weiß, es ist spät, und ich weiß auch, daß Sie meine Existenz lieber vergessen möchten, aber Verzweiflung kann nicht warten, und ich bin verzweifelt.« Das hörte sich gut an. »Mr. Burroughs, ich habe Ihrem Unternehmen zehn lange Jahre treu gedient, besonders während der letzten sechs Monate, die es bestand, und das nur, um es am Leben zu erhalten. Ich arbeitete freiwillig zum halben Gehalt auf Ihr Wort hin, daß ich mein ausstehendes Gehalt bekommen würde, wenn es wieder besser liefe. Doch stattdessen haben Sie einen betrügerischen Bankrott gemacht, um sich Ihren Verpflichtungen zu entziehen.«

Dann ein wenig weicher, um den Stachel zu entschärfen. »Ich bin Ihnen all die Jahre nicht nahegekommen, und ich bin nicht gekommen, um Ihnen jetzt Schwierigkeiten zu machen. Wenn ich glauben würde, Sie hätten das Geld wirklich nicht, würde ich es auch nicht verlangen. Aber inzwischen ist es ein offenes Geheimnis, daß Ihr Bankrott nur vorgetäuscht war. Ihr jetziger Lebensstil verrät klar, daß Sie Ihre eigene Einlage auf die Seite gebracht haben; und ich habe kürzlich Gerüchte gehört, daß Sie mit einer Scheinfirma unter anderem Namen dort anfangen, wo

Sie aufgehört haben. Mr. Burroughs, die Summe der zugesagten halben Gehälter für die letzten sechs Moate beläuft sich auf exakt zweihundertfünfzig Dollar.«

Genau die richtige Summe, um Würde und Selbstachtung zu behalten, hatte Pauline an dieser Stelle bemerkt; nicht schwach oder rührselig, sondern schlicht und wirkungsvoll.

Und dann der Höhepunkt zum Abschluß, und jedes Wort wahr: »Mr. Burroughs, ich brauche heute abend Hilfe; ich kann keine weiteren vierundzwanzig Stunden warten. Die Sohlen meiner Schuhe haben Löcher, groß wie Halbdollarmünzen, über die ich ein Stück Pappe gelegt habe. Wir haben jetzt eine Woche lang weder Strom noch Gas gehabt. Morgen kommt ein Gerichtsvollzieher, nimmt die wenigen noch verbliebenen Möbel mit und versiegelt die Tür.

»Wenn es nur um mich ginge, würde ich mich da alleine durchschlagen, ohne irgend jemand zu belästigen. Aber, Mr. Burroughs, ich habe eine Frau zu versorgen. Sie werden sich wohl nicht an sie erinnern, ein hübsches, kleines Mädchen mit dunklem Haar, das einmal in Ihrem Büro für einen oder zwei Monate als Stenotypistin gearbeitet hat. Sicher würden Sie sie jetzt nicht mehr erkennen, denn in den beiden letzten Jahren ist sie um zwanzig Jahre älter geworden.«

Das war ungefähr alles, jedenfalls alles, was er überhaupt vorbringen konnte. Und doch wußte Paine, daß er erledigt war, bevor er auch nur ein Wort davon gesagt hatte.

Er konnte den Besucher des alten Mannes nicht sehen, da er sich nicht im Sichtbereich des Fensters aufhielt. Burroughs saß genau hinter dem Fenster, das Profil Paine zugewandt. Paine konnte die Bewegungen seiner boshaften schmalen Lippen sehen. Ein- oder zweimal hob er die Hand in einer flüchtigen Geste. Dann schien er zu lauschen, und schließlich nickte er langsam. Er deutete mit erhobenem Zeigefinger, als wollte er seinem Zuhörer einen Punkt eindrücklich klarmachen. Danach erhob er sich und ging weiter in das Zimmer hinein, ohne sich jedoch dabei aus dem Sichtbereich des Fensters zu entfernen.

Er stand an der gegenüberliegenden Wand und streckte die Hand zu einem dort hängenden Wandteppich aus. Paine verrenkte sich den Hals und strengte die Augen an. Dahinter mußte sich ein Wandsafe befinden, den der alte Knacker öffnen wollte.

Wenn er nur einen Feldstecher zur Hand hätte!

Paine sah, wie der alte Geizkragen innehielt, den Kopf wandte und die andere Person etwas fragte. Eine Hand fuhr zu der aufgewickelten Schnur des Rollos und zog es herunter.

Paine knirschte mit den Zähnen. Der Alte ging wirklich kein Risiko ein! Man könnte glauben, er wäre Gedankenleser und wüßte, daß ihn hier draußen einer beobachtete. Doch ein Spalt blieb offen, der einen Lichtstreifen unten am Fenster zeigte. Paine schlich sich aus seinem Versteck und glitt zum Fenster hinauf. Er warf einen Blick hindurch und konzentrierte sich ausschließlich auf Burroughs Hand, die am Safeschloß drehte.

Eine Dreivierteldrehung nach links, wo auf einem Zifferblatt etwa die Acht war. Dann zurück, wo ungefähr die Drei stehen mußte. Dann wieder in die andere Richtung zur Zehn. Reichlich einfach. Das mußte er sich merken – 8-3-10.

Burroughs öffnete nun den Safe und nahm eine Geldkassette heraus. Er stellte sie auf dem Tisch ab und öffnete sie. Paines Blick wurde starr, und sein Mund kräuselte sich drohend. Was für ein Haufen Geld! Das alte Fossil tauchte eine knotige Hand hinein und holte ein Bündel Banknoten heraus, das er durchzählte. Er legte einen Schein wieder zurück, zählte den Rest noch einmal durch und legte ihn auf die Tischplatte, während er die Kassette in den Safe zurückbrachte, absperrte und den Wandbehang zurechtrückte.

In diesem Moment trat eine verschwommene Gestalt in den Weg, zu nahe am Spalt, um genau erkannt zu werden, aber ohne den kleinen Stapel Banknoten auf dem Tisch zu verdecken. Burroughs' Klauenhand ergriff die Banknoten und händigte sie aus. Eine andere, glattere Hand streckte sich danach aus. Die beiden Hände zitterten.

Paine zog sich klugerweise in sein voriges Versteck zurück. Jetzt wußte er, wo der Safe war, und das war das einzige, was zählte. Er war keinen Moment zu früh dran. Einen Augenblick später schoß das Rollo in die Höhe, diesmal von Burroughs' Hand betätigt. Die andere Person war wieder aus dem Blickfeld verschwunden, und Burroughs folgte ihr nach; dann wurde das Zimmer plötzlich dunkel. Gleich darauf ging das Licht auf der Veranda an.

Paine nutzte die Gunst des Augenblicks und drückte sich an die Seite des Hauses, um sicherzugehen, daß seine Anwesenheit nicht entdeckt wurde.

Die Tür öffnete sich. Burroughs krächzte ein knappes »Nacht«, das der aufbrechende Besucher nicht erwiderte. Offensichtlich war die Unterhaltung nicht sehr herzlich verlaufen. Die Tür wurde mit Nachdruck geschlossen. Rasche Schritte überquerten die Veranda und entfernten sich den Zementweg hinunter zur Straße, weg von Paine, der sich flach an die Seitenwand des Hauses gepreßt hatte. Er versuchte erst gar nicht, die Person zu sehen. Dazu war es zu dunkel, außerdem war es ihm nur wichtig, seine eigene Anwesenheit zu verbergen.

Als die Schritte des Unbekannten in sicherer Entfernung verklangen, begab sich Paine zu einer Stelle, von wo aus er die ganze Hausfront übersehen konnte. Er wußte, daß Burroughs jetzt allein war; der war sogar zu knausrig, um sich einen festangestellten Diener zu leisten. Gedämpftes Licht aus dem rückwärtigen Teil des Flurs fiel durch das Oberlicht der Haustür. Jetzt wäre die richtige Zeit, um zu läuten, wenn er vorhatte, dem alten Sack seine Bitte vorzutragen, bevor der sich zurückzog.

Er wußte es, und doch hielt ihn irgend etwas davon ab, hinaufzugehen und zu läuten. Er wußte auch, was das war, aber er hätte es sich nicht eingestanden.

»Er würde nur ganz unverblümt nein sagen und mir die Tür vor der Nase zuknallen«, war seine Entschuldigung dafür, daß er wieder ins Gebüsch zurückschlich und wartete. »Und wenn er mich erst mal hier draußen gesehen hat, verdächtigt er mich als ersten, wenn dann –«

Das Oberlicht war jetzt dunkel, und Burroughs ging nach oben. Ein Schlafzimmerfenster im darüberliegenden Stockwerk wurde erhellt. Es war immer noch Zeit; sogar wenn er jetzt klingelte, würde Burroughs herunterkommen und aufmachen. Aber Paine verhielt sich ruhig und wartete geduldig.

Schließlich ging das Licht im Schlafzimmerfenster aus, und das Haus war nun dunkel und still. Paine stand da und kämpfte immer noch mit sich. Keinen wirklichen Kampf, denn den hatte er schon lange vorher verloren, doch er entschuldigte immer noch vor sich selbst, was er jetzt tun würde. Entschuldigungen dafür, daß er von seinem Vorhaben nicht abließ, um das zu bleiben, was er bis jetzt war – ein ehrlicher Mann.

Wie sollte er seiner Frau gegenübertreten, wenn er heute nacht mit leeren Händen heimkam? Morgen würden sich ihre Möbel auf dem Gehsteig stapeln. Abend für Abend hatte er versprochen, Burroughs anzusprechen, und jedesmal hatte er es wieder aufgeschoben und war am Haus vorbeigegangen, weil er einfach nicht die Nerven hatte, das durchzustehen. Warum? Zum einen hatte er nicht den Mut, die scharfzüngige und höhnische Abfuhr, die er sicher bekommen würde, einzustecken. Aber der andere und wichtigere Grund war, daß er in dem Augenblick, in dem er seine Bitte vorbrachte, sich automatisch das Geld nicht auf dem anderen, ungesetzlichen Weg besorgen konnte. Wahrscheinlich hatte Burroughs nach all den Jahren seine Existenz vergessen, aber wenn er ihn daran erinnerte, indem er ihn vorzeitig befragte. –

Entschlossen schnallte er den Gürtel enger. Nun, heute nacht würde er nicht mit leeren Händen zu ihr heimkommen, aber er würde auch nicht Burroughs darum angehen. Sie bräuchte nie herauszufinden, wie er an das Geld gekommen war.

Er streckte sich und sah sich um. Kein Mensch in Sicht. Das Haus stand ganz einsam. Die meisten umliegenden Straßen waren lediglich trassiert und grenzten entgegenkommenderweise nur an leere Plätze. Vorsichtig, aber entschlossen schob er sich an das Fenster, durch das er den Safe gesehen hatte.

Feigheit kann oft mehr Risiken heraufbeschwören als die größte Tollkühnheit. Er hatte Angst vor Kleinigkeiten – Angst davor, mit leeren Händen seiner Frau gegenüberzutreten, Angst davor, einen querköpfigen verdammten alten Kerl um Geld zu bitten, weil er wußte, der andere würde ihn beschimpfen und hinauswerfen – und nun war er dabei, zum erstenmal in seinem Leben in ein Haus einzubrechen.

Das Fenster ließ sich leicht öffnen. Es war fast eine Einladung zum verbotenen Eintritt. Er stellte sich auf den Fenstersims, und mit dem Deckel eines Streichholzheftchens, das er zwischen die beiden Fensterflügel stieß, schob er die Zunge des Fensterriegels zurück.

Er sprang auf den Boden, bearbeitete mit dem kleinen Instrument, das er mitgebracht hatte, den unteren Fensterrahmen, und das Fenster schwang mühelos auf. Gleich darauf war er im Zimmer und hatte das Fenster geschlossen, damit von außen kein Verdacht entstand. Er fragte sich, warum er bis jetzt immer geglaubt hatte, es erforderte Übung und Geduld, in ein Haus einzubrechen. Es war doch gar nichts dabei!

Er nahm das zum Dreieck gefaltete Taschentuch heraus und

band es um die untere Hälfte seines Gesichts. Eine Minute lang kümmerte er sich nicht darum, und später tat ihm das einerseits leid. Aber andererseits wäre es wahrscheinlich auch so passiert. Es würde ihn nicht davor schützen, gesehen zu werden, lediglich davor, daß man ihn identifizieren konnte.

Er wußte genug, um die Zimmerbeleuchtung nicht anzuknipsen, doch er hatte keine Taschenlampe dabei und mußte sich auf gewöhnliche Streichhölzer verlassen. So hatte er nur eine Hand frei, um den Safe zu öffnen, nachdem er den Wandbehang zur Seite geräumt hatte.

Es war ein Kinderspielzeug. Kinkerlitzchen. Er hatte nicht mal die genaue Kombination, nur die ungefähre Position – 8-3-10. Es funktionierte nicht auf Anhieb, daher veränderte er sie etwas, worauf das Schloß klickte.

Er öffnete ihn, nahm die Geldkassette heraus und stellte sie auf den Tisch. Dieser Schalter mußte einen Hauptschalter betätigt haben, denn plötzlich war das Zimmer in Licht getaucht, und Burroughs, seine verhutzelte Gestalt in einen Bademantel gewikkelt, stand in der offenen Tür. Die linke Hand lag auf dem Lichtschalter, mit der rechten richtete er einen Revolver auf Paine.

Paines Knie schlugen zusammen, seine Luftröhre verkrampfte sich, und er starb fast vor Schreck – so reagierte nur ein Amateur, der bei seinem ersten Versuch auf frischer Tat ertappt wird, aber niemals ein Profi. Sein Daumen schmerzte unerwartet, und mechanisch schnippte er das Streichholz aus, das er noch hielt.

»Bin gerade noch rechtzeitig gekommen, was?« sagte der alte Mann mit gehässiger Befriedigung. »Am Safe ist vielleicht nicht viel dran, aber wenn er geöffnet wird, betätigt sich ein Summer neben meinem Bett, kapiert?«

Er hätte sofort zum Telefon gehen sollen, so im gleichen Zimmer mit Paine, und Hilfe anfordern, aber er hatte eine rachsüchtige Ader. Er konnte nicht widerstehen, es ihm richtig unter die Nase zu reiben.

»Sie wissen wohl, was Sie dafür bekommen, was?« fuhr er fort und leckte sich die gekräuselten Lippen. »Und ich werde dafür sorgen, daß Sie's auch bekommen, bis zum letzten Monat, der Ihnen zusteht!« Er trat einen Schritt vor. »Gehen Sie jetzt weg. Da rüber und keinen Mucks, bis ich –«

Ein plötzlicher Verdacht dämmerte in seinen glitzernden kleinen Augen auf. »Warten Sie mal. Hab' ich Sie nicht schon irgendwo gesehen? Sie kommen mir irgendwie bekannt vor.« Er kam näher. »Nehmen Sie diese Maske runter«, befahl er. »Ich will sehen, wer zum Teufel Sie sind!«

Paine erfaßte panische Angst bei dem Gedanken, sein Gesicht zu enthüllen. Er mußte ständig daran denken, daß Burroughs, solange er den Revolver auf ihn richtete und ihn an der Flucht hinderte, früher oder später herausfand, wer er war.

Er schüttelte den Kopf in blindem Entsetzen.

»Nein!« stieß er krächzend hervor, wobei sich das Taschentuch vor seinem Mund hob. Er versuchte sogar, sich zurückzuziehen, aber ein Stuhl oder etwas ähnliches stand ihm im Weg.

Das brachte den alten Mann noch näher. »Zum Donnerwetter, dann mach' ich's eben selbst!« fauchte er und langte nach dem unteren Zipfel des Tuches. Dabei hielt er die rechte Hand schräg von Paines Körper weg, und damit zielte der Revolver nicht mehr genau auf ihn. Doch daraus ergab sich keine Chance.

Feigheit. Feigheit, die einen zu einer Unbesonnenheit treibt, vor der sogar größter Mut zurückschrecken würde. Paines Gedanken drehten sich immer noch um den Revolver. Plötzlich ergriff er die Arme des alten Mannes und drückte sie weg. Es war eine Bewegung, auf die Burroughs nicht gefaßt war, und infolgedessen klappte es auch. Der zur Decke gerichtete Revolver klickte; entweder hatte er Ladehemmung, oder die erste Kammer war leer gewesen, ohne daß Burroughs davon wußte.

Paine hielt den Arm des anderen immer noch weit ab, aber sein Hauptaugenmerk galt der leeren Klaue, die nach seinem Tuch griff. So fuhr er herum in die andere Richtung, aus der Reichweite der Hand. Er verdrehte die dünne Haut des faltigen rechten Handgelenks, bis der alte Mann vor Schmerz die Hand öffnete und den Revolver fallenließ. Er krachte zwischen ihnen auf den Boden. Paine stieß ihn mit dem Fuß weg.

Dann riß er Burroughs mit dem gleichen Fuß um. Der alte Mann fiel rücklings zu Boden, und der kurze, ungleiche Kampf war zu Ende. Doch sogar in der Niederlage triumphierte er noch. Mit dem herabschwingenden linken Arm, den Paine losgelassen hatte, als er ihn zu Boden warf, krallte er sich an seinem Taschentuch fest und riß es mit sich herunter.

Da kroch er nun, auf einen Ellbogen gestützt, und flüsterte in boshaftem Erkennen, daß es Paine wie ein Messer durch und durch ging: »Sie sind Dick Paine, Sie alter Gauner! Jetzt erkenne ich Sie! Sie sind Dick Paine, mein ehemaliger Angestellter! Sie werden mir bezahlen für dieses –«

Weiter kam er nicht. Damit hatte er sein Todesurteil gesprochen. Paine handelte zwanghaft unter dem Instinkt der Selbsterhaltung, als er sich unbewußt nach dem Revolver bückte. Plötzlich hielt er ihn in der Hand und zielte damit auf den Mund, der ihn anklagte und vor dem allein er sich fürchtete.

Er zog den Abzug durch. Wieder klickte es nur – entweder Ladehemmung, oder auch diese Kammer war leer. Dieses ›Klick‹ würde ihm im Bewußtsein bleiben – wie eine letzte Chance, nicht zu tun, was er eben jetzt im Begriff war zu tun. Damit änderte sich etwas Wesentliches. Auch die letzte schemenhafte kleine Entlastung wurde null und nichtig, die er sich vielleicht noch hätte zugute halten können; aus einem Verbrechen im Affekt, begangen in der Hitze des Gefechts, wurde ein kaltblütiger, vorbedachter Mord, den man sich zweimal überlegen konnte, bevor man ihn beging. Das Gewissen macht uns alle zu Feiglingen. Und er war von vornherein ein Feigling.

Burroughs hatte noch Zeit, um Gnade zu stammeln und ihm zuzusichern, daß er ihn nicht verraten würde. Natürlich hätte er dieses Versprechen nicht gehalten.

»Nicht! Paine – Dick, tun Sie's nicht! Ich werde nichts sagen. Ich werde niemandem sagen, daß Sie hier waren –«

Aber Burroughs kannte sich selbst. Paine riß am Abzug, und die dritte Kammer barg den Tod. Diesmal entlud sich der Revolver, und Burroughs' Gesicht verschwand in einer Qualmwolke. Als sie sich wieder auflöste, war er bereits tot. Der Kopf lag auf dem Boden, und ein dünner roter Faden lief aus seinem Mundwinkel, als hätte er nur seine Lippen geritzt.

Paine blieb Amateur bis zum bitteren Ende. Nach dem tödlichen Schweigen war seine erste, kaum hörbare Bemerkung: »Mr. Burroughs, ich wollte nicht –«

Dann starrte er in fassungsloser Bestürzung. »Jetzt hab' ich's getan! Ich habe einen Menschen getötet – und dafür richten sie einen hin! Jetzt bin ich dran!«

Erschreckt sah er auf den Revolver, als wäre dieser Gegenstand schuld an dem eben Geschehenen und nicht er selbst. Er nahm das Taschentuch, rieb wie benommen an der Waffe herum und hielt zwischendurch immer wieder inne. Es schien ihm sicherer, sie mitzunehmen, obwohl sie Burroughs gehörte. Er hatte die heilige Angst vor Fingerabdrücken wie jeder Amateur und glaubte fest, daß er auch bei sorgfältigster Reinigung nicht alle Spuren seiner Tat würde abwischen können; bei der Reinigung selbst konnte er ebenfalls Spuren hinterlasen. So steckte er sie in die Innentasche seines Mantels.

Er blickte sich nach allen Richtungen um; es war wohl besser, wenn er verschwand. Schon begannen sich die Trommeln zur Flucht in ihm zu rühren, und er wußte, sie würden nie mehr verstummen.

Die Geldkassette stand immer noch auf dem Tisch, wohin er sie gestellt hatte. Er ging hinüber und schlug den Deckel auf. Er wollte dieses Geld nicht mehr; es war ihm eklig geworden, weil Blut an ihm klebte. Aber er mußte wenigstens ein bißchen an sich nehmen, um seine Flucht zu ermöglichen. Er hielt sich nicht damit auf, den Inhalt zu zählen; es mußten mindestens tausend sein, so grob überschlagen. Vielleicht auch fünfzehn- oder achtzehnhundert.

Er wollte nicht einen Cent mehr mitnehmen, als ihm zustand. Er würde sich nur die zweihundertfünfzig nehmen, deretwegen er hierhergekommen war. Sein Verbrechen erschien ihm weniger schändlich, wenn er sich einredete, daß er nur nahm, was rechtmäßig ihm gehörte. Das unterschied in seiner Vorstellung die Tat von einem reinen Raubmord und erleichterte ihm die Einbildung, es habe sich hier nur um die Eintreibung einer Schuld gehandelt, bei der es zu einem schrecklichen und unvorhergesehenen Unfall gekommen war. Und das eigene Gewissen ist schließlich der gefürchtetste Polizist unter allen.

Als er das Geld hastig zählte, die Summe in die hintere Hosentasche steckte und sie zuknöpfte, wurde ihm klar, daß er seiner Frau von diesem Besuch nichts erzählen konnte – sonst wußte sie, was er getan hatte. Er mußte ihr weismachen, daß er das Geld woanders aufgetrieben hatte. Das dürfte nicht schwer sein. Abend für Abend hatte er es hinausgeschoben, zu Burroughs zu gehen; er hatte ihr klar und deutlich gezeigt, daß er an der Idee, seinen früheren Boß aufzusuchen, keinen Geschmack fand, doch sie hatte ihn dazu aufgehetzt.

Erst heute abend hatte sie gesagt: »Ich glaub' nicht, daß du's je machst. Ich bin drauf und dran, alle Hoffnung aufzugeben.«

Was wäre also natürlicher, als sie glauben zu lassen, er hätte schließlich doch nicht die Courage gehabt? Er mußte sich immerhin eine andere Erklärung für das Vorhandensein des Geldes überlegen, wenn nicht gleich heute nacht, dann morgen. Es würde ihm schon was einfallen, wenn erst der Schock ein wenig nachgelassen hatte und er ruhiger nachdenken konnte.

Hatte er irgend etwas liegenlassen, das ihn verraten oder auf seine Spur führen konnte? Besser, er stellte die Kassette wieder zurück; es bestand ja die Möglichkeit, daß sie nicht genau wußten, wieviel der alte Knicker im Haus gehabt hatte. Bei einem solchen Typen wußte man das oft nicht. Er rieb sie sorgfältig mit dem Taschentuch ab, das er vor dem Gesicht gehabt hatte, brachte sie zurück, drehte an dem Nummernschloß und tupfte das auch ab. Er mied das Fenster, knipste das Licht aus und verließ das Haus durch die Eingangstür.

Er berührte die Klinke mit dem Tuch, und nach eingehender Prüfung der verlassenen Straße ging er über die Veranda rasch zum Gehsteig. Er wandte sich nach links dem grauen Band des Weges zu, der sich durch die Dunkelheit zu der etwas weiter entfernten Straßenbahnhaltestelle schlängelte, die er ganz bestimmt nicht benutzen würde.

Ein- oder zweimal sah er hinauf zum sternenübersäten Himmel, während er sich dahinschleppte. Es war vorbei, nichts weiter mehr als ein ängstlich gehütetes Geheimnis. Eine Erinnerung, die er mit niemandem zu teilen wagte, nicht einmal mit Pauline. Doch tief in seinem Inneren wußte er es besser. Es war nicht vorüber, es fing gerade erst an. Das da hinten war nur der Vorspann gewesen. Wie ein Schneeball, der einen Hang hinunterrollt, gewinnt ein Mord immer mehr an Fahrt.

Er mußte etwas trinken, das ganze verdammte Zeug hinunterspülen. Mit dieser Last auf der Seele konnte er nicht nüchtern heimkommen. Diese Lokale hatten doch bis vier Uhr früh auf, oder nicht? Er trank nicht viel, deshalb war er mit derlei Dingen nicht vertraut. Ja, dort drüben, auf der anderen Straßenseite, war eine Kneipe. Und sie war weit genug weg, mehr als zwei Drittel der Strecke zwischen Burroughs' Behausung und seiner eigenen.

Das Lokal war leer. Vielleicht war das besser; vielleicht aber auch nicht. Man könnte sich zu leicht an ihn erinnern. Nun, jetzt war es zu spät, er stand schon an der Bar. »Einen Whiskey pur.« Bevor sich der Barkeeper noch umdrehen konnte, sagte er bereits: »Noch einen.«

Das hätte er nicht tun sollen; es erweckte Verdacht, so schnell hineinzuschütten.

»Drehen Sie das Radio ab«, sagte er hastig. Das hätte er besser bleiben lassen, es klang verdächtig. Der Barkeeper hatte ihn währenddessen angesehen. Und das Schweigen war noch schlimmer. Unerträglich. Dieses hämmernde Trommeln der Gefahr. »Schon gut. Machen Sie's wieder an.«

»Entscheiden Sie sich, Mister«, erwiderte der Barkeeper leicht mißbilligend.

Ständig machte er anscheinend das Falsche. Er hätte zunächst einmal gar nicht hierherkommen sollen. Nun, er mußte eben gehen, bevor alles noch schlimmer wurde. »Was macht's?« Er nahm seine gesamte Barschaft von einem halben und einem Vierteldollar heraus.

»Achtzig Cents.«

Sein Magen verkrampfte sich. Nicht *das* Geld! Er wollte es nicht herausholen, man hätte alles zu deutlich an seinem Gesicht ablesen können. »In den meisten Kneipen kostet ein Drink fünfunddreißig.«

»Diese Marke nicht. Sie haben nichts Bestimmtes verlangt.« Jetzt war der Barkeeper auf der Hut. Er witterte einen Zechpreller. Er beugte sich über den Tresen und baute sich so vor ihm auf, daß ihm keine Bewegung seiner Hände entging.

Er hätte den zweiten Drink nicht bestellen sollen. Wegen einer einzigen Münze sollte er das ganze Geldbündel vor den Augen dieses Mannes ausbreiten. Und daran würde der sich vielleicht morgen erinnern, so wie Paine sich hier aufgeführt hatte.

»Wo ist die Toilette?«

»Da hinten rechts die Türe hinter dem Zigarettenautomaten.« Doch Paine konnte an seiner Miene erkennen, daß der Barkeeper nun mißtrauisch geworden war.

Paine machte hinter sich zu und lehnte mit den Schultern gegen die Türe, knöpfte seine hintere Hosentasche auf und blätterte die Banknoten durch nach der kleinsten, einem Zehner; das mußte reichen. Er verfluchte sich, daß er in eine solche Kneipe gegangen war.

Plötzlich erzitterte die Tür hinter ihm, kein gewaltsamer Stoß, aber er war nicht darauf vorbereitet. Er schwankte vorwärts, und das aufgefächerte Geld, das er nicht richtig festgehalten hatte, flatterte zu Boden. Der Barkeeper streckte den Kopf durch die

Tür. Er begann: »Mir gefällt Ihr Benehmen nicht. Los, verschwinden Sie aus meiner Knei –« Da sah er das Geld.

Burroughs' Revolver war eine gräßliche Last in seiner Mantelinnentasche gewesen. Der Lauf war zu groß und beulte aus. Durch sein abruptes Vorwärtstaumeln war sie verrutscht und schien nun durch ihr eigenes Gewicht herauszufallen. Er klatschte drauf, um sie daran zu hindern.

Der Barkeeper merkte diese Bewegung, kam näher und grunzte: »Dacht' ich's doch!« Was alles oder nichts bedeuten konnte.

Hier hatte Paine es nicht mit einem Burroughs zu tun, sondern mit einem Bullen von Mann. Der drückte Paine gegen die Wand und machte ihn damit hilflos. Trotzdem wäre wahrscheinlich nichts passiert, hätte er den Mund gehalte. Aber er riß den Mund auf und brüllte: »Polizei! Überfall! Hilfe!«

Paine verlor das letzte bißchen Geistesgegenwart, seine Hand wirbelte in einer verschwommenen Bewegung herum, die er weder kontrollieren noch verhindern konnte. Etwas explodierte in der Magengegend des Barkeepers, als hätte er einen Feuerwerkskörper unter den Gürtel gesteckt.

Hustend rutschte er zu Boden und starb.

Noch einer. Schon zwei, in weniger als einer Stunde. Paine dachte diese Worte nicht, sie schienen aus ihm heraus zu glühen, in feurigen Lettern, wie in dieser biblischen Geschichte, an der schmutzigen Toilettenwand zu lodern.

Wie auf Stelzen stieg er über die mit dem Gesicht am Boden liegende Gestalt mit der weißen Schürze hinweg. Er warf einen Blick durch den Türspalt. Die Bar war leer, und vielleicht hatte man draußen auf der Straße auch nichts gehört; immerhin lagen zwei Türen dazwischen.

Er legte das verdammte Ding weg, das Tod um sich verbreitete allein dadurch, daß es in seinem Besitz war. Hätte er es Burroughs nicht abgenommen, wäre der Mann hier vielleicht noch am Leben. Aber ohne dieses Ding wäre er womöglich jetzt wegen des ersten Mordes verhaftet worden. Warum der Waffe die Schuld geben und nicht einfach dem Schicksal.

All das Geld, überall auf dem Boden. Er hockte sich hin und suchte Schein für Schein zusammen, während er zählte. Zwanzig, vierzig, sechzig, achtzig. Die Scheine lagen zu beiden Seiten der Leiche verstreut. Im Laufe seiner grausigen Geldsuche mußte er ein paarmal hin- und herklettern. Eine der Banknoten war zum Teil unter dem Toten begraben, und als er sie herauszerrte, waren Blutspritzer an einer Ecke. Er zog eine Grimasse, schüttelte sie und wischte sie ab, doch einiges blieb natürlich haften.

Jetzt hatte er sie alle beisammen, jedenfalls glaubte er das. Er konnte nicht eine Minute länger bleiben, er meinte zu ersticken. Er steckte das Geld zurück an seinen alten Platz in der Hosentasche, die er wieder zuknöpfte. Dann ging er erleichtert hinaus, diesmal sah er nach hinten auf das, was er getan hatte, nicht nach vorne. Dadurch bemerkte er den Betrunkenen erst, als es zu spät war und der Betrunkene ihn bereits gesehen hatte.

Er war zwar ganz ordentlich besäuselt, aber nicht zu sehr, um nicht seine Chance wahrzunehmen. Er mußte sich leise hereingeschlichen haben, während Paine das Geld gesammelt hatte. Er beugte sich eben über das Nummernverzeichnis auf der Musicbox. Bevor Paine wieder verschwinden konnte, hob der Betrunkene den Kopf. Paine schloß schnell die Tür, bevor der andere sehen konnte, was sich dahinter verbarg.

»Na, wird aber langscham Sseit«, lallte der Betrunkene. »Ich möchte was beschellen.«

Mit der Hutkrempe versuchte Paine sein Gesicht so gut wie möglich zuverdecken. »Ich bin hier nicht angestellt«, murmelte er. »Ich bin selbst nur Gast –«

Der Betrunkene wurde lästig. Er krallte sich an Paines Aufschlägen fest, als dieser versuchte, sich an ihm vorbeizudrücken. »Komm'n Sie mir doch nich' damit. Sie haben doch Ihren Mantel da drin abgelegt. Sie glauben wohl, Sie sin' fertig für heute? Also, das sin' Sie nich', bevor ich nich' was zu trinken hab' –«

Paine versuchte, ihn ohne große Gewaltanwendung und weiteres Handgemenge abzuschütteln. Er klammerte sich an ihn wie der leibhaftige Tod. Oder besser am leibhaftigen Tod – ohne es zu wissen.

Paine kämpfte gegen die aufsteigende Panik, deren Ergebnis er nun schon zweimal erlebt hatte. Gleich konnte jemand von draußen hereinkommen, ein Nüchterner. »Schon gut!« Er atmete heftig. »Beeilung. Was soll's sein?«

»Schon besser, jetz' sin' Sie 'n braver Junge.« Der Betrunkene ließ ihn los und ging hinter die Bar. »Für unserein' nix anderes als guten alten Four Roses –»«

Paine schnappte sich die nächstbeste Flasche vom Regal und

gab sie ihm. »Hier, bedienen Sie sich. Sie müssen sie mit rausnehmen, ich – wir schließen jetzt.« Er fand einen Schalter und betätigte ihn. Nur ein Teil der Lichter ging aus. Es war keine Zeit, sich um die übrigen zu kümmern. Er drängte den an der Flasche nuckelnden Betrunkenen vor sich her hinaus und zog die Tür hinter ihnen beiden zu, so daß die Tür verschlossen aussah, auch wenn sie's nicht war.

Der Betrunkene schwankte auf dem Gehsteig herum und begann zu grölen: »Sie sin' vielleicht 'n feiner Kerl, noch nich' mal 'n Glas zum Trinken!«

Paine versetzte ihm einen leichten Schubs in eine Richtung, drehte sich auf dem Absatz um und verschwand in die andere Richtung.

Die Frage war nur, wie betrunken war der andere? Würde er sich an Paine erinnern, würde er ihn wiedererkennen? Die Rufe und Verwünschungen hinter ihm trieben ihn zur Eile an. Nein, nicht schon wieder! Drei Tote in einer Stunde! Das konnte er nicht!

Der Morgen dämmerte schon heran, als er in den kleinen Hof zu seinem Block einbog. Er taumelte auf der Treppe, doch nicht wegen seiner zwei Drinks, sondern wegen seiner zwei Morde.

Schließlich stand er vor seiner Tür – 3-B. Es war schon seltsam, daß man zwei Menschen ins Jenseits befördert hatte, vor der Haustür zu stehen, nach dem Schlüssel zu kramen und ihn ins Schloß zu stecken wie jeden Abend. Als ehrenhafter Mann war er hier weggegangen, und als Doppelmörder kehrte er zurück.

Er hoffte, daß sie schlief. Jetzt konnte er ihr nicht gegenübertreten oder mit ihr sprechen, auch wenn er's versuchte. Er war zutiefst aufgewühlt. Sie würde schon durch einen Blick in sein Gesicht, seine Augen alles erraten.

Leise machte er die Haustür zu, schlich auf Zehenspitzen zum Schlafzimmer und sah hinein. Dort lag sie und schlief. Armes Ding, armes, hilfloses Ding, verheiratet mit einem Mörder.

Er ging wieder hinaus, zog sich im Wohnzimmer aus und blieb dort, nicht einmal auf dem Sofa ausgesteckt, sondern daneben auf den Boden gekauert und Kopf und Arme an die Polster gelehnt. Die Trommeln des Schreckens dröhnten weiter: »Was soll ich jetzt bloß tun?«

Die Sonne stieg so schnell höher, daß sie fast am Himmel emporzuschießen schien. Er öffnete die Augen und fühlte sich besser. Er ging zur Tür und holte die Zeitung herein. In der Morgenzeitung stand noch nichts, da sie bereits kurz nach Mitternacht gesetzt wurde.

Er drehte sich um, und Pauline erschien und sammelte seine Sachen auf. »Überall auf dem Boden, hab' noch nie so einen Mann gesehen –«

Er erwiderte »Nicht–« und versuchte, ihr in die Hand zu fallen, doch es war schon zu spät. Er hatte beim zweitenmal, in der Bar, die Geldscheine so zusammengeknüllt in die Hosentasche gestopft, daß sie sich merklich ausbeulte. Sie öffnete die Tasche und nahm die Scheine heraus, wobei einige zu Boden flatterten.

Sie machte nur große Augen. »Dick!« Sie war ungläubig und überglücklich. »Doch nicht etwa Burroughs? Sag bloß nicht, du hättest endlich –«

»Nein!« Dieser Name ging ihm durch und durch wie ein Chili-Spieß. »Ich bin nicht in seine Nähe gekommen. Er hatte nichts damit zu tun!«

Sie nickte bekräftigend. »Ich nahm das auch nicht an, weil –«

Er ließ sie nicht zu Ende sprechen, trat nahe an sie heran und packte sie bei den Schultern. »Erwähne diesen Namen nicht mehr! Ich will seinen Namen nie mehr hören! Ich habe es woanders her.«

»Von wem?«

Er wußte, er mußte ihr antworten, sonst würde sie Verdacht schöpfen. Er schluckte und sprach ohne Nachdenken irgendeinen Namen aus: »Charly Chalmers«, platzte er heraus.

»Aber er hat's dir erst letzte Woche abgeschlagen!«

»Nun, er hat sich's eben anders überlegt.« Gequält wandte er sich um. »Frag mich nicht mehr, Pauline. Ich halt's nicht aus! Ich habe die ganze Nacht nicht geschlafen. Wir haben es, mehr zählt nicht.« Er nahm ihr seine Hose ab und ging ins Badezimmer, um sich anzuziehen. Burroughs' Kanone hatte er in der Nacht noch in dem eingebauten Wäschekorb hier drinnen versteckt; er wünschte, er hätte das Geld dazugetan. Er steckte den Revolver in die Tasche zurück, wo er in der Nacht zuvor bereits gewesen war. Wenn sie ihn dort berührte –

Er kämmte sich. Die Trommeln hatten sich ein wenig beruhigt, aber er wußte, sie würden wieder ertönen; dies war nur die Ruhe vor dem Sturm.

Als er herauskam, stellte sie gerade Tassen auf den Tisch. Jetzt sah sie besorgt aus; sie spürte, daß etwas nicht stimmte. Er konnte sehen, daß sie Angst hatte, ihn zu fragen, vielleicht auch die Antwort fürchtete. Er konnte einfach nicht hier sitzen und essen, als sei dies ein Tag wie jeder andere. Jede Minute konnten sie ihn abholen.

Er ging am Fenster vorbei. Plötzlich erstarrte er und griff nach dem Vorhang. »Was macht der Mann da unten?« Sie trat hinter ihn. »Der dort unten mit dem Hausmeister spricht –«

»Wieso, Dick, was ist daran schlimm? Jeden Tag hält ein Dutzend Leute an und spricht –«

Er trat einen Schritt zurück. »Er sieht zu uns hoch! Hast du das gesehen? Sie haben sich beide umgedreht und zu uns hochgesehen! Geh zurück!« Mit dem Arm drängte er sie hinter sich.

»Warum? Wir haben doch nichts getan.«

»Sie kommen zum Eingang in diesen Block! Sie kommen hier herauf –«

»Dick, warum benimmst du dich so? Was ist los?«

»Geh ins Schlafzimmer und warte da.« Er war ein Feigling, ja. Aber es gibt verschiedene Arten. Immerhin war er nicht so feige, sich hinter einem Weiberrock zu verstecken. Er stieß sie vor sich her ins Zimmer. Dann ergriff er einen Augenblick ihre Schulter. »Frag nicht. Wenn du mich liebst, bleibst du hier, bis sie wieder weg sind.«

Er schloß die Tür vor ihrem erschrockenen Gesicht. Dann entsicherte er den Revolver. Noch zwei. »Ich kann sie beide erwischen«, dachte er, »wenn ich vorsichtig bin. Ich muß es einfach.«

Also schon wieder!

Das Bimmeln der Türklingeln machte ihn gefühllos. Tödlich langsam, sicheren und festen Schrittes ging er zur Tür. Auf seinem Weg nahm er die Zeitung vom Tisch, rollte sie zusammen und steckte die Hand mit der Waffe hinein. Er drückte die Zeitung mit dem Arm an sich, so daß sie zusammenhielt. Es sah aus, als hätte er eben gelesen und die Zeitung nun sorgsam unter den Arm geklemmt. Die Waffe blieb gut versteckt, solange er sie geneigt hielt.

Er entriegelte das Schloß und trat langsam hinter der Tür

zurück, nur zur Hälfte, mit der unbewaffneten Seite sichtbar. Als der Spalt größer wurde, erschien zunächst der Hausmeister. Neben ihm stand ein Mann mit einer Melone auf dem Hinterkopf und borstigem Schnurrbart, der eine Zigarre zwischen den Zähnen hin- und herschob. Er sah aus wie – einer, der ihn abholte.

Der Hausmeister erklärte mit kaum verhohlener Unverschämtheit: »Paine, der Mann hier sucht eine Wohnung. Ich zeige ihm Ihre, die Sie heute ja räumen müssen. Was dagegen?«

Paine schwang haltlos wie ein Kleidersack an einem Haken gegen die Tür, als sie hereinstürmten. »Nein«, flüsterte er verstört. »Nein, kommen Sie rein.«

Er ließ die Tür offen, um ganz sicher zu sein, daß sie auch wirklich hinuntergingen. Als er sie geschlossen hatte, ergriff Pauline ihn ängstlich am Arm. »Warum wolltest du mich ihnen nicht sagen lassen, daß wir die ausstehende Miete zahlen können und bleiben? Wieso hast du meinen Arm so gedrückt?«

»Weil wir nicht bleiben, und sie sollen nicht wissen, daß wir das Geld haben. Ich will nicht, daß das überhaupt jemand erfährt. Wir gehen hier weg.«

»Dick, was ist denn los? Hast du irgendwas Unrechtes getan?«

»Frag nicht. Hör zu, wenn du mich liebst, stell mir keine Fragen. Ich bin – in Schwierigkeiten. Ich muß hier verschwinden. Egal warum. Wenn du nicht mit mir kommen willst, gehe ich alleine.«

»Ich gehe überall mit dir hin.« Ihr Blick verschleierte sich. »Aber kann man das nicht wieder in Ordnung bringen?«

Zwei unwiderruflich Tote. Er lächelte bitter. »Nein, das geht nicht.«

»Ist es so schlimm?«

Er schloß die Augen und antwortete erst nach einer Weile: »Es ist schlimm, Pauline. Mehr brauchst du nicht zu wissen, und mehr will ich dir nicht sagen. Ich muß hier so schnell wie möglich weg. In der nächsten Minute kann es schon zu spät sein. Laß uns jetzt gehen. Irgendwann heute wird man uns sowieso vor die Tür setzen; das ist ein guter Vorwand. Wir werden nicht warten, sondern gleich gehen.«

Sie machte sich fertig. Er wurde fast verrückt, solange brauchte sie. Sie schien gar nicht zu merken, wie sehr die Zeit drängte. Sie verschwendete so viel Zeit mit Überlegungen, was sie mitnehmen und was hierlassen sollte, als gingen sie auf einen Wochenendausflug. Ständig lief er zur Schlafzimmertür und trieb sie an: »Pauline, beeil dich! Schneller, Pauline!«

Sie weinte viel, aber sie war eine brave Ehefrau und stellte ihm keine Fragen mehr über seine Schwierigkeiten. Sie weinte nur, ohne den Grund zu kennen.

Als sie schließlich mit einer kleinen gepackten Tasche erschien, befand er sich auf allen vieren am Boden, als suchte er einen Kragenknopf, der unter die Kommode gerollt war. Er wandte sich mit betroffener Miene zu ihr: »Zu spät. Ich kann nicht mit dir gehen. Wir werden schon beobachtet.

Sie beugte sich zu ihm hinunter und ruschte neben ihn.

»Schau dort hinüber auf die andere Straßenseite. Siehst du ihn? Während der letzten zehn Minuten hat er sich nicht von der Stelle gerührt. Man steht nicht grundlos so herum –«

»Vielleicht wartet er auf jemand.«

»Tut er auch«, murmelte er unheilvoll, »auf mich.«

»Das kannst du gar nicht wissen.«

»Nein, aber wenn ich's herausfinden will, indem ich mich zeige, kann es bereits zu spät sein, wenn ich die Wahrheit weiß. Du gehst alleine, vor mir.«

»Nein, wenn du bleibst, laß mich bei dir bleiben –«

»Ich bleibe ja nicht, ich kann nicht. Aber es wird leichter sein, wenn wir getrennt gehen, einer nach dem anderen. Ich kann übers Dach klettern oder durch die Kellertür verschwinden. Dich halten sie nicht an, weil du nicht gesucht wirst. Du gehst jetzt und wartest auf mich. Nein, ich habe eine bessere Idee. Du kannst etwas tun, und zwar kannst du zwei Fahrkarten kaufen und am Hauptbahnhof in den Zug steigen, ohne auf mich zu warten –« Er nahm etwas von dem Geld und steckte es in ihre widerstrebende Hand, während er weitersprach: »Jetzt hör genau zu. Zwei Fahrkarten nach Montreal –«

Bestürzung flackerte in ihrem Blick auf. »Wir verlassen das Land?«

Wenn man einen Mord begangen hat, gibt es überhaupt kein Land mehr, in das man gehen kann. »Wir müssen, Pauline. Es gibt einen Zug, der jeden Abend um acht abfährt. Punkt acht am Hauptbahnhof! Am Bahnhof in der Vorstadt hält er zwanzig Minuten später. Dort steige ich dann zu. Sieh zu, daß du ihn erwischst, sonst verpassen wir uns. Halte für mich einen Platz neben dir frei –«

Sie klammerte sich verzweifelt an ihn. »Nein, nein. Ich habe Angst, daß du nicht kommst. Du wirst ihn verpassen. Wenn ich dich jetzt verlasse, sehe ich dich vielleicht nie wieder. Und ich mache die Reise dorthin alleine, ohne dich –«

Er versuchte, sie zu beruhigen, und hielt ihre Hände fest zwischen seinen. »Pauline, ich gebe dir mein Ehrenwort –« Nicht besonders gut, da er ja jetzt ein Mörder war. »Pauline, ich schwöre dir –«

»Hier – darauf. Schwöre darauf einen heiligen Eid, sonst gehe ich nicht.« Sie nahm ein kleines Karneolkreuz an einer goldenen Kette aus ihrer Handtasche – eins der wenigen Dinge, die ihnen nicht weggepfändet worden waren. Sie legte es auf ihre Handfläche und drückte seine flache Hand darauf. Mit tiefer Innigkeit sahen sie einander in die Augen.

Seine Stimme bebte. »Ich schwöre, daß nichts mich davon abhalten wird, in diesen Zug zu steigen. Ich werde dir folgen, egal, was passiert oder wer versucht, mich aufzuhalten. Bei Wind und Wetter, tot oder lebendig, treffe ich mich mit dir im Acht-Uhr-Zwanzig-Zug heute abend!«

Sie legte das Kreuz wieder weg, und ihre Lippen streiften sich kurz, aber voller Hingabe.

»Beeil dich jetzt«, drängte er sie. »Er ist immer noch da. Schau ihn nicht an, wenn du an ihm vorbeigehst. Wenn er dich anhält und nach deinem Namen fragt, nenne ihm einen anderen –«

Er begleitete sie bis zur Wohnungstür und beobachtete sie, wie sie die Treppen hinunterging. Zuletzt flüsterte sie: »Dick, sei vorsichtig, um meinetwillen. Paß auf, daß dir inzwischen nichts zustößt.«

Er ging zum Fenster zurück und kauerte sich dort, mit der Wange am Fenstersims, hin. Ein paar Minuten später erschien sie unten. Sie riß sich zusammen, nicht zu ihm hochzusehen, obwohl der Wunsch sehr stark gewesen sein mußte. Der Mann stand immer noch drüben. Er schien sie nicht zu bemerken und sah sogar in eine andere Richtung.

Hinter der Häuserfront verschwand sie aus dem Blickfeld, da die Fenster ihrer Wohnung auf den Hof hinausgingen. Paine fragte sich, ob er sie je wiedersehen würde. Natürlich würde er; er mußte es. Er wußte wohl, daß es für sie besser wäre, wenn sie sich nicht wiedersehen würden. Es war unfair, sie in sein Schicksal mit hineinzuziehen. Aber er hatte einen heiligen Eid geschworen, und den gedachte er zu halten.

Zwei, drei Minuten flossen dahin. Das Katz-und-Maus-Spiel ging weiter. Er kauerte bewegungslos am Fenster, der andere stand bewegungslos auf der anderen Straßenseite. Sie mußte jetzt an der Ecke unten sein. Dort würde sie den Bus nehmen und in die Stadt fahren. Vielleicht würde sie einige Minuten auf den Bus warten müssen, vielleicht war sie immer noch in Sichtweite. Doch wenn der Mann ihr nachgehen und sie ansprechen wollte, hätte er jetzt losgehen müssen. Dann würde er nicht immer noch dort stehen.

Dann bemerkte Paine, daß der andere ging. Er sah den Weg hinab, warf etwas weg, das er geraucht hatte, und ging zielbewußt in jene Richtung. Es gab keinen Zweifel, daß er zu oder nach jemandem schaute, das konnte man an der bestimmten Haltung seines Kopfes sehen.

Paine begann, heiß und schnell zu atmen. »Ich bring' ihn um. Wenn er sie berührt oder versucht, sie aufzuhalten, bringe ich ihn am hellen Tag auf offener Straße um.« Immer noch waren Furcht und Feigheit seine Triebfeder, doch konnte man das jetzt kaum nochauseinanderhalten.

Er fühlte nach der Pistole und legte die Hand vorn auf die Brusttasche seines Mantels. Dann stand er auf, rannte aus der Wohnung und die Treppen hinunter. Mit einem Satz durchquerte er den kleinen gepflasterten Hof, flitzte an der Hausfront vorbei und lief in die Richtung, die die beiden genommen hatten.

Als er das Bild, das sich ihm bot, voll wahrnahm, blieb er abrupt stehen. Es waren drei Szenen, die er fast gleichzeitig in sich aufnahm. Zunächst bemerkte er nur die beiden ersten. Da war einmal der Bus unten an der Ecke, dessen vorderes Drittel mit geöffneter Tür auftauchte. Er erhaschte einen Blick auf Paulines Rücken, als sie gerade einstieg, von niemand verfolgt oder belästigt.

Die Tür schloß sich automatisch, der Bus glitt aus seinem Blickfeld und verschwand auf der anderen Seite. Etwas näher, auf der gegenüberliegenden Straßenseite, stand wieder der Mann, der so lange Wache gehalten hatte, und sprach wild gestikulierend auf eine mit Paketen beladene Frau ein, die gerade aufgetaucht war. Beide redeten so laut, daß Paine sie mühelos verstehen konnte.

»Eine geschlagene halbe Stunde habe ich hier gestanden, und keiner hat mich reingelassen!«

»Na und, ist es etwa meine Schuld, wenn du ohne Schlüssel weggehst? Nimm ihn das nächste Mal gefälligst mit!«

Noch näher, auf Paines Straßenseite, löste sich eine lungernde Gestalt von der Hauswand und betrat sein Blickfeld. Der Mann war die ganze Zeit nur wenige Meter entfernt gewesen, doch da Paines Augen sich auf weitere Entfernungen eingestellt hatten, war er ihm bisher entgangen.

Sein Gesicht tauchte plötzlich drohend vor Paine auf. Sein Blick bohrte sich mit unmißverständlicher Absicht in Paines Augen. Er sah nicht nur aus wie einer, der jemanden abholt. Er benahm sich wie einer, der das berufsmäßig tut. Er kramte in der Jackentasche nach Papieren oder einem Ausweis. Dann meinte er leise und undeutlich, aber unüberhörbar befehlend: »Eine Minute, alter Knabe. Sie heißen Paine, nicht wahr? Ich möchte mit Ihnen sprechen –«

Paine mußte seinen Muskeln keinen Befehl geben, sie funktionierten automatisch. In einem geschmeidigen Satz trugen seine Beine ihn zurück in den Schutz des Hofes. Er war bereits auf der Treppe zur Haustür, als der andere eben um die Hausecke bog. Und als der gnadenlos langsame, aber deutlich vernehmbare Schritt des anderen eben unten auf der Treppe ankam, stand er schon hinter seiner Wohnungstür.

Der Mann schien ihn alleine zu verfolge. Wußte er denn nicht, daß Paine bewaffnet war? Er würde schon noch drauf kommen. Jetzt war er auf dem Treppenabsatz. Er schien genau das Stockwerk und die Tür zu kennen, vor der er stehenbleiben mußte. Vielleicht hatte der Hausmeister es ihm verraten. Aber warum war er dann nicht früher her gekommen? Vielleicht hatte er auf Begleitung gewartet, und Paine hatte ihnen einen Strich durch die Rechnung gemacht, weil er zu früh aufgetaucht war.

Paine stellte fest, daß er in der Falle saß, weil er zurückgekehrt war. Aber der natürliche Instinkt eines jeden gejagten Wesens, ob zwei- oder vierbeinig, treibt es in einen Bau, weg aus dem Freien. Jetzt war es zu spät: Der andere stand draußen auf der anderen Seite der Tür. Er versuchte, seinen keuchenden Atem zu dämpfen.

In seinen Ohren klang das, als rieselte etwas durch ein Sieb.

Der andere klingelte und klopfte nicht; er drehte halb verstohlen und halb gereizt am Türknopf. Wirbelnde Panik begann Paine wieder aufzuwühlen. Er konnte ihn nicht hereinlassen, und er konnte ihn auch nicht wieder weglassen. Der andere würde nur Verstärkung holen.

Paine richtete die Mündung des Revolvers auf den Türspalt genau in der Mitte zwischen den beiden Türangeln. Mit der anderen Hand entriegelte er die Tür.

Jetzt sollte er die Tür öffnen, wenn er sterben wollte.

Der Mann hatte ständig am Türknopf gedreht. Nun glitt die Tür weit auf. Paine hielt den Revolver genau in Kopfhöhe des Eindringlings.

Der Schuß dröhnte. Der andere fiel in die Wohnung, nur die Füße lagen noch draußen.

Paine trat hinter der Tür hervor, zog ihn ganz herein und schloß die Tür. Er hielt inne; dann tastete er ihn ab, wobei er einen Revolver fand, schwerer und professioneller als seiner. Den nahm er an sich. Auch eine Brieftasche voller Geld kam zum Vorschein, die er ebenfalls nahm. Dann angelte er nach dem Abzeichen.

In der Brusttasche, in der der andere gekramt hatte, war keins. Nur ein Stapel billig bedruckter Visitenkarten: Star Finance Company. Kredite. In jeder Höhe, ohne Sicherheiten.

Dann war er ja gar kein Greifer gewesen! Ganz offensichtlich war er irgendein Kredithai, angezogen vom Geruch von Paines Schwierigkeiten.

Dreimal in weniger als vierundzwanzig Stunden.

Instinktiv wußte er, daß ihn nun endgültig sein Schicksal ereilte. Er fühlte jetzt nicht mehr die Bestürzung wie bei den ersten beiden Morden. Jetzt erkaufte er sich nur noch Zeit mit Kugeln. Und die Zinsen stiegen, während die Zeit immer kürzer wurde. Es blieb keine Zeit mehr für Bedauern.

Türen begannen sich draußen zu öffnen, und Stimmen riefen hin und her: »Was war das – ein Schuß?«

»Es hörte sich an, als wäre es aus 3-B gekommen.«

Er mußte jetzt sofort gehen, sonst säße er wieder in der Falle. Und diesmal endgültig. Er zog die Leiche aus dem Blickfeld von draußen, knöpfte seine Jacke zu und atmete tief durch; dann öffnete er die Tür, ging hinaus und schloß die Tür hinter sich. Alle anderen Türen standen offen, und Leute spähten heraus. Sie hatten sich noch nicht im Hausflur versammelt, und die meisten waren sowieso Frauen. Eine oder zwei wichen ängstlich zurück, als sie ihn auftauchen sahen.

»Es war nichts«, erklärte er. »Ich habe nur eben drinnen einen großen Tonkrug fallenlassen.«

Er wußte, sie würden ihm nicht glauben.

Er lief die Treppen hinunter. Auf der dritten Stufe blickte er über das Geländer und sah den Polizisten heraufkommen. Jemand hatte also bereits telefoniert oder gerufen. Er drehte sich um, raste um den eigenen Treppenabsatz herum und weiter nach oben.

Der Polizist rief: »Halt, bleiben Sie stehen!« Er kam ihm jetzt schnell nach. Doch Paine war ebenso rasch.

Der Polizist sagte: »Gehen Sie alle in Ihre Wohnungen! Ich schieße!«

Türen begannen zu knallen wie Knallfrösche. Schnell beugte sich Paine über das Treppengeländer und schoß zuerst.

Der Polizist wurde herumgeschleudert, griff jedoch nach dem Geländer und zog sich hoch. Er starb nicht so leicht wie die anderen. Er feuerte viermal, bevor ihm der Revolver entglitt. Drei Schüsse gingen daneben, der vierte traf Paine.

Er traf ihn rechts in der Brust, und er brach im Treppenhaus zusammen. Schmerz flammte auf, ließ dann aber nach. Er merkte, daß er aufstehen konnte. Vielleicht weil er mußte. Er ging zurück und sah hinunter. Der Polizist war über dem Treppengelnder zusamengeklappt und bis zum nächsten Absatz hinuntergerutscht, so wie ein Kind das Treppengeländer hinunterrutscht. Nur hing er mit dem Bauch darüber. Dann fiel er hinunter auf den Treppenabsatz, rollte herum, blieb liegen und sah blicklos zu Paine auf.

Vier.

Paine stieg hinauf zum Dach, aber nicht mehr so rasch und mühelos. Die Stufen schienen wie eine Rolltreppe, die in der anderen Richtung lief und ihn mit sich hinunternehmen wollte. Über das Dach ging er zum Dach des nächsten Aufgangs, stieg hinunter und kam auf der hinteren Parallelstraße heraus. Die Gebäude standen Rücken an Rücken. Ein Streifenwagen kam quietschend zum Stehen. Außer Sichtweite vor seinem Hauseingang. Er konnte es hier über die Dächer hinweg hören.

Seine Hüfte wurde feucht, dann sickerte Blut bis zum Knie hinab. Da er dort nirgends getroffen worden war, mußte er stark bluten. Er sah ein Taxi, das er heranwinkte. Es hielt an und nahm ihn auf. Beim Einsteigen hatte er Schmerzen. Auf die Frage des Fahrers nach seinem Ziel konnte er fast eine Minute lang nicht antworten. Der Socken im Schuh fühlte sich klebrig an vom Blut. Er wünschte, er könnte die Blutung bis zwanzig nach acht stoppen. Er mußte Pauline im Zug treffen, und bis dahin war noch eine lange Zeit, am Leben zu bleiben.

Der Fahrer war inzwischen losgefahren und um die Kurve gebogen, ohne auf weitere Erklärungen zu warten. Er fragte noch einmal nach dem Ziel.

Paine erwiderte: »Wie spät ist es?«

»Viertel vor sechs, Mann.«

Das Leben war schrecklich kurz – und schrecklich schön. Er sagte: »Fahren Sie mich im Park herum.« Das war am sichersten, dort würde niemand nach ihm suchen.

Er dachte: »Ich wollte schon immer mal im Park herumfahren. Ohne bestimmtes Ziel nur einfach langsam herumfahren. Vorher hatte ich nie das Geld dazu.«

Jetzt hatte er mehr Geld als Zeit, es auszugeben.

Die Kugel mußte noch stecken. Sein Rücken schmerzte nicht, also war sie nicht ausgetreten. Irgend etwas hatte sie aufgehalten. Die Blutung hatte aufgehört. Er fühlte das Blut trocknen, doch der Schmerz ließ ihn fast ohnmächtig werden.

Der Fahrer bemerkte es und fragte: »Sind Sie verletzt?«

»Nein, ich habe nur einen Krampf, weiter nichts.«

»Soll ich Sie zu einem Drugstore fahren?«

Paine lächelte schwach. »Nein, ich glaube, es geht auch so.«

Sonnenuntergang im Park. So friedlich und nüchtern. Lange Schatten fielen auf die gewundenen Pfade. Ein oder zwei verspätete Kindermädchen schoben Kinderwagen heimwärts. Ein paar Bummler saßen auf den Bänken in der Dämmerung. Ein kleiner See mit einem Boot darauf – ein Matrose auf Landurlaub ruderte sein Mädchen spazieren. Ein Limonaden- und Popcornverkäufer rollte seinen Erfrischungsstand heim.

Langsam kamen die Sterne heraus. Manchmal erschienen die schwarzen Silhouetten der Bäume vor dem kupferfarbenen

Abendhimmel. Manchmal verschwamm alles, und er hatte das Gefühl, in einem Strudel umherzukreisen. Jedesmal bekämpfte er es und klärte seinen Kopf. Er mußte den Zug erreichen.

»Sagen Sie mir, wenn's auf acht Uhr geht.«

»Sicher, Mann. Es ist erst viertel vor sieben.«

Paine wurde von einem Stöhnen zerrissen, als der Wagen über ein Schlagloch fuhr. Er versuchte, leise zu sein, aber der Fahrer mußte ihn gehört haben.

»Tut noch weh, was?« erkundigte er sich mitfühlend. »Sie sollten was dagegen tun.« Dann erzählte er über seine eigenen Unpäßlichkeiten. »Nehmen Sie mich zum Beispiel. Mir geht's gut, bis ich Bouletten mit Kräuterbier esse. Jedesmal, wenn ich das esse. Jedesmal, wenn ich das esse –«

Ganz plötzlich unterbrach er sich. Er starrte unverwandt in den Rückspiegel. Paine schlug vorsichtig die Mantelaufschläge vor seiner dunklen Hemdbrust zusammen, doch er wußte, daß es dafür zu spät war.

Der Fahrer sprach lange Zeit kein Wort. Er dachte darüber nach, und er war langsam im Denken. Dann schlug er unvermittelt vor: »Möchten Sie Radio hören?«

Paine wußte, daß er jetzt dran war. Er dachte: »Er will sehen, ob er etwas über mich herausfinden kann.«

»Sie können ruhig«, drängte der Fahrer. »Ist im Fahrpreis drin, kostet Sie nichts extra.«

»Von mir aus«, stimmte Paine zu. Er wollte selbst etwas hören.

Die Musik dämpfte den Schmerz etwas. »Ich habe auch gerne getanzt«, sinnierte Paine, als er den Klängen lauschte, »bevor ich anfing, Leute umzulegen.«

Es dauerte lange, bis etwas kam.

»Stadtweite Suche nach Richard Paine. Paine, dem die Wohnung gekündigt worden war, erschoß den Angestellten einer Finanzierungsgesellschaft. Officer Harold Carey, der auf den Hilferuf hin kam, ereilte das gleiche Schicksal. Bevor er jedoch in Ausübung seines Dienstes starb, konnte der Streifenpolizist den Gangster ernsthaft verwunden. Eine Blutspur des Flüchtigen auf seinem Weg zum Dach, über das ihm die Flucht gelang, scheint dies zu bestätigen. Er ist immer noch frei, wahrscheinlich jedoch nicht mehr lange. Halten Sie sich von diesem Mann fern, er ist gefährlich.«

»Nicht, wenn ihr ihn in Ruhe laßt«, dachte Paine bekümmert. Er musterte die plötzlich starre Gestalt vor ihm. »Ich muß was mit ihm tun – jetzt – glaube ich!«

Die Nachricht kam zu einem für den Fahrer recht ungünstigen Zeitpunkt. Einige der Hauptwege durch den Park waren stark belebt und hell erleuchtet. Er hätte Hilfe von einem anderen Autofahrer bekommen können. Aber während die Nachricht durchkam, waren sie auf einem dunklen, einsamen Nebenweg und kein Auto weit und breit zu sehen. Nach der nächsten Kurve stieß der Nebenweg wieder auf einen der belebten Hauptwege. Man konnte den Lärm bis hierher hören.

»Fahren Sie dort rüber«, befahl er dem Fahrer. Er hatte den Revolver gezogen. Er wollte ihn nur mit der Waffe hinhalten und ihn bis zwanzig nach acht fesseln.

Daran, wie der Fahrer heftig ausatmete, konnte man erkennen, daß er sich seit den Nachrichten über Paine im klaren war und nur darauf gewartet hatte, daß sie zu einem der Ausgänge oder an eine rote Ampel kamen. Er bremste. Dann schnellte er plötzlich aus dem Wagen und versuchte, im Gebüsch unterzutauchen.

Paine mußte ihn erwischen, und zwar schnell, sonst würde er die Parkaufsicht alarmieren. Sie würden die Ausgänge dichtmachen. Er wußte, er konnte nicht hinaus und hinter ihm her. Langsam zielte er, versuchte ihn in den Fuß oder das Bein zu treffen, um ihn bewegungsunfähig zu machen.

Der Fahrer war über etwas gestolpert und hingefallen, kurz bevor der Schuß losging. Die Kugel mußte ihn stattdessen in den Rücken getroffen habe. Er lag reglos da, als Paine zu ihm kam, lebte aber noch. Die Augen standen offen, als wäre sein Nervenzentrum gelähmt.

Er konnte selbst kaum stehen, schaffte es aber, ihn zum Taxi hinüberzuschleifen und irgendwie hineinzuzerren. Er nahm die Fahrermütze und setzte sie auf.

Er konnte fahren – oder konnte es jedenfalls, bevor er anfing zu sterben. Er rutschte hinter das Lenkrad und lenkte den Wagen langsam auf den Weg. Der Schuß hatte sich anscheinend im Freien verloren und war für eine Fehlzündung gehalten worden; der Verkehrsstrom rollte achtlos vorbei, als er sich unbemerkt einordnete. Bei der nächsten Gelegenheit verließ er ihn wieder und bog rechts in einen dunklen, leeren Weg ein.

Er hielt noch einmal an, öffnete die rückwärtige Türe, um nach dem Fahrer zu sehen. Irgendwie wollte er ihm helfen, wenn er dazu in der Lage war. Vielleicht konnte er ihn vor einem Krankenhaus hinlegen.

Zu spät. Die Augen des Fahrers waren geschlossen. Er war bereits tot.

Fünf.

Es bedeutete nichts mehr. Schließlich hat für einen Sterbenden der Tod keine Bedeutung mehr. »In einer Stunde etwa sehen wir uns wieder«, sagte er.

Er zog dem Fahrer den Mantel aus und breitete ihn über ihn, damit das bleiche Gesicht nicht durch das Fenster zu sehen war, für den Fall, daß jemand dem Fenster zu nahe kam. Er hielt nichts davon, ihn aus dem Auto zu ziehen und ihn hinten im Park zu lassen. Die Scheinwerfer irgendeines Autos hätten ihn zu schnell erfassen können. Und es erschien ihm passender, ihn in seinem eigenen Wagen der ewigen Ruhe zu überlassen.

Es war nun zehn vor acht. Er machte sich jetzt besser zum Bahnhof auf. Ampeln konnten ihn aufhalten, und der Zug hielt im Vorstadtbahnhof nur wenige Minuten.

Er mußte sich wieder in den Verkehrsstrom einfädeln, um aus dem Park zu kommen. Er blieb auf der äußeren Fahrbahn und fuhr langsam. Ein paarmal kam er von der Fahrbahn ab, doch nicht, weil er nicht fahren konnte, sondern weil sich sein Bewußtsein immer wieder trübte. Jedesmal bekam er sich und das Fahrzeug wieder in den Griff. »Zug, acht Uhr zwanzig.« Diesen Satz schwenkte er wie eine rote Laterne vor sich her. Aber wie ein Verschwender verbrauchte er in wenigen Minuten Jahre seines Lebens, und sehr bald gingen sie ihm aus.

Einmal kreischte ein Polizeiauto an ihm vorbei, das eine Abkürzung durch den Park von einer Seite der Stadt zur anderen nahm. Er fragte sich, ob sie hinter ihm her wären. Er machte sich keine großen Gedanken darum. Es zählte nicht mehr viel. Nur der Acht-Uhr-Zwanzig-Zug.

Immer wieder brach er über dem Lenkrad zusammen, wobei es jedesmal gegen seine Brust stieß, und das Auto schleuderte, als würde es den Schmerz auch spüren. Ein paarmal streifte er Stoßstangen, und schwache Stimmen aus einer anderen Welt, der

Welt, die er nun hinter sich ließ, fluchten hinter ihm her. Ob sie ihm auch solche Ausdrücke nachgerufen hätten, wenn sie wüßten, daß er starb?

Er hatte noch ein Problem: Das Gaspedal hatte keinen gleichmäßigen Zug. Er trat es manchmal leer durch, als würde der Strom wegbleiben, und der Wagen rollte langsam aus. Das geschah, als er eben den Park verließ und den großen, runden Platz vor dem Ausgang querte. Der Verkehr dort wurde von Ampeln geregelt, und er würgte den Motor ausgerechnet in der Grünphase ab. Auf einer Plattform stand ein Verkehrspolizist. Er pfiff so laut, daß ihm fast die Backen platzten, und winkte ihm so heftig, daß er beinahe heruntergefallen wäre.

Hilflos saß Paine einfach nur da.

Wie ein wütender Stier stapfte der Polizist zu ihm herüber. Paine hatte keine Angst wegen seiner Fracht auf dem Rücksitz. Diese Art Furcht hatte er längst überwunden. Aber wenn dieser Polizist auch nur irgendwas unternahm, um ihn vom Acht-Uhr-Zwanzig-Zug abzuhalten –

Schließlich langte er hinunter und ergriff seinen Fuß am Gelenk, hob ihn etwas an, und als er ihn wieder zurückfallen ließ, startete der Motor. Es war komisch, aber das hatten manche Aspekte des Todes wohl so an sich.

Der Polizist ließ ihn wegfahren, denn wenn er ihn länger aufgehalten hätte, wäre die Folge ein noch größeres Verkehrschaos gewesen.

Er war fast da. Nur noch gerade durchs Zentrum und ein kurzes Stück nach Norden. Gut, daß er sich daran erinnerte, denn er konnte die Straßenschilder nicht mehr erkennen. Manchmal schienen sich die Gebäude über ihn zu neigen, als wollten sie gleich über ihm zusammenstürzen. Manchmal schien er einen steilen Abhang zu erklimmen, wo gar keiner war, wie er wußte. Doch er wußte auch, daß das von seinem Schwanken auf dem Fahrersitz herrührte.

Das gleiche passierte ein paar Blocks weiter, direkt vor einem großen protzigen Apartmenthaus, gerade als der Portier herausstürzte und pfiff. Er hatte bereits die Hand am Griff der rückwärtigen Tür und sie weit aufgerissen, noch bevor Paine ihn daran hindern konnte, obwohl der Wagen noch rollte. Zwei Frauen in Abendkleidern verließen das Haus, eine vor der anderen.

»Nicht! Besetzt«, versuchte Paine zu erklären. Entweder war

seine Stimme zu schwach, um gehört zu werden, oder sie beachteten ihn gar nicht. Und er konnte seinen Fuß nicht hinunterstemmen.

Die erste Frau rief gellend: »Beeil dich, Mutter. Donald wird mir nie verzeihen. Ich habe versprochen, um halb acht –«

Sie setzte den Fuß aufs Trittbrett. Dann blieb sie wie vom Donner gerührt stehen. Sie mußte gesehen haben, was drinnen lag. Hier war es heller als im Park.

Paine fuhr mit offener Tür los; er ließ sie dort stehen, mitten auf der Straße, versteinert in ihrem weißen Satinabendkleid, hinter ihm herstarrend. Sie war viel zu betäubt, um zu schreien.

Dann war er endlich da. Er hatte auch eine kurze Verschnaufpause. Alles wurde ein wenig klarer, wie im Theater, wenn nach einer Vorführung die Lichter angehen, bevor sie für die Nacht verlöschen.

Der Vorstadtbahnhof war unter eine Brücke gebaut, auf der die Schienen über die Straße führten. Er konnte nicht direkt davor halten, weil dort Parkverbot war. Und zu beiden Seiten des Parkverbots standen lange Taxireihen. Er bog in die kleine Sackgasse zwischen der Brücke und den anschließenden Gebäuden ein. Es gab einen Seiteneingang, der hier herausging.

Noch vier Minuten. In weiteren vier Minuten fuhr er ab. Er hatte den Hauptbahnhof schon verlassen, war auf dem Weg, ratterte irgendwo zwischen dort und hier dahin. Er dachte: »Ich gehe jetzt besser, denn ich habe noch einen mühseligen Weg vor mir.« Er fragte sich, ob er das alles durchstehen würde.

Er wollte einfach hierbleiben und auf die Ewigkeit warten.

Zwei Minuten. Er traf über ihm ein; er konnte ihn auf den Stahlschienen rumpeln und rattern hören, dann den langen Einlauf im Bahnhof.

Der Gehsteig von der Autotür zum Bahnhofseingang sah so furchtbar breit aus. Er nahm seine letzten Energiereserven zusammen, ließ das Auto stehen, lief im Zickzack los, wobei ihm immer wieder die Knie einknickten. An der Bahnhofstür konnte er sich wieder hochziehen. Er kam in den Wartesaal, der so groß war, daß er wußte, er würde ihn nie durchqueren können. Noch eine Minute. So nah und doch so unendlich weit weg . . .

Der Lautsprecher rief bereits aus: »Montreal Expreß – acht Uhr zwanzig! – über Pittsfield, Burlington, Rouse's Point nach Montreal! Bitte einsteigen!«

Die Bankreihen halfen ihm, die sonst unüberwindliche Entfernung durch den Wartesaal zu schaffen. Es fiel auf den äußersten Sitz in der ersten Reihe, riß sich ein wenig zusammen, stolperte fünf Sitze weiter, brach dort zusammen; das wiederholte er, bis er in Reichweite der Sperre war. Aber die Zeit, der Zug, das Leben gingen so rasch dahin.

Noch fünfundvierzig Sekunden. Der letzte verspätete Fahrgast war bereits oben. Es gab zwei Wege hinauf: eine lange Treppe und eine Rolltreppe.

Schwankend erreichte er die Rolltreppe. Hätte er nicht die Mütze des Taxifahrers aufgehabt, wäre er nie durch die Sperre gekommen – daran hatten er und Pauline nicht gedacht.

»Hole nur einen Fahrgast ab«, murmelte er fast unverständlich, und die langsame Treppe trug ihn hinauf.

Oben auf dem Bahnsteig ertönte ein Pfiff. Achsen und Radnaben kreischten.

Er konnte nur eins tun: auf der Rolltreppe stehenbleiben. Hinter ihm war niemand, und wenn er jetzt hinaufging, würde er die ganze lange Bahn wieder hinunterstürzen. Er grub die Fingernägel in die Halter auf der Seite und hing dort wie am Leben selbst.

Irgendwo draußen auf der Straße erhob sich ein Tumult. Er konnte das aufgeregte Pfeifen der Polizei hören.

Eine Stimme rief: »Wohin ist er gegangen?«

Jemand erwiderte: »Ich habe ihn in den Bahnhof laufen sehen.«

Nun hatten sie die Fracht im Wagen gefunden.

Gleich nachdem die Decke des Wartesaals seinem Blickfeld entschwunden war, hörte er eine Menge Füße von allen Seiten zusammenlaufen. Aber darauf konnte er jetzt nicht achten. Endlich war er oben am Bahnsteig. Wagen schwebten vorbei. Eine Zugtür erschien, in die eben der Schaffner einstieg. Paine lief hinüber, fast am Boden, den Arm wie zum faschistischen Gruß erhoben.

Er schrie wortlos. Der Schaffner drehte sich um und sah ihn. Jemand zerrte an ihm, und plötzlich wurde er hineingezogen. Der Schaffner warf ihm einen scharfen Blick zu, zog die klappbare Treppe ein und warf die Tür zu.

Zu spät. Ein Polizist, ein paar Gepäckträger und einige Taxifahrer erschienen oben am Ende der Rolltreppe. Eine Wagenlänge weiter konnte er sie schreien hören. Die Zugbegleiter hinten würden die Türen nicht öffnen. Mit einemmal war der Bahnsteig zu Ende und der Bahnhof verschwunden.

Wahrscheinlich glaubten sie nicht, daß er ihnen entkommen war, aber er war es. Sicherlich hatten sie zur nächsten Station telefoniert; sie würden den Zug anhalten, um ihn in Harmon zu verhaften, wo von Elektrizität auf Dampfloks gewechselt wurde. Aber sie würden ihn nicht bekommen. Er würde nicht mehr da sein. Nur sein Körper.

Jeder weiß, wann er stirbt; er wußte, daß er keine fünf Minuten mehr leben würde.

Er stolperte einen langen, hell erleuchteten Gang hinunter. Er konnte die Gesichter kaum noch erkennen. Aber sie würde ihn erkennen; es würde gutgehen. Der Gang endete, und er mußte eine weitere Plattform durchqueren. Er fiel auf die Knie, da er keinen Halt fand.

Irgendwie kam er wieder hoch und ging in den nächsten Waggon.

Ein weiterer, meilenlanger Gang.

Er war fast durch; er konnte schon die nächste Plattform sehen. Oder vielleicht war das die Tür zur Ewigkeit. Plötzlich streckte sich vom allerletzten Sitz eine Hand nach ihm aus, und Paulines Gesicht sah ängstlich zu ihm hoch. Er wand sich wie ein ausgewrungenes Spültuch und ließ sich auf den leeren Sitz neben ihr fallen.

»Du wärst beinahe vorbeigelaufen«, flüsterte sie.

»Ich konnte dich nicht deutlich sehen, die Lichter flackern so.«

Sie sah ihn überrascht an, denn für sie brannten die Lichter stetig.

»Ich habe mein Wort gehalten«, keuchte er. »Ich habe den Zug geschafft. Aber – oh, ich bin so müde – und jetzt schlafe ich.« Er begann, zu ihr hinüberzugleiten, und er ließ den Kopf in ihren Schoß fallen.

Ihre Handtasche lag dort, und als sein Kopf hinuntersank, verrutschte sie. Sie fiel zu Boden, wobei sie sich öffnete, und der ganze Inhalt verstreute sich auf dem Boden um ihre Füße.

Seine trüben Augen öffneten sich zum letztenmal und richteten sich schwach auf ein kleines Bündel Banknoten, von einem Gummiband zusammengehalten, das mit allem anderen herausgerollt war.

»Pauline, all das Geld – woher hast du das? Ich habe dir doch nur gerade genug für die Fahrkarten gegeben –«

»Burroughs hat's mir gegeben. Es sind die zweihundertfünfzig, über die wir schon so lange gesprochen haben. Ich wußte am Ende, daß du nie hingehen und ihn drum bitten würdest. Deshalb bin ich gestern selbst hingegangen – vergangenen Abend, gleich nachdem du aus dem Haus warst. Er gab sie mir bereitwillig, ohne ein Wort. Ich versuchte es dir heute morgen zu erzählen, aber du wolltest nicht, daß ich seinen Namen erwähne . . .«

›Momentum‹. *Alfred Hitchcock Presents,* 24. Juni 1956. Regie: Robert Stevens. Drehbuch von Francis Cockrell nach Cornell Woolrichs Geschichte ›Murder Always Gathers Momentum‹ (Detective Fiction Weekly, 14. Dezember 1940; unter dem Titel ›Momentum‹ in der Sammlung von Woolrichs Somebody on the Phone erschienen, Lippincott, 1950, wie von William Irish). Mit Skip Homeier (Dick Paine), Joanne Woodward (Beth Paine), Ken Christy (A. T. Burroughs), Henry Hunter (Mann von der Finanzierungsgesellschaft), Mike Ragen (Taxifahrer), Billy Newell (Charlie), Frank Kreig (Hausmeister).

Cornell Woolrich (1903–1968) war ein großartiger Verfasser spannender Geschichten, und seine 1942 erschienene Story ›Rear Window‹ brachte ihm den Titel des größten Meisters spannender Unterhaltung ein. Als *Alfred Hitchcock Presents* 1955 gesendet wurde, ein Jahr nach dem Hitchcock-Klassiker ›Rear Window‹, war klar, daß die Serienautoren sich nach mehr Material von Woolrich umsehen würden. Drei seiner Geschichten wurden aufgekauft und in Dreißig-Minuten-Fernsehspielen realisiert. Leider führte bei keiner Hitchcock selbst Regie, und keine kam auf dem kleinen Bildschirm gut heraus. Woolrichs ›Momentum‹ war ein hervorragender Absteiger-Krimi, aber Regisseur Robert Stevens und Drehbuchautor Francis Cockrell hatten noch nicht einmal versucht, die trostlos depressive Szenerie und die düstere Sensibilität der Geschichte einzufangen. Im Fernsehspiel zum Beispiel ereilt Paine sein Schicksal nicht wegen seiner verzweifelten wirtschaftlichen Lage, sondern wegen seiner geldgierigen Frau. In den schillernden Fünfzigerjahren lief diese Geschichte einfach nicht.

Fancis M. Nevins, Jr.

EIN BESSERES GESCHÄFT

Richard Deming

Die Frau hatte goldblondes Haar und einen Körper, nach dem sich jeder männliche Kopf im Park umdrehte. Sie war hochgewachsen, annähernd einen Meter siebzig, mit langen, wohlgeformten Beinen. Ihre Taille hob die üppigen Hüften und den straffen, kräftigen Busen besonders hervor.

Sie trug ein leichtes Sommerkleid, in dem sie angezogen wirkte, ohne daß ihre körperlichen Vorzüge verborgen wurden, hatte keine Strümpfe an, und statt eines Hutes trug sie ein blaues Band im Haar. Ihr einziger sichtbarer Schmuck war eine schmale goldene Armbanduhr, denn ihren Ehering und einen Verlobungsring mit vierkarätigem Brillanten hatte sie in die Tasche gesteckt.

Trotzdem gelang es ihr, nach Geld auszusehen. Das schlichte Kleid war ein Pariser Modell, und die vorne offenen Pumps mit der dazu passenden Handtasche waren Handarbeit aus Alligatorleder.

Der Mann war nicht größer als die blonde Frau, schlank, mit klargeschnittenen Gesichtszügen. Er bewegte sich geschmeidig, trug einen konservativen, maßgeschneiderten braunen Gabardineanzug, hellbraune Schuhe und einen Panamahut. Wie die Frau sah auch er in unaufdringlicher Weise reich aus.

Sie trafen zufällig, ohne sich zu grüßen, vor der Bärengrube zusammen, trieben einfach aufeinander zu und schlenderten Seite an Seite dem Ausgang des Zoos zu.

Er fragte: »Wieviel Zeit hast du heute?«

»Bis fünf«, sagte sie. »Drei Stunden. Wir wollen das Beste draus machen und nicht vorher auf einen Drink oder sonstwas anhalten.«

»Einen so herrlichen Tag sollten wir eigentlich am Strand verbringen«, meinte er neckend.

Sie warf ihm einen raschen Blick zu und errötete. Der Mann lachte, und das Rot auf ihren Wangen vertiefte sich.

»Warum machst du dir einen Spaß draus, mir das Gefühl zu geben, daß ich ein Flittchen bin?«

»Tue ich das denn?« fragte er mit plötzlicher Besorgnis. »Ich wollte dich doch nur necken. In meinen Augen bist du eine Prinzessin.«

Sie hatten den Ausgang erreicht, und er führte sie zu einem wenige Meter entfernt geparkten kleinen Sportwagen. Ein Schildchen in der rechten unteren Ecke der Windschutzscheibe verkündete, daß der Wagen Eigentum der Firma Conway Car Rental Service sei.

Als sie abfuhren, bestieg ein schmaler, nichtssagend aussehender Mann, der wenige Augenblicke nach den beiden auf den Zooausgang zugegangen war, eine Limousine, die nicht weit vom Parkplatz des Sportcoupés stand, und folgte in diskretem Abstand.

Der Mann und die Frau fuhren auf geradem Weg zum Bide-A-Wile Motel an der Route 60, nicht mehr als drei Meilen von dem Park weg, in dem sie sich getroffen hatten. Sie trugen sich als »Thomas Jones und Frau« ein, nannten als Adresse lediglich »Texas« und betraten eine der Hütten.

Der dünne, unauffällige Mann parkte seinen Wagen ungefähr fünfzig Meter weiter unten an der Straße, wo er die Hütte im Auge behalten konnte.

Um Viertel vor fünf tauchten der Mann und die Frau wieder auf; der Mann fuhr sie zu einem Taxistand an der Ecke Vierte und Walton.

Als sie sich anschickte, aus dem Sportwagen auszusteigen, sagte er: »Werde ich je erfahren, wer du bist, Prinzessin?«

Sie hielt inne, ließ die Türe halb offen und sah ihn mit gerunzelter Stirne an. »Wir wollen nicht wieder davon anfangen, Liebling. Sonst verdirbst du alles.«

»Ich bin ein Mensch«, meinte er mit geduldiger Stimme. »Ich habe eine natürliche Neugierde. Du kommst aus heiterem Himmel in meine Arme wie eine Göttin aus einem griechischen Mythos, die beschlossen hat, sich einen irdischen Geliebten zu suchen. Wir haben ein paar Stunden, dann fliegst du wieder zurück auf den Olymp. Soll das ewig so weitergehen?«

Ein Lächeln ließ die Runzeln auf ihrer Stirne verschwinden. »Nun ists also griechische Mythologie. Ich mag das gerne, wenn du so redest. Hast du denn über jeden Gegenstand auf der Welt etwas gelesen?«

»Schweif nicht vom Thema ab, meine Liebe«, sagte er. »Ich bin höchst neugierig. Warum darf ich nicht wissen, wer du bist?«

Sie berührte mit den Fingern seine Lippen. »Denkst du an unsere Vereinbarung? Ich stelle keine Fragen und du auch nicht. Habe ich je in deinen Angelegenheiten herumgestochert oder auch nur nach deinem Beruf gefragt?«

»Wenigstens habe ich dir meinen Namen gesagt«, erwiderte er trocken.

»Ich habe nicht danach gefragt. Um Shakespeare zu zitieren, wie du das so oft tust, ›was ist schon an einem Namen‹?«

»Aber warum?« wollte er wissen. »Was kannst du denn für einen Grund haben für diese ganze Geheimnistuerei? Ist dir klar, daß wir seit über zwei Monaten eine Liebesbeziehung haben? Und ich weiß von dir rein gar nichts! Vielleicht könnte ich mich damit abfinden, wenn ich wenigstens den Grund wüßte.«

Sie schwieg einen Augenblick, dann sagte sie ruhig: »Würdest du den Grund wirklich akzeptieren, wenn ich dir einen nenne? Würdest du dann das Thema fallenlassen und nie mehr erwähnen?«

Vorsichtig meinte er: »Wenn es wirklich ein stichhaltiger Grund ist.«

»Von meinem Standpunkt aus ist er stichhaltig. Ich bin nicht gewillt, ihn dir zu nennen, wenn du nicht im voraus auf meine Bedingungen eingehst.«

Er dachte eine Weile nach, dann kam er zu einem Entschluß. »Was kann ich schon verlieren? Ich kann mir weitere Fragen ebenso gut ersparen, da du sie ja doch nicht beantwortest. Nenne mir deinen Grund, und ich werde das Thema fallenlassen.«

Sie holte tief Luft, atmete langsam aus und sagte: »Wenn ich dir meinen Namen nenne, dann würdest du wissen, wer ich bin.«

»Wirklich? Wenn du mir deinen Namen sagst, wüßte ich, wer du bist? Erstaunlich, ganz erstaunlich! Das hätte ich in der Tat nie vermutet.«

»Ich meine, du würdest den Namen erkennen.«

Er blickte sie an. »Meinst du, daß du berühmt bist?«

»Nein, natürlich nicht. Aber der Name ist allgemein bekannt. Das heißt, der letzte Name. Von mir hast du wahrscheinlich noch nie gehört, aber wenn ich dir meinen Namen nenne, wüßtest du, wer mein . . . Vater ist.«

Der Mann runzelte die Stirne. »So?«

»Wenn du ihn je erfährst, ist alles zu Ende.«

»Warum?«

»Weil das so ist. Mehr kann ich dir nicht sagen. Und nun stell bitte keine Fragen mehr, ehe du zuviel aus mir herauslockst und das Ende schon jetzt eintritt.«

Er sah ein wenig erschrocken aus. »Ich habe doch noch nicht zuviel nachgebohrt, oder?«

»Nein, wenn du jetzt aufhörst.«

Sie stieß die Wagentüre vollends auf und stieg aus. »Bis Freitag. Gleiche Zeit, gleicher Platz?«

»In Ordnung. Ich werde da sein.«

Die Frau stieg in das erste von zwei wartenden Taxis am Stand und sagte: »Zweiundvierzig siebenundzwanzig Forsyth.«

Sie schaute durch das Heckfenster, sah, daß der gemietete Sportwagen noch immer am Randstein parkte, und beobachtete ihn, bis das Taxi um eine Ecke bog und ihr die Sicht genommen war. Dann öffnete sie die Handtasche, nahm Hochzeitsring und Brillantring heraus und steckte sie wieder an.

Hätte sie ihm überhaupt soviel verraten sollen, wie sie es getan hatte, fragte sie sich, als sie sich im Sitz zurücklehnte. Beinahe hätte sie sich verplappert und gesagt, er würde wissen, wer ihr *Mann* wäre – in letzter Sekunde brachte sie noch *Vater* heraus. Wenn er es je erfuhr, dann war wirklich alles zu Ende. Nicht, weil sie ihn dann verlassen müßte, wie sie bewußt angedeutet hatte, sondern weil er sie dann fallen ließ wie eine heiße Kartoffel.

Sie überlegte, ob es anständig wir, ihn in solche Gefahr zu bringen, ohne daß er es überhaupt wußte. Dann kam sie zu dem Schluß, ob anständig oder nicht, sie könnte einfach den Gedanken nicht ertragen, ihn zu verlieren, und das würde unweigerlich eintreten, wenn er je den Namen ihres Mannes erfuhr.

Louis (King Louis) Indelicato, Bandenchef und politischer Boß von Saint Cecilia, war gut über einen Meter achtzig groß und wog annähernd drei Zentner. Viel von seinem Gewicht waren Muskeln, denn er hatte massige Schultern, einen riesigen Brustkorb und dicke Beine von der Festigkeit eines Baumstammes. Doch es blieb noch genug Fett übrig, um ihn mit einem vorstehenden Bauch und dem Ansatz eines Doppelkinns auszustatten.

Nachdem er dem dünnen, unscheinbaren Mann mit der Hand bedeutet hatte, sich in einen der plüschbezogenen Besuchersessel zu setzen, wählte er aus dem Zigarrenbehälter auf seinem

Schreibtisch eine Zigarre aus, zündete sie an, ohne dem dünnen Mann auch eine anzubieten, und sagte: »Schießen Sie los, Cutter.«

Cutter sagte: »Gestern nachmittag etwa um zwei Uhr traf sie sich mit einem Mann vor der Bärengrube im Zoo von Bryant Park, Mr. Indelicato. Bursche so um die Dreißig, sieht nicht schlecht aus. Durchschnittliche Größe, gut gekleidet. Wirkt so ungefähr wie ein jüngerer leitender Angestellter. Sie fuhren direkt zum Bide-A-Wile Motel an der Route Sechzig und blieben von Viertel nach zwei Uhr bis Viertel vor fünf dort. Dann setzte er sie an einem Taxistand an der Ecke Vierte und Walton ab.«

King Louis fragte ohne Anzeichen einer Gefühlsbewegung: »Wer ist der Kerl?«

»Das konnte ich gestern nicht herausfinden«, entgegnete der dünne Mann entschuldigend. »Ich werde mich ihm an die Fersen heften, wenn sie sich das nächste Mal treffen.«

»Sind Sie ihm denn nicht gefolgt, nachdem er sie abgesetzt hat?«

»Natürlich«, sagte Cutter. »Aber ich verlor ihn bei einer raschen Ampelschaltung aus den Augen. Ich versuchte mein Bestes, nachdem ich ihn verloren hatte. Er fuhr ein gemietetes Sportcoupé von Conway's Car Rental Service, und ich fragte dort nach, wer es gemietet hatte. Ich habe nämlich das Kennzeichen notiert. Aber die waren recht unangenehm mit der Preisgabe von Informationen, und ich wollte nicht zu sehr drängen, damit sie ihm nicht einen Tip zukommen ließen, jemand hätte Nachforschungen angestellt. Ich fuhr dann zu dem Motel zurück und überredete den Besitzer, daß er mich einen Blick auf das Meldeformular werfen ließ. Aber das brachte mich nicht weiter. Sie hatten sich als Thomas Jones mit Frau aus Texas eingetragen, und der Name ist wahrscheinlich genauso faul wie die Adresse. Das nächste Mal werde ich ihn nicht verlieren.«

»Es gibt kein nächstes Mal«, sagte Indelicato. Er zog eine Brieftasche aus der Jacke, nahm zwei Hundert-Dollar-Scheine heraus und warf sie über den Schreibtisch. »Hier, Ihr Honorar für drei Tage plus fünfzig Dollar Trinkgeld. Sie können die Sache fallenlassen.«

Ein wenig zweifelnd nahm Cutter das Geld an sich. »Sind Sie

nicht zufrieden mit mir, Mr. Indelicato? Schließlich hatte ich nur drei Tage zur Verfügung, und es ist das erste Mal, daß Ihre Frau –«

»Sie haben Ihre Sache großartig gemacht«, unterbrach King Louis. »Ich brauche Sie lediglich nicht mehr. Von nun an werde ich die Angelegenheit selbst in die Hand nehmen. Wenn Sie rausgehen, sagen Sie diesem doofen Schweden, der da im vorderen Büro auf seinem Hintern herumhockt, daß ich ihn brauche.«

»Gewiß, Mr. Indelicato«, erwiderte der dünne Mann und stand auf.

»Noch was, Cutter. Ich nehme an, Sie führen so was wie eine Kartei?«

»Ja, Sir. Hierüber habe ich allerdings noch keinen Bericht gemacht. Ich hab' noch nicht mal einen Ordner angelegt.«

»Dann lassen Sie's auch bleiben«, wies ihn King Louis an.

»Bleibenlassen?«

»Ja, machen Sie nicht mal eine Eintragung, daß ich je Ihr Klient war. Und versuchen Sie nicht, mich aufs Kreuz zu legen. Irgendwann, wenn Sie es nicht mehr erwarten, schicke ich einige von meinen Jungs vorbei, die Ihre Unterlagen überprüfen. Ich würde es ganz übel vermerken, wenn Sie sich nicht an meine Anweisungen gehalten haben.«

»Die werden nichts finden«, sagte der dünne Mann aufrichtig. »Wenn Sie nicht wollen, daß Aufzeichnungen gemacht werden, dann mache ich selbstverständlich auch keine.«

»Gut.« Der King entließ ihn mit einer Handbewegung.

Der »doofe Schwede«, von dem Indelicato gesprochen hatte, war ein großer blonder Mann mit flachem Gesicht und der Statur eines professionellen Ringkämpfers. Er betrat das Büro und fragte: »Was los, Chef?«

»Ja, was los, Simp. Streu mal aus, daß Harry Silver sich mit mir in Verbindung setzen möchte.«

Simp pfiff. »Er, Boß? Ist jemand aus der Reihe getanzt?«

»Tu, was man dir sagt, und spar dir die Fragen«, entgegnete der mächtige Mann gereizt.

»Gewiß, Boß. Gewiß. Ich werd's verbreiten.«

Harry Silver schlenderte lässig ins Büro, setzte sich und zündete sich eine Zigarette mit Goldmundstück an.

»Was haben Sie vor, King?« fragte er.

Der Bandenboß blickte einige Augenblicke forschend in das schmale Gesicht des freiberuflichen Killers, ehe er antwortete. Trotz der ganzen Macht, die er hinter sich hatte, fühlte er sich in der Gegenwart von Harry Silver niemals ganz wohl.

Endlich sprach er. »Arbeit für Sie, Harry.«

Silver zog seine Augenbrauen hoch, die so rot waren wie seine Haare. »Tragen Ihre eigenen Jungs neuerdings keine Schießeisen mehr?«

»Dies ist ein ganz spezieller Job. Den würde ich keinem von den Schwachköpfen anvertrauen, die für mich arbeiten.«

Der schlanke Killer zuckte die Achseln. »Es muß schon was ganz Spezielles sein, wenn Sie bereit sind, mein Honorar hinzublättern. Ich arbeite nicht oft, und wenn, dann nur für einen saftigen Preis.«

»Ich weiß. Die Sache ist mir zehntausend wert.«

Harry Silver sah keineswegs beeindruckt aus. Er ließ eine doppelte Rauchspirale aus seinen Nasenlöchern entweichen und bemerkte gleichgültig: »Ich lege mein Honorar je nach dem Job fest. Es kann weniger sein, vielleicht auch mehr. Nachdem ich die allgemeinen Bedingungen gehört habe, werde ich den Preis nennen.«

»Mehr als zehn Riesen?« fragte Indelicato mit gerunzelter Stirne.

»Wenn ich meine, daß es das wert ist, ja. Wir streiten uns doch nicht um den Preis. Sagen Sie mir, was Sie wollen, und ich nenne mein Honorar. Sie können annehmen oder die Sache fallenlassen, denn ich handle nicht. Wenn Sie Abstand nehmen wollen, okay. Ich brauche wohl nicht extra zu betonen, daß Sie bei mir keine Angst haben müssen, ich könnte hinterher quatschen.«

Der King war es nicht gewohnt, nicht völlig Herr der Lage zu sein. Er runzelte leicht die Stirn, dann überlegte er. Wenn man mit dem Spitzenmann einer Branche redete, mußte man ein gewisses Maß an Unabhängigkeit erwarten.

»Kennen Sie zufällig meine Frau, Marion?« fragte er.

Der Berufskiller schüttelte den Kopf. »Hatte nie das Vergnügen, ihr über den Weg zu laufen.«

»Sie ist fünfundzwanzig«, sagte King Louis. »Fünfundzwanzig

Jahre jünger als ich. Wir heirateten vor drei Jahren, und ich habe ihr alles gegeben. Hab' sie sogar zu meiner Alleinerbin gemacht, obwohl sie's nicht weiß. Ich halte nichts davon, Leute in Versuchung zu führen. Ich weiß nicht, ob sie in mich verliebt war, als wir heirateten, aber sie ist den Vertrag mit weitgeöffneten Augen eingegangen. Sie kannte mein Geschäft, und sie wußte, wer ich bin. Ich lasse mich nicht auf Halbheiten ein. Bei mir heißt es alles oder nichts. Sie wußte, daß sie alles auf der Welt haben kann, bis auf eins.«

Die roten Augenbrauen hoben sich fragend.

»Sie wußte, daß ich ihr niemals einen anderen Mann durchgehen lassen würde«, bemerkte der Bandenchef ruhig.

Silver zog den Rauch seiner Zigarette tief ein und ließ ihn durch die Nase ausströmen. Er sagte nichts.

»Seit ungefähr einem Monat habe ich den Verdacht, daß da ein anderer Mann ist«, fuhr King Louis fort. »Kleinigkeiten. Ihre ausführlichen Erklärungen, wo sie gewesen ist und was sie getan hat, wenn ich nur beiläufig fragte, wie sie den Tag verbracht hätte. So eine Art angespannter Blick, wenn . . .« Er hielt inne und wedelte ungeduldig mit der Hand. »Zum Teufel, es spielt keine Rolle, warum mir der Verdacht kam. Vor fünf Tagen heuerte ich einen Schnüffler namens Amos Cutter an, der Sache nachzugehen. Kennen Sie ihn?«

Harry Silver schüttelte den Kopf.

»Dürrer kleiner Bursche. Sieht nach nichts aus, ist aber ein ganz Scharfer. Und verschlossen wie eine Auster. Ich hab' ihn schon früher für solche Dinge benutzt. Gestern berichtete er mir, daß mein Verdacht zu Recht besteht. Meine Frau hat eindeutig einen Liebhaber. Ich hab' Cutter aus der Sache rausgeschmissen, ehe er die Identität des Mannes erfahren konnte, weil ich nicht wollte, daß er ihn kennt. Wie ich schon sagte, ist er verschlossen wie eine Auster, aber je weniger er von meinem Geschäft weiß, desto lieber ist's mir. Ich wollte lediglich, daß er herausfindet, ob Marion mich eindeutig betrügt. Sie können genauso leicht wie er feststellen, wer der Mann ist.«

»Das nehme ich an«, sagte Silver, »wenn sie ihn wieder trifft.«

»Sie wird ihn wieder treffen«, meinte King Louis. »Und Sie direkt zu ihm hinführe. Mein Haus liegt zweiundvierzig siebenundzwanzig Forsyth, und ich möchte, daß Sie es tagsüber beobachten. Sie muß untertags mit ihm zusammenkommen, denn abends ist sie bei mir zu Hause. Sie werden keine Schwierigkeiten haben, meine Frau zu bemerken. Sie ist blond, sieht nicht grade schlecht aus und hat ein ganz ordentliches Gestell. Außer ihrem Ehering trägt sie einen Verlobungsring mit einem Vierkaräter, den ich ihr geschenkt habe. Der sticht hervor wie ein Scheinwerfer. Hier ist ihr Bild.«

Indelicato griff in eine Schreibtischschublade, holte einen Aktendeckel hervor und reichte ihn dem rothaarigen Mann. Silver lehnte sich vor und drückte das Goldmundstück seiner Zigarette aus. Er öffnete den Aktendeckel nicht sofort.

»Angenommen, es stellt sich raus, daß dieser Mann gar nicht ihr Liebhaber ist?« fragte Silver. »Vielleicht setzt Ihre Frau klammheimlich auf Pferde, und der Kerl ist einfach ein Buchmacher.«

»Er ist ihr Liebhaber«, stellte Indelicato kategorisch fest. »Cutter lieferte mir genug, um mich zu überzeugen, daß es da keinen Irrtum geben kann. Auf jeden Fall erwarte ich aber von Ihnen, daß Sie sichergehen, den richtigen Mann zu haben, ehe Sie was unternehmen. Wenn ich jemand haben wollte, der Blödsinn macht, wie etwa den Buchmacher meiner Frau umzulegen, dann könnte ich einen von meinen eigenen Schwachköpfen losschicken.«

Silver lächelte frostig. »Wegen eines Irrtums brauchen Sie sich keine Sorgen zu machen. Den gibt es bei mir nicht. Lassen Sie mich nur eins klarstellen. Sobald ich mir sicher bin, daß ich's mit dem richtigen Mann zu tun habe, dann wollen Sie ihn erledigt haben?«

»Alle beide«, sagte King Louis mit gepreßter Stimme. »Am liebsten, wenn sie grad auf vollen Touren sind.«

Die roten Augenbrauen gingen steil hoch. »Ihre Frau auch?«

»Ich habe Ihnen gesagt, daß ich keine Halbheiten akzeptiere«, fuhr der Gangsterboß fort. »Alle beide. Und ich will, daß sie erfahren, daß es mit einer Empfehlung von mir geschieht.«

»Wollen Sie es mit dem Messer oder mit einem Schießeisen haben?«

King Louis blinzelte. »Das überlasse ich Ihnen. Was macht das schon für einen Unterschied? Außer es ist vielleicht ein bißchen kitzlig für Sie, alle beide gleichzeitig mit einem Messer zu erledigen.«

Der Berufskiller lächelte. »Ich bringe Tricks mit dem Messer fertig, von denen Sie nicht mal träumen. Das wird nicht schwierig. Aber ich mag's nicht gern, wenn ich Frauen umlegen soll. Das Honorar dafür wird schwindelerregend.«

»Nennen Sie's.«

»Zwanzigtausend Dollar.«

Kind Louis blinzelte wieder, aber er zögerte kaum, ehe er antwortete: »Der Handel gilt. Die Hälfte jetzt und die Hälfte, wenn der Job erledigt ist. Wie klingt das?«

»Alles nach Beendigung des Jobs. Ich brauche keine Anzahlung.«

Als der Gangsterboß überrascht aufsah, sagte Silver plötzlich mit kalter Stimme: »Sie werden kein falsches Spiel treiben! Nicht einmal Sie werden mit mir ein falsches Spiel treiben, King!«

Nachdem er den Mann einen Augenblick angeschaut hatte, gab Indelicato zu: »Nein, ich glaube, das werde ich nicht tun, Harry.«

Silver hörte ihm jedoch nicht zu. Er hatte endlich den Aktendeckel aufgeschlagen und studierte das anziehende Gesicht auf dem Photo unter angestrengtem Nachdenken. Er blickte es lange Zeit an, ehe er den Aktendeckel wieder schloß.

»Noch was«, begann er von neuem. »Die Bullen haben die Angewohnheit, mich jedesmal, wenn einer umgelegt wurde, zur Routinevernehmung zu holen. Und wenn Ihre Frau unter den Leichen ist, geraten auch Sie unter Verdacht. Ich hab' selbstverständlich ein Alibi zurechtgebastelt, und Sie wahrscheinlich auch. Aber es würde übel aussehen, wen jemand etwas von einem Kontakt zwischen uns weiß.«

»Niemand außer Simp weiß, daß Sie hier waren.«

»Dann ist alles geregelt«, sagte Silver.

Er stand lässig auf, warf das Photo auf den Schreibtisch und ging zur Türe. Mit einem kurzen Winken zum Abschied öffnete er sie, ging hinaus und zog sie hinter sich zu.

Kaum hatte King Louis das Bild seiner Frau in die Schreibtischschublade zurückgelegt, da ging die Türe wieder auf, und Harry Silver betrat erneut den Raum. Der Bandenchef schaute verblüfft zu, wie der rothaarige Mann zum Schreibtisch ging, sorgfältig das Zigarettenende mit dem Goldmundstück aus dem Aschenbecher entfernte, wo er es ausgedrückt hatte, und es in die Manteltasche steckte.

»Sind Sie schon so weit heruntergekommen, Kippen zu sammeln?« erkundigte sich der King.

Ohne das Gesicht zu verziehen, sagte der Killer: »Sie sind nicht sehr gut im Beschreiben, King. Die Beschreibung Ihrer Frau war ungefähr so genau, wie wenn man eine Madonna von Michelangelo als Skizze oder das Wiegenlied von Brahms als Song bezeichnet.«

Der Gangsterboß blickte stirnrunzelnd zu ihm auf. »Von was reden Sie eigentlich? Sie wissen doch, daß ich Ihnen nicht folgen kann, wenn Sie mit Ihrer verdammten Bücherweisheit loslegen.«

»Ich werds einfach machen«, sagte Silver. »Sie haben Ihre Frau beschrieben als blond, nicht gerade schlecht aussehend und mit einem ganz passablen Gestell. Zum Teufel, Mann, wissen Sie denn nicht, daß sie eine hinreißende Schönheit ist?«

Indelicato klappte den Mund auf. »Was . . . was in drei Teufels Namen soll das?«

»Ich hab' mir ein besseres Geschäft ausgedacht« bemerkte der Killer gelassen. »Sie hätten mir nicht sagen sollen, daß Marion Ihre Alleinerbin ist. Statt lumpige zwanzigtausend Kröten einzusacken, werde ich jetzt eine reiche Witwe heiraten.«

Die Augen des großen Mannes zogen sich zusammen, und sein rechter Fuß tastete unauffällig nach dem versteckten Knopf unter seinem Schreibtisch.

»Sie brauchen sich nicht die Mühe machen, zu läuten«, sagte Silver. »Simp ist zwar immer noch draußen, aber er kann Ihren Summer nicht hören. Sein Kopf sitzt zu einem Viertel nicht mehr auf dem Hals.«

Er machte eine Bewegung, die beinahe träge anmutete. Es gab ein scharfes Klicken, und plötzlich blitzte eine fast zwanzig Zentimeter lange Messerklinge in seiner Hand.

»Was . . . was ist verdammt noch mal mit Ihnen los, Harry?« fragte King Louis mit krächzender Stimme.

»Nichts ist mit mir los«, erwiderte Silver. »Ich hab' lediglich das Bild Ihrer Frau wiedererkannt.«

Während King Louis wie gebannt auf die glitzernde Schneide starrte, dämmerte es in seinem stumpfen Geist, daß er nicht der einzige war, der schlechte Beschreibungen lieferte.

Amos Cutter hatte vollständig versäumt zu erwähnen, daß der Liebhaber seiner Frau rote Haare hatte.

›A Better Bargain‹. *Alfred Hitchcock Presents*, 9. Dezember 1956. Regie von Herschel Daugherty. Drehbuch von Bernard C. Schoenfeld nach Richard Demings Geschichte ›The Better Bargain‹ (*Manhunt*, April 1956). Mit Robert Middleton (Louis Koster); Kathleen Hughes (Marian), Henry Silva (Harry Silver), Don Hammer (Mr. Cutter), Jack Lampert (Baldy).

Wenn Sie regelmäßig *Alfred Hitchcock Presents* sehen, muß die Wendung am Schluß von ›Ein besseres Geschäft‹ Sie restlos verblüfft haben, und ich vermute, daß sie nur zu diesem Zweck geschrieben wurde. Richard Deming (1915–1983) war ein vielseitiger, produktiver und sachkundiger Autor. Er schrieb für Film und Fernsehen mit der gleichen Leichtigkeit wie Sportbiographien, Bücher über das amerikanische Rechtssystem für Heranwachsende sowie über hundert spannende Kurzkrimis, vor allem für *Manhunt* und *Alfred Hitchcock's Mystery Magazine*. Ich kann mich an die Fernsehfassung dieser Geschichte nicht erinnern, aber ich frage mich, wie Regisseur Herschel Daugherty und Bernard C. Schoenfeld es geschafft haben, die dramatische Wendung nicht vorzeitig zu enthüllen. Die Besetzungsliste zeigt, daß die Rolle des King Louis fürs Fernsehen entschärft wurde.

Francis M. Nevins, Jr.

HÄNDE DES GRAUENS

Thomas Burke

»Mord (sagte der alte Quong) – könnten Sie mir bitte meine Pfeife geben? – Mord gehört zum Einfachsten der Welt. Es ist leichter, einen Menschen umzubringen als eine Ente. Nicht immer so sicher, aber leichter. Aber für bestimmte begabte Menschen ist es leicht und sicher. Gebildetere als ich haben schon vergeblich versucht, den Urheber all der Morde en gros ausfindig zu machen, die im vergangenen Jahr begangen worden sind. Ich weiß nicht mehr als Sie, wer der Mann oder die Frau war, aber ich habe eine Theorie, wer es gewesen sein könnte. Wenn Sie's nicht eilig haben, werde ich diese Theorie in eine kleine Geschichte kleiden.«

Da ich den restlichen Abend und den nächsten Tag ohnehin nur in meinem Elfenbeinturm vertrödelt hätte, bat ich, er möge mir die Geschichte erzählen; und nachdem er seine Kasse abgerechnet und das Elfenbeintor geschlossen hatte, erzählte er mir bis zum Morgengrauen seine Geschichte der Mallon-End-Morde. Gerafft lautet sie etwa so:

An einem Januarabend um sechs Uhr ging Mr. Whybrow durch die spinnwebverhangenen Gassen des Londoner East End nach Hause. Er hatte den Flitterglanz der High Street, wohin ihn die Straßenbahn vom Fluß aus von der täglichen Arbeit gebracht hatte, verlassen und befand sich nun in dem Labyrinth von Nebenstraßen des Stadtteils, der Mallon End hieß. Weder Straßenlärm noch die Lichter der High Street verirrten sich in diese kleinen Sträßchen. Ein paar Schritte nach Süden – und schon brodelte und kochte das Leben. Doch hier gab es nur dahinschleichende Gestalten und gedämpfte Geräusche. Hier befand er sich in der Kloake Londons, der letzten Zuflucht der Penner aus ganz Europa.

Als würde er sich der Stimmung anpassen, ging auch er langsam und mit gesenktem Kopf. Er schien über drückende Sorgen nachzugrübeln, aber das trog. Er hatte keine Probleme. Er ging nur langsam, weil er den ganzen Tag auf den Beinen gewesen war; seine Gedanken drehten sich um die Frage, ob seine bessere Hälfte ihm Heringe oder Schellfisch zum Tee machte, und er überlegte sich, was ihm an einem solchen Abend besser schmekken würde. Es war ein scheußlicher Abend, feucht und neblig. Der Nebel kroch ihm in Hals und Augen, und Gehweg und Straße waren feucht. Das schmierige Glitzern der spärlichen Straßenbeleuchtung ließ einen erschauern. Dies machte seine Spekulationen nur noch angenehmer und stimmte ihn auf den Tee ein – egal ob mit Hering oder Schellfisch. Sein Blick wandte sich von den dunklen Ziegelmauern ab, die seinen derzeitigen Horizont bildeten, und wanderte eine halbe Meile weiter. Er sah eine gasbeleuchtete Küche, ein flackerndes Feuer und einen gedeckten Teetisch. Im Ofen wurde Toast aufgebacken, auf dem Herd summte der Teekessel, und der würzige Duft nach Heringen, vielleicht auch Schellfisch oder Würstchen, stieg ihm in die Nase. Diese Vision ließ seine schmerzenden Füße schneller ausschreiten. Er schüttelte unsichtbare Feuchtigkeit von den Schultern und hastete in die Wirklichkeit seiner Vision.

Aber Mr. Whybrow war nicht auf dem Weg zu seinem Tee – weder an diesem Abend noch an irgendeinem anderen. Mr. Whybrow war unterwegs, zu sterben. Irgendwo fünfzig Meter weiter ging ein anderer Mann: Ein Mann wie Mr. Whybrow oder jeder beliebige andere. Es fehlte ihm nur die einzige Eigenschaft, die Menschen friedlich zusammenleben läßt und nicht wie Verrückte im Dschungel. Er hatte ein Herz aus Stein, das sich zerfraß und die Fäulnis, die aus Tod und Verworfenheit erwächst, hervorbrachte. Und dieses Ding in Menschengestalt hatte sich in einer Laune oder einer festumrissenen Idee – weiß man's? – gesagt, daß Mr. Whybrow nie wieder einen Hering kosten sollte. Nicht, daß Mr. Whybrow ihm übel mitgespielt hätte! Er hatte überhaupt nichts gegen Mr. Whybrow. In der Tat war er für ihn nichts weiter als ein bekanntes Gesicht auf der Straße. Aber getrieben von einer Macht, die von seinen leeren Zellen Besitz ergriffen hatte, hatte er Mr. Whybrow blind herausgepickt, so wie wir uns unter vier oder fünf gleichaussehenden Tischen in einem Restaurant ausgerechnet einen aussuchen oder einen bestimmten Apfel von einem Teller mit einem halben Dutzend gleicher Äpfel; jene blinde Wahl, mit der ein Zyklon in einem Winkel der Erde fünfhundert Menschenleben auslöscht, während im gleichen Winkel fünfhundert andere unbeschadet bleiben. So etwa hatte dieser Mann sich Mr. Whybrow gewählt, ebenso wie er Sie oder mich hätte aussuchen können, wenn wir in sein Blickfeld geraten wären; und jetzt eben schlich er durch die dunklen Straßen, rieb sich die großen weißen Hände und rückte Mr. Whybrows Teetisch, und damit Mr. Whybrow selbst, näher.

Dieser Mann war nicht böse. Er besaß tatsächlich viele soziale und recht liebenswürdige Eigenschaften und galt als ehrenwerter Mann wie so viele erfolgreiche Kriminelle. Doch hatte die Idee in seinem Geiste Gestalt angenommen, daß er gerne jemanden umbringen würde, und da er weder Tod noch Teufel fürchtete, würde er es auch tun und sich anschließend an seinen Teetisch setzen. Ich sage das nicht so leichtfertig daher, sondern stelle eine Tatsache fest. So seltsam sich das für anständige Bürger anhören mag, Mörder müssen sich nach vollbrachter Tat stärken. Kein Grund, warum sie's nicht tun sollten, aber es gibt eine Menge Gründe, warum sie es tun müssen. Zum einen brauchen sie ihre ganze körperliche und geistige Kraft, um ihr Verbrechen zu vertuschen. Zum anderen macht sie der Streß ihrer Beschäftigung hungrig, und die Befriedigung nach der Vollendung von etwas Angenehmem läßt sie ein Gefühl der Entspannung, ein menschliches Behagen verspüren. Unter Nicht-Mördern herrscht die Meinung vor, daß Mörder ständig in Angst um ihre Sicherheit und in Entsetzen vor ihrer Tat leben; doch dieser Typ ist selten. Die eigene Sicherheit steht für ihn natürlich an erster Stelle, aber die meisten Mörder sind eitel, und zusammen mit der Erregung des Sieges gibt ihnen dieses ein Gefühl der Sicherheit; und wenn er seine Kraft durch gutes Essen zurückgewonnen hat, wird er zuversichtlicher, etwa so, wie eine Gastgeberin ihr erstes großes Abendessen arrangiert – ein bißchen ängstlich, aber auch nicht mehr. Kriminologen und Detektive behaupten, daß jeder Mörder, egal wie intelligent oder dumm er ist, immer irgendwann einen Fehler macht – einen winzigen Fehler, durch den seine Tat ihn einholt. Aber das ist nur die halbe Wahrheit, denn das gilt nur für Mörder, die gefaßt wurden. Eine Menge Mörder werden nie erwischt: Deshalb begehen die meisten Mörder keine Fehler. Unser Mann machte keinen.

Was nun Entsetzen oder Gewissensbisse angeht, so haben uns Gefängnispfarrer, Ärzte und Rechtsanwälte gesagt, daß von Mördern, die sie nach der Verurteilung und im Schatten des Todes befragt haben, nur einige wenige Reue empfunden oder ein Anzeichen seelischen Elends gezeigt haben. Die meisten sind wütend, daß man sie für eine absolut vernünftige Tat verurteilt hat. Wie normal und anständig sie auch vor ihrer Tat gewesen sein mögen, danach sind sie gänzlich skrupellos. Was ist eigentlich Gewissen? Nur eine höfliche Umschreibung für Aberglauben, was wiederum eine höfliche Umschreibung für Furcht ist. Diejenigen, die einem Mörder Gewissensbisse zugestehen, begründen ihre Vorstellungen zweifellos mit der weltbekannten Geschichte von Kains Reue, oder sie projizieren ihre eigenen sündigen Gedanken in den Verstand eines Mörders und erhalten dann falsche Reaktionen. Friedfertige Menschen können keinen Draht zu dieser Art Verstand finden, denn sie unterscheiden sich nicht nur verstandesmäßig von einem Mörder; sie unterscheiden sich von ihm in ihrer ganz persönlichen chemischen Struktur und ihrem Aufbau. Einige Menschen können töten und tun es auch – nicht einen Menschen, sondern zwei oder drei – und sich dann wieder an ihre tägliche Arbeit begeben. Andere Menschen wieder sind, auch unter verzweifelter Herausforderung, nicht fähig, jemanden zu verletzen. Diese Menschen stellen sich einen Mörder von Gewissensqualen und von Furcht zerfressen vor, während er ruhig zu Hause an seinem Teetisch sitzt.

Der Mann mit den großen weißen Händen war ebenso wie Mr. Whybrow auf Tee eingestimmt, doch vorher mußte er noch etwas erledigen. Und wenn er das vollbracht und keinen Fehler gemacht hatte, wäre er in noch besserer Stimmung dafür. Er würde es sich beim Tee ebenso gemütlich machen wie am Tag zuvor, als seine Hände noch fleckenlos waren.

Gehen Sie, Mr. Whybrow, gehen Sie nur zu; werfen Sie noch einmal einen Blick auf die vertrauten Dinge auf Ihrem abendlichen Heimweg. Folgen Sie Ihrem irrlichternden Teetisch. Laben Sie sich an seiner Wärme, seiner Farbe und Freundlichkeit; gönnen Sie Ihren Augen diesen Anblick, und lassen Sie seine häuslichen Düfte Ihre Nase umschmeicheln, denn Sie werden nie daran Platz nehmen. Sie werden noch zehn Minuten so weitergehen, dann hat das schleichende Phantom in seinem Herzen gerichtet und Sie verdammt. Da gehen Sie nun – Sie und das Phantom – zwei nebelhafte Schemen des Todes auf dem dunklen Gehweg, der eine, um zu töten, der andere, um getötet zu werden. Gehen Sie weiter. Plagen Sie Ihre brennenden Füße nicht mit Eile. Je langsamer Sie gehen, desto länger atmen Sie die kristallklare Luft dieses Januarabends, sehen Sie das verträumte Straßenlicht und die kleinen Läden, hören Sie die angenehme Geschäftigkeit der Londoner und das Heulen des Leierkastens. All diese Dinge sind Ihnen teuer, Mr. Whybrow. Sie wissen es noch nicht, aber in fünfzehn Minuten bleiben Ihnen zwei Sekunden, in denen Sie merken, wie unsäglich teuer sie Ihnen sind.

Gehen Sie also durch dieses bunte Labyrinth. Jetzt sind Sie in der Lagos Street, zwischen den Zelten der Zigeuner aus Osteuropa. In etwa einer Minute befinden Sie sich in der Loyal Lane mit ihren Pensionen, in denen die Nutzlosen und Gestrandeten im Gefolge des Zeltlagers Unterschlupf finden. In der Straße hängt ihr Geruch, und die sanfte Dunkelheit scheint schwer vom Jammer der Unnützen. Aber Sie sind gegenüber dem nicht Faßbaren und Fühlbaren unempfindlich, und Sie stapfen blind hindurch wie jeden Abend. Jetzt durch die Blean Street. Bis in den Himmel ragen die Gebäude der Gastarbeitersiedlung. Die Fenster bilden gelbe Schlitze in den schwarzen Wänden. Hinter diesen Fenstern regt sich fremdartiges Leben, dessen Art weder aus London stammt noch überhaupt englisch ist, doch im Grunde das gleiche angenehme Leben, das Sie bis heute abend gelebt haben. Von irgendwo hoch über Ihnen erklingt die schmalzige Version des Song of Catta. Durch ein Fenster sehen Sie eine Familie bei einer religiösen Zeremonie. Hinter einem anderen gießt eine Frau ihrem Mann Tee ein. Sie sehen einen Mann Stiefel flicken und eine Mutter ihr Baby baden. Sie haben all das schon vorher gesehen, aber nie wahrgenommen. Auch jetzt nehmen Sie sie nicht wahr. Doch wenn Sie wüßten, daß Sie sie nie wieder sehen, bemerkten Sie sie gewiß. Sie werden sie niemals wieder sehen, nicht weil dies der natürliche Verlauf Ihres Lebens wäre, sondern weil ein Mann, dem Sie schon oft auf der Straße begegnet sind, zu seinem ureigensten Vergnügen beschlossen hat, sich der furchtbaren Gewalt der Natur zu bemächtigen und Sie zu vernichten. So ist es vielleicht gut, daß Sie all die Dinge nicht bemerken, denn Ihr Teil daran ist vorbei. Es gibt für Sie diese schönen Momente nicht mehr auf Ihrem irdischen Weg: nur noch einen Moment des Grauens, dann die allesverschlingende Dunkelheit.

Der Schatten des Verderbens kommt immer näher, und jetzt ist er etwa hundert Meter hinter Ihnen. Sie können seine Schritte hören, aber Sie drehen sich nicht um. Schritte sind Ihnen vertraut. Sie sind in London, die Sicherheit Ihrer täglichen Umgebung umfängt Sie, und Ihr Instinkt sagt Ihnen, daß Schritte hinter Ihnen lediglich ein Zeichen menschlicher Gesellschaft sind.

Aber hören Sie denn nicht etwas aus diesen Schritten – etwas, das nicht zum Takt der Schritte paßt? Etwas, das sagt: Sieh dich vor, sieh dich vor! Gib acht, gib acht! Hören Sie nicht jede einzelne Silbe: Mör – der, Mör – der? Nein; nichts liegt in diesen Schritten, sie verraten nichts. Ein Betrüger tritt ebenso ruhig auf wie ein ehrenhafter Mensch. Aber mit diesen Schritten, Mr. Whybrow, nähert sich Ihnen ein Paar Hände, und eben in diesen Händen ist etwas. Gerade jetzt strecken diese Hände hinter Ihnen jeden Muskel, um sich auf Ihr Ende vorzubereiten. Jeden Tag Ihres Lebens haben Sie menschliche Hände gesehen. Haben Sie schon einmal an Händen das Grauen wahrgenommen – an jenen Anhängseln, die das Symbol für Vertrauen, Sympathie und Willkommensgruß bilden? Haben Sie schon einmal überlegt, welche grauenerregenden Möglichkeiten im Umfeld dieses Körpergliedes mit seinen fünf Auswüchsen liegen? Nein, niemals; denn alle Hände, die Sie jemals gesehen haben, streckten sich Ihnen in Höflichkeit oder Freundschaft entgegen. Auch wenn Augen nur haßerfüllt blicken und ein Mund verletzende Dinge sagen kann, ist doch nur dieses schlenkernde Glied in der Lage, alles Böse in sich zu vereinen und in Zerstörung zu verwandeln. Satan kann durch viele Türen hereinschlüpfen, aber nur in den Händen findet er willige Diener.

In einer weiteren Minute, Mr. Whybrow, werden Sie alles über das Grauen von menschlichen Händen wissen.

Sie sind jetzt fast zu Hause. Sie sind in Ihre Straße eingebogen – Caspar Street – und damit in das Zentrum des Labyrinths. Sie können das vordere Fenster Ihres kleinen Vierzimmerhäuschens sehen. Die Straße ist düster, und ihre drei Lampen werfen einen schmutzigen Lichtkreis, diffuser als die Dunkelheit. Sie ist dunkel – und leer. Kein Mensch ist unterwegs; keine Laternen vor den Häusern; denn die Leute sitzen in der Küche beim Tee; nur zufällig erleuchtete Fenster in einem Obergeschoß mit Logiergästen. Niemand ist zu sehen außer Ihnen und Ihrem Verfolger, und den bemerken Sie nicht. Sie sind ihm so oft begegnet, daß Sie ihn nie gesehen habe. Selbst wenn Sie sich umgedreht und ihn erblickt hätten, würden Sie nur »Guten Abend« sagen und weitergehen. Noch nicht einmal bei der Vorstellung, er könnte ein Mörder sein, würden Sie lachen. Es wäre zu albern.

Und nun sind Sie bei Ihrer Gartentüre. Sie haben den Hausschlüssel herausgekramt, jetzt sind Sie drinnen und hängen Hut und Mantel auf. Ihre bessere Hälfte hat Ihnen aus der Küche einen Gruß zugerufen, dessen Duft sein Echo ist (Heringe!), und Sie haben ihn zurückgegeben, als die Tür unter heftigem Klopfen erzittert.

Gehen Sie weg, Mr. Whybrow, bleiben Sie dieser Tür fern! Rühren Sie sie nicht an! Gehen Sie sofort weg von ihr! Verlassen Sie das Haus! Laufen Sie mit Ihrer Frau hinten durch den Garten und über den Zaun! Oder rufen Sie Nachbarn. Aber berühren Sie bloß nicht diese Tür! Nicht, Mr. Whybrow, nicht öffnen . . .

Mr. Whybrow öffnete die Tür.

Das war der Anfang dessen, was als ›Würgender Horror von London‹ traurige Berühmtheit erlangte. Horror deshalb, weil es mehr als nur Morde waren; sie zeigten kein Motiv, und ein Hauch Schwarzer Magie umwehte sie. Jeder Mord wurde begangen zu einem Zeitpunkt, als die Straße, in der die Leiche gefunden wurde, vollkommen leer und kein greifbarer oder möglicher Mörder zu sehen war. Es gab stets nur eine leere Allee und einen Polizisten an ihrem Ende, der nur für eine Minute der leeren Allee den Rücken zukehrte. Dann drehte er sich um und lief mit der Nachricht vom nächsten erwürgten Opfer in die Nacht hinein. Und in welche Richtung er auch blickte, es war niemand zu sehen und kein Hinweis, daß jemand gesehen worden wäre. Oder er wurde, auf Streife in einer langen ruhigen Straße, plötzlich in ein Haus mit Ermordeten gerufen, die er ein paar Sekunden früher noch lebend gesehen hatte. Und wieder war nirgendwo jemand zu sehen; und obwohl durch das Schrillen der Polizeipfeife das Gebiet abgeriegelt und alle Häuser durchsucht wurden, war kein mutmaßlicher Mörder zu finden.

Die erste Meldung über den Mord an Mr. und Mrs. Whybrow erfolgte durch den Sergeanten des Polizeireviers. Er ging Streife durch die Caspar Street zu seinem Revier, als er bei Nr. 98 die offene Haustür bemerkte. Er warf einen Blick hinein und sah im Schein des Gaslichts im Flur einen reglosen Körper auf dem Fußboden. Nach einem zweiten Blick blies er in seine Trillerpfeife. Als die Constabler angelaufen kamen, nahm er sich einen, um das Haus zu durchsuchen, und schickte die anderen hinaus, die angrenzenden Straßen durchzukämmen und sich in den Nachbarhäusern umzuhören. Aber weder im Haus noch in den Straßen fand man irgendeinen Hinweis auf den Mörder. Die Nachbarn, rechts, links und von gegenüber, wurden verhört, doch niemand hatte etwas gehört oder gesehen. Einer hatte Mr. Whybrow heimkommen hören – das Schließen des Hausschlüssels an der Türe, sagte er, war ein so regelmäßiges abendliches Geräusch, daß man die Uhr auf halb sieben hätte stellen können –, aber außer diesem Geräusch hatte er nichts mehr gehört bis zum Trillern der Polizeipfeife. Man hatte niemanden das Haus betreten oder verlassen sehen, weder vorne noch hinten, und der Hals der Leichen zeigte keinerlei Fingerabdrücke oder andere Spuren. Ein Neffe wurde herbeordert, um das Haus durchzusehen, aber er vermißte nichts; und sein Onkel besaß sowieso nichts, was einen Raub gelohnt hätte. Das wenige Geld im Haus war unberührt, und nirgendwo waren Anzeichen von Unordnung oder Kampf, nur brutaler, hemmungsloser Mord.

Nachbarn und Arbeitskollegen kannten Mr. Whybrow als ruhigen, sympathischen und häuslichen Mann, der unmöglich Feinde haben konnte. Aber Ermordete haben selten welche. Ein unerbittlicher Feind, der einen Menschen so sehr haßt, um ihn verletzen zu wollen, will ihn selten umbringen, denn dann könnte das Opfer nicht mehr leiden. So befand sich die Polizei in einer verzweifelten Lage: kein Hinweis auf den Mörder, kein Motiv für die Morde, nur die Morde selbst.

Die ersten Nachrichten von dem Vorfall ließen ganz London erbeben, und vor allem Mallon End war wie elektrisiert. Zwei harmlose Leute waren ermordet worden, weder wegen Beute noch aus Rache; und der Mörder, für den Töten offensichtlich einem zufälligen Impuls entsprang, hatte das Weite gesucht. Er hatte keine Spuren hinterlassen, und falls er keine Komplizen hatte, gab es keinen Grund, warum er sich zeigen sollte. Jeder klardenkende Mensch, der auf sich selbst gestellt ist und weder Tod noch Teufel fürchtet, kann eine ganze Stadt, ja sogar eine ganze Nation, nach seiner Pfeife tanzen lassen, wenn er will; aber ein durchschnittlicher Krimineller denkt selten klar und liebt die Einsamkeit nicht. Wenn er nicht die Unterstützung von Verbündeten braucht, dann doch jemanden zum Reden. Seine Eitelkeit verlangt danach, aus erster Hand die Auswirkung seiner Tat festzustellen. Aus diesem Grunde wird er Bars, Cafés und andere belebte Orte aufsuchen. Dann wird er in einer Anwandlung von Kameradschaft das eine Wort zuviel äußern, und der allgegenwärtige Spitzel hat ein leichtes Spiel.

Doch obwohl man Übernachtungsheime, Kneipen und ähnliche Orte »durchkämmte«, Wachposten aufstellte und durch Mundpropaganda bekanntmachte, daß Informanten mit gutem Geld und Schutz rechnen könnten, ging kein Hinweis zum Whybrow-Fall ein. Ganz offensichtlich hatte der Mörder weder Freunde noch Kumpane. Die aktenkundigen Männer dieses Schlages wurden vorgeladen und verhört, doch jeder konnte über sein Tun Rechenschaft geben, und so war die Polizei nach ein paar Tagen in einer Sackgasse angelangt. Unter dem beständigen Spott der Öffentlichkeit, daß die Tat fast vor der Nase der Polizei begangen worden war, wurden die Polizisten nervös und gingen die nächsten vier Tage in ziemlich angespannter Verfassung auf Streife. Am fünften Tag wurden sie noch unruhiger.

Es war die Zeit der jährlichen Tees und Veranstaltungen für die Kinder der Sonntagsschulen; und an einem nebligen Abend, als London kaum mehr als ein Schemen war, verließ ein kleines Mädchen in ihren besten Sonntagskleidern und -schuhen, mit glänzendem Gesicht und frischgewaschenen Haaren, Logan Passage in Richtung St. Michaels-Gemeindesaal. Sie kam nie dort an. Um halb sieben war sie noch nicht tot, doch sie war so gut wie tot in dem Augenblick, als sie durch die Haustür ihrer Mutter trat. Etwas, was wie ein Mensch wirkte, ging die Straße englang, in die die Passage mündete, und sah sie herauskommen; und von da an war sie tot. Durch den Nebel streckten sich große weiße Hände nach ihr aus, und eine Viertelstunde später hatten sie sie erreicht.

Um halb sieben verkündete ein Pfiff Unheil, und alle, die daraufhin zusammenliefen, fanden die Leiche der kleinen Nellie Wrinoff in einem Kaufhauseingang in der Minnow Street. Der Sergeant war als erster zur Stelle, und er postierte seine Leute an den richtigen Stellen, befahl sie hierhin und dorthin im Ton unterdrückter Wut und wies den Beamten, zu dessen Streife diese Straße gehörte, zurecht: »Magson, ich habe Sie am Ende der Straße gesehen. Was hatten Sie dort zu suchen? Sie waren zehn Minuten dort, bevor Sie wieder zurückkamen.« Magson begann mit einer Erklärung, daß er ein verdächtig aussehendes Subjekt beobachtet hätte, doch der Sergeant schnitt ihm kurz das Wort ab: »Zum Teufel mit verdächtig aussehenden Subjekten! Sie sollen nicht nach verdächtigen Typen Ausschau halten, sondern nach Mördern. Da so herumzustreichen ... und dann geschieht das hier, wo *Sie* hätten sein sollen! Sie können sich wohl denken, was die Leute nun reden werden!«

Mit der üblichen Schnelligkeit auf schlechte Nachrichte hin strömte die blasse, verstörte Menge herbei; und als sie erfuhr, daß das unbekannte Ungeheuer wieder zugeschlagen hatte, und diesmal bei einem Kind, enthüllte der Nebel ihre haßerfüllten, entsetzten Gesichter. Doch als dann eine Ambulanz und noch mehr Polizei eintraf, wurde die Menge nach und nach zerstreut, wobei der Gedanke des Sergeants sich zu allseits leise gemurmelten Worten verdichtete: »Genau vor ihrer Nase.« Spätere Verhöre ergaben, daß vier über jeden Verdacht erhabene Bürger den Eingang nur Sekunden vor dem Mord betreten und nichts gehört oder gesehen hatten. Niemand hatte das Kind lebend oder tot getroffen. Niemand hatte auf der Straße jemand anderen außer sich selbst gesehen. Wieder stand die Polizei ohne Motiv und Hinweis da.

Nun befand sich der Stadtteil, wie Sie sich vielleicht erinnern, zwar nicht in Panik, welche die Londoner Öffentlichkeit nie aufkommen läßt, aber doch in Furcht und Bestürzung. Wenn solche Dinge in ihren vertrauten Straßen geschahen, dann konnte noch wer weiß was passieren. Wo immer sich die Leute trafen – redeten sie über dieses eine Thema. Frauen verrammelten bei Einbruch der Dunkelheit Fenster und Türen und hatten ihre Kinder ständig in Sichtweite. Sie gingen vor der Dämmerung zum Einkaufen und beobachteten ängstlich – obwohl sie vorgaben, dies nicht zu tun –, ob ihre Männer von der Arbeit nach Hause kamen. Sie verbargen ihre dauernden schrecklichen Vorahnungen hinter der beinahe humorvollen Resignation der Cockneys gegenüber Katastrophen. Die Laune eines einzigen Mannes mit zwei Händen hatte ihren Alltag erschüttert wie jeder andere, der Menschlichkeit verachtet und ihre Gesetze nicht fürchtet. Sie erkannten allmählich, daß die Stützen ihrer friedliebenden Gesellschaft, in der sie lebten, bloße Strohhalme waren, die jeder zu knicken vermochte; daß Gesetze nur solange Macht besaßen, wie sie befolgt wurden; und daß die Polizei nur mächtig war, solange sie Furcht einflößte. Durch die Macht seiner Hände hatte dieser Mann ein ganzes Gemeinwesen veranlaßt, etwas Neuartiges zu durchleben: Sie dachten nach und rangen angesichts des nachweisbar Schrecklichen nach Luft.

Und dann, als sie noch unter den beiden ersten Schlägen

keuchten, holte er zum dritten aus. Sich des Entsetzens, das seine Hände hervorbrachten, sehr wohl bewußt und gierig wie ein Schauspieler, der einmal die Erregung der Masse gespürt hat, kündigte er seine Anwesenheit von neuem an; und am Mittwochmorgen, drei Tage nach dem Kindesmord, verbreiteten die Zeitungen auf Englands Frühstückstischen die Geschichte einer womöglich noch erschreckenderen Greueltat.

Um 21 Uhr 32 ging ein Constabler in der Jarnigan Road Streife und sprach um diese Zeit am Anfang der Clemming Street mit einem jungen Beamten namens Petersen. Er hatte den Beamten die Straße hinuntergehen sehen. Er hätte schwören können, daß die Straße um diese Zeit leer war mit Ausnahme eines lahmen Schuhputzers, den er vom Sehen kannte und der an ihm vorbei ein Gebäude in der entgegengesetzten Richtung betrat, in die der junge Beamte lief. Er hatte, wie damals alle Constabler, die Angewohnheit, sich ständig umzusehen, wo er auch ging, und er war sicher, daß niemand auf der Straße war. Er kam um 21 Uhr 33 an seinem Sergeanten vorbei, grüßte ihn und antwortete auf die Frage, ob er irgend etwas bemerkt hätte. Er berichtete, er hätte nichts gesehen, und ging weiter. Seine Streife endete nicht weit von der Clemming Street, und als er seine Runde abgeschritten hatte, drehte er sich um und kam um 21 Uhr 34 wieder zum Anfang der Straße. Kaum war er dort angekommen, als er die heisere Stimme des Sergeanten hörte: »Gregory! Sind Sie das? Schnell. Wieder einer. Mein Gott, es ist Petersen! Erwürgt. Schnell, rufen Sie die anderen!«

Das war der dritte Streich des Würgenden Horrors, von denen es noch einen vierten und einen fünften geben sollte; und diese fünf entsetzlichen Greueltaten sollten als unaufgeklärt und unaufklärbar in die Annalen eingehen. Das heißt, ungeklärt, was die Behörden und die Öffentlichkeit angeht. Die Identität des Mörders war bekannt, allerdings nur zwei Männern. Der eine war der Mörder selbst, der andere ein junger Journalist.

Dieser junge Mann, der für seine Zeitung, den Daily Torch, in dieser Angelegenheit recherchierte, war nicht klüger als all die anderen eifrigen Reporter, die in diesen kleinen Sträßchen in der Hoffnung auf eine schnelle Story herumlungerten. Aber er war geduldig und ein wenig näher an dem Fall dran als die anderen. Und indem er ihn sich ständig vor Augen führte, hatte er schließlich die Gestalt des Mörders wie einen Dämon aus den Steinen beschworen, auf denen er seine Morde verübte.

Nach den ersten Tagen hatten die Männer jeden Versuch einer Exklusivstory aufgegeben, denn es gab keine. Sie trafen sich regelmäßig auf dem Polizeirevier und teilten sich die wenigen Informationen, die sie bekamen. Die Beamten waren höflich zu ihnen, aber nicht mehr. Der Sergeant diskutierte mit ihnen die Einzelheiten eines jeden Mordes, schlug mögliche Erklärungen für die Methoden des Mannes vor, kramte aus der Vergangenheit ähnlich gelagerte Fälle hervor, und was das Motiv anging, so erinnerte er sie an Neil Cream, der ohne Motiv handelte, und an den zügellosen John Williams und deutete an, daß ihre Bemühungen die Sache bald zu einem Ende bringen würden. Doch über die Arbeit selbst verlor er kein Wort. Auch der Inspektor war angenehm gesprächig beim Thema Mord, doch wenn einer das Gespräch auf die Arbeit an dem gegenwärtigen Fall brachte, wich er aus. Was immer die Beamten wußten, gaben sie nicht an die Presse weiter. Diese Aufgabe lastete schwer auf ihnen, und nur durch eine Festnahme aufgrund eigener Bemühungen konnten sie ihr behördliches und öffentliches Ansehen wiederherstellen. Natürlich war Scotland Yard an der Arbeit und verfügte über alles Material vom Revier, doch das Revier hoffte, selbst die Ehre für eine erfolgreiche Beendigung der Angelegenheit einheimsen zu können. Und wie wertvoll auch immer die Mitarbeit der Presse in anderen Fällen sein mag, die Beamten wollten nicht das Risiko einer Niederlage durch eine verfrühte Enthüllung ihrer Theorien und Pläne eingehen.

So redete der Sergeant des langen und breiten und trug eine interessante Theorie nach der anderen vor, die den Reportern selbst schon in den Sinn gekommen waren.

Der junge Mann gab diese allmorgendlichen Vorlesungen über die Philosophie des Verbrechens auf und begann, durch die Straßen zu streifen und lebendige Geschichten über die Auswirkungen der Mordfälle auf den Alltag der Bevölkerung zu verfassen. Ein trauriger Job, der durch die Umgebung noch trauriger wurde. Die verschmutzten Straßen, die verfallenden Häuser, die trüben Fenster – in all dem lag das herbe Elend, das kein Mitgefühl hervorruft: das Elend des gescheiterten Poeten. Das Elend war durch die Fremden entstanden, die in dieser provisorischen Weise lebten, da sie keine festen Unterkünfte hatten und sich auch nicht die Mühe machen würden, sich ein Heim zu schaffen, wo sie sich niederlassen könnten, oder weiterzuwandern.

Es gab wenig Verwertbares. Er sah nur empörte Gesichter und hörte nur wilde Spekulationen über die Identität des Mörders und über sein Geheimnis, ungesehen aufzutauchen und zu verschwinden. Seitdem ein Polizist zu den Opfern zählte, hatten die Drohungen gegen die Polizei aufgehört, und der Unbekannte war in einen Mantel der Legende gehüllt. Die Leute sahen einander an, als dächten sie: Das könnte er sein. Das könnte er sein. Sie hielten nicht mehr Ausschau nach einem Mörder à la Madame Tussaud, sondern nach einem Mann oder möglicherweise auch einer verkommenen Frau, der oder die eben diese Morde begangen haben könnte. Ihre Überlegungen kreisten vor allem um die Fremden. Weder solche Roheit noch die erschreckende Schlauheit konnten ihren Ursprung im englischen Charakter haben! Also wandten sie sich den rumänischen Zigeunern und den türkischen Teppichhändlern zu. Dort würden sie natürlich die »heiße« Spur finden. Diese Burschen aus dem Orient – die kannten doch jeden Trick, und sie hatten keine echte Religion – nichts, was sie zügeln konnte. Matrosen, die aus diesen Gegenden zurückkamen, erzählten von Zauberkünstlern, die sich unsichtbar machen konnten; man erzählte sich auch Geschichten von ägyptischen und arabischen Tränken, die für abgründig seltsame Zwecke verwendet wurden. Vielleicht konnten sie es, man weiß ja nie. Sie waren so falsch und listig, und ihre Bewegungen waren so gleitend; kein Engländer könnte je so fortgleiten wie sie. Mit ziemlicher Sicherheit konnte der Mörder unter ihnen gefunden werden – mit einem seiner eigenen finsteren Tricks – und nur weil sie sich so sicher waren, daß er ein Zauberkünstler war, hielten sie es für zwecklos, nach ihm zu suchen. Er stellte eine Macht dar, die sie unterwerfen konnte und sich im Verborgenen hielt. Der Aberglaube, der so leicht die zerbrechliche Schale der Vernunft knackt, hatte sich ihrer bemächtigt. Er könnte tun, was immer er wollte, er würde unentdeckt bleiben. Zu diesem Ergebnis waren sie gekommen, und sie gingen in einer Stimmung von aufgebrachtem Fatalismus durch die Straßen.

Sie sprachen mit dem Journalisten über ihre Mutmaßungen mit gedämpfter Stimme und sahen dabei nach rechts und links, als könnte ER sie hören und heimsuchen. Und obwohl der ganze Bezirk ständig an ihn dachte und bereit war, sich auf ihn zu stürzen, hatte er doch eine starke Wirkung auf sie ausgeübt. Hätte ihre unterdrückte Wut sich wirklich Bahn gebrochen, wenn irgend jemand auf der Straße – etwa ein kleiner Mann von gewöhnlicher Erscheinung und Figur – geschrien hätte: »Ich bin das Ungeheuer!«? Oder hätten sie nicht plötzlich etwas Unirdisches an dieser gewöhnlichen Gestalt mit dem gewöhnlichen Gesicht gesehen, etwas Unirdisches an seinen alltäglichen Stiefeln, an seinem Hut, etwas, das ihn als jemanden bezeichnet hätte, den ihre Waffen nicht beunruhigen oder gar durchbohren konnten? Und wären sie nicht momentan vor diesem Teufel zurückgewichen, wie der Teufel vor dem Kreuz, das ihm Faust in der Gestalt eines Schwertes entgegengehalten hatte, zurückwich, und ihm so Zeit zur Flucht gegeben? Ich weiß es nicht; aber sie glaubten so fest an seine Unbesiegbarkeit, daß sie wahrscheinlich doch gezögert und ihm diese Gelegenheit verschafft hätten. Aber es kam nie dazu. Nachdem nun seine Mordlust gesättigt ist, kann man diesen alltäglichen Kerl immer noch unter ihnen sehen und beobachten, so wie er die ganze Zeit gesehen und beobachtet worden war; aber da niemand sich damals oder heute hätte träumen lassen, daß er war, was er war, beachteten sie ihn damals wie heute so, wie man etwa einen Laternenpfahl beachtet.

Ihr Glaube an seine Unbesiegbarkeit war fast gerechtfertigt; vier oder fünf Tage nach dem Mord an dem Polizisten Petersen, als alle Erfahrung und Scharfsinn der gesamten Londoner Polizeitruppe sich auf die Identifizierung und Festnahme des Mörders richteten, holte er zu seinem vierten und fünften Streich aus.

An jenem Abend um neun Uhr schlenderte der junge Journalist, der sich jeden Abend herumtrieb, bis die Redaktion seiner Zeitung geschlossen hatte, durch die Richards Lane. Richards Lane ist eine kleine Straße, teils von Buden, teils von Häusern gesäumt. Der junge Mann befand sich in dem Teil, wo auf der einen Seite kleine Arbeiterhäuschen stehen und auf der anderen Seite die Wand eines Eisenbahn-Depots. Die große Wand warf einen schwarzen Schatten auf die Straße, welcher ihr, zusammen mit den starren Umrissen der nun verlassenen Marktbuden, das Aussehen einer einstmals lebendigen Straße verlieh, die im Übergang vom Leben zum Tod erstarrt war. Sogar die Lampen, sonst von einem goldenen Schein umgeben, wirkten hier so leblos wie eine Elfenbeinschnitzerei. Der Journalist, der die gefrorene Ewigkeit spürte, sagte sich gerade, daß er der ganzen Sache überdrüssig wäre, als die Starre mit einemmal brach. Zwischen zwei Schritten wurden Stille und Dunkelheit von einem schrillen Schrei zerrissen: »Hilfe! Hilfe! Er ist hier!«

Bevor er noch seinen nächsten Schritt überlegen konnte, erwachte die Straße zum Leben. Als ob die unsichtbaren Bewohner nur auf diesen Schrei gewartet hätten, flog in jedem Häuschen die Tür auf, und aus allen Türen und den Gassen ergossen sich schattenhafte Gestalten in einer zum Fragezeichen gekrümmten Schlange. Einen Augenblick standen sie so starr wie die Lampen, dann wies ihnen ein Pfiff der Polizei die Richtung, und die Herde der Schatten wand sich die Straße aufwärts. Der Journalist folgte ihnen, und andere folgten ihm. Aus der Hauptstraße und aus den benachbarten Straßen kamen sie, einige waren vom Abendessen aufgestanden, einige in ihrer Behaglichkeit aufgestört in Hausschuhen und hemdsärmelig, andere auf unsicheren Beinen stolpernd, wieder andere aufrecht und mit Schürhaken oder ihrem Handwerkszeug bewaffnet. Über den schwankenden Köpfen der Menge sah man hier und da die Helme der Polizisten. Die diffuse Masse schob sich zu einem Häuschen, dessen Zugang vom Sergeanten und zwei Constablern flankiert war; und Stimmen von hinten trieben sie an: »Geht rein! Sucht ihn! Lauft zur Hintertür! Über die Mauer!« Die vorne schrien: »Bleibt zurück! Bleibt zurück!«

Und nun brach sich der Zorn des Mobs, der durch die unbekannte Gefahr gezügelt worden war, Bahn. Er war hier – genau hier! Sicher konnte er diesmal nicht entkommen! Ihr Sinn richtete sich auf das Haus; alle Kraft drängte sich zu den Türen, den Fenstern und dem Dach; ihre Gedanken galten nur einem unbekannten Mann und dessen Auslöschung. Keiner sah den anderen. Keiner sah die schmale, überfüllte Straße und die Masse sich drängender Schemen; keiner dachte daran, sich in den eigenen Reihen umzusehen nach dem Ungeheuer, das nie lange in der Nähe seines Opfers blieb. Keiner bedachte in der Tat, daß dieser Massenkreuzzug der Rache ihm das ideale Versteck gewährte. Sie sahen nur das Haus, hörten nur das Splittern von Holz und das Klirren von Glas hinten und vorne und die antreibenden Rufe der Polizisten; und sie drängten sich vor.

Aber sie fanden keinen Mörder, da war nur die Neuigkeit von

einem weiteren Mord und das Blinklicht der Ambulanz. Ihre Wut hatte kein anderes Ziel mehr als die Polizei selbst, die sich gegen diese Behinderung ihrer Tätigkeit wehrte.

Der Journalist kämpfte sich durch die Haustür und bekam einen Bericht von dem Constabler, der hier Posten bezogen hatte. In dem Häuschen hatte ein pensionierter Matrose mit seiner Frau und seiner Tochter gelebt. Sie hatten beim Abendessen gesessen, und im ersten Moment sah es so aus, als hätte ein giftiges Gas sie mitten aus dem Leben gerissen. Die Tochter lag tot auf dem Kaminvorleger mit einem Butterbrot in der Hand. Der Vater war seitwärts vom Stuhl gefallen, während auf seinem Teller ein voller Löffel Reispudding lag. Die Mutter lag halb unter dem Tisch, auf ihrem Schoß die Scherben einer Tasse und Kakaoflekken. Aber die Gastheorie wurde blitzschnell fallengelassen. Mit einem Blick zeigte sich, daß der Würger am Werk gewesen war; und die Polizei stand da, sah sich im Zimmer um und teilte einen Augenblick den Fatalismus der Menge. Sie war hilflos.

Dies war sein vierter Besuch von insgesamt sieben. Wie Sie wissen, bereitete er schon seinen nächsten Streich vor – noch in dieser Nacht; und er sollte in die Geschichte eingehen als der unbekannte Schrecken von London und zu seinem unauffälligen Leben zurückkehren, das er immer geführt hatte. Nur dunkel würde er sich an seine Untaten erinnern und von dieser Erinnerung auch überhaupt nicht belastet werden. Warum hörte er auf? Keine Ahnung. Warum fing er je an? Auch keine Ahnung. Es passierte eben so; und wenn er überhaupt an jene Tage und Nächte denkt, nehme ich an, dann so, wie wir an unsere Jugendsünden denken. Wir sagen, daß es keine eigentlichen Sünden waren, weil wir uns dessen gar nicht bewußt gewesen sind: Wir hatten es nicht erkannt. Wir blicken zurück auf das dumme kleine Wesen, das wir einmal waren, und vergeben ihm, weil wir es nicht besser wußten. Ich glaube, so geht es diesem Mann.

Es gibt eine Menge wie ihn. Nach der Ermordung von Daniel Clarke lebte Eugene Aram noch vierzehn Jahre ruhig und zufrieden, unberührt von seinem Verbrechen und mit ungebrochenem Selbstbewußtsein. Dr. Crippen brachte seine Frau um und lebte danach recht angenehm mit seiner Freundin in dem Haus, unter dessen Fußboden er seine Frau verscharrt hatte. Constance Kent, für »Nicht schuldig« des Mordes an ihrem jüngeren Bruder befunden, lebte fünf friedvolle Jahre, bevor sie gestand. George

Joseph Smith und William Palmer führten ein freundliches Leben unter ihren Kollegen, unbeschwert von Furcht oder Gewissensbissen wegen ihrer Morde durch Ertränken beziehungsweise Gift. Charles Peace war zum Zeitpunkt seines einen unglückseligen Versuches ein respektabler Bürger mit Interesse an Antiquitäten geworden. Das Schicksal wollte es, daß alle diese Männer nach einer gewissen Zeit gefaßt wurden; aber mehr Mörder führen heute ein unauffälliges Leben, als wir uns träumen lassen; und sie sterben unauffällig, unentdeckt und unverdächtig. So wie dieser Mann.

Aber er entkam nur knapp, und vielleicht veranlaßte ihn dies, aufzuhören. Seine Flucht verdankte er einem Irrtum des Journalisten.

Nachdem er den Bericht über die ganze Sache verfaßt hatte, verbrachte er eine Viertelstunde am Telefon, um die Story durchzugeben. Danach verließ ihn sein Unternehmungsgeist, er fühlte sich körperlich müde und geistig durcheinander. Er hatte noch nicht Feierabend; die Zeitung würde erst in einer Stunde herauskommen, und so ging er in eine Bar auf einen Drink und einige Sandwiches.

Gerade da, als er die ganze Sache schon aus seinem Denken verbannt hatte und sich in der Bar umsah, wobei er den Geschmack des Wirtes für Uhrketten und seine dominierende Ausstrahlung bewunderte und sich überlegte, daß der Wirt einer gutgehenden Kneipe ein bequemeres Leben führte als ein Zeitungsmann, zündete irgendwo in seinem Hirn ein Funke. Er dachte überhaupt nicht an den Würger, seine Gedanken beschäftigten sich mit dem Sandwich, denn für eine solche Tränke war das wirklich eine Seltenheit. Das Brot war dünn geschnitten und der Schinken nicht schon zwei Monate alt und ohne Geschmack, sondern ganz so, wie er sein sollte. Seine Gedanken wanderten weiter zum Erfinder dieser Köstlichkeit, dem Earl of Sandwich, und dann zu George dem Vierten und all den anderen Georges und der Sage von dem George, der verzweifelt herauszufinden versuchte, wie der Apfel im Schlafrock in den Schlafrock hineinkam. Er fragte sich, ob George wohl genauso darüber nachdenken mochte, wie der Schinken in ein Schinkensandwich kam, und wie lange er wohl gebraucht hätte, bis ihm die Erleuchtung gekommen wäre, daß der Schinken nur dorthin kam, weil ihn jemand dort hineinlegte. Er stand auf, um noch ein Sandwich zu bestellten, als in eben diesem Augenblick eine kleine aktive Ecke seines Gehirns den Fall löste. Wenn der Schinken im Sandwich war, mußte ihn jemand dort hineingelegt haben. Wenn sieben Menschen getötet worden waren, mußte jemand dort gewesen sein, um sie zu töten. Es gab kein Flugzeug oder Auto, das in eine Hosentasche paßte; deshalb mußte dieser Jemand sein Heil in der Flucht gesucht haben oder stehengeblieben sein; und deshalb wiederum –

Er sah bereits die Story auf der ersten Seite seiner Zeitung vor sich, wenn seine Theorie richtig war und wenn – reine Vermutung! – sein Herausgeber die Nerven zu einem solch kühnen Streich hatte, als ihn der Ruf »Sperrstunde, meine Herren, bitte! Bitte alles raus!« an die Zeit erinnerte. Er erhob sich und ging hinaus in eine nebelverhüllte Welt, die nur zerrissen wurde von Pfützen auf der Straße und den vorbeigeisternden Scheinwerfern der Busse. Er war sich sicher, daß er die Story hatte, aber auch wenn er sie beweisen konnte, bezweifelte er, ob die Politik seiner Zeitung den Druck genehmigen würde. Die Story hatte einen großen Fehler: Sie war zwar wahr, doch es war eine unmögliche Wahrheit. Sie erschütterte alles in seinen Grundfesten, woran die Zeitungsleser glaubten und worin die Herausgeber sie bestärkten. Sie glaubten eher, daß türkische Teppichhändler die Gabe besaßen, sich unsichtbar zu machen, als daß sie dies glauben würden.

Aber das Schicksal wollte es, daß sie nie danach gefragt wurden, denn die Story wurde nie geschrieben. Da seine Zeitung inzwischen erschienen war und er selbst sich gestärkt hatte und durch seine Theorie in gehobener Gemütsverfassung war, dachte er sich, er könnte noch eine extra halbe Stunde opfern, um diese Theorie zu überprüfen. Also begann er, nach dem Mann zu suchen, den er sich vorstellte – einen Mann mit weißem Haar und großen weißen Händen; im übrigen ein durchschnittlicher Mann, den niemand zweimal ansehen würde. Er wollte diesen Mann mit seinem Verdacht ohne Vorwarnung überfallen, und er würde sich selbst in die Reichweite eines Menschen begeben, den die Aura von Entsetzen und Grauen umgab. Dieses Vorhaben würde höchsten Mut erfordern – er mußte sich, ohne Hoffnung auf sofortige Hilfe, der Gnade eines Mannes ausliefern, der einen ganzen Stadtbezirk in Angst und Schrecken versetzte. Aber das war es nicht. Er dachte nicht über das Risiko nach. Er dachte nicht an seine Pflicht gegenüber seinen Arbeitgebern oder an die Loyalität zu seiner Zeitung. Nur der Instinkt, einer Geschichte bis zu ihrem Ende nachzuspüren, trieb ihn.

Langsam entfernte er sich von der Kneipe, überquerte die Straße zur Fingal Street in Richtung Deever Market, wo er seinen Mann zu finden hoffte. Aber er mußte gar nicht so weit gehen. An der Ecke Lotus Street sah er ihn – oder einen Mann, der ihm ähnlich sah. Diese Straße war nur schwach beleuchtet, und er konnte den Mann nur schlecht erkennen, aber er konnte weiße Hände sehen. Etwa zwanzig Schritte lang schlich er sich an, dann holte er ihn ein; und dort, wo der Bogen einer Eisenbahnbrücke die Straße überspannte, erkannte er: Dies war sein Mann. Er sprach ihn mit der im Bezirk gerade geläufigen Bemerkung an: »Na, irgendwas vom Mörder entdeckt?« Der Mann blieb stehen und sah ihn scharf an; beruhigt, daß der Journalist nicht der Mörder war, sagte er dann:

»Wie? Nein, weder ich noch andere, verdammt. Bezweifle, daß man's überhaupt jemals schafft.«

»Ich weiß nicht. Ich habe darüber nachgedacht, und ich habe eine Idee.«

»So?«

»Ja. Ganz plötzlich. Vor einer Viertelstunde. Und ich merkte, daß wir alle blind waren. Es hat uns die ganze Zeit ins Gesicht gestarrt.«

Wieder drehte sich der Mann um und sah ihn an, und in seinem Blick wie in seiner Bewegung lag Mißtrauen gegenüber diesem Mann, der so viel zu wissen schien. »Ach, wirklich? Nun, wenn Sie so sicher sind, warum lassen Sie uns andere nicht dran teilhaben?«

»Das werde ich auch.« Sie gingen Seite an Seite, und nahe dem Ende der kleinen Straße am Deever Market wandte sich der Journalist beiläufig dem Mann zu. Er tippte ihm mit dem Finger auf den Arm. »Ja. Jetzt erscheint es mir so simpel. Aber einen Punkt verstehe ich noch nicht. Einen winzigen Punkt, den ich gerne klären möchte, und zwar das Motiv. Von Mann zu Mann, Sergeant Ottermole: Warum nur haben Sie alle diese wehrlosen Menschen umgebracht?«

Der Sergeant blieb stehen, ebenso der Journalist. Das von der riesigen Stadt London vom Himmel reflektierte Licht war eben hell genug, um ihn das Gesicht des Sergeanten erkennen zu lassen, das ihn voll Zuvorkommenheit und Charme breit anlächelte, daß es dem Journalisten eiskalt über den Rücken lief. Das Lächeln blieb ein paar Augenblicke, dann meinte der Sergeant: »Um die Wahrheit zu sagen, Herr Reporter, ich weiß es nicht. Ich weiß es wirklich nicht! In der Tat habe ich mir selbst Sorgen deshalb gemacht. Aber ich habe da eine Idee – so wie Sie. Jeder weiß, daß wir die Tätigkeit unseres Verstandes nicht kontrollieren können, nicht wahr? Vorstellungen drängen sich uns auf, ohne uns zu fragen. Aber man erwartet von jedem, daß er seinen Körper unter Kontrolle hat. Warum? He? Wir haben unseren Verstand von weiß Gott woher – von Menschen, die seit Jahrhunderten tot sind, bevor wir geboren werden. Könnten wir nicht vielleicht auch unsere Körper daher bekommen? Unser Gesicht – unsere Beine – unser Kopf – sie sind uns nicht restlos eigen. Wir machen sie nicht. Sie kommen zu uns. Und könnten nicht Einfälle ebenso in unseren Körper wie in unseren Verstand kommen? Was? Können Ideen nicht in Nerven und Muskeln ebenso leben wie im Gehirn? Könnte es nicht sein, daß manche Körperteile gar nicht wir sind? Und könnten Ideen in diese Körperteile nicht urplötzlich eindringen, so wie Ideen gelangen in . . . in –« seine Arme schossen vor und ließen große, weißbehandschuhte Hände und haarige Handgelenke sehen; so schnell schossen seine Hände an die Kehle des Journalisten, daß dieser sie nie sah – »in meine Hände!«

›The Hands of Mr. Ottermole‹, *Alfred Hitchcock Presents,* 5. Mai 1957. Regie Robert Stevens. Drehbuch von Francis Cockrell nach Thomas Burkes Story ›The Hands of Mr. Ottermole‹ (aus der Sammlung von Burkes *The Pleasantries of Old Quong,* London: Constable, 1931, amerikanischer Titel *A Tea-Shop in Limehouse,* Boston: Little, Brown, 1931). Mit Theodore Bikel (Sergeant), Rhys Williams (Summers), A. E. Gould-Porter (Whybrow), Barry Harvey (Whybrows Neffe).

Thomas Burke (1886–1945) war der bekannteste englische Kurzgeschichtenautor der beiden ersten Jahrzehnte unseres Jahrhunderts. Seine Spezialität waren Gruselgeschichten aus Londons Chinatown und den East End Docks, wo er aufgewachsen war. (Auf einer seiner Kurzgeschichten aus Chinatown basierte D. W. Griffiths klassischer Stummfilm ›Broken Blossoms‹. Heute jedoch ist er vor allem durch ›The Hands of Mr. Ottermole‹ in Erinnerung geblieben, die eine Jury von Kriminalliteraturautoren zur besten Kriminalgeschichte aller Zeiten gewählt hat. Es war ganz klar für *Alfred Hitchcock Presents,* und für den Regisseur Robert Stevens, der sich bei dieser Art grotesker Gruselgeschichte von seiner besten Seite zeigte, daß das Fernsehspiel die feuchtkalte Atmosphäre ausstrahlte wie etwa Hitchcocks eigener Stummfilmklassiker ›The Lodger‹ (Der Untermieter).

GEFÄHRLICHE LEUTE

Fredric Brown

Mr. Bellefontaine zitterte ein bißchen, als er an der Kante des Bahnsteigs der kleinen Station stand. Das Wetter war recht frisch, doch nicht die Kälte ließ ihn erschauern. Es war der ferne Sirenenton, der wieder aufheulte, ein fernes, schwaches Klagen in der Dunkelheit – das Klagen eines gequälten Geistes.

Zum erstenmal hatte er es vor einer halben Stunde gehört, als er sich in dem kleinen Ein-Mann-Friseurladen an der Hauptstraße dieses winzigen Nestes die Haare schneiden ließ. Der Barbier hatte ihm gesagt, was dieses Geheul zu bedeuten hätte.

»Aber das ist fünf Meilen weit weg«, sagte er sich, doch seinem Verstand verschaffte das keinerlei Erleichterung. Ein kräftiger, verzweifelter Mann konnte fünf Meilen in weniger als einer Stunde zurücklegen, und vielleicht war er auch schon um einiges vor der Zeit entflohen, als man ihn vermißte; so mußte es sein, denn wenn man ihn beobachtet hätte, wäre er wahrscheinlich schon wieder eingefangen worden.

Vielleicht war er sogar schon am Nachmittag ausgebrochen und nun schon seit Stunden frei. Wie spät war es jetzt? Nicht weit nach sieben Uhr, und der Zug fuhr erst kurz vor acht. In diesen Tagen wurde es früh dunkel.

Mr. Bellefontaine hatte den Weg vom Friseur zur Bahn ein wenig zu schnell zurückgelegt für jemanden, der an Asthma litt. Die Stufen zum Bahnsteig hatten ihn das letzte bißchen Atem gekostet, das ihm noch verblieben war, und er stellte seine Aktentasche ab, um sich einen Augenblick auszuruhen, ehe er über den Bahnsteig zur Station ging.

Er atmete immer noch schwer, dachte jedoch, er könnte nun die kurze Strecke hinter sich bringen und aus der Dunkelheit herauskommen. Er hob die Aktentasche auf und war beinahe erschrocken über das ungewohnte Gewicht, bis ihm der Revolver einfiel, der drin war.

Seltsam, daß ausgerechnet er unter allen Menschen einen Revolver mit herumschleppte – selbst wenn er nicht geladen und in Papier eingewickelt war und die Schachtel mit den Patronen einzeln verpackt im anderen Fach der Aktentasche steckte. Doch

Mr. Murgatroyd, der Kunde, mit dem er zu einem ganz legalen Geschäft hier zusammengetroffen war, hatte ihn um den persönlichen Gefallen gebeten, die Waffe mit nach Milwaukee zu nehmen und sie dort Mr. Murgatroyds Bruder zu überbringen, dem er sie versprochen hatte.

»Schrecklich kompliziert zu verschicken«, hatte Murgatroyd gemeint. »Ich wüßte nicht, wie ich's versenden sollte, Paketpost oder Fracht oder was sonst. Vielleicht ist's sogar ungesetzlich, sie einfach mit der Post aufzugeben; ich weiß es nicht.«

»Glaube ich nicht«, hatte Bellefontaine seinem Kunden gesagt, »weil die Dinger im Versandhandel verkauft werden. Vielleicht müssen sie aber per Expreß verschickt werden.«

»Nun«, war Murgatroyds Antwort gewesen, »Sie fahren einfach direkt durch nach Milwaukee, so gibt's keine Schwierigkeiten, und Sie brauchen sie weder zu ihm zu bringen noch sonst etwas. Sie rufen ihn einfach an, und er kommt dann in Ihr Büro und holt sie ab.«

Es gab also keinen Ausweg, wollte er nicht einen Kunden enttäuschen. Mr. Bellefontaine hatte also die Pistole mitgenommen, auch wenn er herzlich wenig Wert darauf legte, ein solches Ding in seinem Besitz zu haben.

»Das verdammte Asthma«, dachte er bei sich, als er die Türe der kleinen Bahnstation öffnete und hineinging, »und zum Teufel mit diesen Kleinstadt-Drugstores, die nicht einmal Ephedrin auf Lager haben. Das nächste Mal werde ich einige Kapseln mitnehmen –« Er blinzelte, bis sich seine Augen an das Licht gewöhnt hatten, und sah sich um.

Nur noch ein Mann war im Bahnhof außer ihm selbst, ein großer, schlanker, schäbig gekleideter Mann mit blutunterlaufenen Augen. Er saß da mit dem Kopf in den Händen, als Mr. Bellefontaine hereinkam, doch nun blickte er auf und sagte: »Hallo.«

»Hallo«, antwortete Mr. Bellefontaine gespannt. »Kalt – ähh da draußen.«

Die Wanduhr über dem Fahrkartenschalter zeigte sieben Uhr zehn; also noch fünfundvierzig Minuten zu warten. Durch das Schalterfenster konnte er in den inneren Raum sehen, wo der grauhaarige Stationsbeamte auf einer uralten Schreibmaschine an einem Tischchen an der entfernten Wand irgend etwas herunterhackte. Mr. Bellefontaine ging nicht zum Schalterfenster; er hatte bereits eine Rückfahrkarte.

Der große Mann saß neben einem dickbäuchigen Kohleöfchen nahe der Wand auf der entgegengesetzten Seite des Warteraumes. Auf der anderen Seite des Ofens stand ein bequem aussehender Schaukelstuhl, doch Mr. Bellefontaine wollte nicht hinübergehen, sondern einfach hier sitzenbleiben.

Er atmete immer noch schwer von den Auswirkungen seines schnellen Gehens auf sein Asthma, und er wollte erst wieder zu Atem kommen. Wahrscheinlich mußte er reden, sobald er drüben saß, und wenn er in kurzen, abgehackten Sätzen sprach, würde er auf seine ärgerliche Erkrankung hinweisen müssen.

So drehte er sich zur Entschuldigung dafür, warum er hier stehenblieb, um und starrte durch die Glasscheibe der Tür hinaus, als beobachte er draußen etwas. Er sah jedoch nur sein eigenes Spiegelbild in der Scheibe. Ein stämmiger kleiner Mann mit rosa Bäckchen, der langsam kahl wurde, obwohl man das unter dem Hut nicht sah. Doch seine Brille mit dem Schildpattgestell verlieh ihm ein sehr seriöses Aussehen – das gut zu ihm paßte, denn Mr. Bellefontaine hielt sich selbst für sehr seriös. Er war nun vierzig, und bis er das Alter von fünfzig erreicht hatte, würde er ein recht bedeutender Körperschaftsanwalt sein.

Die Sirene heulte wieder klagend auf.

Mr. Bellefontaine schauderte leicht bei dem Ton, dann ging er hinüber und setzte sich in den Schaukelstuhl neben dem Kohleöfchen. Seine Aktentasche gab ein dumpfes Geräusch, als er sie schwer auf dem Boden neben sich abstellte.

»Fahren Sie auch mit dem Sieben-Uhr-fünfundfünfzig?« fragte der große Mann.

Mr. Bellefontaine nickte. »Bis Milwaukee durch.«

»Ich steige in Madison aus«, sagte der große Mann. »Dann haben wir also einige hundert Meilen zusammen vor uns. Da könnten wir uns auch bekanntmachen. Mein Name ist Jones. Buchhalter bei Saxe Paint Company.«

Mr. Bellefontaine stellte sich vor und setzte dann hinzu: »Saxe Paint? Ich dachte, die wären in Chikago.«

»Zweigbüro in Madison.«

»Oh«, sagte Mr. Bellefontaine. Die Reihe des Gesprächs war nun an ihm, aber er wußte beim besten Willen nicht, was er sagen sollte. In das Schweigen hinein heulte wieder die Sirene. Diesmal klang sie lauter, und er erzitterte.

»Das Ding geht mir auf die Nerven«, bemerkte er.

Der große Mann nahm den Schürhaken und öffnete die Ofentüre. »Kalt hier drin«, sagte er und stocherte im Feuer. »Sagen Sie, was ist das eigentlich für eine Sirene?«

»Anstalt für geisteskranke Verbrecher«, sagte er. »Da ist einer ausgebrochen.« Unbewußt senkte er die Stimme. »Wahrscheinlich ein wahnsinniger Mörder. Solche Leute haben sie dort.«

»Oh«, meinte der Mann beiläufig. Er stocherte heftiger im Feuer, schlug dann die Ofentüre zu und setzte sich wieder auf seinen Stuhl, immer noch den Schürhaken in der Hand.

Es war, wie Mr. Bellefontaine bemerkte, ein recht schwerer Schürhaken für so einen kleinen Ofen. Der große Mann hatte die Beine gespreizt und ließ ihn nachdenklich zwischen den Knien auf und ab baumeln. Plötzlich fragte er: »Liegt schon eine Beschreibung vor? Weiß man, wie der Verrückte aussieht?«

»Eh – nein«, erwiderte Mr. Bellefontaine. Sein Blick wurde plötzlich von dem Bogen angezogen, in dem der Schürhaken auf und ab schwang.

Wie wenn – dachte er. Er fing sich wieder. Nein, das war töricht. Oder nicht? Da war etwas –

Plötzlich wußte er, was es war. Er hatte gemeint, der große Mann wäre doch recht armselig angezogen; nun erkannte Mr. Bellefontaine, als er ihn genauer ansah, daß dies nicht der Fall war. Die Kleider waren von guter – wenigstens durchschnittlicher – Qualität. Nur – sie paßten ihm nicht.

Der Anzug war für einen Mann von Durchschnittsgröße angefertigt worden, ebenso der Überzieher. Die Umschläge an der Hose waren nach unten gekrempelt, obwohl sie nach oben gebügelt worden waren und noch immer die Bügelkante erkennen ließen. Deshalb hingen sie so eigentümlich um die Knöchel. Trotzdem war die Hose immer noch zwei bis drei Zentimeter zu kurz, ebenso die Ärmel des Überziehers und der Anzugjacke.

Mr. Bellefontaine saß ganz still da und tat, als sehe er nicht hin, doch aus dem Augenwinkel setzte er seine verstohlene Prüfung fort. Das Hemd des großen Mannes war am Kragen zweifellos zu weit. Es war für einen Mann mit erheblich dickerem Hals gemacht. Der Kragen stand rund herum weit ab von Jones' dürrem Hals.

Und seine Augen, wild und blutunterlaufen –

Er würde sich an eine Eisenbahn halten, dachte Mr. Bellefontaine. Irgend eine kleine Station wie diese hier in günstiger

Entfernung von der Anstalt. Auf dem Weg würde er in ein Haus einbrechen und sich einen Anzug anstelle seiner Anstaltskleidung besorgen. Vielleicht würde er sogar einen Mann töten, um sich dessen Kleider anzueignen. Und natürlich würden ihm die Kleider nicht passen.

Mr. Bellefontaine saß mucksmäuschenstill und spürte, wie das Blut aus seinen Wangen wich und sein Gesicht ganz kühl wurde. Natürlich konnte er sich täuschen, aber – Jones, dachte er. Genau der Name, den ein Mann benutzen würde, der noch nicht darüber nachgedacht hatte, welchen Namen er nennen sollte, wenn die Zeit gekommen war, sich vorzustellen. Saxe Paint Company, ein großes Unternehmen mit weitverbreiteter Werbung, das, was ihm als erstes einfiele.

Mit Madison ist ihm ein Fehler unterlaufen, den er aber gleich korrigierte mit dem Hinweis, es wäre eine Zweigniederlassung.

Er schien auch keinen Koffer bei sich zu haben. Er trug nur die Kleider, und die gehörten ihm nicht. Gestohlene Kleidung, und vielleicht hatte er jemanden umgebracht, um sie an sich zu bringen! Vielleicht hatte er vor höchstens einer Stunde oder weniger einen Mann getötet. Einen kurzen, stämmigen Mann mit dickem Hals –

Langsam schwang der Schürhaken seinen hypnotisierenden Bogen auf und ab. Langsam schwenkte der Blick aus den blutunterlaufenen Augen des großen Mannes vom Schürhaken zu Mr. Bellefontaine Gesicht. Er sagte: »Was meinen Sie –« Dann änderte sich seine Stimme. »Stimmt was nicht? Was ist los!«

Mr. Bellefontaine schluckte und brachte dann heraus: »N-nichts.«

Die blutunterlaufenen Augen musterten ihn eine lange Minute und senkten sich langsam wieder auf den schwingenden Schürhaken. Der große Mann verfolgte seine Frage, was immer es gewesen sein mochte, nicht weiter.

Er weiß Bescheid, dachte Mr. Bellefontaine dumpf. Ich hab' mich verraten. Er weiß, daß ich über ihn Bescheid weiß. Wenn ich jetzt versuche, hinauszugehen, dann weiß er, daß ich die Polizei hole. Er erwischt mich mit diesem Schürhaken, lange bevor ich die Türe erreiche.

Er brauchte ja nicht einmal den Schürhaken. Er könnte mich erwürgen. Aber nein, er wird den Schürhaken benutzen. So wie er ihn hin- und herschwenkt und anschaut, betrachtet er ihn als Waffe.

Aber wird er mich nicht auf jeden Fall umbringen, auch wenn ich nicht fortzulaufen versuche? Vielleicht. Schließlich ist er wahnsinnig. Wahnsinnige brauchen keine Gründe.

Sein Mund war ganz trocken. Seine Lippen schienen zusammenzukleben, und Mr. Bellefontaine mußte sie mit der Zunge befeuchten, ehe er den Mund aufbrachte, um zu sprechen. Er mußte etwas sagen – irgend etwas Beiläufiges, um den Wahnsinnigen zu beschwichtigen. Sorgfältig überlegte er sich jedes Wort, um nicht zu stammeln oder zu stottern.

Er sagte: »Es wird k-kälter draußen.« Erst als der Satz fertig war, fiel ihm ein, daß er das gleiche vorher schon einmal gesagt hatte. Nun, Menschen wiederholen sich oft.

Der große Mann warf ihm einen Blick zu und schaute dann wieder nach unten. »Ja«, meinte er. Keine Betonung, nichts, womit er seine Gedanken verraten hätte.

Plötzlich erinnerte sich Mr. Bellefontaine an den Revolver. Wäre er nur geladen und in seiner Manteltasche, anstatt ungeladen, eingewickelt in seiner Aktentasche zu stecken. Wie konnte er es eventuell –?

Seine Blicke, die in hektischer Suche umherirrten, entdeckten die Tür mit der Aufschrift »Herren«. Konnte er es schaffen? Würde der Killer ihn aufhalten, wenn er auf diese Türe zuging?

Auf seiner Stirne standen Schweißperlen, als er langsam aufstand und die Aktentasche hochnahm. Ein Fünkchen Mut kehrte zurück, und er brachte es fertig, seine Stimme beinahe ruhig klingen zu lassen, als er sagte: »Würden Sie mich bitte einen Augenblick entschuldigen?« Hinter dem Ofen und dem Stuhl des Wahnsinnigen ging er auf die Toilettentüre zu.

Aus dem Augenwinkel bemerkte er, wie sich der große Mann umdrehte und ihn beobachtete. Aber er stand nicht auf!

Mr. Bellefontaine schloß rasch die Türe zum Waschraum und schaute nach einem Schlüssel im Schloß. Es war keiner vorhanden, und ein Riegel fehlte ebenso. Seine Hand zitterte, als er den Reißverschluß der Aktentasche aufzog.

Seine Augen schweiften umher, konnten jedoch nichts entdekken, was ihm eine Hilfe gewesen wäre. Kein Fenster, durch das er hinaussteigen konnte – nur ein winziges ganz oben an der Wand, außerhalb seiner Reichweite. Und keine Möglichkeit, die

Tür zu blockieren. An der Toilettentür befand sich ein winziger Riegel, doch den konnte ein Mann mit einer einzigen Hand aufbrechen.

Nein, hier gab es keine Sicherheit. Er konnte nichts weiteres tun als den Revolver laden und ihn schußbereit in der Manteltasche bereithalten, wenn er wieder hinausging. Und er durfte nicht zu lange bleiben. Er mußte sich beeilen . . . beeilen . . .

Mr. Jones starrte einen Augenblick neugierig auf die geschlossene Tür des Waschraums, zuckte dann die Schultern und spielte weiter mit dem Schürhaken herum.

Was war dieser Kerl doch für eine komische Type! Total verrückt, das konnte man ja eindeutig sehen. Er hatte darauf gehofft, eine Ansprache für die Zugfahrt zu haben, doch wenn das die beste Gesellschaft sein sollte, die sich ihm bot, dann prost Mahlzeit. Lieber wollte er versuchen, während der Fahrt zu schlafen.

Schlaf konnte er nach der letzten Nacht gewiß brauchen. Man hätte ja wohl in einem solchen Nest wie hier draußen mit keiner wilden Party gerechnet, doch Madge, seine Schwester, war gerade in Feierstimmung gewesen und sein Schwager Hank ebenfalls. Der Sprit war schlecht, aber reichlich. Es war eine Jubiläumsparty gewesen, schön und gut. Was für Narren hatten diese Nachbarn, die Wilkins, doch aus sich gemacht!

Aber, so dachte Mr. Jones trocken, auch nicht mehr als er selbst: Wie er zum Luftschnappen nach draußen in die Scheune gestolpert und dabei der Länge nach mit dem Gesicht in schmierigen Lehm gefallen war. Du lieber Himmel, wie würde wohl sein Anzug aussehen, wenn er ihn wieder zurückbekam? Nun mußte er einige von Hanks Kleidern tragen, bis er nach Madison zurückkehrte.

So viel würde er so bald nicht mehr trinken. Im Augenblick machte es Spaß, aber ach, wie gräßlich war man am nächsten Tag beieinander und sogar noch am nächsten Abend! Ein Glück, daß er heute nicht hatte arbeiten müssen, so wie seine Augen aussahen. Die Bande im Büro hätte ihm ganz schön zugesetzt.

Morgen – oh, zum Teufel mit Saxe-Farben und der ganzen Buchhaltung! Morgen hätte er gekündigt, wenn nicht der alte Rogers, der Zweigstellenleiter, ihm gesagt hätte, daß er ihn in einigen Monaten in den Außendienst stecken wollte. Verkaufen wäre nicht schlecht. Und von Farben verstand er eine ganze Menge; es würde sich also lohnen, noch einige Monate lang die Nase in die Bücher zu stecken.

Die Türe des Waschraums öffnete sich, und der komische kleine Bursche kam heraus. Mr. Jones drehte sich um und schaute ihn an – ja, er hatte immer noch diesen verrückten Ausdruck im Gesicht, so eine Art von angespanntem, steifem Aussehen, als sei sein Gesicht eine aufgeklebte Maske.

Beim Zurückkommen hatte er auch einen eigentümlichen Gang – trug seine Aktentasche diesmal in der linken Hand, während die rechte tief in der Manteltasche steckte.

Warum zum Kuckuck hatte er eigentlich die Aktentasche mitgenommen? Sicher würde er doch nicht annehmen, daß jemand in den wenigen Minuten, die er dort drin war, damit weglaufen würde. Außer natürlich, wenn er wertvolle Gegenstände wie Schmuckwaren oder ähnliches bei sich hatte! Nein, für Schmuck war die Tasche zu schwer, nach der Art zu schließen, wie sie auf den Boden gepoltert war, als er sie das erstemal absetzte. Vielleicht Muster von Eisenwaren, nur schleppten Eisenwarenvertreter ihre Muster nicht in Aktentaschen aus braunem Leder mit sich herum.

Neugierig beobachtete er, wie sich der kleine Mann wieder auf seinen Stuhl setzte, ohne die Hand aus der Manteltasche zu nehmen, und wieder stellte er die Aktentasche vor sich auf den Boden, nur daß es diesmal kein dumpfes Geräusch gab. Sie sah leichter aus und hörte sich leichter an, als enthalte sie nicht mehr als nur einige Papiere. Als sei nichts mehr darin enthalten, um ihr Stabilität zu geben, fiel sie um, und der kleine Bursche hob sie auf und lehnte sie gegen den Schaukelstuhl, um sie am erneuten Umkippen zu hindern. Die Tasche war wirklich leer, zumindest war etwas Schweres herausgenommen worden.

Mr. Jones blickte mit einer immer noch müßigen Neugierde von der geheimnisvollen Aktentasche empor zu dem angespannten weißen Gesicht.

War der Kerl verrückt? Wirklich verrückt?

In die Stille drang schwach das Heulen der Sirene, und bei diesem Geräusch fuhr der Mann auf. Sein Gesicht wurde schlaff vor Angst und erstarrte dann wieder.

Mr. Jones spürte ein Prickeln auf seiner Kopfhaut. Er tat, als habe er nichts bemerkt, und schaute rasch wieder auf den Schürhaken in seiner Hand. Seine Handgelenke schlossen sich fest um den Griff, als ihm bewußt wurde, daß dies seine einzige Waffe gegen eines geistesgestörten Mörder war.

Mein Gott, warum war ihm das nicht früher aufgegangen?

Er kam keuchend und außer Atem hier herein; er mußte gerannt sein. Er drehte sich um und beobachtete durch die Scheibe an der Türe, ob man ihm auf den Fersen war.

Dann hatte er sich eine Weile vernünftig verhalten. Bei Verrückten kam das oft vor; sie hatten Zeiten, in denen sie sich in keiner Weise von normalen Menschen unterschieden.

Ein geistesgestörter Mörder, dachte er. Hat er vor, mich umzubringen, benimmt er sich deshalb so? Wird er vielleicht von Minuten zu Minute wahnsinniger und steigert sich so hinein, daß er tötet?

Aber er ist ein kleiner Bursche. Ich sollte eigentlich in der Lage sein, mit ihm fertig zu werden, obwohl es heißt, daß Wahnsinnige schrecklich stark sein sollen. Aber ich weiß auch, wie ich mich wehren kann. Außer, er hat ein Schießeisen!

Plötzlich und ohne den geringsten Zweifel wußte Mr. Jones, was in der Aktentasche gewesen war. Er wußte, warum der Wahnsinnige in den Waschraum gegangen war – um dieses Schießeisen aus der Aktentasche in die rechte Manteltasche zu bringen, wo sich seine Hand nun darum geschlossen hatte, Finger am Abzug!

Mr. Jones tat immer noch so, als blickte er auf den Schürhaken hinunter, doch aus den Augenwinkeln beobachtete er die Wölbung in der Manteltasche. Eine Schußwaffe, also doch! Die Wölbung war viel größer als nur von einer Hand, und außerdem konnte er den Umriß des Laufs sehen, der am Ende der Tasche eine kleine Kante hervortreten ließ. Wahrscheinlich ein Revolver mit einem Fünf- oder Sechs-Zoll-Lauf.

Wäre er ein entsprungener Geistesgestörter, versuchte er sich einzureden, dann hätte er mir niemals gesagt, was es mit der Sirene auf sich hat. Aber schließlich habe ich ihn danach gefragt. Er könnte gedacht haben, daß ich schon Bescheid wußte und ihn in Verdacht hätte, weil er beim Hereinkommen so außer Atem war. So mußte er mir die Wahrheit sagen, falls ich es schon wüßte. Und dann der komische Name, den er mir genannt hat – Bellefontaine – wie aus einem Buch! Wirkliche Menschen tragen selten solche Namen.

Aber das waren bloß Argumente; die Schußwaffe war eine Tatsache. Man kann nicht streiten, wenn ein geistesgestörter Mörder eine Schußwaffe auf einen richtet.

Warum wartete er?

Aus der Ferne ertönte das Pfeifen einer Lokomotive. Mr. Jones gelang es, ohne den Kopf zu drehen, einen verstohlenen Blick auf die Wanduhr zu werfen. Fünfzehn Minuten zu früh für den Personenzug, den Sieben-fünfundfünfzig. Es mußte ein durchfahrender Güterzug sein, wahrscheinlich aus der Gegenrichtung.

Ja, er konnte ihn nun näherkommen hören, und es klang wie ein Güterzug. Er verminderte seine Geschwindigkeit nicht. Im Nebenraum vernahm er das Schließen einer Türe und erriet, daß der Stationsvorsteher auf den Bahnsteig hinausging. Ja, von dort klangen Schritte, die vom Donnern des herannahenden Zuges verschluckt wurden.

Wenn die Maschine direkt auf gleicher Höhe mit dem Bahnhof war, direkt vor dem Fenster – Natürlich, das war es, worauf er gewartet hatte! Dieser ohrenbetäubende, brüllende Lärm, der den Knall eines Schusses überdecken würde.

Mr. Jones verkrampfte sich, packte den Schürhaken fester, bis die Fingerknöchel weiß hervortraten, und verlagerte sein Gewicht nach vorne. Er konnte es mit einem Schritt schaffen und dabei den Schürhaken hochheben. Wenn sich die Mündung dieser Pistole, die sich durch den Mantelstoff des Verrückten abzeichnete, zu heben begann –

Das Brüllen des nahenden Zuges, lauter, näher – ein Crescendo dröhnender Geräusche, die alles auslöschten – lauter, lauter –

Als Mr. Jones sich nach vorne lehnte, hob sich die Mündung der Pistole tatsächlich.

Der Mann in der blauen Uniform mit den Messingknöpfen schloß vorsichtig die Türe hinter sich und drehte sich zu den beiden Männern um, die zu beiden Seiten des Ofens saßen. Sie sahen seltsam aus, wie sie so dasaßen, in einer schreckhaft-angespannten Haltung, als hätten sie furchtbare Angst.

Sollte er? Nein, das wäre zu gefährlich. Er hatte nun die Uniform, und es wäre so leicht, in den Zug zu gelangen und seine Flucht zu bewerkstelligen, nach irgendwohin, weit weg von der

Zone, in der nach ihm gesucht wurde. Aber es wäre auch so verdammt leicht, diese beiden Burschen zu töten, mit dem Schießeisen, das in einem Halfter an seinem Gürtel steckte – und die Uniform verlieh ihm sogar das Recht, sie offen und ohne Furcht zu tragen.

Er sagte: »N'Abend, Gentlemen«, und einer murmelte irgend etwas zurück; der andere antwortete überhaupt nicht. Der Große, der mit dem Schürhaken herumspielte, fragte: »Haben sie den – Verrückten geschnappt?« und blickte aus den Augenwinkeln auf den kleinen, plumpen Burschen, fast als versuche er, ein Signal zu geben.

Er lachte. »Nein, sie haben ihn noch nicht«, sagte er. »Ich glaube auch nicht, daß sie ihn erwischen.«

Es war so komisch, so unsagbar komisch. Er fuhr fort: »Sie haben's wirklich schwer, ihn jetzt zu kriegen. Er hat in Waynesville einen Polizisten getötet und Pistole und Uniform an sich genommen. Und die wissen es noch nicht einmal!«

Er lachte wieder und kicherte immer noch, als er nach der Pistole in seinem Halfter griff.

Doch er hatte die Waffe noch nicht einmal aus ihrem Ledergehäuse gezogen, als ein krachender, unerwarteter Schuß an seinem Ohr vorbeisummte, der aus der Manteltasche des kleinen Mannes zu kommen schien, und der große Mann mit dem Schürhaken war schon halb durch den Wartesaal auf ihn zugekommen. Die Pistole hatte er noch nicht erhoben, als ein zweiter Schuß aus der Waffe des kleinen Mannes ihn im Oberarm traf, und der Schürhaken sauste auf seinen Kopf nieder. Er versuchte sich zu ducken, es gelang ihm jedoch nur, die volle Kraft des Schlages abzumindern . . .

Das Pfeifen des Güterzuges war aus der Ferne zu hören, als er zu sich kam. Jemand sprach aufgeregt in das Telefon des Stationsbeamten im anderen Raum des Bahnhofs.

Er war an Händen und Füßen gebunden. Einen kurzen Augenblick wehrte er sich, dann ließ er sich entspannt fallen und seufzte und schaute zu den beiden Männern empor, die über ihm standen. Er dachte zurück.

Nun, die waren schon bereit und auf Scherereien gefaßt gewesen, als er hereinmarschiert kam! Der Kleine mußte bereits die Hand an der Pistole gehabt haben, und der Große schwenkte den Schürhaken, bereit zum Zuschlagen. Für gewöhnlich brauchen die Menschen gewisse Zeit, um einen plötzlichen Angriff zu starten, doch diese beiden Kerle waren losgegangen wie eine Ladung Dynamit!

Du lieber Gott, wenn so gefährliche Leute wie die zwei frei herumliefen, dann war er sicherer, wenn man ihn in die Anstalt zurückbrachte und dort auf ihn aufpaßte. Beinahe hätten sie ihn umgebracht. Die mußten glattweg *verrückt* sein!

›The Dangerous People‹, *Alfred Hitchcock Presents*, 23. Juli 1957. Regie Robert Stevens. Fernsehspiel von Francis Cockrell nach der Kurzgeschichte von Fredric Brown ›No Sanctuary‹ (*Dime Mystery*, März 1945; erschienen unter dem Titel ›The Dangerous People‹ in Browns *Mostly Murder*, Dutton, 1953). Mit Albert Salmi (Mr. Jones), Robert H. Harris (Mr. Bellefontaine), Ken Clark (Polizist).

Fredric Brown (1906–1972) ist besser bekannt als Science Fiction-Autor, doch von den späten dreißiger Jahren bis Anfang der sechziger, als Krankheit ihn am weiteren Schreiben hinderte, verfaßte er auch Dutzende von Kriminal- und Gänsehaut-Geschichten für billige Magazine und mehr als zwanzig Romane des Mystery-Genres. Die besten seiner Gänsehaut-Geschichten verbinden Humor mit einer »schwarzen« Stimmung, die Cornell Woolrich sehr nahe kommt; mehrere wurden (zum Teil von Brown selbst) für *Alfred Hitchcock Presents* bearbeitet. Der Hang von Regisseur Robert Stevens für Literatur der Gattung Horror-plus-Spannung war wie geschaffen für Browns Linie des »Wer-ist-hier-verrückt«, und ich erinnere mich recht lebhaft an die Episode und würde sie für mein Leben gern nochmals sehen.

Francis M. Nevins, jr.

Die großartige Privatdetektiv-Romanserie um Ed und Am Hunter, für die Brown mit dem Edgar-Allan-Poe-Preis ausgezeichnet wurde, erscheint innerhalb der ›Schwarzen Serie‹ bei BASTEI-LÜBBE.

EIN STRICK FÜR ZWEI

Clark Howard

Der Greyhoundbus fuhr um die Mittagszeit in den Hauptbusbahnhof von Los Angeles ein. Joe Kedzie stieg aus und schritt in das Sonnenlicht einer Stadt hinaus, die er seit zehn Jahren nicht mehr gesehen hatte. Instinktiv schlug er die Richtung zur Main Street ein. Er ging langsam und wunderte sich, wie sehr sich Läden, Kleidung und Autos geändert hatten. Nur noch wenige schwarze Wagen – die meisten waren nun rot und gelb und pink und chartreusegrün. Die Läden waren alle modern ausgestattet, größer und mit einer Menge Glas. Und die Röcke – ein bißchen länger vielleicht, aber an den richtigen Stellen saßen sie stramm. Er schob den Gedanken an Frauen beiseite; das hatte Zeit bis später, wenn er erst mal seine hundert Riesen hatte.

An der Main Street bog er um die Ecke und ging an den billigen Bars und Spelunken vorbei, die er so gut gekannt hatte. Er erinnerte sich an die Schießbude, die Spielhalle, die Striplokale, das Café, wo die kleinen Dealer ihre Hauptquartiere hatten und wohl immer noch haben. Dieser Teil der Welt wird sich nie verändern, dachte er. Wenn ich nochmals zehn Jahre absitzen müßte, dann wäre es immer noch das gleiche, wenn ich herauskäme.

Zwischen einer Bar und einer chinesischen Wäscherei befand sich der Eingang zum Main Line Hotel. Kedzie öffnete die Tür und stieg die sechs Stufen zur Halle hinauf. Ein junger Mann mit Pickeln im Gesicht saß hinter der Rezeption. Er hielt ein Rennformular in der Hand und studierte es schläfrig. Kedzie blieb am Schalter stehen, bis offenkundig war, daß der junge Mann ihn ignorierte; dann griff er über den Schalter hinüber und riß ihm das Wettblatt aus der Hand. Der Angestellte sprang auf, und sein Gesicht lief rot an.

»Was soll das?« fragte er ärgerlich.

»Nur ein kleiner Service«, sagte Kedzie ruhig und legte das Papier auf den Schalter. »Wohnt Madge Griffin immer noch hier?«

Der Portier versuchte abweisend zu sein. »Wer will das wissen?«

»Versuch bloß keine Spielchen mit mir zu treiben, du Knülch«, fuhr ihn Kedzie an, »sonst breche ich dir den Arm! Wohnt Madge Griffin hier oder nicht?«

»Sie wohnt hier«, sagte der Portier, der es mit der Angst bekam. »Zimmer zwei – zwölf.«

Kedzie nickte. Er verließ den Schalter und ging durch die Halle zur Treppe. Zwei-zwölf war das letzte Zimmer am Ende des trüben Ganges. Er blieb vor der Tür stehen und zündete sich eine Zigarette an, dann klopfte er leise. Madges Stimme war durch die Türe zu hören.

»Wer ist da?«

»Errol Flynn. Mach auf.«

Er hörte sie durchs Zimmer gehen, dann wurde die Türe geöffnet. Sie stand im Türrahmen, die Augen aufgerissen, völlig verdutzt.

»Joe!«

»Hallo, Madge.«

Sie trat zur Seite, als er einen Schritt machte, und ließ ihn eintreten. Das Zimmer war klein, nicht so mies, wie er erwartet hatte, aber doch mies genug. Er ging zu einem Stuhl und setzte sich. Sie beobachtete ihn einen Augenblick neugierig, dann schloß sie die Tür und lehnte sich dagegen.

»Wie gehts dir, Madge?« fragte er in seinem sachlichen Ton, als hätte er sie einen Monat nicht gesehen und nicht zehn Jahre lang.

»Mir gehts ganz ordentlich, Joe. Wie war's bei dir?«

Er knurrte, gab aber keine Antwort. Er besah sie gründlich und ließ sich Zeit dazu. Zehn Jahre älter, aber sie war immer noch ein saftiger Happen, alles war da, wo es hingehörte. Er fand, daß sie in den Hüften ein wenig schwerer geworden war als zu der Zeit, da sie mit ihm ging. Und doch – der Gedanke amüsierte ihn – war sie weder damals noch heute die Sorte, die man mit tausend Lappen in der Tasche um sich haben möchte.

»Woher hast du gewußt, wo du mich findest, Joe?« fragte sie plötzlich.

»Ich hab' einfach geraten. Ich stellte mir vor, daß du hierher zurückkommen würdest. Das ist so ungefähr deine Nummer.«

»Was soll das heißen?« wollte sie wissen, und ihre Augen blitzten ärgerlich auf.

»Vergiß es, Baby«, meinte er leichthin und fragte dann, um das Thema zu wechseln: »Hast du was zu trinken?«

Sie ging zum Schrank und nahm eine fast volle Flasche Gin vom Bord. »Ich hab' nichts zum Mixen«, sagte sie. »Willst du ihn pur?«

Er schüttelte den Kopf. »Würde mich wahrscheinlich umhauen. Vergiß es.«

Sie stellte die Flasche zurück. Kedzie zerdrückte seine Zigarette und zündete sich eine neue an. Es paßt zusamen, dachte er. Eine Flasche Gin im Schrank. Madge hatte das Zeug noch nie ausstehen können, aber Gin war immer Maxies Getränk gewesen. Er ist nicht weit weg. Einfach warten und Geduld haben. Er wird sich schon zeigen.

Madge ging zum Bett hinüber und setzte sich hin. Sie unterhielten sich, müßig und leichthin. Zwei Menschen haben sich nach zehn Jahren eine Menge zu erzählen. Kedzie wartete, ob sie Maxie erwähnen würde, doch das war nicht der Fall. Das brachte ihn zu der Überzeugung, daß sie seinen Aufenthaltsort kannte. Und in dem Augenblick, wo sie das Zimmer verließ und zu einem Telefon gehen konnte, würde Maxie wissen, daß er, Kedzie, wieder in der Stadt war.

Sie plauderten bis fünf Uhr. Schließlich fragte sie: »Was machst du jetzt, Joe?«

Er beschloß, direkt zur Sache zu kommen. »Was meinst du?«

»Ich meine, ob du schon einen Platz für heute nacht hast?«

»Nein, noch nicht. Ich bin so dran gewöhnt, daß meine Koje auf mich wartet, und darüber habe ich ganz vergessen, daß ich mich nun selbst um diese Dinge kümmern muß.« Der Köder war ausgeworfen. Er wartete, ob sie ihn schnappte. Nach kurzem Zögern tat sie es.

»Warum läßt du dir nicht von mir ein Zimmer hier im Haus besorgen, Joe? Dann brauchst du dir nicht die Mühe zu machen, woanders etwas zu suchen.«

»Nun, ich weiß nicht, Madge. Ich –«

»Paß mal auf, ich gehe runter und besorge dir ein Zimmer, und dann gehe ich über die Straße zu Jasi und hole eine Pizza und kaltes Bier. Du kannst dich hinlegen und ausruhen, während ich weg bin. Wenn ich zurückkomme, können wir hier im Zimmer essen. Du siehst müde aus, Joe. Warum ziehst du nicht den Mantel aus und legst dich ein bißchen hin?«

»Ich bin schon ziemlich fertig. Erste Busfahrt nach zehn Jahren, weißt du.«

»Du ruhst dich jetzt aus, Joe.« Sie nahm rasch ihre Börse. »Ich bin in ein paar Minuten wieder zurück.«

Nachdem sie fort war, legte er den Mantel ab und streckte sich auf dem Bett aus. Es würde nicht lange dauern, dachte er. Fünf Minuten von jetzt an gerechnet, stand sie wahrscheinlich in einer Telefonzelle. Maxie sollte eigentlich gegen acht Uhr hier sein.

Madge kehrte eine Stunde später mit dem Essen zurück. Kedzie zog einen kleinen Schreibtisch zum Bett heran und legte die Pizza darauf. Er setzte sich auf die Bettkante und begann zu essen. Madge öffnete zwei Dosen Bier und stellte sie auf den Tisch. Sie holte sich auf der anderen Seite einen Stuhl heran und nahm Platz.

Kedzie aß spärlich und ließ die Hälfte des Bieres in der Dose. Er war an stark gewürztes Essen nicht mehr gewöhnt und an Alkohol noch weniger. Später, wenn er sein Geld hatte, würde er nur vom Besten speisen.

Als sie ihre Mahlzeit beendet hatten, war es beinahe sieben Uhr. Kedzie zündete sich eine Zigarette an, ging zum offenen Fenster und betrachtete die Lichter der Main Street.

Madge ging hinüber und stellte sich neben ihn. »Woran denkst du, Joe?« fragte sie.

»Einfach nur an die Lichter da drunten – wie oft habe ich in all den Jahren davon geträumt, während ich im Knast saß.«

»War es denn wirklich so schlimm, Joe – all die Jahre?« Ihre Stimme klang leise, aufrichtig, ein Ton, den Joe Kedzie von ihr nicht akzeptierte.

»Nein«, entgegnete er sarkastisch, »es war ein Mordsspaß. Ich wollte eigentlich noch bleiben, aber die ließen mich nicht, sagten, man müßte abhauen, wenn die Zeit um ist.«

Wieder sah er, wie Ärger in ihren Augen aufblitzte, doch das kümmerte ihn nicht. Sie hatte ihren Zweck erfüllt, soweit es ihn anging, denn sie hatte Maxie gesagt, wo er ihn finden konnte.

»Du bist schon immer so gewesen, Joe!« erklärte sie hitzig. »Immer hast du dich in deine Schale verkrochen, immer hast du alles für dich behalten, keinem je vertraut. Du hast dich in den zehn Jahren kein bißchen verändert!«

Er blickte sie kalt an und hatte das Bedürfnis, sie ins Gesicht zu schlagen. Er wollte ihr sagen, daß er in den zehn Jahren nicht blöde geworden war, daß er nicht so blind war, sich auszurechnen, daß sie und Maxie ihn nach dem Lohngeldraub hatten hochgehen lassen. Er wollte ihr ins Gesicht schreien, daß er an diese Möglichkeit schon vor dem Job gedacht hatte. Er wollte ihr den Grund sagen, warum sie ihr falsches Spielchen nicht zu Ende gebracht hatten, weil er sich nämlich im voraus ein anderes Versteck für das Geld ausgedacht und es an einen Platz gebracht hatte, den nur er kannte.

Kedzie wollte ihr eben einen Fluch ins Gesicht schleudern, als es an der Türe klopfte. Nach kurzem Zögern ging Madge besorgt zur Tür und öffnete sie.

Zum zweitenmal an diesem Tage blickte Joe Kedzie in ein Gesicht, das er seit zehn Jahren nicht mehr gesehen hatte. Maxie hatte sich nicht viel verändert. Er sah immer noch wie das aus, was er war – ein Gauner. Einen Burschen wie den konnte man überall erkennen, dachte Kedzie. Gutaussehend, immer mit einem Lächeln, einem schrägen Blick und zu elegant angezogen, kurzum, die Sorte, die immer auf schnelles Geld aus ist.

»Hallo, Joey-Boy«, sagte Maxie mit falscher Freundlichkeit.

»Hallo, Maxie.« Du ausgekochter Lumpenhund, dachte Kedzie, du hast mir zehn Jahre meines Lebens gestohlen!

Maxie betrat das Zimmer und schloß die Tür. Er ging wie zufällig zum Bett und setzte sich. Madge begab sich zu einem Stuhl in der Ecke, wo sie beiden Männern nicht allzu nahe war. Kedzie schnippte seine Zigarette aus dem Fenster und setzte sich gegen den Sims gelehnt hin.

»Hab' schon gehört, daß du draußen bist, Joey-Boy«, sagte Maxie. »Dachte, ich schaue besser nach dir, bevor du die Stadt verläßt.«

»Was bringt dich auf die Idee, daß ich die Stadt verlasse?« fragte Kedzie ruhig.

Maxie setzte sein breites Lächeln auf, das sein Warenzeichen war. Er lehnte sich auf seine Ellbogen zurück. »Ich dachte nur, daß du vielleicht nach El Paso zurück willst. Ich dachte, daß du dort vielleicht irgendwo was zurückgelassen hast.«

»Das einzige, was El Paso erlebt hat, war ein Fest für die Bullen.«

»Sonst nichts?«

»Nichts, was für dich von irgendeinem Interesse ist, Freundchen.«

Maxie setzte sich rasch auf. Er preßte die Kiefer zusammen und ballte die Hände zu Fäusten. »Paß auf, Joe«, sagte er rauh, »ich hab' auf den Kies genau so lang gewartet wie du! Ich hab' ein Recht auf meinen Anteil!«

Kedzie blieb ruhig. Wie beiläufig zündete er sich eine neue Zigarette an. »Der einzige Unterschied ist, Maxie«, meinte er leichthin, »daß du draußen gewartet hast und ich drinnen.«

»Das war eben Pech, Joe.« Maxie stand auf. Sein Gesicht war ernst, herausfordernd. »Das Geld gehört immer noch nur zur Hälfte dir.«

Kedzie blickte zu Boden. Bei diesem Spiel ging es um hunderttausend Dollar. Es hatte keinen Sinn, Maxie jetzt noch voll einzuweihen. Er dachte an den ganzen Rattenschwanz, der ihm vom Gefängnis aus gefolgt war in der Erwartung, er werde sie direkt zu dem Batzen Geld führen; die Mühe, die er sich gemacht hatte, diese Meute von der Spur abzulenken.

»Ich will dir mal was sagen, Maxie«, erklärte er. »Ich glaube, ich habe mehr Anrecht auf den Kies als du. Ich glaube, ich hab' mir's verdient, indem ich die Strafe für den Job auf mich genommen habe. Ich habe daher nicht die Absicht, mit dir oder sonst einem zu teilen.«

Maxies Gesicht spiegelte unverhüllten Ärger. Ich muß es gut hinkriegen, dachte Kedzie. Wenn es nicht hinhaut, bin ich gezwungen, ihn auf der Stelle umzulegen. Er redete weiter.

»Das einzige, was mich zurückhält, ist die Notwendigkeit, ein paar Dollar aufzutreiben, damit ich an den Zaster komme. Ich brauche etwas Bargeld – mindestens einige Hundert – und einen Wagen. Ich brauche auch einiges an Kleidung, damit ich diese Lappen hier vom Leib kriege.«

Maxies Ärger hatte sich deutlich in Neugierde verwandelt. Es funktioniert, dachte Kedzie.

»Ich werde einen Handel mit dir machen«, fuhr er fort. »Du besorgst mir einen Wagen, einige Hunderter und ein paar anständige Sachen zum Anziehen, und ich beteilige dich mit einem Viertel. Du kriegst dann fünfundzwanzigtausend, ohne Wenn und Aber. Was hältst du davon?«

Maxie blickte Kedzie nachdenklich an und überlegte sich, daß es nicht leicht sein würde, aus Kedzie herauszuholen, wo das Geld versteckt lag.

»Ich werde darauf eingehen, Joey-Boy«, sagte er und setzte rasch hinzu: »– aber nur unter einer Bedingung.«

»Und die wäre?«

»Ich bleibe jede Minute bei dir, von dem Augenblick an, da wir hier hinausgehen, und das Geld holen wir gemeinsam.«

»Wie steht's mit dem Wagen und den anderen Dingen?« fragte Kedzie.

»Ich werde es so arrangieren, daß Madge alles besorgen kann, was du brauchst. Wir beide bleiben hier in diesem Zimmer, bis wir bereit sind, das Geld zu holen.«

»Der Handel gilt«, sagte Kedzie. »Und wenn du die Sachen für mich noch heute abend beschaffen kannst, dann werden wir morgen starten.«

»Je früher, desto besser.« Maxie grinste eifrig. »Madge kann losziehen und heute abend noch einen Wagen mieten. Auf dem Rückweg kann sie bei mir zu Hause vorbeigehen und für dich was zum Anziehen mitbringen.«

»Wie stehts mit den Hundertern?«

Maxie lächelte. »Ich hab' drei Scheine in der Tasche. In Hollywood Park hatte ich heute eine Glückssträhne. Alles ist geregelt, Joey-Boy. Heute in zwei Tagen können wir in El Paso sein.«

Nun war es an Kedzie, zu lächeln. »Wir gehen nicht nach El Paso, Partner«, sagte er schlau. »Überrascht?«

Maxies Grinsen schwand, und Mißtrauen schlich sich in sein Gesicht. »Was soll das heißen?« fragte er schnell.

»Der Kies ist nicht in El Paso. Er ist in Neu-Mexiko – weit draußen mitten im Nirgendwo.«

Plötzlich brach Maxie in Lachen aus, das sich irgendwie hysterisch anhörte. Er lachte lang und laut. Er dachte an all die Stunden und Tage, die er damit zugebracht hatte, in El Paso herumzufragen bei dem Versuch, jeder Bewegung von Joe Kedzie zu folgen und aufzuspüren, wo Kedzie das Geld versteckt haben könnte.

Auch Joe Kedzie begann zu lachen, doch er dachte nicht an die Vergangenheit, sondern an die Zukunft.

Am nächsten Morgen, zehn Minuten vor acht Uhr, verließen Joe Kedzie und Maxie das Main Line Hotel und traten auf die Main Street hinaus. Kedzie hatte den groben grauen Anzug, mit dem das Gefängnis ihn entlassen hatte, abgelegt, und trug nun Slacks und ein kurzärmeliges Sporthemd. Über dem Arm trug er eins von Maxies Sportsakkos. Maxie, der ihm folgte, trug einen kleinen braunen Koffer mit ihrer Extrakleidung.

Sie gingen den Häuserblock hinunter zu einer grünen Ford-Limousine, die Madge für sie gemietet hatte. Maxie sperrte das Fahrzeug auf und warf den Koffer auf den Rücksitz.

»Du fährst«, sagte Kedzie. »Ich habe keine Fahrerlaubnis.« Maxie nickte und schob sich hinter das Lenkrad. Er betätigte die Zündung und startete den Motor. Ehe er den Gang einlegen konnte, fing Kedzie wieder an zu sprechen. »Wie steht's mit den Zweihundert, Maxie?«

Maxie blickte ihn seltsam an. »Die hab' ich«, sagte er knapp.

»Gib sie mir«, verlangte Kedzie.

Maxie schüttelte voll Zorn und Abscheu den Kopf, doch er zog eine Brieftasche aus dem Innenfach seines Mantels und zählte zweihundert Dollar in Zehnern und Zwanzigern ab. Er warf die Scheine mit deutlichem Ärger auf den Sitz zwischen beiden. Kedzie nahm sie an sich, faltete sie ordentlich in der Mitte und steckte sie in seine Hemdentasche.

Sie fuhren zum Sunset Boulevard hinaus und schwenkten auf den Ramona Freeway ein. Kedzie lehnte sich entspannt zurück; er fühlte sich an seinem ersten Morgen in Freiheit nach zehn Jahren frisch und kräftig. Von Maxie nahm er überhaupt keine Notiz, sondern widmete sein ganzes Interesse dem Betrachten der Läden, Autos und Mädchen.

Der Wagen schnurrte dahin, durch Monterey Park, Covina, an Pomona vorbei und nach San Bernardino. Gegen elf Uhr erreichten sie Indio, wo sie zum Tanken anhielten. Kedzie stieg aus und besorgte eine Straßenkarte. Sie verließen Indio in südlicher Richtung auf der Route 99.

Um ein Uhr fuhren sie in El Centro ein. Maxie hielt am ersten Highway-Restaurant außerhalb der Stadt, und sie gingen hinein und bestellten sich ein Mittagessen. Kedzie borgte sich von der Kellnerin einen Bleistift, breitete die Straßenkarte auf dem Tisch aus und fing an, ihre Strecke einzuzeichnen. Als er fertig war, meinte er: »Es sind noch ein bißchen über dreihundert bis Tucson. Wenn wir direkt durchfahren, sollten wir bis neun Uhr heute abend dort sein.«

»Wie weit müssen wir hinter Tucson noch fahren?« fragte Maxie gereizt.

»Nicht weit«, sagte Kedzie.

»Ich habe gefragt, wie weit«, knurrte Maxie.

»Kriegst du's mit der Angst, Maxie?« fragte Joe Kedzie lächelnd.

Maxie fluchte, als er vom Tisch aufstand. Er ging zu einem Spielautomaten und warf eine Münze hinein. Kedzie beobachtete ihn, während er dachte: ›Du Ratte, wenn du die letzten zehn Jahre da verbracht hättest, wo ich war, würdest du mehr Geduld aufbringen.‹

Müde und schmutzig erreichten sie um neun Uhr fünfzehn abends Tucson. An der ganzen Highway entlang hatten sie überall die Schilder ZIMMER BESETZT gelesen. Endlich fanden sie fünf Meilen hinter der östlichen Stadtgrenze Unterkunft in einem Motel.

Maxie besorgte die Eintragung im Büro, dann stellten sie den Koffer in ihrem Zimmer ab. Sie fuhren nach Tucson zurück, um noch etwas zu essen. Gegen Mitternacht kehrten sie ins Motel zurück und gingen zu Bett.

Um acht Uhr in der Frühe befanden sie sich wieder auf der Straße, unterwegs. Kedzie beschloß, das Risiko einzugehen und sich ans Steuer zu setzen. Er war es müde, einfach nur auf dem Beifahrersitz auszuharren. Fünfzig Meilen südöstlich von Tucson bogen sie auf Route 666 ab und hielten sich in nördliche Richtung. Die Autobahn schwenkte in einem weiten Bogen um den Gebirgszug der Dos Cabezas und führte dann wieder nach Süden. Kurz vor elf Uhr überquerten sie die Grenze des Bundesstaates Neu-Mexiko. Das erste Straßenschild, auf das sie stießen, lautete: LORDSBURG 20 MEILEN.

»Wir sind schon fast dort«, sagte Kedzie beiläufig. »Wenn wir an Lordsburg vorbei sind, ist es noch ungefähr eine Stunde Fahrt.« Maxie brummte. »Wir müssen in Lordsburg halten«, fuhr Kedzie fort. »Ich muß noch einiges besorgen.«

Maxie sah ihn mißtrauisch an. »Was zum Beispiel?«

»Zum Beispiel ein langes Seil.«

»Wofür zum Kuckuck brauchen wir ein Seil?« wollte Maxie wissen.

»Du willst doch das Geld, oder nicht? Nun, wir brauchen ein Seil, um an das Geld zu kommen. Das Paket befindet sich auf dem Grund eines über zwölf Meter tiefen Brunnens, der schon vor langer Zeit ausgetrocknet sein muß.«

Maxie sperrte seinen Mund auf. »Ich will verdammt sein!«

»Wir müssen auch noch einige andere Dinge haben – eine Taschenlampe, vielleicht auch eine kleine Schaufel für den Fall, daß wir graben müssen. Ich nehme an, daß in all den Jahre einige Meter Sand in die Brunnenöffnung geweht wurden.«

In Lordsburg hielten sie am ersten Gemischtwarenladen, an dem sie vorbeikamen. Kedzie fragte den Verkäufer nach zwanzig Meter kräftigem Seil. Der Verkäufer führte ihn in das Lager und zeigte ihm verschiedene große Seilrollen. Kedzie wählte das stabilste aus, das er finden konnte, und der Verkäufer maß zwanzig Meter ab. Kedzie ging in den Laden zurück und nahm aus einem Regal eine kleine Handschaufel heraus, die er Maxie gab. Als der Verkäufer ihnen die schwere Seilrolle herausbrachte, nahm Kedzie sie und übergab sie ebenfalls Maxie.

»Leg das Zeug in den Wagen«, sagte er beiläufig. »Ich besorge noch eine Taschenlampe und komme gleich raus.«

Maxie drehte sich um und schleppte die Sachen aus dem Laden. Nachdem Kedzie eine Taschenlampe samt Batterien ausgesucht hatte, ging er durch den Laderaum zu einem gläsernen Schaukasten. Er blieb wie zufällig vor der Auslage stehen. Als der Verkäufer kam, sagte er: »Zeigen Sie mir mal eine dieser Sportpistolen.«

Der Verkäufer öffnete den Kasten und nahm eine mittelgroße, schwarze Automatik-Pistole heraus. »Das ist die Sport-Standard«, sagte er in seinem Verkäufertonfall. »Eine der besten, die überhaupt hergestellt werden. Wiegt nur ein halbes Pfund. Verschießt Kaliber 22, kurz und lang. Ein wirklich zuverlässiges Stück bei Zielscheiben und Niederwild.«

»Wieviel kostet die?« fragte Kedzie.

»Das ist die mit dem Sechsdreiviertel-Lauf. Die kostet 40,45 Dollar plus Steuer.«

»Okay«, sagte Kedzie schnell mit einem Blick zur Eingangstüre. »Geben Sie mir auch eine Schachtel mit Patronen und schreiben Sie mir dann die Rechnung aus.«

Draußen hatte Maxie die Wagentüre geschlossen und ging zum Laden zurück, um nachzusehen, wovon Kedzie so lange aufgehalten wurde. Als er durch die Scheibe blickte, sah er, wie Kedzie Patronen in ein Magazin steckte. Eine neue Sportpistole lag vor ihm auf dem Ladentisch. Maxies Gesicht wurde kreideweiß, und seine Hände begannen zu zittern. Er beobachtete, wie Kedzie das gefüllte Magazin einschob und die Waffe unter dem Hemd in seinen Gürtel steckte.

Maxie wandte sich um und ging zum Auto zurück; ihm war übel. Er öffnete die Türe und schob sich hinter das Lenkrad. Er warf einen Blick auf das Armaturenbrett. An diesem Morgen war ausschließlich Kedzie gefahren, er hatte die Wagenschlüssel. Er weiß Bescheid, dachte Maxie hilflos. Er weiß, daß ich ihn nach der Sache mit den Lohngeldern hochgehen ließ, und nun wird er mich deshalb umbringen. Keinen Augenblick hat er daran gedacht, die Beute zu teilen. Der ganze Handel war ein Trick, um mich hier herauszulocken, damit er mich umlegen kann!

Er wandte sich auf seinem Sitz um und sah zurück zu dem Seil und der Schaufel, die auf dem Boden des Wagens lagen. Rasch griff er nach hinten und öffnete den Koffer. Er tastete zwischen den schmutzigen Kleidungsstücken herum und zog sein Rasierzeug heraus. Seine Hände zitterten, als er den Reißverschluß des Etuis aufzog.

Als Kedzie zum Wagen zurückkehrte, fand er Maxie ruhig hinter dem Lenkrad sitzen. Er stieg ein und reichte Maxie die Wagenschlüssel. »Nimm Route 80«, sagte er, »fahr nach Süden aus der Stadt raus und bleib auf der Straße, bis ich dir sage, wo du abbiegen sollst.«

Die Autobahn führte in beinahe schnurgerader Linie an Lordsburg vorbei, ein dünner, grauer Streifen, von dem sich zu beiden Seiten trockenes, flaches Land dehnte. Die strahlende Sonne über ihnen stand um die Mittagsstunde an ihrem höchsten Punkt, und sengende Hitze brannte auf die Sandflächen des Hidalgo-Landes nieder. Jedes Lebewesen suchte Schatten, und gegen zwölf Uhr zeigte das Thermometer bereits über vierzig Grad.

Im Wagen saß Joe Kedzie etwas abgewandt da, mit einer Hand in seinem Hemd, die das kalte Metall des Schießeisens fühlte. Maxie hielt seinen Blick geradeaus und blinzelte gegen das Licht. Schweigend fuhren sie dahin und begegneten keinen anderen Autos. Kedzie hatte dies bei seinem Plan mit in Rechnung gestellt. In Wüstengebieten war es üblich, daß die Menschen nach Möglichkeit vermieden, in der größten Mittagshitze draußen zu sein. Kedzie hatte damit gerechnet, daß sie die Wüste ganz für sich allein haben würden.

Eine halbe Stunde später passierten sie ein Gebiet auf der Straße, das Separ genannt wurde. Kedzie hatte sich diesen

Namen zehn Jahre lang gemerkt – hatte ihn im Gedächtnis behalten, indem er ihn rückwärts buchstabierte (Rapes = engl. für Vergewaltigung, Raub); so blieb er ihm leichter im Gedächtnis.

»Da vorn kommst du an eine Straßenbiegung«, sagte er. »Ungefähr drei Meilen dahinter müssen wir abbiegen. Erste Straße rechts.«

Maxie gab keine Antwort. Er hatte seit Lordsburg kein Wort gesprochen. Als sie zu der von Kedzie bezeichneten Straße kamen, bog er von der Autobahn ab. Der Straßenbelag war rauh und voller Schlaglöcher. Maxie blickte Kedzie an, um weitere Instruktionen einzuholen. »Fahr einfach weiter«, sagte Kedzie. »Wir sind gleich da.«

Sie holperten noch acht Meilen weiter. Das Land um sie herum begann leicht anzusteigen, bildete niedrige Buckel und schließlich kleine Hügel. Kedzie beobachtete gespannt den Kilometeranzeiger und hielt von Zeit zu Zeit Ausschau nach vertrauten Punkten in der Landschaft. Endlich sah er den alten staubigen Weg, der auf ihre Straße stieß. »Bieg hier ab«, sagte er und deutete nach vorne.

Maxie bog ab. Der Weg war ebener als die Straße, und der Wagen lief wieder gleichmäßig. Er führte in Kurven in eine tiefeingeschnittene Schlucht hinab, die einmal für Bergbauzwecke gegraben worden war. Kedzie schaute durch das Rückfenster, bis die andere Straße aus dem Blickfeld verschwunden war. Dann wandte er sich Maxie zu und sagte: »Halt an, Partner.«

Als der Wagen zum Stehen kam, stieg Kedzie rasch aus. Maxie verließ das Fahrzeug auf der Fahrerseite. Über die Motorhaube hinweg standen sich die beiden Männer gegenüber.

»Du weißt Bescheid, Joe, nicht wahr?« sagte Maxie einfach.

»Ja, Maxie, ich weiß Bescheid.« Kedzie zog die Automatik unter seinem Hemd hervor und hielt sie lose.

»Ich weiß nicht, was mich dazu brachte, es zu tun«, begann Maxie. »Ich habe einfach –«

»Ich werde dir sagen, warum du es getan hast, du Ratte«, unterbrach Kedzie hart. »Zwei Gründe: Madge und hundert Riesen!«

»Ich weiß nicht, was über mich kam, Joe«, fuhr Maxie verzweifelt fort. »Ich erkannte einfach nicht –«

»Keine großen Reden jetzt!« schnappte Kedzie. Er winkte mit der Pistole zum Auto hin. »Hol Seil und Schaufel heraus.«

Maxie zog das schwere Seil heraus, warf es über seine Schulter und hob die Schaufel auf. Kedzie dirigierte ihn einen schmalen Pfad hinab und folgte in wenigen Metern Abstand nach. Der Pfad endete am Eingang zu einem Stollen, der sich nahe am Grund der Schlucht befand. Sieben Meter entfernt lag der ausgetrocknete Brunnen. Er war einmal von einer ein Meter dicken Mauer aus Ziegel und Lehm umhüllt gewesen, doch der größte Teil der Mauer war zerfallen. Von einem Paar Balken, die einst ein Dach über dem einst so kostbaren Wasservorrat gehalten hatten, war nur noch einer übriggeblieben. Das Rad, mit dem man den Eimer auf- und abbewegt hatte, lag zerbrochen und verrottet im Staub.

»Hier, da ist es, Judas«, sagte Kedzie höhnisch. »Das ist Joe Kedzies Privatbank.«

Maxie hielt an und drehte sich halb um, als Kedzie befahl: »Geh weiter«, und die Pistole hob. Maxie setzte seinen Weg fort, und Kedzie senkte das Schießeisen wieder.

Als Maxie am Rand des Brunnens angelangt war, ließ er das Seil fallen. Einen Augenblick stand er da und starrte in das tiefe Brunnenloch hinab. Seine Rechte faßte die Schaufel fester. Plötzlich wirbelte er herum und schleuderte die Schaufel gegen Joe Kedzies Gesicht.

Kedzie trat leicht zur Seite, und die Schaufel sauste in die Wand des Stollens. Er lachte und sagte: »Netter Versuch, du Ratte.« Dann hob er die Pistole und zog den Abzug durch.

Die Kugel traf Maxie in den Magen. Er taumelte zurück, drückte beide Hände auf die Wunde, fiel aber nicht hin. Kedzie feuerte ein zweites, ein drittes Mal. Beide Kugeln schlugen in Maxies Brust ein. Er stürzte nach hinten und fiel kopfüber in den Brunnen.

Kedzie steckte die Pistole in seinen Gürtel und ging langsam zum Rand des Brunnens. Ruhig zündete er sich eine Zigarette an, dann holte er die Taschenlampe heraus und richtete ihren Strahl in die finstere Grube. Der Brunnen war so tief, daß der Strahl den Boden nicht erreichte.

Als er seine Zigarette aufgeraucht hatte, bückte sich Kedzie und nahm das Seil auf. Er schleppte ein Ende zu einem großen Felsblock, wickelte es sicher herum und befestigte es. Dann ging er zum Brunnen zurück und ließ den Rest in die Dunkelheit hinabfallen. Er hörte einen dumpfen Schlag, als es am Boden auftraf.

Vorsichtig setzte er sich auf den Brunnenrand und begann, sich in das Loch hinabzulassen. Er stemmte die Füße flach gegen die Mauer, bog seinen Körper und stieg, vorsichtig einen Schritt vor den anderen setzend, hinab. Bald hüllte ihn die Dunkelheit des Brunnenschachtes ein. Weiter und immer weiter entfernte er sich vom Einstieg.

Das Seil riß, als er gerade die Marke erreichte, die die Hälfte anzeigte. Kedzie schrie auf. Eine endlose Sekunde lang stürzte die Dunkelheit auf ihn zu, dann schlug er auf dem harten Boden des Brunnens auf.

Er rollte benommen zur Seite; in seinem Kopf drehte sich alles mit rasender Geschwindigkeit. Er griff in die Dunkelheit und spürte die Wand. Sein ganzer Körper schmerzte, und in seinem Kopf pochte es wie wild. Das Seil war auf ihn draufgefallen und hatte sich um ihn verwickelt. Er zog es weg und zwang sich, aufzusitzen. Als er sich gegen die Brunnenwand lehnte, fühlte er sich sterbensübel. Einen Augenblick lang dachte er, er würde das Bewußtsein verlieren. Er saß ganz still und zog in tiefen Zügen die Luft ein, um sich zu beruhigen.

Kein Grund zur Aufregung, dachte er immer wieder. Ich kann ohne das Seil hochkommen. Der Brunnen ist nicht allzu breit. Ich kann meine Füße gegen die eine Seite stemmen und meinen Rücken gegen die andere und mich so nach oben arbeiten. Es wird verdammt hart werden und eine ganze Weile dauern, aber ich kann es schaffen. Ich kann ohne Seil zurückgelangen. Ich schaffe das schon.

Er ruhte einen Augenblick aus, bis die Übelkeit vergangen war, dann suchte er in seiner Tasche nach der Taschenlampe. Er empfand auch Schmerzen, doch die Aufregung über seinen Sturz und seine mißliche Lage ließen es nicht zu, daß er sich damit abgab. Erleichtert sah er, als er die Taschenlampe einschaltete, daß sie durch den Sturz keinen Schaden genommen hatte. Er fand das Stück Seil, das mit ihm heruntergefallen war und ließ es prüfend durch die Hände gleiten, bis er das gerissene Ende fand. Er konnte sich keinen Reim darauf machen, warum ein so kräftiges Seil unter einem so geringen Gewicht gerissen sein sollte. Er untersuchte das Ende sorgfältig unter dem Licht. Nur wenige Stränge waren, wie er feststellte, entzweigerissen. Der Rest war sauber und gleichmäßig durchgeschnitten – und zwar in einem Winkel, daß der Schnitt nicht ohne weiteres bemerkt werden konnte.

Maxie war der einzige, der mit dem Seil hantiert hatte. Er mußte es durchschnitten haben, während er allein im Wagen saß!

Kedzie ließ das Licht umherschwenken, bis es auf Maxies Gesicht fiel. Laut verfluchte er den Toten, dann lachte er. Es war sinnlos, Maxie, dachte er. Ich schaff's trotzdem. Ich kann immer noch rauskommen – ob mit oder ohne Seil!

Kedzie stellte sich langsam auf die Füße. Ein durchdringender Schmerz schoß durch sein rechtes Bein, und ächzend fiel er auf den Boden zurück. Er versuchte es ein zweites Mal, stolperte und fiel wieder hin. Vor Qual stöhnte er auf. Der Schmerz in seinem Bein war unerträglich. Verzweifelt bemühte er sich wieder in eine sitzende Stellung und zog das Hosenbein hoch. Er richtete den Strahl der Taschenlampe auf sein Bein und sah, daß zwischen Knie und Knöchel das Fleisch aufgerissen war und ein gezacktes Knochenstück aus der Wunde hervorragte.

Er lehnte sich gegen die Wand zurück und spürte, wie Angst seinen ganzen Körper durchdrang und den Schmerz überlagerte. Seine Hand fiel neben ihm auf den Boden, und er fühlte einen harten, rechteckigen Gegenstand. Er ließ den Lichtstrahl darauf fallen und sah das in Plastik eingewickelte Päckchen vor sich, von dem er zehn Jahre lang geträumt hatte. Tränen liefen ihm übers Gesicht, und er fing an zu zittern. Plötzlich packte er das Päckchen und fluchte. Zur Hölle mit dem gebrochenen Bein! Maxie konnte ihn nicht von den hundert Riesen vertreiben. Er hatte noch ein gesundes Bein, damit würde er es bis nach draußen schaffen.

Kedzie umklammerte das Paket und schob sich an der Wand hoch in dem Versuch, aufrecht zu stehen. Unter schwerem Keuchen und schwitzend schaffte er es. Nun mußte er das Gewicht auf sein gebrochenes Bein verlagern. Er wartete einen Augenblick, ehe er es versuchte, wartete, daß sein Atem stillstand.

Ein gräßlicher Schmerz durchschnitt seinen Körper in dem Augenblick, als er auch nur ein wenig Gewicht auf das gebrochene Bein zu legen versuchte. Voller Schmerz und Verzweiflung fiel er zu Boden. Noch immer hielt er das Päckchen fest, doch die Taschenlampe war ihm aus der Hand gefallen, und ihr voller Strahl fiel über Maxies Gesicht.

Kedzie schien es, als lächelte ihn der Tote an.

›Enough Rope for Two‹ *Alfred Hitchcock Presents*, 17. November 1957. Regie Paul Henreid. Fernsehspiel von Joel Murcott nach Clark Howards Kurzgeschichte ›Enough Rope for Two‹ (*Manhunt*, Februar 1957). Mit Steven Hill (Joe), Jean Hagen (Madge), Steve Brodie (Maxie).

»Dies war die erste Kurzgeschichte, die ich an das Fernsehen verkaufte. Es war die achtzehnte Geschichte, die ich geschrieben, und die fünfte, die ich verkauft hatte. Als sie am Sonntag abend zur besten Sendezeit ausgestrahlt wurde, war ich richtig aufgeregt, als ich sah, daß die Hauptdarsteller Steven Hill, Jean Hagen und Steve Brodie waren. Aber nicht nur das, – Paul Henreid, seit Jahren einer meiner Lieblingsschauspieler, der vor kurzem auf den Platz hinter der Kamera gewechselt war, hatte bei der Kurzgeschichte Regie geführt. Beim Anschauen freute ich mich sehr, daß der Verfasser des Drehbuches sich nicht nur sehr genau an die Originalgeschichte gehalten, sondern auch einen großen Teil der von mir geschriebenen Dialoge übernommen hatte. Die einzige größere Veränderung, die man vorgenommen hatte, bestand in einer Erweiterung der weiblichen Rolle für Jean Hagen, zu jener Zeit ein beliebter Fernsehstar (*Make Room for Daddy*). Alles in allem war diese erste Übernahme einer Geschichte von mir fürs Fernsehen eine äußerst angenehme Erfahrung.«

Clark Howard

DER ERPRESSTE ERPRESSER

Lawrence Treat

Margot schlüpfte aus den Schuhen und rieb sich die Zehen an der steifen, geflochtenen Einfassung ihres Sessels. Sie hatte einen Teller Sandwiches und ein Glas Milch hergerichtet und kauerte jetzt träumend neben dem Telefon, knabberte an einem Sandwich und wartete auf Lewis' Anruf.

Sicher würde er anrufen; er wollte ihr bestimmt erzählen, daß er die Stelle bekommen hatte. Sonderermittlungsbeamter, verantwortlich für die Untersuchung der Bestechungssache! Das wäre Lewis' erster großer Schritt ins Licht der Öffentlichkeit.

Sie schloß die Augen und ließ sich noch einmal durch den Kopf gehen, was das Adoptionsbüro letzte Woche gesagt hatte. Sie und Lewis hätten einen einwandfreien Charakter und ein entsprechendes Einkommen. Es gäbe nur eine letzte Befragung und einige Formalitäten. »Ich bin sicher, in Ihrer Vergangenheit gibt es keinen dunklen Punkt«, hatte der Sozialarbeiter lächelnd bemerkt.

Margot fragte sich immer wieder, ob das Baby überhaupt schon geboren war, ob es ein Junge oder ein Mädchen war und was für ein Gefühl es sein würde, es zum ersten Mal in den Armen zu halten. Ich bin wie eine werdende Mutter, überlegte sie, gefühlig und nervös und voll geheimer kleiner Ängste.

Sie öffnete die Augen, und ihr Blick fiel auf das Mikrofon von Lewis' Tonbandgerät. Das Gerät selbst stand im nächsten Zimmer, aber er diktierte ihr gerne, indem er in das im Radioschrank eingebaute Mikrofon sprach.

Als sie sich beim Frühstück über sein Arbeitspensum unterhielten, hatte er gesagt: »Ich habe noch einiges aufzuarbeiten, was ich bis heute abend erledigen möchte.«

Sie hatte den plötzlichen Wunsch, den Knopf zu drücken und das Band zurücklaufen zu lassen, nur um seine Stimme zu hören. Vielleicht würde sie auch nur Unsinn hineinplappern über Lewis und sie – über das Baby. Was sie fühlte und hoffte.

Warum war sie nur so aufgeregt?

Beim Geräusch eines Motors draußen schlüpfte sie in die Schuhe und stand auf. Sie war groß, schlank und heiter, mit sanft geschwungenen Lippen. Ihre dunklen, ruhigen Augen verbargen ihren heftigen Charakter.

Sie ging zum Fenster und sah den kleinen grünen Lieferwagen, der am Beginn der Einfahrt gleich an der Straße hielt. Auf der Seite stand zu lesen: »Jack Staley, Rohr- und Heizungsinstallation, 483 East Bay Street.«

Sie kehrte zu ihrem Teller zurück, nahm einen Schluck Milch und warf einen hoffnungsvollen Blick zum Telefon. Aber statt dessen klingelt es an der Haustür.

Als sie die Tür öffnete, war sie zunächst überrascht. Jack Staley war ein jovialer, stämmiger Mann, dessen volles Lachen von strotzender Gesundheit zeugte. Seine roten Wangen waren rund und dick, und seine Augen strahlten lebhaft. Er trug ein beigefarbenes Sporthemd.

»Mrs. Brenner?« fragte er. Seine rauhe Stimme klang herausfordernd. »Sie haben mich wegen eines Rohrbruchs gerufen?«

Sie zögerte wie vor einer hintergründigen, versteckten Drohung. Der Gedanke »wie eine werdende Mutter« schoß ihr wieder durch den Kopf. Sie merkte, daß sie sich seltsam benahm. Hier war sie in ihrer eigenen Wohnung mit einem Telefon im Wohnzimmer und Nachbarn nebenan. Nirgendwo könnte sie sicherer sein.

»Ah, ja«, erwiderte sie langsam und ruhig. »Unten im Keller.«

»Gut«, sagte er und nahm die Werkzeugtasche. »Zeigen Sie's mir?«

»Da runter«, erklärte sie. Aber sie war irgendwie verwirrt, als sie die Kellertür öffnete, das Licht anknipste und die Kellertreppe hinunterging.

Er folgte ihr, während er weitersprach: »Sie wohnen hübsch, Mrs. Brenner. Eine Menge Leute mußten die Steine für Ihren Vorgarten ausbuddeln, aber Sie haben sie schön angelegt. Ich hatte immer schon was für Steingärten übrig. Wie heißt denn das Zeug mit den rötlichen Blättern, gleich neben dem Weg?«

»Das ist meine Ajuga«, antwortete sie.

Sie lauschte immer noch auf das Telefon. Wenn es klingelte, konnte sie sich entschuldigen und sofort drangehen. Sie würde wissen, wenn es Lewis war, das hörte sie immer schon am Läuten, genauso wie sie wußte, daß Lewis die Stellung bekommen würde; sie zweifelte nicht einen Augenblick.

Sie blieb vor dem Heizungsraum stehen und deutete hinein. »Dort. In dem Raum dahinter. Sie können die Pfütze sehen.«

Staley nickte freundlich. »Klar, ich kümmere mich darum. Wissen Sie, wo der Haupthahn ist?«

»Nein«, erwiderte sie. Er stand zu dicht bei ihr, während er auf sie hinabgrinste, und ihre Anspannung wuchs. Ich mag das nicht, allein mit ihm im Keller, dachte sie.

Als sie an ihm vorbeischlüpfte, berühte sie leicht sein Hemd und zuckte dabei förmlich zusammen. Sie konnte seine breite Brust sich dehnen fühlen. Er lachte.

»Ich bin dann oben«, sagte sie mit tiefer Stimme.

Sie rannte fast. Ihr Herz klopfte, und sie schnappte nach Luft. Was für törichte Gefühle, nur weil ein Klempner ein beigefarbenes Sporthemd trug und lachte! Dennoch mochte eine Gefahr lauern; was ihr durch den Kopf ging, traf auch meistens ein.

Sie erblickte den Teller neben dem Telefon und setzte sich. Ich kann immer die Polizei anrufen, sagte sie sich. Und ich werde hier neben dem Telefon sitzenbleiben. Lewis sollte endlich anrufen.

Sie nahm sich ein Sandwich und legte es wieder hin. Ihr war der Hunger vergangen. Sie nahm ein paar Schlucke Milch, aber auch die schmeckte ihr nicht mehr.

Sie trug den Teller in die Küche, warf die Reste in den Abfalleimer und drehte das warme Wasser auf. Wie gut, daß sie das Frühstücksgeschirr hatte stehenlassen!

Angespannt lauschte sie noch immer auf das Telefon. Vielleicht zitterten deswegen ihre Hände ein wenig. Deshalb entfiel ihr wohl auch ein Glas und zerbrach.

Nach dem Abwasch kehrte sie ins Wohnzimmer zurück. Sie hatte den Klempner nicht heraufkommen hören, doch nun stand er vor dem Kamin. Rauchend betrachtete er die Bilder mit den Wäldern von Maine, die sie letztes Jahr gemacht hatte. Ihre Signatur war deutlich zu lesen.

»Das ist sehr hübsch«, bemerkte er. »Haben Sie gemalt, was?«

»Ja. Danke.« Sie war höflich und tat so, als wäre es selbstverständlich, daß er sich in diesem Raum einnistete und mit ihr über ihre Bilder diskutierte.

»Sie sind toll«, meinte er. »Sieht nach Talent aus. Ich wette, Sie haben auch Köpfchen.«

»Ich dachte, Sie reparieren den Rohrbruch«, sagte sie steif.

»Muß warten, bis das Rohr leergepumpt ist«, erklärte er. »Sie haben ein Manson-Sicherheitsventil dran, das dauert eine Weile. Ich muß rauf und den Hahn im Badezimmer abdrehen. Habe auf Sie gewartet, damit Sie mir's zeigen.«

»Sie müssen nach oben, um einen Rohrbruch im Keller zu reparieren?« fragte sie.

Er nickte und lächelte überlegen. »«Klar. Bei einem Manson-Ventil muß man den Druck ausgleichen. Das ist das Problem bei denen, aber sonst sind sie gut. Ohne das wäre Ihr Keller überflutet worden.« Er grinste. »Haben Sie noch mehr von Ihren Bildern hier?«

»Nein«,sagte sie. »Das Badezimmer ist oben durchs Schlafzimmer rechts.«

Er drückte die Zigarette aus. »Finde ich bestimmt«, meinte er.

»Ich zeige es Ihnen lieber.«

Die Vorstellung, ihn allein oben zu lassen, behagte ihr nicht. Sie ging schnell hinauf, betrat das Schlafzimmer und wies zum Badezimmer. »Dort.«

Er sah sich nur im Schlafzimmer um und meinte bewundernd: »Also, Sie haben wirklich Geschmack. Die Tapete, die Möbel – die Kunstwerke. Ich bin zwar nicht besonders gebildet, aber ich habe eine künstlerische Ader. Die Bilder an der Wand – haben Sie die auch gemalt?«

»Ja.«

Er betrachtete sie ehrfürchtig. »Was Sie alles können! Sie sind eine richtige Künstlerin. Ich wollte schon immer mal einen Künstler kennenlernen. Ich bin ja nur der Klempner, über den man Witze reißt. Aber ich gehe mit offenen Augen durch die Welt.«

Margot fühlte sich zwar geschmeichelt, aber auch unbehaglich. Sie hielt sich noch zurück, ihn direkt zu kränken, und versuchte sich einzureden, daß er einfach ein Original war, freimütig, herzlich und ungeschliffen. Ein großer Junge, der niemandem etwas Böses wollte.

»Das kann eigentlich jeder«, erwiderte sie, »aber die meisten wissen nicht wie und gehen deshalb an vielen Dingen vorbei.«

Er nickte lebhaft. »Genauso ist es. Eine Menge Leute gehen blind durchs Leben. Ich dagegen – Sie wären erstaunt, was ich alles mitkriege.«

Er hob die Schultern, dann ging er zum Bett und hob eine

Ecke der Patchworkdecke mit dem rosa und goldenen Muster auf. Sie erstarrte dabei.

»Bitte«, sagte sie scharf.

Er blickte auf. Die Ecke der Decke hielt er immer noch in der Hand. Langsam, als verstünde er, was sie meinte, wurde sein Lächeln verdrießlich. Dann wich die finstere Miene ebenso langsam wieder einem Grinsen.

»Wieviel zahlt man für sowas?«

»Ich dachte, Sie wollten das Ventil festdrehen?« sagte sie.

Er zuckte die Achseln. »Ich bin nur redselig«, erklärte er. »Wie ein großer, lieber Hund. Und ich schätze, ich bin zu neugierig. Das sagte man mir jedenfalls immer. Wissen Sie, was ich darauf sage? Man muß neugierig sein, wenn man ein guter Klempner sein will.«

Sie starrte ihn nur an. Sie hatte das Gefühl, als hätte er etwas entweiht. Dieser stämmige, grinsende Mann mit den großen dicken Händen, die an der Ecke der Patchworkdecke herumfummelten; die Worte, die ihm entschlüpften . . .

»Ach ja«, sagte er, »ich rede zuviel. Achten Sie einfach nicht drauf. Ich bin von Haus aus geschwätzig. Wenn alle Menschen so wären, das wäre schön, was? Liebe deinen Nächsten. Schätze, ich bin dazu geboren zu lieben – jeden.«

Sie versuchte, ihn mit Blicken zum Schweigen zu bringen, aber er hielt ihrem Blick stand und genoß es auch noch.

»Sie haben schöne Augen«, bemerkte er. Aber er näherte sich ihr nicht. Noch nicht.

Da entdeckte er ihre roten Pantoffeln mit den flauschigen, weißen Pompons und bückte sich hinunter, um sie zu berühren. »Geschmackvoll«, sagte er. Seine derben Finger streichelten einen Pantoffel, und sie wurde dunkelrot.

»Bitte lassen Sie das!«

Er beachtete sie gar nicht. »Ich habe daheim ein paar alte Hausschuhe, die ich zehn Jahre lang jeden Abend getragen habe. Jetzt sind sie ganz zerschlissen, aber allmählich hängt man an seinen Hausschuhen. Sie bedeuten einem etwas.«

Er drückte die zarte Spitze des Schuhs mit seiner großen dicken Hand zusammen. »An der Kante ist der Faden gerissen«, stellte er fest. Dann ließ er den Pantoffel zu Boden fallen, wo er mit einem leisen Plumps aufkam. »Sie sehen erschreckt aus«, sagte er.

Sie hob trotzig den Kopf und meinte kalt: »Bitte, gehen Sie an Ihre Arbeit.«

Er blieb steif stehen und schob ein paarmal automatisch die Schublade des Nachtkästchens auf und zu. Dann machte er eine Bewegung auf sie zu. Sie fühlte den Angriff auf sich zukommen, sah ihn mit all seinem Schrecken voraus. Sie wich zur Tür aus, bereit, sofort die Treppe hinunterzustürzen und schreiend hinauszulaufen.

»Ich habe nur wie immer drauflosgeredet«, sagte er. »Ich mach' mich wohl besser an die Arbeit, was?«

Er ging ins Badezimmer.

Wieder fing sie an, aufs Telefon zu lauschen. Sie fragte sich, ob sie Anne Warren anrufen sollte. Anne könnte in ein par Minuten da sein. Zu zweit wären sie sicher.

Aber das schien unsinnig. Er hatte ja nichts getan. Er war eben ein Original und quatschte viel, alles übrige spielte sich nur in ihrem Kopf ab. Trotz allem war sie sich nicht so sicher, wie beruhigend sie sich auch selbst zureden mochte.

Als er herauskam, ließ er sie vor sich her die Treppe hinuntergehen. Sie hielt sich am Geländer fest, während er hinter ihr über Bilder, Kunst, die Patchworkdecke und irgendein Ventil redete.

Sie begab sich wieder in die Sicherheit des Telefons und ließ sich direkt daneben nieder. Äußerst seltsam, daß Lewis nicht angerufen hatte!

Der Klempner steckte den Kopf durch die Tür und sagte: »Ich gehe jetzt in den Keller, Mrs. Brenner.«

»Ja«, erwiderte sie.

Warum hatte er ihr das gesagt? Sollte das eine Aufforderung sin, ihm zu folgen? Sie versuchte sich zu erinnern, was sie über Sexbesessene gelesen hatte. Sie waren ganz normal, bis irgend etwas sie erregte. Sie waren ein wenig lästig und benahmen sich merkwürdig – seine Bewunderung für ihre Kunstwerke konnte man dazu zählen. Dann zerbrach etwas, und sie drehten durch.

Lewis, dachte sie, Lewis, bitte, warum rufst du nicht an?

Sie verlor jedes Zeitgefühl. Der Klempner kam vom Keller herauf, ging durchs Wohnzimmer und zündete sich eine Zigarette an. Er erwähnte irgendeine Arbeit, die er noch zu tun hätte.

Sie floh vor ihm in die Küche und brühte sich eine Tasse Tee auf, an der sie sich den Mund verbrannte. Sie setzte die Tasse ab und ging entschlossen zum Telefon. Aus dem Keller ertönte Staleys emsiges Klopfen.

Sie fühlte sich wie vor den Kopf geschlagen, denn sie konnte ihn doch nicht bitten, mitten in der Arbeit aufzuhören, wo das Wasser noch abgestellt war. Die Polizei konnte sie auch nicht anrufen, denn passiert war ja nichts. Lewis anzurufen kam gar nicht in Frage.

Anne? Doch Margot hatte das Gefühl, Lewis würde sicherlich jeden Moment anrufen, und sie wollte die Leitung auch nicht für eine Sekunde blockieren.

Doch das Telefon blieb stumm. Irgendwann nach vier Uhr tauchte der Klempner aus dem Keller auf.

»Alles fertig«, meldete er händereibend. »Wollen Sie gleich zahlen?«

»Ja«, sagte sie und erhob sich. Sie war nur zu froh, es hinter sich zu bringen und ihn loszuwerden. »Wieviel?«

»Fünfhundert Dollar.«

Langsam brachte sie heraus: »Was?« Das Herz blieb ihr fast stehen, und allmählich dämmerte ihr, worauf er es abgesehen hatte.

»Fünfhundert Dollar«, wiederholte er. »Sie wollen doch sicher nicht, daß die Leute etwas davon erfahren, oder?«

Sie griff nach der Stuhllehne. »Was erfahren?« flüsterte sie.

»Von uns beiden. Da oben. Wie hätt' ich denn sonst von der Patchworkdecke, dem roten Pantoffel mit dem gerissenen Faden und dem ganzen Zeug in der Nachttischschublade wissen sollen?«

»Das ist Erpressung«, sagte sie, »und außerdem ist es lächerlich.«

»Soll ich Ihnen mal was sagen? Ich habe eine Reparatur ausgeführt, die fünf Minuten dauert. Mein Lieferwagen steht draußen, wo ihn jeder sehen kann. Drei Stunden bin ich hier gewesen, allein mit Ihnen. Jemand ruft vielleicht an und bekommt keine Antwort.«

Grinsend ging er zum Telefon. Sie wich ihm aus und sah zu, wie er sich bückte und einen dicken Packen Papier von der Telefonglocke entfernte. Sie erinnerte sich, daß sie ihn nach dem Abwasch hier vorgefunden hatte. Da hatte er den Packen aufgeschichtet. Deshalb war auch das Telefon den ganzen Nachmittag über stumm geblieben.

Lewis. Zweifellos hatte er versucht, sie zu erreichen.

Staley wies auf den Papierpacken. Er fuhr sich über die Lippen und sagte fast verträumt: »Vielleicht hat jemand angerufen, und es hat geklingelt und geklingelt und geklingelt.«

»Ich werde mich an die Polizei wenden«, sagte sie.

»Nur zu. Aber Mrs. Warren hat das bleiben lassen. Und Mrs. Herzog und Mrs. Forbes auch. Sie glaubten schließlich, sie müßten zum Schluß auch noch den Polizisten bezahlen.«

Anne Warren?, dachte sie. Und Rhoda Forbes? Also hatte er das schon vorher betrieben, hatte es von Anfang an darauf angelegt.

»Mein Mann ist Rechtsanwalt«, sagte sie leise und ärgerlich. »Ich erzähle es ihm.

Der Klempner zuckte die Schultern und lachte. Sie erkannte genau, was er meinte. Er war groß, kräftig und mit allen Wassern gewaschen.

Margot schloß die Augen und preßte die Finger an die Stirn. Ihr ging durch den Kopf, was wohl das Adoptionsbüro sagen würde. »Wir bedauern die ganzen Schwierigkeiten, Mrs. Brenner, aber – « Und doch sträubte sich alles in ihr gegen die Vorstellung, erpreßt zu werden. Sie weigerte sich, Opfer zu sein oder Lewis mit dem Problem zu belasten, durch das ihm vielleicht die begehrte Stelle entging.

»Sie bekommen keinen roten Heller«, erklärte sie mit vor Wut geweiteten Augen.

»Sie werden noch darum bitten«, erwiderte Staley. »Wollen Sie vielleicht eine Schadensersatzklage am Hals haben, weil ich oben im Badezimmer ausgerutscht bin und mich am Rücken verletzt habe, als ich mich anzog?«

Sie schnappte nach Luft. »Das wagen Sie nicht!«

»Versuchen Sie's nur«, meinte er. »Und vergessen Sie nicht, ich beherrsche dieses Spiel. Fünfundzwanzig Riesen pro Jahr, steuerfrei. Mit dem größten Vergnügen würde ich vor Gericht Ihre Decke, Ihre Pantoffeln und Ihren Kram beschreiben, den ich zu sehen bekam, als ich angeblich im Keller einen Rohrbruch reparierte. Und denken Sie nur an die Scherereien und die Schande für eine empfindsame Frau wie Sie. Sie wollen doch auch ein Kind adoptieren, wie ich gehört habe.«

Schwer ließ sie sich in den Sessel fallen. »Ich habe keine fünfhundert Dollar«, brachte sie heraus.

»Verschaffen Sie sich's.«

»Ich – ich kann nicht. Ich habe kein Girokonto. Das erledigt alles mein Mann.« Diese Lüge war allzu durchsichtig.

»Das soll ich schlucken?«

Sie schüttelte den Kopf. »Ich kann nicht, und ich werde es auch nicht. Ich sage Ihnen klipp und klar, ich werde nicht darauf eingehen.«

»Denken Sie nochmal drüber nach«, entgegnete er gutgelaunt. »Sie sind jetzt ein bißchen aufgeregt, das ist ganz natürlich. Sie hätten sich das halt überlegen müssen, bevor Sie mich mit nach oben schleppten.«

»Sie sind ein ganz mieser Kerl«, stieß sie zitternd hervor.

»Hören Sie mal«, sagte er. »Ich gebe Ihnen Zeit bis morgen, sich die Kohle zu beschaffen. Zeit genug, sich an die Vorstellung zu gewöhnen, wie? Bis zum Morgen, wenn die Banken geöffnet haben.«

Er ging an ihr vorbei. Dann knallte die Tür zu, ein Motor sprang an, und der Lieferwagen rollte aus der Einfahrt. Sie lehnte sich im Sessel zurück und merkte, daß sie das Bewußtsein verlor.

Als der Fünf-Uhr-Zweiundvierzig-Zug einlief, war sie am Bahnhof, wo sie Anne Warren und Rhoda Forbes traf. Lächelnd und fröhlich unterhielten sie sich über den neuen Supermarkt. Margot stellte fest, daß man sich von einem Erpresser freikaufen und trotzdem weiter ein normales Leben führen konnte.

Nein, sie nicht!

Sie entdeckte Lewis wie üblich auf dem Treppchen des zweiten Waggons. Sein langes, scharfgeschnittenes Gesicht war ihr suchend zugewandt. Sie winkte ihm, rannte auf ihn zu und schlang die Arme um ihn.

»Du hast die Stelle gekriegt, nicht wahr?« rief sie.

»Natürlich«, erwiderte er lächelnd. »Aber woher weißt du das?«

»Ich hab' das einfach gespürt.«

»Nun, wenn du zu Hause gewesen wärst, hätte ich's dir erzählen können.«

Sie hängte sich bei ihm ein. »Ich war zu Hause. Hast du angerufen?«

»Aber sicher!« sagte er. Er öffnete ihr die Autotür, dann stieg er auf der Fahrerseite ein und ließ den Motor an. »Ich habe um halb zwei angerufen, gleich nachdem ich's vom Gouverneur gehört habe. Weil niemand ans Telefon ging, habe ich Mary angewiesen, meine Korrespondenz liegenzulassen und es weiter zu versuchen. Bis nach vier hing sie an der Strippe.«

»Nun ja, der Klempner ist gekommen, und ich mußte mit ihm in den Keller gehen und ihm zeigen, was zu reparieren war.«

»Den ganzen Nachmittag?« scherzte Lewis.

»O nein.« Sie schluckte schwer an ihrer Lüge. »Später war ich im Garten, dann habe ich ein Kleid in die Reinigung gebracht.«

»Ein netter, ruhiger Tag«, flachste er. »Das sehe ich dir an. Die schöne Margot Brenner, die das Feuer am heimischen Herd mit der ihr eigenen stillen Magie schürt.« Seine Worte entsprangen der Freude über seine Ernennung. Dann fragte er: »Hat er den Rohrbruch repariert?«

»Ja, sicher«, erwiderte sie. »Es war keine große Sache.«

Kaum hatte Lewis am nächsten Morgen das Haus verlassen, rief Margot das Polizeirevier an. Sie erklärte kurz, daß sie erpreßt werde und einen Polizeibeamten bei der Geldübergabe als Zeugen dabeihaben wollte. Die Behauptungen über sie wären erlogen, was sie auch beweisen könnte. Dann ging sie zur Bank.

Bei ihrer Rückkehr wartete ein großer Mann mit gesunder Gesichtsfarbe auf sie. Er zeigte ihr seine Dienstmarke und stellte sich als Detective Thompson vor. Sie führte ihn ins Wohnzimmer und erzählte ihm bei einer Tasse Kaffee, was sich am Vortag zugetragen hatte.

»Staley?« fragte er überrascht. »Wußte gar nicht, daß er sich neuerdings auf sowas einläßt.«

»Sie werden's ja sehen«, entgegnete sie knapp.

»Also gut. Ich werde das Geld markieren, um zu beweisen, daß er's von Ihnen bekommen hat. Ich setze mich hinter die Küchentür. Sprechen Sie laut, und versuchen Sie, ihn hierherzulotsen, damit ich gut mithören kann.«

Etwa zwanzig Minuten später hörte Margot ein Auto vorfahren, und durchs Fenster erkannte sie den grünen Lieferwagen. Als sie an ihre Rolle dachte, hämmerte ihr Herz heftig, und das Gehen fiel ihr schwer.

Sie führte Staley in die Zimmerecke neben der Küche und holte das Geld. Sie mußte erst einmal tief Luft holen, bevor sie sprechen konnte. Sorfältig betonte sie ihre Worte.

»Hier. Ich habe mich entschlossen, auf Ihre Erpressung einzugehen, um Unannehmlichkeiten zu vermeiden.«

Staley sah überrascht aus. »Lady, ich kapier' nicht, was Sie wollen.«

»Sie haben fünfhundert Dollar verlangt«, sagte sie. Sie war so sichtbar nervös, daß sie am liebsten geweint hätte. »Da.«

Er rührte das Geld nicht an. »Also, Sie brauchen keine Angst zu haben. Sie hatten eine schwache Minute, meine Liebe, aber keine Sorge. Das bleibt unser kleines Geheimnis.«

»Aber Sie sagten doch –«

Er winkte ab und grinste sie fröhlich an. »Wissen Sie, ich bin nur ein einfacher Klempner. Ich käme mir komisch vor, soviel Kohle zu nehmen. Wenn ich eine dicke Rechnung vom Arzt bekomme wegen meinem Rücken, können Sie das sicher regulär und einwandfrei über die Versicherung erledigen. Aber ich will Sie doch nicht schröpfen.«

Sie atmete heftig. Die Tür ging auf, und Detective Thompson trat ein.

»Hallo, Staley«, begrüßte er den anderen. »Ich habe Sie belauscht. Diese Dame beschuldigt Sie der versuchten Erpressung von fünfhundert Dollar. Wie steht's damit?«

Staley zuckte mit den Schultern und scharrte mit dem Fuß auf dem Teppich. »So eine Sache«, meinte er, »zwischen mir und der Dame.«

»Und ihre Beschuldigung?«

Staley grunzte: »Zum Teufel, vergessen Sie's.«

Der Detective wandte sich an Margot: »Kann ich mit Ihrem Mann am Telefon darüber sprechen?«

»Nein, bloß nicht! Er – ich –« Sie brach ab, weil sie bestürzt erkannte, daß der Beamte nun Staley seine Geschichte abnahm.

Nachdem die beiden zusammen weggegangen waren, setzte sie sich auf die Couch und bohrte die Fingernägel in die Handflächen. Da die Polizei nun Staleys Version glaubte, konnte sie von dort keine Hilfe mehr erwarten, und wenn die Sache vor Gericht kam, würde die Aussage des Polizeibeamten gegen sie sprechen.

Ihr war übel vor Wut. Ihre Nervosität hatte sie verraten; Staley hatte die Sache durchschaut, weil sie ihn viel zu angespannt und auffällig durchs Zimmer geführt hatte. Sie war schüchtern, ängstlich, unselbständig und unfähig, mit einem echten Problem fertigzuwerden.

Trotzdem erzählte sie Lewis nichts davon. Das war ihre Angelegenheit, ihre Verantwortung, die sie in die Hand nehmen mußte. Und tief in ihrem Innern empfand sie auch Angst, es Lewis zu beichten.

Als das Telefon klingelte, hob sie ab. Jack Staleys Stimme war dran: »Mrs. Brenner? Sie haben da eine ganz miese Tour versucht. Langsam werd' ich wütend.«

Sie antwortete ruhig: »Sie kriegen Ihr Geld, wann immer Sie wollen.«

»Heute nachmittag«, erwiderte er. »Und keine Tricks mehr.«

Sie legte auf. Gleich darauf rief sie Anne Warren an, dann Rhoda Forbes und Myra Herzog. Eine halbe Stunde später richtete Margot in der Küche das Essen her.

Jack Staley kam um drei. Wieder trug er das beigefarbene Hemd, das noch immer sauber und glatt war. »Hallo, Mrs. Brenner«, sagte er freundlich. »Das hätte ich nie von Ihnen gedacht. Und Sie wollen eine Künstlerin sein!«

»Kommen Sie herein«, sagte sie.

»Klar. Und zur Sicherheit werde ich mich lieber noch einmal umsehen.«

Sie nickte nervös und beobachtete ihn, wie er im Zimmer umherging und das Mikrofon im Radioschrank betrachtete. »Diese Tonbandgeräte«, bemerkte er. »Das hat mal eine Dame bei mir versucht, aber sie ist damit ganz schön auf die Nase gefallen.« Er sah Margot liebenswürdig an. »Bringen wir's hinter uns.«

»Ich werde Ihnen das Geld nicht geben. Ich – ich habe mich entschlossen, die ganze Sache dem Staatsanwalt zu berichten.«

Staley stemmte die Hände in die Hüften. »Lady, ich muß Ihnen wohl eine Lektion erteilen. Ich sag's Ihnen im guten. Sie haben keine Chance. Haben Sie das vergessen?«

»Ich kenne den Staatsanwalt. Er ist ein Freund meines Mannes. Ich werde ihn zum Abendessen einladen und ihm alles erzählen.«

»Dem?« meinte Stanley mit unsagbarer Verachtung. »Der würde nichts gegen mich unternehmen. Mit dem verstehe ich mich viel zu gut.«

»Ich glaube Ihnen kein Wort«, erwiderte Margot. »Und Mrs. Forbes, Mrs. Warren und andere – wir alle können ihm das gleiche erzählen.«

Staley lief rot an, und seine kleinen dunklen Augen blickten finster. »Nur weiter so«, stieß er mit unterdrückter Wut hervor. »Das hab' ich kommen sehen. Die ganze Meute stürzt sich auf mich. Nur weiter so, aber Sie werden Mrs. Forbes' Familienleben kaputtmachen, und das brächten Sie nicht fertig. Dazu sind Sie viel zu nett und zu sanft. Sie könnten anderen Menschen nicht wehtun.«

Margot hielt den Atem an. Rhoda Forbes? Hatte sie wirklich was mit ihm gehabt? Oder bluffte er nur und streute wild Anschuldigungen um sich?

»Sanft«, wiederholte er grinsend mit singender Stimme.

Ihr Herz hämmerte wild, als sie sich langsam zurückzog bis zur Tür von Lewis' Büro. Hinter dem Rücken kratzte sie mit der Hand über das Holz auf der Suche nach dem Türknauf.

»Jedes Wort«, sagte sie kaum mehr als flüsternd, »ist im Nebenzimmer auf Band aufgenommen.«

»Ach wirklich?« Er grinste immer noch und glaubte ihr nicht.

Sie stieß die Tür zum Arbeitszimmer auf. Rhoda Forbes, Anne Warren und Myra Herzog bildeten eine Front vor dem Tonbandgerät. Margot gesellte sich zu ihnen.

Staley hielt inne. Rauh und drohend sagte er: »Schluß jetzt und kein Wort darüber!«

Keine Antwort. Er trat einen Schritt vor. »Sie wissen verdammt genau, daß ich's mir nehmen kann«, sagte er, »also geben Sie's schon her.« Er streckte die große, schwielige Handfläche vor, und seine kräftigen Finger schlossen sich langsam zur Faust. »Kommen Sie schon, bevor ich ungemütlich werde.«

Keine Antwort. Die vier Frauen starrten ihn an, nervös, ängstlich, aber zum Widerstand entschlossen.

Langsam ließ er die Hand fallen, und Schweißperlen traten ihm auf die Stirn. »Also gut«, sagte er barsch. »Wir sind quitt. Keine weiteren Scherereien mehr, Mrs. Brenner. Geben Sie mir das Tonband, und wir sind quitt.«

»Das kriegen Sie nicht«, entgegnete Margot.

Die kleine stämmige Myra Herzog flüsterte Margot zu: »Er soll uns unser Geld zurückgeben.«

Anne Warren zupfte an Myras Ärmel. »Sag ihm, was wir wegen der Schule beschlossen haben.«

Staley baute sich drohend vor Margot auf. Sie fühlte, daß er unsicher war, gefährlich, die Konsequenzen abwägend.

»Mr. Staley«, sagte sie wie ein Kind, das auswendig Gelerntes vortrug, »wir wollen, daß Sie die Installationsarbeiten in der neuen Vorschule ausführen. Dann versprechen wir Ihnen, das Tonband nicht gegen Sie zu verwenden.«

Verblüfft trat er zurück und griff nach dem Türpfosten. Er schien die Muskeln anzuspannen, um auf sie loszugehen, doch auf einmal brach er in schallendes Gelächter aus.

»Umsonst etwa?« rief er aus. »Also, das müßte ich ja der Zeitung erzählen. Und der Handwerkskammer auch, vielleicht tragen die mich ins Register ein. Das hänge ich mir dann ins Schaufenster. Ihr Mädels seid schon Klasse; wir sollten uns zusammentun. Mann, wird das eine Reklame für mich!«

Er klatschte in die Hände, wirbelte herum und stolzierte hinaus. Die Haustür schlug zu, und gleich darauf ließ er den Motor wild aufheulen. Aber es klang alles zu laut und war nichts als leere Angeberei.

Margot rieb sich die Stirn. Sie fühlte sich schwach, aufgelöst, bis sie den Schmutzfleck am Türpfosten entdeckte. »Er hat ihn befleckt«, stellte sie angeekelt fest. »Ich hole einen feuchten Lappen, dann mache ich uns Tee.«

Am gleichen Abend wartete Margot am Bahnsteig auf den Fünf-Uhr-Zweiundvierzig-Zug, mit ihr Anne Warren, Rhoda Forbes und Myra Herzog. Sie blickten fröhlich drein und lachten. Als der Zug stand, trennten sie sich und gingen ihren Männern entgegen.

Margot schlang die Arme um Lewis. »Hallo, Liebling«, begrüßte sie ihn. »Hattest du einen schönen Tag?«

»Ja. Alle haben mir gratuliert. Und wie war's bei dir?«

»Ein paar Freundinnen waren zum Tee da.«

Lewis kicherte. »Hört sich aufregend an. Sonst noch was?«

Sie lächelte und umarmte ihn impulsiv. »Ja«, erwiderte sie, »ich hatte was mit dem Klempner.«

Dann hakte sie sich bei Lewis unter, und gemeinsam gingen sie zum Auto.

›The Deadly‹. *Alfred Hitchcock Presents,* 15. Dezember 1957. Regie Don Taylor. Drehbuch von Robert C. Dennis nach der Kurzgeschichte ›The Suburban Tigress‹ von Lawrence Treat *(Alfred Hitchcock's Mystery Magazine,* Juli 1957). Mit Phyllis Thaxter (Margot Brenner), Craig Stevens (Lewis Brenner), Lee Philips (Staley), Frank Gerstle (Polizeibeamter), Anabel Shaw (Rhoda Forbes), Peggy McCay (Myra).

Abgesehen von dem offenkundigen Vergnügen, eine meiner Geschichten im Fernsehen zu sehen und jedermann erzählen zu können: »Klar, von mir war was im Fernsehen«, war ich vor allem erstaunt. Erstaunt deswegen, weil praktisch der ganze Dialog wortwörtlich von meinem Manuskript übernommen worden war, und auch die gesamte Handlung stimmte mit meiner Vorlage überein, wofür jemand eine nette Stange Geld bekommen hat. Im Gegensatz zu mir. Jedenfalls habe ich nichts extra gekriegt.

Lawrence Treat

TAG DER HINRICHTUNG

Henry Slesar

Als der Obmann sich erhob und das Urteil der Geschworenen verkündete, lauschte Staatsanwalt Warren Selvey dem Schuldspruch, als wären die Worte eine persönliche Würdigung seiner Verdienste. Aus den düsteren Worten des Obmanns hörte er nicht die Verurteilung des Angeklagten heraus, der auf der Anklagebank zusammenschrumpfte wie ein verlöschendes Streichholz, sondern einen Tribut an Selveys eigene Brillanz. Schuldig im Sinne der Anklage . . . Nein, dachte Warren Selvey triumphierend, schuldig aufgrund meiner Beweise.

Für einen Augenblick fiel der traurige Blick des Richters auf Selvey, und der alte Mann am Richtertisch erschrak, als er Selveys Augen erfreut aufleuchten sah. Aber Selvey konnte das plötzliche Glücksgefühl, die Befriedigung über seine erfolgreichen Bemühungen und seinen ersten bedeutenden Schuldspruch nicht verbergen.

Er gab sich alle Mühe, einen grimmigen Gesichtsausdruck zustandezubringen, während er rasch seine Unterlagen zusammensuchte, obwohl es fast wehtat, über das ganze hagere, braune Gesicht lächeln zu müssen. Er klemmte die Aktentasche unter den Arm, drehte sich um und blickte in die aufgeregt summende Zuschauermenge. »Entschuldigung«, sagte er nüchtern, bahnte sich einen Weg zum Ausgang und dachte nur noch an Doreen.

Er versuchte sich ihr Gesicht vorzustellen, ihren roten Mund, der hart oder schmelzend weich sein konnte, je nachdem, welche ihrer vielen Stimmungen gerade vorherrschte. Er malte sich ihr Gesicht aus, wenn sie seine gute Nachricht hörte, wie sie sich an ihn schmiegen und ihn umarmen würde.

Doch er wurde aus diesen Träumereien herausgerissen. Blicke suchten ihn festzuhalten, und Hände streckten sich ihm gratulierend entgegen. District Attorney Garson lächelte breit und nickte mit seinem Löwenhaupt seinem Lehrling anerkennend zu. Vance, der stellvertretende D. A., grinste etwas verkrampft, nicht gerade begeistert darüber, daß sein Untergebener derart im Rampenlicht stand. Reporter und Fotografen wollten Stellungnahmen und Posen zum Knipsen haben.

Einst war Warren Selvey mit diesem Augenblick der Bewunderung durch andere vollauf zufrieden gewesen. Aber jetzt gab es auch Doreen, und der Gedanke an sie trieb ihn, die Arena seines Sieges mit einem ruhigeren und sichereren Ort zu vertauschen.

Aber seine Flucht mißlang, denn Garson ergriff ihn am Arm und steuerte mit ihm auf den grauen Wagen zu, der am Randstein parkte.

»Wie fühlen Sie sich?« Grinsend schlug Garson ihm aufs Knie, als sie abfuhren.

»Recht gut,« erwiderte Selvey leichthin, um den Eindruck von Bescheidenheit zu erwecken. »Aber zum Teufel, ich kann den Ruhm nicht alleine einstecken, Gar. Ihre Jungs haben das Beweismaterial zusammengetragen.«

»Das ist doch nicht Ihr Ernst!« Garson zwinkerte. »Ich habe Sie während der Verhandlung beobachtet, Warren. Sie haben Blut geleckt. Sie waren wie das Schwert der Rache. Sie haben ihn auf den Weg zum elektrischen Stuhl geschickt, nicht ich.«

»Sagen Sie das nicht!« entgegnete Selvey scharf. »Er war so schuldig wie die Sünde, das wissen Sie. Die Beweise waren schlüssig, und die Geschworenen trafen die richtige Entscheidung.«

»Das stimmt. So wie Sie die Sache anpackten, haben sie das einzig Richtige getan. Aber sehen wir die Dinge klar, Warren. Bei einem anderen Staatsanwalt hätte ihr Spruch vielleicht anders gelautet. Ehre, wem Ehre gebührt, Warren.«

Selvey konnte das Lächeln nicht länger unterdrücken. Es erhellte sein langes, scharfgeschnittenes Gesicht, und er spürte Erleichterung, daß er sich endlich entspannen konnte. Er lehnte sich in die weiche Polsterung des Wagens zurück.

»Möglich«, meinte er. »Aber ich hielt ihn für schuldig und versuchte, alle anderen davon zu überzeugen. Es sind nicht die offenkundigen Beweise, die zählen, Gar. Sie wissen, daß das Schuljuristerei ist. Manchmal fühlt man es einfach nur . . .«

»Sicher.« Der D. A. blickte aus dem Fenster. »Wie geht's Ihrer jungen Frau, Warren?«

»Oh, Doreen geht's gut.«

»Wie schön. Sie ist reizend.«

Als er die Wohnung betrat, lag sie auf der Couch. Dieses Bild war in der Vision seines triumphalen Einzuges zu Hause nicht vorgekommen.

Er ging zu ihr hinüber, und sie drehte sich leicht um, damit er sie umarmen konnte.

Er fragte: »Hast du's gehört, Doreen? Hast du gehört, was los war?«

»Ja, im Radio.«

»Und? Was sagst du dazu? Ich habe einen Schuldspruch erreicht. Meine erste Verurteilung, und noch dazu eine große. Ich bin kein Anfänger mehr, Doreen.«

»Was passiert mit diesem Mann?«

Blinzelnd sah er sie an und versuchte, ihre Stimmung auszumachen. »Ich habe auf Todesstrafe plädiert«, meinte er. »Er hat seine Frau kaltblütig ermordet und nichts anderes verdient.«

»Ich habe nur gefragt, Warren.« Sie legte die Wange an seine Schultern.

»Der Tod ist ein Teil meines Berufes«, erklärte er. »Das weißt du so gut wie ich, Doreen. Du wirst mir das doch nicht vorhalten?«

Für einen Moment stieß sie ihn von sich, als überlege sie, ob sie ärgerlich werden sollte. Dann zog sie ihn schnell an sich, und ihr warmer, rascher Atem streifte sein Ohr.

Eine Woche lang feierten sie, unauffällig und ganz unter sich, in schummrigen Clubs und mit engen Freunden. Unter den gegebenen Umständen wäre es für Selvy nicht gut gewesen, wenn er sich in der Öffentlichkeit fröhlich gezeigt hätte.

Am Abend des Tages, an dem Murray Rodman zum Tode verurteilt worden war, blieben sie zu Hause und tranken handtemperierten Brandy aus großen Schwenkern. Doreen war angesäuselt und verspielt sinnlich, und Selvey glaubte sich auf dem Höhepunkt seines Glücks. Von einer mittelmäßigen juristischen Fakultät hatte er sich über eine Anstellung als unbedeutender Mitarbeiter der staatlichen Rechtsabteilung zu Bedeutung und Ansehen emporgearbeitet. Er hatte eine hübsche, verwöhnte Frau geheiratet, die er glücklich machte. Er war stolz auf sich und konnte Murray Rodman dankbar sein für die Chance, die er ihm geboten hatte.

An dem Tag, auf den Rodmas Hinrichtung festgesetzt war, erschien der gebückte, grauhaarige Mann mit dem fleckigen Hut.

Er trat aus der Tür eines Drugstores, die Hände in den Taschen seines schmutzigen Tweedmantels und den Hut tief über die Augen gezogen. Weiße Stoppeln bedeckten sein Gesicht.

»Bitte«, sagte er, »kann ich kurz mit Ihnen sprechen?«

Selvey musterte ihn und steckte dann die Hand in die Tasche auf der Suche nach Kleingeld.

»Nein«, entgegnete der Mann schnell. »Ich will kein Almosen. Ich möchte nur mit Ihnen sprechen, Mr. Selvey.«

»Sie kennen mich?«

»Ja, sicher, Mr. Selvey. Ich habe alles über Sie gelesen.«

Selveys harter Blick wurde weicher. »Nun, ich habe es ziemlich eilig. Eine Verabredung.«

»Es ist wichtig, Mr. Selvey, bei Gott. Können wir nicht irgendwohin gehen? Vielleicht einen Kaffee trinken? Nur fünf Minuten.«

»Warum schreiben Sie mir nicht oder kommen in meine Kanzlei? Wir sind in der Chambers Street –«

»Es geht um diesen Mann, Mr. Selvey, der heute nacht hingerichtet wird.«

Der Staatsanwalt versuchte, sich den eindringlichen Blick des Mannes zu deuten.

»Also gut«, stimmte er zu. »Weiter unten gibt es ein Café. Aber nur fünf Minuten.«

Es war fast halb drei; der Mittagsbetrieb im Café war schon vorüber. Hinten fanden sie einen leeren Tisch, und während der Kellner die Reste einer hastigen Mahlzeit forträumte, saßen sie schweigend da.

Schließlich beugte sich der alte Mann vor und sagte: »Ich heiße Arlington, Phil Arlington. Ich war weg, in Florida, sonst hätte ich es gar nicht so weit kommen lassen. Ich habe weder Zeitung gelesen noch Radio gehört oder sowas.«

»Ich verstehe Sie nicht, Mr. Arlington. Sprechen Sie vom Rodman-Prozeß?«

»Klar, die Rodman-Sache. Als ich zurückkam und hörte, was passiert war, wußte ich nicht, was ich tun sollte. Das verstehen Sie doch, oder? Es traf mich tief, als ich hörte, was mit dem armen Mann geschehen war. Aber ich hatte Angst. Das verstehen Sie sicher. Ich hatte Angst.«

»Wovor?«

Der Mann sprach mit abwesendem Blick: »Ich habe eine

schreckliche Zeit hinter mir, in der ich mich zu einem Entschluß durchringen mußte. Aber dann stellte ich mir vor – zum Teufel, dieser Rodman ist ein junger Mann. Wie alt? Achtunddreißig? Ich bin vierundsechzig, Mr. Selvey. Was ist nun besser?«

»Besser wofür?« Selvey wurde ärgerlich; er warf einen Blick auf seine Armbanduhr. »Sprechen Sie im Klartext, Mr. Arlington. Ich bin ein vielbeschäftigter Mann.«

»Ich dachte, ich frage Sie um Rat.« Der grauhaarige Mann leckte sich die Lippen. »Ich hatte Angst, direkt zur Polizei zu gehen; ich dachte, ich frage Sie. Hätte ich denen erzählen sollen, was ich getan habe, Mr. Selvey? Sollte ich denen gestehen, daß ich eine Frau getötet habe? Sagen Sie's mir. Sollte ich?«

Plötzlich geriet die Welt aus den Fugen. Warren Selveys Hände um die Kaffeetasse wurden kalt. Er starrte den Mann gegenüber an.

»Wovon reden Sie?« fragte er. »Rodman hat seine Frau umgebracht, das haben wir bewiesen.«

»Nein, nein, das ist es ja gerade! Ich bin nach Osten getrampt und bekam eine Mitfahrt nach Wilford. Ich lief in der Stadt herum auf der Suche nach Essen oder Arbeit. Da klopfte ich an diese Tür. Die nette Lady hat aufgemacht. Sie hatte zwar keine Arbeit für mich, aber sie gab mir ein Sandwich, ein Schinkensandwich.«

»Was für ein Haus? Woher wissen Sie, daß es Mrs. Rodmans Haus war?«

»Ich weiß es, weil ich ihr Bild in der Zeitung gesehen habe. Sie war eine nette Lady. Wäre sie danach nicht in die Küche gegangen, dann wäre das alles nicht passiert.«

»Was denn, was?« stieß Selvey hervor.

»Ich hätte es nicht tun sollen. Ich meine, sie war wirklich nett zu mir, aber ich war völlig am Ende. Da habe ich die Dosen im Schrank durchsucht. Sie wissen ja, wie Frauen sind; sie verstekken den Kies immer in den Dosen, ihr Haushaltsgeld nennen sie das. Sie hat mich dabei erwischt und wurde wütend. Sie schrie nicht oder so, aber ich konnte sehen, daß sie Schwierigkeiten machen wollte. Da habe ich's getan, Mr. Selvey. Ich habe den Kopf verloren.«

»Ich glaube Ihnen nicht«, erwiderte Selvey. »Keiner hat je . . . jemanden in der Nachbarschaft gesehen. Rodman und seine Frau haben sich dauernd gestritten –«

Der Grauhaarige zuckte die Achseln. »Davon weiß ich nichts,

Mr. Selvey. Ich kenne diese Leute überhaupt nicht. Aber es ist nun mal passiert, und darum will ich Ihren Rat.« Er rieb sich die Stirn. »Ich meine, wenn ich jetzt gestehe, was passiert dann mit mir?«

»Sie kommen statt Rodman auf den elektrischen Stuhl«, sagte Selvey kalt. »Wollen Sie das?«

Arlington wurde bleich. »Nein. Gefängnis, okay. Aber nicht das.«

»Dann vergessen Sie's. Verstanden, Mr. Arlington? Ich glaube, Sie haben das alles nur geträumt, nicht wahr? Betrachten Sie's von dieser Seite. Ein schlechter Traum. Und jetzt gehen Sie wieder auf die Straße zurück und vergessen das alles.«

»Aber dieser Mann. Sie töten ihn heute nacht –«

»Weil er schuldig ist!« Selvey hieb mit der Handfläche auf den Tisch. »Ich habe es *bewiesen.* Kapiert?«

Die Lippen des Mannes bebten.

»Ja, Sir«, sagte er.

Selvey stand auf und warf einen Fünfer auf den Tisch.

»Zahlen Sie die Rechnung«, sagte er knapp. »Und behalten Sie den Rest.«

An diesem Abend fragte ihn Doreen nun schon zum vierten Mal nach der Uhrzeit.

»Elf«, antwortete er finster.

»Noch eine Stunde.« Sie ließ sich tief in die Sofapolster sinken. »Ich frage mich, was er jetzt wohl fühlt . . .«

»Hör schon auf!«

»Meine Güte, sind wir nervös heute abend.«

»Mein Teil daran ist erledigt, Doreen. Ich habe dir das immer wieder gesagt. Das andere ist Sache des Staates.«

Nachdenklich biß sie sich auf die rosa Zunge. »Aber du hast ihn dahin gebracht, Warren! Das kannst du nicht leugnen.«

»Das Gericht hat ihn dorthin gebracht!«

»Mich brauchen Sie nicht anzuschreien, Herr Staatsanwalt.«

»Ach, Doreen . . .« Er beugte sich vor und wollte eine entschuldigende Geste machen, als das Telefon klingelte.

Er hob ärgerlich ab.

»Mr. Selvey? Hier ist Arlington.«

Selvey durchfuhr es wie ein elektrischer Schlag.

»Was wollen Sie?«

»Mr. Selvey, ich habe mir das alles nochmal durch den Kopf gehen lassen, was Sie mir heute gesagt haben. Nur halte ich es nicht für richtig, alles zu vergessen. Ich meine –«

»Arlington, hören Sie zu. Ich möchte Sie bei mir zu Hause sehen, und zwar jetzt gleich.«

Doreen sagte vom Sofa: »He!«

»Haben Sie gehört, Arlington? Bevor Sie irgendwas überstürzen, möchte ich mit Ihnen reden und Ihnen Ihre rechtliche Situation klarmachen. Ich glaube, das sind Sie sich schuldig.«

Am anderen Ende entstand eine Pause.

»Schätze, Sie haben recht. Aber ich bin ziemlich weit weg, und bis ich bei Ihnen bin –«

»Das schaffen Sie schon. Nehmen Sie die U-Bahn, das geht am schnellsten. Steigen Sie an der Achtundsechzigsten Straße aus.«

Als er auflegte, war Doreen aufgestanden.

»Doreen, warte. Es tut mir leid. Dieser Mann ist – ein wichtiger Zeuge in einem meiner Fälle. Ich kann nur jetzt mit ihm sprechen.«

»Viel Spaß«, sagte sie fröhlich und verschwand im Schlafzimmer.

»Doreen –«

Die Tür schloß sich hinter ihr. Einen Augenblick herrschte Stille, dann schloß sie sich ein.

Insgeheim verfluchte Selvey die Launen seiner Frau und ging hinüber zur Bar.

Als Arlington endlich klingelte, hatte Selvey drei doppelte Bourbon gekippt.

Arlingtons fettfleckiger Hut und der schmutzige Mantel wirkten in der eleganten Wohnung noch schäbiger. Er zog beides aus und sah sich furchtsam um.

»Wir haben nur noch eine Dreiviertelstunde«, sagte er. »Ich muß einfach irgendwas tun, Mr. Selvey.«

»Ich weiß, was Sie tun können«, meinte der Staatsanwalt lächelnd. »Sie können etwas trinken und über alles reden.«

»Ich glaube, ich sollte nicht –« Aber der Blick des Mannes hing bereits an der Flasche in Selveys Hand. Der Staatsanwalt lächelte noch breiter.

Um halb zwölf klang Arlingtons Stimme schon belegt und

verschwommen, sein Blick war nicht mehr so eindringlich, und sein Anliegen, Rodman betreffend, verlor an Dringlichkeit.

Selvey schenkte seinem Besucher ständig nach.

Der alte Mann begann zu jammern; über seine Kindheit, sein verlorenes Ansehen. Er schimpfte auf eine Reihe Leute, die ihm übel mitgespielt hatten. Nach einer Weile begann sein verfilzter Kopf auf den Schultern hin- und herzurollen, und die schweren Augenlider wollten ihm zufallen.

Er fuhr aus seiner alkoholischen Benommenheit hoch, als die Kaminuhr schlug.

»Was'n das?«

»Nur die Uhr«, meinte Selvey grinsend.

»Die Uhr? Wie spät? Wie spät?«

»Zwölf Uhr, Mr. Arlington. All Ihre Sorgen sind nun vorbei. Mr. Rodman hat bereits für sein Verbrechen gesühnt.«

»Nein!« Der alte Mann stand auf und lief aufgeregt herum. »Nein, das ist nicht wahr! Nicht er! Sie können ihn doch nicht umbringen für etwas, das er –«

»Beruhigen Sie sich, Mr. Arlington. Jetzt können Sie nichts mehr machen.«

»Doch, doch! Muß ihnen sagen – der Polizei –«

»Aber warum? Rodman ist hingerichtet worden. In dem Moment, als die Uhr schlug, war er tot. Was könnten Sie jetzt noch für ihn tun?«

»Ich muß!« schluchzte der alte Mann. »Verstehen Sie das denn nicht? Ich kann damit nicht leben, Mr. Selvey. Bitte –«

Er torkelte zum Telefon hinüber. Gemächlich legte der Staatsanwalt die Hand auf die Gabel.

»Nein«, sagte er.

Ihre Hände rangen um das Telefon, und die des jüngeren Mannes behielten mit Leichtigkeit die Oberhand.

»Sie werden mich nicht aufhalten, Mr. Selvey! Ich werde selbst hingehen und denen alles erzählen. Auch über Sie –«

Er wankte zur Tür, aber Selvey fing ihn ab.

»Sie verrückter, alter Tramp! Sie wollen ja nur Scherereien machen. Rodman ist tot –«

»Ist mir egal!«

Selvey holte aus, und seine Hand krachte auf das schlaffe, weißstoppelige Gesicht. Der alte Mann heulte unter dem Schlag auf, versuchte aber weiter zur Tür zu gelangen. Selveys Wut steigerte sich, und er schlug noch einmal zu. Dann sanken seine Hände auf den faltigen Hals des Alten herab. Der Rest ergab sich ganz von selbst. In diesem alten Hals pulsierte nicht mehr viel Leben. Mit einem leichten Druck konnte Selvey den keuchenden Atem, die heisere, quietschende Stimme und diese verdammten Worte ein für allemal verstummen lassen . . .

Selvey drückte zu, immer fester.

Dann ließ er los. Der alte Mann schwankte und glitt zu Boden.

In der Tür stand, starr und mit eisigem Blick, Doreen.

»Doreen, hör zu –«

»Du hast ihn erwürgt.«

»Notwehr!« rief Selvey. »Er ist hier eingebrochen und hat versucht, die Wohnung auszuräumen.«

Sie knallte die Tür hinter sich zu und sperrte sie ab. Selvey raste ihr nach und klopfte verzweifelt. Er rüttelte am Türknauf und rief ihren Namen, aber er bekam keine Antwort. Dann hörte er, wie sie die Wählscheibe des Telefons drehte.

Auch ohne Vance war es schlimm genug in der Menge, die sich in der Wohnung drängte. Vance, der stellvertretende D. A., dem sein Ehrgeiz ohnedies verhaßt war, Vance, der gerissen genug war, seine Einbrecherstory ohne Schwierigkeiten zu zerpflücken; der erfahren hatte, daß Selvey seinen Besucher erwartet hatte; Vance, der seine prekäre Lage auskosten würde.

Aber Vance schien nicht sehr erfreut zu sein. Er machte einen verwirrten Eindruck. Er starrte die Leiche am Boden in Selveys Wohnung an und meinte: »Ich versteh' das nicht, Warren. Ich kapier's einfach nicht. Weswegen nur wollten Sie diesen harmlosen alten Mann umbringen?«

»Harmlos? Harmlos?«

»Na sicher, harmlos. Das ist der alte Arlington. Den würde ich überall wiedererkennen.«

»Sie kennen ihn?« Selvey war verblüfft.

»Klar, ich habe ihn kennengelernt, als ich draußen in Bellaire County arbeitete. Verrückter alter Kerl, lief herum und gestand Morde. Aber warum ihn umbringen, Warren? Weshalb?«

›Night of the Execution‹.« *Alfred Hitchcock Presents,* 29. Dezember 1957. Regie Justus Addis. Drehbuch von Bernard C. Schoenfeld nach Herny Slesars Kurzgeschichte »The Day of the Execution« *(Alfred Hitchcock's Mystery Magazine,* Juni 1957; in Slesars Sammlung *Clean Crimes and Neat Murders,* Avon, 1960). Mit Pat Hingle (Warren Selvey), Russel Collins (Ed Barnes), Georgann Johnson (Doreen Selvey), Harry Jackson (Vance).

Ich stand immer tief in Alfred Hitchcocks Schuld, der als erster eine Geschichte von mir verfilmte. Schließlich setzte er so viele in Szene, daß es mir möglich war, das Recht zur eigenen Bearbeitung zu erwerben. Damit begann meine Karriere als Fernsehspielautor, die nun in der Hauptsache Nahrung, Benzin und Kleidung des Slesar'schen Haushaltes liefert. Aber meine Dankbarkeit erstreckt sich nicht nur aufs Finanzielle. Denn es gibt für einen Schriftsteller noch eine vielleicht größere Anerkennung, als eine gute und intelligente Bearbeitung seiner Werke in einem darstellenden Medium zu sehen. Dies ermöglicht uns nämlich, die Personen, die wir erfunden haben, zu sehen, ihre Handlungen, die wir in unserem Kopf erdacht haben, vor uns zu haben, und die Dialoge, die schon auf dem Papier ›wirklich‹ genug waren, wenn auch vielleicht nicht so überzeugend wie das gesprochene Wort, zu hören. Dieser Prozeß gipfelt in einer Art Rückkopplung, die dem Autor hilft, die Handlung seiner Story zu ›sehen‹ und zu ›hören‹, während sie sonst nichts als Tinte auf dem Papier ist (oder Bildchen in einer Textverarbeitung).

Als ich ›The Day of the Execution‹ geschrieben hatte, hielt ich es für eine gute Story, geradlinig und mit einer gelegentlich ironischen Hervorhebung des Begriffes ›Ehrgeiz‹. Als die Story eine Episode in *Alfred Hitchocks Presents* wurde, änderte sich etwas. Es war die gleiche Geschichte; alles passierte so, wie es auf dem Papier stand; sogar die meisten Dialoge waren genau übernommen worden. Aber etwas war anders. Plötzlich bekamen die Randfiguren Leben, die in der Geschichte nur kleine Bauern zwischen den beiden Hauptfiguren in einem fiktiven Schachspiel waren. Die hübsche Frau des Staatsanwaltes war nicht mehr nur ein Symbol seines besitzergreifenden Charakters, sondern ein menschliches Wesen mit eigenem Anteil an den Geschehnissen. Der Rivale des Staatsanwaltes, nur ein Name auf dem Papier, trat kurz auf, wodurch die Motivation des Staatsanwaltes unterstrichen wurde.

Es ist schon lange her, daß ich ›The Day of the Execution‹ noch einmal gelesen habe. Aber ich muß zugeben, daß ich dabei Waren Selvey und Phil Arlington und all die anderen aus meinem alten Schwarz-Weiß-Fernsehfilm vor mir sah, abgerundet in der vertrauten Art durch die hinterhältigen Schlußbemerkungen, die mit ›Guten Abend‹ endeten. Ein wirklich gelungener Abend.

Henry Slesar

ZWEI MILLIONEN FÜR DEN ANWALT

Harold Q. Masur

Der Prozeß war bisher für die Staatsanwaltschaft günstig verlaufen. Faden um Faden wurde um den Angeklagten, Lloyd Ashley, ein Netz der Schuld gewoben. Nun, am späten Nachmittag des fünften Tages, schickte sich Distriktsanwalt Herrick an, mit seinem Schlußzeugen die letzten losen Enden miteinander zu verknüpfen.

Der Fall hatte begreiflicherweise Schlagzeilen gemacht. Ein begieriges Publikum verlangte nach immer weiteren Einzelheiten, und die Zeitungen lieferten zuvorkommend, was immer sie an Enthüllungen aufschnappen konnten. Denn hier waren alle Elemente einer cause célèbre vereint: eine bildschöne Ehefrau, vorgeblich ungetreu; ein schneidiger Casanova, der nun tot war, und ein Millionär, der Gatte, der unter Mordanklage stand.

Neben Ashley saß am Anwaltstisch sein Rechtsbeistand, Mark Robison, scheinbar unberührt von dem Drama, das sich vor ihm entfaltete. Sein schmales Gesicht wirkte entspannt, das Kinn ruhte auf seiner Handfläche. Für einen zufälligen Beobachter schien er blasiert, beinahe desinteressiert; doch nichts war der Wahrheit ferner. Robisons Geist war scharf gespannt, bereit, sich auf jeden Fall zu stürzen, der dem Distriktsanwalt unterlaufen mochte.

Der Distriktsanwalt wußte nur zu gut, daß der Anwalt der Verteidigung ein überragender Gegner war – sie waren beide aus der gleichen Schule hervorgegangen; Robison hatte zwei Wahlperioden hindurch als stellvertretender Staatsanwalt gedient. In dieser Funktion hatte er sich als zäh und unnachgiebig erwiesen und mehr als seinen Anteil dazu geleistet, daß das Staatsgefängnis von Ossining gut bevölkert blieb.

Wie ein Biber beim Wasser bleibt, so fand Robison seinen natürlichen Lebensraum im Gerichtssaal. Seine bloße Gegenwart strahlte etwas Beherrschendes aus, er besaß Ego und Stimme eines geborenen Schauspielers und den schnellen, forschenden Verstand, der die wesentliche Voraussetzung für die Durchführung eines geschickten Kreuzverhörs ist. Auch hatte er den Geschworenen gegenüber einen guten Instinkt. Unfehlbar spürte er die am leichtesten beeinflußbaren Mitglieder unter ihnen heraus und hob auf ihre Emotionen und Vorurteile ab. So gelang es ihm oft, wenn die Verteidigung auf schwachen Beinen stand, durch Einspruch bei den Geschworenen doch noch zum Erfolg zu kommen.

Doch der Fall Ashley lag viel ernster. Robisons Verteidigungsbasis war nicht nur ungenügend, sie war praktisch inexistent.

Robison saß bewegungslos da und studierte den letzten Zeugen der Anklage. James Keller, der Ballistikexperte der Polizei, war ein blasser, stämmiger Mann, schwerfällig und von langsamer Sprechweise. Distriktsanwalt Herrick hatte die einleitende Prozedur bereits hinter sich gebracht, ihn als Experten vorgestellt und fing nun an, die letzten Stücke der Beweisführung aus ihm herauszuholen, die Lloyd Ashley zur Hölle schicken sollte – mit dem Heulen eines hochgespannten elektrischen Stroms in den Ohren.

Der Distriktsanwalt hob eine gedrungene schwarze Pistole hoch. Es war bereits festgestellt worden, daß sie dem Angeklagten gehörte. »Und nun, Mr. Keller«, sagte Herrick, »zeige ich Ihnen Beweisstück B der Anklage. Können Sie uns sagen, was für eine Art Schußwaffe das ist?«

»Ja, Sir. Das ist ein Colt Automatik, Kaliber zweiunddreißig.«

»Haben Sie diese Waffe vorher schon einmal gesehen?«

»Ja, Sir.«

»Unter welchen Umständen?«

»Sie wurde mir in Ausführung meiner Pflichten als Ballistikexperte übergeben, um zu ermitteln, ob die tödliche Kugel daraus abgefeuert wurde oder nicht.«

»Haben Sie die erforderlichen Untersuchungen durchgeführt?«

»Ja.«

»Würden Sie bitte dem Gericht mitteilen, was Sie herausfanden?«

Keller blickte die zwölf Geschworenen an, die sich nun auf ihren Stühlen vorbeugten. Es waren keine Frauen unter ihnen – Robison hatte jede Einspruchsmöglichkeit genutzt, um dafür zu sorgen. Er vertrat die Theorie, daß Männer gegenüber Gewalttaten eines betrogenen Ehemannes mehr Sympathie aufbrachten.

Keller sprach mit einer trockenen, etwas pedantischen Stimme. »Ich habe eine Testkugel abgefeuert, um sie mit dem aus dem Körper des Verstorbenen entfernten Geschoß zu vergleichen.

Beide Geschosse hatten eine Gesamtabmessung von drei Zehntel Zoll und ein Gewicht von siebenundvierzig Gramm, gehören also in die Klasse Kaliber zweiunddreißig. Beide wiesen sechs spiralenförmige Rillen mit Linksdrall auf, was für Schußwaffen der Marke Colt charakteristisch ist. Außerdem entwickelt jede Schußwaffe durch den Gebrauch gewisse individuelle Eigenheiten, die sich beim Passieren des Laufs auf dem Projektil einprägen. Wenn man nun die beiden Kugeln in einem Vergleichsmikroskop untersucht –«

Robison unterbrach Kellers Monolog mit einer gleichgültigen Geste.

»Euer Ehren, ich glaube, wir können uns eine lange technische Abhandlung über das Thema Ballistik ersparen. Die Verteidigung räumt durchaus ein, daß die tödliche Kugel aus Mr. Ashleys Pistole abgeschossen wurde.«

Der Richter sah zu Herrick hinüber. »Ist der Staatsanwalt einverstanden?«

Grollend sagte Herrick: »Die Staatsanwaltschaft hat nicht den Wunsch, den Prozeß länger als notwendig hinauszuziehen.«

Insgeheim paßte ihm das nicht. Herrick zog es vor, seinen Fall sorgfältig und methodisch aufzubauen, erst die Grundlagen zu legen, dann Brett um Brett anzufügen, bis schließlich der Deckel aufgesetzt war und kein Schlupfloch zum Entkommen und kein Irrtum für eine Revision blieb. Es kam natürlich vor, daß er Zugeständnisse der Verteidigung begrüßte, doch bei Robison, – nun, da wußte man nie, wie man dran war. Dieser Mann mußte beobachtet, jeder seiner Züge genau geprüft werden.

Als Robison sich wieder hingesetzt hatte, wandte sich Lloyd Ashley mit sorgenvollem Blick zu ihm. »War das klug, Mark?« Sein Leben stand auf dem Spiel, und Ashley hatte das Gefühl, jeder einzelne Punkt sollte leidenschaftlich bestritten werden.

»Das war niemals streitig«, erwiderte Robison mit zuversichtlichem Lächeln.

Doch sein Lächeln blieb ohne Wirkung, und als Robison nun Ashleys Gesicht sah, erfaßte ihn tiefes Mitleid. Wie vollständig hatte sich der Mann verändert! Ashleys gewohnte Arroganz war dahin, sein sarkastischer Ton inzwischen bescheiden und flehend. Nicht einmal sein Geld, diese riesigen, solide angelegten Summen konnten ihm das geringste Gefühl von Sicherheit mehr vermitteln.

Robison konnte nicht verhehlen, daß er eine gewisse Verantwortung für Ashleys katastrophale Situation empfand. Er kannte Ashley seit Jahren, geschäftlich und gesellschaftlich. Er erinnerte sich lebhaft an den Tag vor nur zwei Monaten, als Ashley ihn aufgesucht und um Rat gebeten hatte, erfüllt von unterdrücktem Zorn, weil er seine Frau der Untreue verdächtigte.

»Hast du irgendeinen Beweis?« hatte Robison gefragt.

»Ich brauche keinen Beweis. Das merkt ein Mann einfach. Sie ist kalt und unnahbar.«

»Willst du dich scheiden lassen?«

»Niemals.« Das Wort war gefühlsgeladen. »Ich liebe Eve.«

»Was willst du denn nun von mir, Lloyd?«

»Ich möchte, daß du mir einen Privatdetektiv benennst. Ich bin sicher, daß du jemand kennst, dem ich vertrauen kann. Ich will, daß er Eve folgt und ihren Bewegungen nachspürt. Wenn er den Mann für mich identifizieren kann, dann weiß ich selbst, was ich zu tun habe.«

Ja, Robison kannte einen zuverlässigen Privatdetektiv – ein Rechtsanwalt benötigt manchmal die Dienste eines ausgebildeten Ermittlers, um den Hintergrund feindseliger Zeugen zu eruieren, deren Zeugnis er vielleicht später anfechten konnte.

So engagierte Ashley den Mann, und innerhalb einer Woche erhielt er seinen Bericht. Der Detektiv war Eve Ashley auf dem Weg zu einem Rendezvous mit Tom Ward gefolgt, einem Investmentberater, der Ashleys Wertpapiere verwaltete. Er hatte sie bei einer offensichtlich recht intimen Unterhaltung in einer obskuren Cocktailbar im Village beobachtet.

Das einzige, was er niemals einkalkuliert hatte, sagte sich Robison, war Gewalt. Ashley war zwar keineswegs ein Feigling. Aber seine Waffe war bislang grundsätzlich seine Zunge gewesen, scharfe, spitze, kränkende Worte. Als der Anruf von der Polizeikommission gekommen war, Ashley sei wegen Mordes festgenommen worden, war Robison ehrlich entsetzt gewesen, und im ersten Augenblick war ihm ein Gefühl der Schuld wie ein Stich durch und durch gefahren. Doch Robison war nicht der Mensch, sich selbst über längere Zeit wegen mangelnder Unfehlbarkeit anzuklagen. Ashley, dem ein Telefongespräch gestattet worden war, verlangte, daß Robison ihn aufsuchte.

Bei der ersten Vernehmung im Schwurgericht hatte Robison einen raschen Anlauf unternommen, um eine Niederschlagung der Anklage zu erreichen, indem er Ashleys Version schlau und geschickt vertrat. Robison hatte dargelegt, daß das Ganze ein Unfall war. Kein Vorsatz, keine niedrigen Beweggründe, keine Tötungsabsicht. Ashley war in Wards Büro gegangen und hatte seine Pistole herausgezogen, mit ihr herumgewedelt und versucht, den Mann einzuschüchtern, ihm das Versprechen abzunehmen, sich von Ashleys Frau fernzuhalten. Er hatte besonders darauf geachtet, daß die Sicherung in Ordnung und die Waffe nicht entsichert war, bevor er Wards Büro betrat.

Doch Ward erstarrte weder noch flehte er um Gnade, sondern verlor die Beherrschung, warf sich auf Ashley und griff nach der Pistole. Ashley schwor, daß die Waffe dabei auf den Schreibtisch gefallen und zufällig losgegangen war. Er stand über den Leichnam gebeugt da, als man ihn fand.

Der Distriktsanwalt quittierte nach der Anhörung diese Version mit Spott und stempelte sie als kühne Erfindung ab. Die Staatsanwaltschaft, so behauptete Herrick, könnte Motiv, Tatwaffe und Gelegenheit nachweisen. Der Richter hatte danach keine Wahl. Lloyd Ashley wurde dem großen Schwurgericht überantwortet, das ohne Zeitverlust auf Anklage wegen Mord erkannte.

Und nun befaßte sich Herrick in der Hauptverhandlung unter dem Vorsitz von Richter Felix Cobb am fünften Tag der Zeugenvernehmung damit, Ashleys letzte Hoffnung zu vernichten. Er hielt die Pistole hoch, so daß Keller und die Geschworenen sie sehen konnten – eine kleine Waffe, die im Bruchteil eines Augenblicks das Leben eines Menschen ausgelöscht hatte.

Er sagte: »Sie sind mit der Bedienung dieser Pistole vertraut, nicht wahr, Mr. Keller?«

»Gewiß.«

»Kann nach Ihrer Meinung als Ballistikexperte eine Pistole dieses Typs versehentlich losgehen – wenn der Sicherheitsbügel vorgelegt ist?«

»Nein, Sir.«

»Sind Sie da ganz sicher?«

»Absolut.«

»Könnte sie – in gesichertem Zustand – losgehen, wenn man sie aus einer Höhe von mehr als einem Meter fallenläßt?«

»Das könnte sie nicht.«

»Auch nicht, wenn man sie auf eine harte Fläche schleudert?«

»Nein, Sir.«

»Haben Sie mit all Ihrer zwanzigjährigen Erfahrung bei der Untersuchung und dem Umgang mit Schußwaffen je von einem solchen Vorfall gehört?«

»Von keinem einzigen, Sir.«

Herrick ging zum Tisch der Staatsanwaltschaft zurück. »Die Verteidigung kann ins Kreuzverhör eintreten.«

Der Richter ergriff das Wort. »Es ist jetzt fünf Minuten vor vier. Ich glaube, wir können diesen Punkt zurückstellen.« Er wandte sich den Geschworenen zu. »Behalten Sie meine Anweisungen im Gedächtnis, meine Herren. Sie wurden ermahnt, den Fall nicht untereinander zu besprechen und niemandem zu erlauben, darüber in Ihrer Gegenwart zu reden. Bilden Sie sich keine Meinung, äußern Sie auch keine, ehe Sie mit dem gesamten Beweismaterial vertraut sind. Das Gericht vertagt sich bis morgen früh zehn Uhr.«

Er strich seine schwarze Robe glatt und ging gemessenen Schrittes weg. Alle blieben sitzen, bis ein Gerichtsdiener die Geschworenen durch eine Seitentür hinausgeleitet hatte. Ein Gerichtsbeamter kam heran und berührte Ashley an der Schulter.

Ashley wandte sich mit verzerrtem, erschöpftem Gesicht zu Robison um. Er hatte in diesen vergangenen Wochen beträchtlich an Gewicht verloren, und die Haut hing lose unter dem Kinn. Seine eingefallenen Augen waren rotgeädert, und an der Ecke seiner rechten Schläfe war ein Muskel von nervösem Zucken befallen.

»Morgen ist der letzte Tag, nicht wahr, Mark?«

»Beinahe.« Robison bezweifelte, ob die gesamte Verteidigung mehr als eine einzige Sitzung benötigen würde. »Mit Ausnahme der Zusammenfassung und der Ausführungen des Richters.«

Der Wachmann sagte: »Kommen Sie, Mr. Ashley.«

»Hör mal, Mark.« In Ashleys Stimme lag eine plötzliche Heftigkeit. »Ich muß mit dir reden. Es – es ist absolut lebenswichtig.«

Robison blickte seinen Klienten prüfend an. »In Ordnung, Lloyd. Ich komme in einer Viertelstunde vorbei.«

Ashley ging mit dem Wachmann fort und verschwand durch eine Tür hinter dem Richtertisch. Einige Zuschauer trödelten noch im Gerichtssaal herum. Robison legte seine Papiere und Notizen zusammen und steckte sie in seine Aktenmappe. Er lehnte sich zurück, strich sich mit den Fingerspitzen über die geschlossenen Augenlider. Er sah immer noch Ashleys Gesicht vor sich. Der Mann war zutiefst verängstigt, und das nicht ohne eine gewisse Berechtigung, dachte Robison. Trotz der Mahnung des Richters an die Adresse der Geschworenen, noch keine Entscheidung zu treffen, sagte ihm seine Erfahrung, daß gerade dies geschehen war.

Er konnte die Anzeichen erkennen. Er vermochte es zu sagen nach der Art, wie sie einer hinter dem anderen hinausgegangen waren, wie sie ihre Augen abgewandt hatten, um den Angeklagten nicht ansehen zu müssen. Niemand fand Vergnügen daran, ein anderes menschliches Wesen auf den elektrischen Stuhl zu schicken. Ashley mußte das auch gespürt haben, dieses Gefühl des Gerichtetseins.

Als Robison den Korridor betrat, sah er Eve Ashley links bei den Aufzügen warten. Sie erschien klein und verloren, als ob selbst die Knochen in ihrem Körper sich zusammenzögen. Robison eilte auf sie zu, doch ehe er sie erreichte, hatte die nach unten drängende Menge sie verschluckt.

Eves Reaktion hatte ihn überrascht. Sie nahm es sehr schwer und war ganz krank vor Selbstverdammung und Reue. Er erinnerte sich an ihren Besuch in seinem Büro unmittelbar nach dem Mord. »Ich wußte, daß er eifersüchtig war«, sagte sie mit tiefer Qual in den Augen, »aber niemals hätte ich etwas Derartiges erwartet. Niemals.« Sie krampfte fortgesetzt die Hände zusammen und öffnete sie wieder. »O Mark, sie werden ihn auf den elektrischen Stuhl schicken! Ich weiß, daß sie das tun, und alles ist meine Schuld.«

Er hatte energisch mit ihr geredet. »Hör mir zu. Du konntest das nicht wissen. Ich möchte, daß du dich wieder faßt. Wenn du dich gehen läßt und zusammenbrichst – dann nützt das weder dir selbst noch Lloyd. Es ist nicht deine Schuld.«

»Es ist meine Schuld.« Ihre Lippen zitterten. »Ich hätte es wissen sollen. Sieh doch, was ich angerichtet habe. Zwei Männer. Tom ist bereits tot, und Lloyd wird bald –«

»Hör auf!« Er hatte sie an den Schultern gepackt.

»Du mußt ihn rauspauken«, schrie sie wild. »Bitte, Mark. Wenn du das nicht schaffst, werde ich mir nie verzeihen.«

»Ich werde mein Bestes tun.«

Doch er wußte, wie schlecht die Chancen standen. Die Staatsanwaltschaft hatte einen bombensicheren Fall. Motiv, Tatwaffe und Gelegenheit . . .

Der Aufzug brachte ihn nach unten. Er ging um die Ecke zu den Häftlingszellen beim Eingang an der White Street. Nach der üblichen Routine wurde er in das Anwaltszimmer geführt, und einen Augenblick später wurde Lloyd Ashley hereingebracht. Sie saßen sich am Tisch gegenüber, zwischen sich die Tischplatte.

»Also, Mark.« Ashley klammerte sich mit den Händen am Tisch fest. »Ich will die Wahrheit hören. Wie sieht's aus?«

Robison zuckte mit den Schultern. »Der Fall ist noch nicht abgeschlossen. Niemand kann sagen, was die Geschworenen machen werden.«

»Hör auf, herumzuquatschen, Mark. Ich habe diese Männer gesehen – ich habe ihre Gesichter gesehen.«

Robison zuckte wieder mit den Schultern.

»Sieh mal, Mark, du bist seit langer Zeit mein Rechtsanwalt. Wir haben eine Menge von Verfahren zusammen abgewickelt. Ich habe gesehen, wie du vorgehst. Ich weiß, wie dein Verstand arbeitet. Du bist gerissen, du findest Mittel und Wege. Ich habe die größte Hochachtung vor deinen Fähigkeiten, aber ich – nun, ich . . .« Er suchte nach Worten.

»Bist nicht zufrieden mit der Art, wie ich deine Verteidigung führe?«

»Das habe ich nicht gesagt, Mark.«

»Glaubst du nicht, daß ich auch noch die kleinste Möglichkeit ausschöpfe?«

»Innerhalb der gesetzlichen Grenzen schon. Aber ich habe schon früher gesehen, wie du Fälle anpackst. Ich habe beobachtet, wie du mit Geschworenen umgehst. Und ich habe gesehen, wie du irgendwelche Kaninchen aus dem Hut zauberst. Und nun auf einmal bist du so verdammt voller Skrupel, daß ich dich beinahe nicht wiedererkenne. Warum, Mark? Was ist geschehen?«

»Ich kann nicht ein einziges Schlupfloch entdecken, das ist's, Lloyd. Nicht den geringsten Riß in dem Gebäude des Staatsanwaltes. Meine Hände sind gebunden.«

»Dann binde sie los.«

»Wie?« fragte Robison ruhig.

»Hör mir zu, Mark« – Ashleys Finger packten die Tischkante, – »du weißt fast soviel von meinen finanziellen Angelegenheiten wie ich selbst. Du weißt, wieviel Geld ich geerbt, wieviel ich selbst verdient habe. Heute bin ich an die vier Millionen Dollar wert.« Er preßte die Lippen zusammen. »Vielleicht ist das der Grund, warum Eve mich geheiratet hat; ich weiß es nicht. Auf jeden Fall ist das ein ganzer Haufen Kies, und ich möchte eine Chance haben, etwas davon auszugeben. Aber wenn sie mich verurteilen, habe ich diese Chance nicht mehr.«

Ashley fuhr sich mit der Zunge über die Lippen und sprach dann weiter. »Wenn ich tot bin, nützt mir das Geld nichts. Lebendig kann ich damit anfangen, was ich will. Wenn jemand mich wieder von der Angel kriegt, selbst in diesem Stadium, dann bist du es. Ich weiß nicht, wie, aber ich habe so ein Gefühl – Vorahnung, Intuition, nenn es, wie du willst. Dir fällt noch *irgendwas* ein. Du hast die nötige Einbildungskraft. Ich weiß, daß du's noch schaffst.«

Robison spürte, wie ihn die Erregung packte.

Ashley beugte sich vor. »Genau die Mitte«, sagte er mit heiserer Stimme. »Zu gleichen Teilen, Mark, von allem, was mir gehört. Die Hälfte für dich, die Hälfte für mich. Ein Honorar von zwei Millionen Dollar, Mark. Damit bist du Zeit deines Lebens finanziell unabhängig. Du brauchst dir nur noch einen Dreh auszudenken! Ich will einen Freispruch haben.«

Robison entgegnete prompt: »Würdest du das bitte schriftlich niederlegen, Lloyd?«

»Selbstverständlich.«

Robison nahm ein leeres Blatt Papier aus seiner Aktenmappe. Er schrieb rasch, in klarer, unmißverständlicher Sprache. Er reichte das Papier Ashley hinüber, der es kurz durchlas, nach dem Füller griff und seine Unterschrift darunter setzte. Robison faltete mit etwas zittrigen Fingern das Dokument und steckte es weg.

»Hast du irgendwelche Ideen, Mark?«

Der Anwalt saß regungslos da, und sein Gesicht mit den flachen Wangen verriet keinerlei Ausdruck. Er erinnerte sich daran, wie er vor drei Nächten plötzlich aufrecht im Bett gesessen hatte, als ihm plötzlich ein Geistesblitz gekommen war. Er hatte den Gedanken einen Augenblick lang untersucht, die Möglichkeiten erwogen; dann hatte er den Kopf zurückgeworfen und laut in die Dunkelheit hinein gelacht.

Der Einfall war genial, auf makabre Weise sogar amüsant, doch würde er ihn nicht wirklich nutzen. Nun hatte sich sein Denken plötzlich gewandelt, alle Skrupel waren verflogen. In einem

Honorar von zwei Millionen Dollar liegt schon eine ganze Menge an Überredungskraft. Menschen hatten schwere Verbrechen begangen – einschließlich Mord – für weit geringere Beträge.

Nun standen ihm die Möglichkeiten seiner Idee vor Augen, scharf, klar und kühn. Eine Erfolgsgarantie gab es nicht. Er mußte gewisse Unwägbarkeiten ins Auge fassen –, von denen die meisten in den Köpfen von zwölf Männern herumspukten, den zwölf Männern auf der Geschworenenbank.

»Überlaß das mir«, sagte Robison und stand plötzlich auf. »Entspanne dich, Lloyd. Versuch, heut nacht ein bißchen zu schlafen.« Mit einem gebieterischen Winken zum Wachmann hin wandte er sich der Tür zu.

Die untergehende Sonne hatte die Luft abgekühlt, und Robison schlug eine rasche Gangart an, während er Einzelheiten seines Planes im Kopf herumwälzte. Ethisch? So konnte er es kaum nennen. Doch Robison befaßte sich ohnehin nicht oft mit delikaten moralischen Überlegungen. Als Prozeßanwalt hatte er ständig Erfolg gehabt. Seine Stimme war ein wichtiger Aktivposten: Sie konnte sanft und mitfühlend oder knisternd und verächtlich sein. Neulinge rund um das Gebäude des Kriminalgerichts sprachen immer noch von Robisons letztem Fall als stellvertretender Distriktsanwalt und riefen sich das scharfe Kreuzverhör ins Gedächtnis, dem er den Angeklagten unterworfen hatte, der wegen bewaffneten Raubes vor Gericht stand. Er hatte eine Verurteilung erreicht, und bei Verkündigung des Urteils, das auf die Höchststrafe lautete, hatte sich der wutentbrannte Angeklagte gegen ihn gewandt und ihm Rache geschworen. Später hatte er von den Angehörigen des Mannes bösartige Drohbriefe erhalten.

So hatte sich Mark Robison einen Waffenschein für eine Pistole besorgt und ihn jedes Jahr erneuert. Er trug die Zulassung ständig in seiner Brieftasche bei sich.

Den ersten Aufenthalt legte er in der Centre Street bei einem auf Schußwaffen spezialisierten kleinen Laden ein, nicht weit vom Polizeihauptquartier entfernt. Er prüfte das Angebot, wählte sorgfältig einen Colt Automatik aus, Taschenmodell, Kaliber 32, samt einer Schachtel Patronen. Der Inhaber besah sich gründlich den Waffenschein und stellte ihm dann sein Paket zusammen.

Robison nahm sich dann ein Taxi zu seiner Kanzlei. Seine Sekretärin, Miß Graham, hielt mit Maschinenschreiben inne, um ihm eine Liste der eingegangenen Telefonanrufe in die Hand zu drücken. Als sie den abwesenden Ausdruck auf seinen Gesicht bemerkte, unterließ sie es, ihn nach dem Prozeßverlauf zu fragen. Er ging weiter zum hinteren Büro.

Sein Büro war vor kurzem erst neu möbliert worden, und Robison war recht befriedigt von der Wirkung. An der entfernten Wand, dem Schreibtisch gegenüber, hing ein Bild mit den neun Richtern des Obersten Gerichtshofes der Vereinigten Staaten. Der außergewöhnliche Vorfall, der sich nun gleich vor diesen verehrungswürdigen Gentlemen zutragen sollte, hatte wahrscheinlich in ihrer ganzen gemeinsamen Geschichte nicht seinesgleichen.

Mark Robison packte seinen Kauf aus und wog die Pistole einen Augenblick in der Hand. Dann steckte er ohne Zögern drei Kugeln ins Magazin und schob es in den Kolben. Sein Kiefer war fest zusammengepreßt, als er die Pistole hochhob, auf seinen linken Arm knapp über dem Ellbogen zielte und abdrückte.

Der Knall der Explosion hallte in seinen Ohren nach. Robison war kein Stoiker. Er spürte den Schmerz wie ein glühendes Eisen und schrie auf. Im nächsten Augenblick biß er die Zähne zusammen, während sein Daumen nach der Sicherung tastete und sie umlegte.

Im nächsten Moment flog die Tür auf, und Miß Grahams schaute mit ängstlichem Gesicht herein. Bestürzt sah sie die Blässe auf Robisons Gesicht und den sich ausbreitenden Fleck auf seinem Ärmel. Sie unterdrückte einen Aufschrei.

»Schon recht«, fuhr Robison sie an. »Es war ein Unfall. Stehen Sie nicht gaffend hier herum. Rufen Sie einen Doktor. Drunten am Ende des Korridors ist einer.«

Miß Graham eilte davon. Was immer der Arzt gerade getan hatte, Miß Grahams dramatische Geschichte brachte ihn dazu, sofort seine ramponierte schwarze Tasche zu packen und loszurennen.

»Nun«, sagte er und warf einen kurzen, verachtungsvollen Blick auf die Pistole, »was haben wir denn da? Wieder einen von diesen Unfällen unter dem Motto »Ich-hab-nicht-gewußt-daß-sie-geladen-ist?«

»Nicht ganz«, bemerkte Robison trocken.

»Ziehen Sie mal die Jacke aus.« Der Doktor half ihm und riß dann den Hemdärmel des Anwalts von der Manschette bis zur

Schulter auf, so daß die Verletzung bloßlag, und untersuchte die Wundstelle. Die Kugel hatte eine flache Rinne im Fleisch hinterlassen.

»Hm«, meinte der Doktor. »Sieht schlimmer aus, als es ist. Sie haben Glück gehabt, Counselor. Keine Muskeln oder Arterien verletzt. Verlust an Gewebe, ja, und eine gewisse Beeinträchtigung des Gelenks –«

Er griff in seine Tasche und holte ein Desinfektionsmittel heraus, das auf Robisons Arm brannte wie Feuer. Nachdem der Doktor die Wunde verbunden und bandagiert hatte, trat er zurück, um das Werk seiner Hände wohlwollend zu betrachten.

Er blickte ein bißchen entschuldigend drein. »Sie kennen das Gesetz, Counselor. Wenn ein Arzt zur Behandlung einer Schußwunde gerufen wird, dann ist er verpflichtet, die Polizei zu verständigen. Es bleibt mir wirklich nichts anderes übrig.«

Robison unterdrückte ein Lächeln. Hätte der Arzt das Gesetz nicht gekannt, dann hätte Robison ihn umgehend darüber aufgeklärt. Ganz gewiß wollte er die Polizei in jedem Fall zuziehen. Sie war ein wesentlicher Teil seines Planes.

Er konnte sich schon lebhaft die Schlagzeilen ausmalen: *Robison zufällig angeschossen. Anwalt der Verteidigung bei Test angeschossen* – und die ganzen Stories, wie er versucht hatte, die Bedingungen in Tom Wards Büro zu simulieren – indem er absichtlich eine Pistole auf seinen Schreibtisch fallenließ . . .

Pünktlich um zehn Uhr am folgenden Morgen erhob sich ein Gerichtsbeamter und leierte das Ritual herunter. »Bitte alles aufstehen, der Ehrenwerte Richter des Allgemeinen Schwurgerichts in und für die Countys von New York.«

Hinter dem Richtertisch öffnete sich eine Türe, und Richter Cobb tauchte schnellen Schrittes auf. Seine schwarze Robe bauschte sich beim Gehen hinter ihm.

»Nehmen Sie bitte Platz«, sagte der Gerichtsdiener und klopfte mit seinem Hammer auf den Tisch. »Das Gericht beginnt seine Sitzung.«

Der Richter blickte neugierig zu Robison herüber und betrachtete den verletzten Arm, der in einer hinter dem Hals des Anwalts verknotenen schwarzen Seidenschlinge lag. »Rufen Sie den Zeugen«, sagte er.

James Keller wurde ordnungsgemäß vereidigt und nahm seinen Platz im Zeugenstand ein.

Die zwölf Geschworenen beugten sich voller Erregung und Erwartung vor. Distriktsanwalt Herrick saß am Tisch des Staatsanwalts, wachsam und kämpferisch. Robison lächelte im stillen, als er an den Gruß des Distriktsanwaltes dachte, den er zwischen zusammengepreßten Lippen hervorquetschte. Hegte Herrick einen Verdacht? Möglicherweise.

»Die Verteidigung mag das Kreuzverhör beginnen«, sagte Richter Cobb. Im Zuschauerraum erhob sich ein Gemurmel, als Robison sich aufrichtete. Er drehte sich halb um, damit jeder einen Blick auf den verwundeten Arm in seiner seidenen Schlinge werfen konnte. In der ersten Reihe bemerkte er Eve Ashley, die ihn eindringlich ansah.

Robison ging zum Tisch des Schriftführers und nahm Ashleys Pistole. Er hielt sie in der Hand, als er auf Keller zuging und sich an den Zeugen wandte. »Nun, Mr. Keller, wenn ich mich richtig erinnere, sagten Sie gestern aus, daß Sie aus dieser Pistole einen Probeschuß abfeuerten. Das stimmt doch?«

»Ja, Sir.« Kellers Ton ließ erkennen, daß er auf der Hut war.

»Sie wollten beweisen, daß die tödliche Kugel aus dieser Pistole und keiner anderen stammte.«

»Das ist richtig.«

»Ich nehme an, daß Sie die Sicherung lösten, ehe Sie den Test durchführten?«

»Natürlich. Sonst würde ich wohl immer noch in meinem Labor stehen und den Hahn durchziehen.«

Im Zuschauerraum kicherte jemand, und einer von Herricks Assistenten grinste. Kellers Selbstvertrauen stieg sichtlich.

Robison sah ihn streng an. »Dies ist kaum der geeignete Zeitpunkt für einen Scherz, Mr. Keller. Es ist Ihnen doch wohl klar, daß Ihr Zeugnis einen Unschuldigen auf den elektrischen Stuhl bringen kann?«

Herricks Hand schoß hoch. »Ich beantrage, daß diese letzte Bemerkung aus dem Protokoll gestrichen wird.«

»Ja«, sagte der Richter. »Sie wird gestrichen, und das Gericht wird sie nicht beachten.«

»Dann sind Sie absolut sicher«, sagte Robison, »daß der Sicherungsbügel gelöst werden muß, ehe die Waffe abgeschossen werden kann?«

»Eindeutig.«

»Sie sind ebenso sicher, daß bei einer Waffe diesen Typs sich die Sicherung nicht unter bestimmten Bedingungen lösen kann?«

Keller zögerte. »Nun, ja, nach meinem besten Wissen.«

»Haben Sie je einen entsprechenden Test unternommen?«

»Was meinen Sie damit?«

»Versuchten Sie, diese Pistole – Beweisstück B der Staatsanwaltschaft – zu laden und sie dann auf eine harte Fläche fallen zu lassen?«

»Ich – ich fürchte, nein.«

»Und das, obwohl Sie wußten, worauf sich unsere Verteidigung hier vor Gericht gründen würde?«

Keller rutschte unbehaglich auf seinem Sitz hin und her und schaute zu Herrick hinüber, doch er fand keine Hilfe in dem ausdruckslosen Gesicht des Distriktsanwalts.

»Bitte beantworten Sie meine Frage.« Robisons Stimme hatte jeden freundlichen Klang verloren.

»Nein, Sir, ich habe keinen solchen Test gemacht.«

»Warum, Mr. Keller? Warum haben Sie keinen solchen Test gemacht? Schien das nicht das Gegebene zu sein? Hatten Sie Angst, dieser Test könnte die Aussage des Angeklagten bestätigen?«

Nein, Sir, gewiß nicht.«

»Warum also?«

Keller sagte lahm: »Es fiel mir ganz einfach nicht ein.«

»Es fiel Ihnen einfach nicht ein! Ich verstehe. Ein Mann wird des vorsätzlichen Mordes angeklagt. Es geht im Prozeß um sein Leben, er ist in Gefahr, auf den elektrischen Stuhl geschickt zu werden! Und da ist es Ihnen zu keinem Zeitpunkt eingefallen, den einen simplen Test durchzuführen, um festzustellen, ob der Angeklagte vielleicht zufällig die Wahrheit gesagt hat?«

Eine tiefe Röte breitete sich auf Kellers Wangen aus bis hinunter zu seinem Hals. Er saß schweigend da und wand sich auf dem Zeugenstuhl.

»Ich bitte im Protokoll zu vermerken, daß der Zeuge nicht geantwortet hat«, sagte Robison. Nun, Sir, gestern sagten Sie aus, daß eine Pistole diesen Typs niemals losgehen kann, indem sie auf eine harte Fläche fällt, nicht wahr?«

»Bei vorgelegter Sicherung.«

»Natürlich.«

»Ich – ja, ich glaube, das sagte ich.«

»Sie haben keinen Zweifel daran?«

Keller schluckte unbehaglich und blickte auf Robisons Arm. »Ich . . . nein.«

»Nun wollen wir mal sehen.« Robison legte die Waffe in seine linke Hand, streifte die Schlinge ab; die Finger waren leicht geschwollen. Mit der rechten Hand holte er eine Patrone Kaliber 32 aus seiner Jackentasche. Mit unbeholfenen Bewegungen lud er die Pistole und brachte eine Patrone in die Kammer. Er trat näher auf den Zeugen zu und wollte ihm die Pistole mit der linken Hand reichen, hielt jedoch plötzlich mit schmerzverzerrtem Gesicht inne. Der Ausdruck war dramatisch und sprach für sich. Dann schob er die Pistole kleinlaut in die rechte Hand zurück und hielt sie dem Zeugen hin.

In deutlichem, überlegtem Ton sagte er: »Mr. Keller, würden Sie nun bitte einen Blick auf die Sicherung von Beweisstück B der Staatsanwaltschaft werfen und uns sagen, ob sie in der richtigen Position ist, um eine Entladung zu verhindern?«

»Das ist sie.«

»Würden Sie dann bitte freundlicherweise aufstehen, Sir? Ich möchte, daß Sie Seiner Ehren, diesen zwölf Geschworenen und den Zuschauern in diesem Gerichtssaal beweisen, daß sich aus der zur Rede stehenden Pistole *unmöglich ein Schuß lösen kann, wenn man sie auf den Tisch des Richters fallen läßt*. Heben Sie sie einfach hoch, bitte, oder werfen Sie sie hin.«

Durch den Gerichtssaal ging ein Murmeln, als Herrick aufsprang und vor der Bank landete. Die Muskeln um seinen Kiefer waren vor Ärger verkrampft. »Ich lege Einspruch ein, Euer Ehren. Dies ist in hohem Maße irregulär, ein billiges Schauspiel, das seiner Natur nach jeden in Gefahr bringt –« Er hielt plötzlich inne und schluckte den Rest des Satzes hinunter. Seine eigenen, impulsiv ausgestoßenen Worte hatten eine, wenn auch entfernte Befürchtung verraten, daß die Pistole doch losgehen könnte.

Im Gegensatz dazu klang Robisons Stimme ruhig und vernünftig. »Das Gericht möge bitte beachten, daß dieser Zeuge unter Eid als qualifizierter Experte ausgesagt hat. Ich bitte ihn lediglich, uns sein Vertrauen in seinen eigenen Befund als Experte unter Beweis zu stellen.«

Richter Cobb sagte widerstrebend: »Einspruch abgelehnt.«

»Bitte fahren Sie fort, Mr. Keller«, sagte Robison. »Beweisen Sie dem Gericht und den Geschworenen, daß das Beweisstück B der Staatsanwaltschaft *unmöglich* in der vom Angeklagten behaupteten Weise einen Schuß abgegeben haben kann.«

Schweigen erfaßte den Gerichtssaal, als Keller aufstand. Er hob langsam die Waffe hoch und hielt sie über den Richtertisch. Auf seinem Gesicht stritten sich Angst und Zweifel. Lloyd Ashley umfaßte krampfhaft seine Knie; die Knöchel seiner Hände traten weiß hervor.

Robison hielt den Atem an, als Kellers Arm sich drehte. Der Richter versuchte, furchtlos auszusehen, schob jedoch seinen Stuhl nach hinten, als wollte er ein möglichst kleines Ziel abgeben. Der Obmann der Geschworenen war kreideweiß im Gesicht, und die anderen Geschworenen schienen bereit, sich schnell zu ducken.

»Wir warten«, sagte Robison leise, aber deutlich.

An Kellers Schläfen bildeten sich Schweißperlen. Hatte er mit den Muskeln gezuckt? Hatte er die Pistole ein wenig höher gehoben? Niemand im Gerichtssaal vermochte das sicher zu sagen.

»Bitte machen Sie weiter, Mr. Keller«, sagte Robison nun scharf. »Das Gericht hat nicht den ganzen Tag Zeit.«

Ihre Blicke trafen sich und hielten sich gegenseitig fest.

Wohlüberlegt ordnete Robison seine Schlinge neu. Keller holte tief Luft; ohne Warnung ließ er sich dann auf seinen Sitz zurückfallen. Die Pistole hing lose zwischen seinen Knien.

Ein Seufzer der Erleichterung lief durch den Gerichtssaal.

Das Urteil, so gab jeder zu, war von vornherein abzusehen. Robisons Schlußansprache war ein Meisterstück forensischer Redekunst, und der Richter, der die Geschworenen ermahnte, über jeden vernünftigen Zweifel hinaus sicher zu sein, ließ ihnen wenig Entscheidungsspielraum. In weniger als einer Stunde waren sie wieder draußen mit dem Verdikt ›Nicht schuldig‹.

Lloyd Ashley zeigte keinen Jubel – die Anspannung hatte ihn an den Rand nervlicher Erschöpfung gebracht. Er saß wie betäubt da und schüttelte langsam den Kopf. Robison berührte seine Schulter.

»Alles in Ordnung, Lloyd! Es ist vorbei. Du bist jetzt frei.

Komm, wir gehen zurück in meine Kanzlei. Ich glaube, wir haben noch einige geschäftliche Dinge zu erledigen.«

Ashley sammelte sich. »Ja, natürlich«, sagte er mit steifem Lächeln.

Sie schoben sich durch die Menge, nahmen Glückwünsche entgegen und hielten ein Taxi an. Die abschließenden Reden und die Urteilsverkündung des Richters hatten den ganzen Nachmittag in Anspruch genommen, und so wurde es bereits dunkel, als sie Robisons Kanzlei erreichten. Er führte Ashley in seinen Privatraum und knipste das Licht an.

Zur Feier des Tages holte der Anwalt eine Flasche hervor und goß zwei Gläser ein. Die beiden Männer leerten ihre Gläser in einem einzigen Zug. Robison schob seinem Klienten die Zigarrenkiste hin und ließ das Feuerzeug aufflackern. Ashley lehnte sich zurück und sog den dichten Rauch einer langen, dünnen Zigarre ein.

»Nun, Mark«, sagte er, »ich wußte doch, daß du es schaffen würdest. Du hast deinen Anteil an dem Geschäft vollbracht. Ich glaube, du erwartest nun, daß ich meinen erfülle.«

Robison machte eine abweisende Geste.

»Hast du einen Blankoscheck, Mark?«

Robison wußte, daß sich irgendwo im äußeren Büro ein Stapel Blankoschecks befand. Er hielt sie bereit für Klienten, die eine Vertretung durch einen Anwalt brauchten, aber ohne ausreichende Mittel in seine Kanzlei gekommen waren. Er ging in den Empfangsraum hinaus, durchstöberte einen Schrank mit Büromaterial und fand schließlich den Stapel.

Lloyd Ashley hatte seinen Platz verlassen und saß nun hinter Robisons Schreibtisch. Er nahm den Blankoscheck und Robisons Füllfederhalter. Ohne mit der Wimper zu zucken, schrieb er einen Scheck auf $ 2 000 000 aus.

»Ich sagte fifty-fifty, Mark. Es kann noch mehr für dich abfallen, aber das werden wir erst wissen, wenn sich mein Buchprüfer mit den Büchern befaßt hat.«

Robison hielt den Scheck in der Hand, den Blick starr auf die Zahlenreihe gerichtet. Die Wunde in seinem Arm pochte ein wenig, doch er achtete nicht darauf. Ashleys Stimme drang wieder zu ihm durch, leise und irgendwie seltsam.

»O ja, Mark, es fällt noch mehr für dich ab. Vielleicht kann ich's einrichten, daß du es jetzt schon bekommst.«

»Ich fand dies in deinem Schreibtisch«, sagte Ashley. »Das muß wohl die Pistole sein, die du gestern abend benutzt hast. Welche Ironie, Mark! Du hast nun das eine, was dir mehr bedeutet als alles andere auf der Welt – Geld –, und du wirst nie in der Lage sein, auch nur einen Pfennig davon auszugeben.«

Robison sah Ashley nicht in die Augen. »Wovon redest du eigentlich?«

Erinnerst du dich an den Privatdetektiv, den du mir empfohlen hast? Komisch, aber nach dem ganzen Trubel mit Ward hatte ich keine Gelegenheit mehr, ihm den Fall zu entziehen. So beobachtete er Eve noch die ganze Zeit über, als ich im Gefängnis saß. Tatsächlich hat er mir erst vor zwei Tagen einen Bericht überbracht. Ich glaube nicht, daß ich dir davon erzählt habe – wen sie getroffen hat, wer der andere Mann wirklich ist?«

Robison wurde kreideweiß.

Die Pistole lag unbeweglich in Ashleys Hand. »Weißt du, Mark, ich meine, daß du an Wards Tod fast ebensoviel Schuld hast wie ich. Wer hat schließlich Eve eingeredet, ihn als Köder zu benutzen, damit ihr beide sicher wart? Das mußt du gewesen sein. Eve hatte noch nie so viel Phantasie.«

Robisons Gesicht war schweißbedeckt, und seine Stimme war zu einem Flüstern verblaßt. »Warte, Lloyd, hör mich an –«

»Nein, lieber nicht. Du bist viel zu gut darin, Menschen etwas einzureden. Vergiß nicht, ich habe heute eine Demonstration deiner Fähigkeiten im Gerichtssaal erlebt! Ich plane das seit zwei Tagen. Der Zeitplan wird nur beschleunigt dadurch, daß ich deine Pistole fand. Ich glaube, es liegt eine gewisse Gerechtigkeit in diesem Akt. Du hast mich gezwungen, den falschen Mann zu töten. Nun finde ich keinen Grund, warum ich nicht den richtigen töten soll.«

Robison hörte nur noch den ersten der beiden Schüsse.

›The $ 2000000 Defense‹.« *Alfred Hitchcock Presents,* 2. November 1958. Regie Norman Lloyd. Fernsehspiel von William Fay nach der Kurzgeschichte von Harold Q. Masur ›The $ 2000000 Defense‹ *(Ellery Queen's Mystery Magazine,* Mai 1958). Mit Barry Sullivan (Mark Robison), Leslie Nielsen (Lloyd Ashley), Lori March (Eve Ashley).

Nur wenige Autoren würden an der Fernsehfassung einer Geschichte herumkritisieren, wenn begabte Schauspieler wie Barry Sullivan und Leslie Nielsen die Hauptrollen spielen. Da Bearbeitung und Dialoge sich eng an das Original hielten, war ich geneigt, einer Industrie Beifall zu zollen, die mich in der Vergangenheit oft genug enttäuscht hatte. Ich bedaure, daß ich damals noch keinen Videorecorder besaß, um meine Lieblingsgeschichte dauerhaft festzuhalten.

Harold Q. Masur

DIE VERGESSENE SCHUBLADE

Harry Muheim

Norman Logan bezahlte Apfelkuchen und Kaffee und trug sein Tablett nach vorn in die Cafeteria. Aus der Entfernung erkannte er William Tritts großen Hinterkopf. Die Tische in Tritts Nähe waren leer, und Logan empfand kein Verlangen, mit ihm zu essen, aber er hatte noch eine unerledigte Sache, die er klären wollte. Er hielt neben Tritts Tisch und fragte: »Haben Sie was dagegen, wenn ich mich zu Ihnen setze?«

Tritt blickte auf, wie er immer vom Kassenschalter seiner Bank auf der anderen Straßenseite hochblickte. Er benahm sich wie ein Diener – wie ein dicker, ordentlicher Butler, wie Logan sie in Filmen gesehen hatte –, doch hinter dem Schimmer von Unterwürfigkeit verbarg sich eine Haltung massiver Überlegenheit, die Logan stets gereizt hatte.

»O ja, Mr. Logan. Setzen Sie sich. Nur muß ich Sie bitten, nicht wieder diese zweihunder Dollar zu erwähnen.«

»Nun, wir werden sehen«, sagte Logan, zog sich einen Stuhl heran und setzte sich. »Ziemlich spät fürs Mittagessen, wie?«

»Ach, ich habe schon zu Mittag gegessen«, sagte Tritt. »Das hier ist nur ein Imbiß.« Er schnitt ein großes Stück von der Scheibe Roastbeef ab, die er vor sich liegen hatte, und stopfte sie sich in den Mund. »Ich glaube, ich habe Sie den ganzen Sommer über nicht gesehen«, fuhr er fort, während er auf seinem Fleisch herumkaute.

»Ich hatte einen Job weiter droben«, sagte Logan. »Wir versuchten, eine Krankheit in den Apfelgärten zu stoppen.«

»Wirklich?« Tritt sah wie ein besorgter Bluthund aus.

»Ich wollte eigentlich draußen im Westen eine Forschungsarbeit unternehmen«, fuhr Logan fort, »aber ich konnte kein Geld von der Universität bekommen.«

»Ja«, meinte Logan seufzend, »morgen fangen wir wieder an.« Er dachte einen Augenblick lang an die Gesichter der Studienanfänger, die im Vorlesungssaal zu ihm aufblickten, eine Horde nervöser, geistloser New Yorker Stadtpflanzen, die von ihren Eltern oder von der Army in die Universität geschickt wurden, und von der Universität wiederum in seine Botanikklasse. Sie waren an die Steine der Großstadt gebunden und hatten nicht das geringste Interesse für wachsende Dinge, und Logan fühlte sich manchmal traurig bei dem Gedanken, daß er in fünf Jahren Lehrtätigkeit nur einigen wenigen etwas von seiner eigenen Begeisterung an dieser Materie vermitteln konnte.

»Im Lehrberuf hat man sicherlich lange Ferien«, sagte Tritt. »Juni bis September.«

»Ja, ich nehme an«, erwiderte Logan. »Das einzige Problem ist nur, daß man nicht genug verdient, um in all dieser Freiheit etwas zu unternehmen.«

Tritt gab ein leises, glucksendes Lachen von sich und kaute weiter. Logan machte sich daran, seinen Apfelkuchen zu verzehren, der den langweiligen, neutralen Geschmack aller Kuchen in Schnellgaststätten hatte.

»Mr. Tritt«, sagte er nach langem Schweigen.

»Ja?«

»Wann werden Sie mir meine zweihundert Dollar zurückgeben?«

»Nun kommen Sie schon, Mr. Logan! Das haben wir doch vor zehn Monaten schon erledigt! Wir sind das mit Mr. Pinkson und den Bankprüfern und allen anderen durchgegangen. Ich habe Ihnen keine zweihundert Dollar gestohlen!«

»Das haben Sie, und Sie wissen es auch.«

»Offen gesagt, möchte ich lieber nichts mehr davon hören!«

»Mr. Tritt, ich hatte an jenem Tag dreihundertvierundzwanzig Dollar in meiner Hand. Ich hatte eben einige Obligationen verkauft. Ich weiß, wieviel ich hatte.«

»Die Angelegenheit ist voll und ganz geklärt«, sagte Tritt kalt.

»Für mich nicht. Als Sie den Betrag auf meinem Konto abbuchten, lautete er auf einhundertvierundzwanzig, nicht dreihundertvierundzwanzig.«

Tritt legte seine Gabel hin und faltete unschuldig die Hände. »Ich habe das schon tausendmal von Ihnen gehört, Sir. Meine Kasse war ausgeglichen, als Sie zurückkamen und Klage führten.«

»Zweifellos war sie ausgeglichen«, fuhr Logan auf. »Sie erkannten Ihren Fehler, als Pinkson Sie ersuchte, die Kasse zu überprüfen. So nahmen Sie meine zweihundert aus dem Geldfach. Kein Wunder, daß die Kasse stimmte!«

Tritt legte behutsam die Hand auf Logans Arm. »Mr. Logan, ich habe in der Bank noch einen langen, langen Weg vor mir! Ich kann es mir einfach nicht leisten, Fehler zu machen.«

»Sie können es auch nicht zugeben, wenn Sie einen gemacht haben?«

»Hören Sie doch auf«, sagte Tritt, als spreche er zu einem Kind. »Glauben Sie, ich setze wegen zweihundert Dollar meine gesamte Karriere aufs Spiel?«

»Sie haben Ihre Karriere nicht aufs Spiel gesetzt«, gab Logan zurück. »Sie wußten, daß Sie damit durchkommen würden. Und Sie nahmen mein Geld, um Ihren Irrtum zu decken.«

Tritt saß ruhig da und lächelte Logan mit einem fetten Lächeln an. »Nun, das ist Ihre Version, Mr. Logan. Aber ich wünschte mir wirklich, daß Sie mich nicht länger mit Ihrem Märchen belästigen.« Tritt ließ die Hälfte von seinem Braten unangetastet, stand auf und setzte den Hut auf. Dann kam er um den Tisch herum und beugte sich zu Logan nieder. »Ich will, von einem rein hypothetischen Standpunkt aus, einmal folgendes sagen: Wenn ich wirklich Ihr Geld gestohlen und dann meinen Ruf mit der Lüge aufs Spiel gesetzt hätte, daß ichs nicht tat, dann wäre es wohl das dümmste, Ihnen jetzt Ihr Geld zurückzugeben. Ich glaube, Sie werden mir da zustimmen.«

»Ich kriege Sie noch, Tritt«, sagte Logan und lehnte sich auf seinem Stuhl zurück. »Ich kann es nicht ertragen, für dumm verkauft zu werden.«

»Ich weiß, ich weiß. Auch das sagen Sie mir schon seit zehn Monaten. Auf Wiedersehen.«

Tritt verließ die Cafeteria. Norman Logan saß regungslos da und beobachtete, wie der große Kassierer über die Straße ging und die Bank betrat. Er empfand keine Wut – nur ein wachsendes Gefühl der Sinnlosigkeit. Langsam trank er seinen Kaffee aus.

Einige Minuten später betrat Logan die Bank. Unten im Tresorraum nahm er den Deckel von einem langen Metallkasten und holte drei Obligationen zu fünfundzwanzig Dollar heraus. Seufzend füllte er den Verkaufsbeleg aus. Sie würden die Prämie seiner staatlichen Versicherung für ein Jahr decken. Auch im Juli hatte er drei Obligationen entnommen, als sein Vater sein Pensionsgeld überzogen hatte. Und zu Anfang des Sommers hatte Logan einige weitere zu Bargeld gemacht, nachdem er in einen Lastwagen gefahren und seinen Plymouth beschädigt hatte. Fast jeden Monat gab es einen Grund, Obligationen zu verkaufen, und Logan überlegte, daß er seit seiner Zeit bei der Marine keine mehr gekauft hatte. Mit der Botanik war einfach nicht genug Geld zu machen.

Mit den Obligationen in der Hand stieg er die schmale Treppe zu der auf die Straße führenden Tür hinauf, ging an der langen Reihe von Kassenschaltern entlang zum hinteren Teil der Bank. Hier öffnete er eine Eisentür in einer hüfthohen Marmorabsperrung und betrat den mit grünem Teppich ausgelegten Bereich des Direktors und seines Stellvertreters. Der Schreibtisch des Direktors stand unmittelbar hinter der Tür, und Mr. Pinkson blickte bei Logans Eintritt auf. Er lächelte und blickte ihn über die auf seine Nase geklemmte Brille hinweg an.

»Guten Tag, Mr. Logan.« Pinksons rascher Blick wanderte zu den Obligationen und von dort mit der berufsmäßigen Neutralität eines Bankfilialleiters zurück zu Logans Gesicht. »Wenn Sie sich bitte setzen wollen, dann gebe ich Mr. Tritt Bescheid.«

»Mr. Tritt?« fragte Logan überrascht.

»Ja. Er ist jetzt zum ersten Schalter versetzt worden.«

Pinkson deutete auf eine große, schwere Sitzgruppe drüben an der Seitenwand hinter seinem Schreibtisch, und Logan setzte sich in einen Sessel daneben.

»Haben Sie den Sommer angenehm verbracht?« Der kleine Mann hatte sich in seinem quietschenden Chefsessel umgedreht und schaute Logan an.

»Danke, es war ganz ordentlich.«

»Waren Sie außerhalb der Stadt?«

»Ja, ich hatte einen Job weiter oben. Ich arbeite immer während meiner Semesterferien.«

Mr. Pinkson gab ein sinnloses Kichern von sich, eine passende Erwiderung, wenn er nicht wußte, ob der Kunde einen Scherz machen wollte oder nicht. Dann drehte er sich wieder um; sein rundlicher Kopf, der einer Billardkugel glich, senkte sich, und er befaßte sich weiter mit seinen Zahlen.

Logan legte die Obligationen auf die saubere Schreibtischunterlage und schaute zu Tritts Schalter hinüber. Er befand sich am Ende einer Reihe von Schaltern und hatte eine Tür, die unmittelbar in den Bereich des Direktors führte. Tritt sprach drinnen am Telefon, und für eine lange, unangenehme Minute beobachtete Logan das dicke, selbstsichere Gesicht durch das grünliche Glas. Ich kriege ihn noch, dachte Logan, doch er sah nicht, wie er das schaffen sollte. Tritt hatte sich nun seit fast einem Jahr sicher hinter seiner Lüge verschanzt, und Norman Logan schien nicht genug von Rache zu wissen, um ihn zu fassen.

Ungeduldig lehnte sich Logan zurück und kippte den Stuhl nach hinten. Wirkungslos rieb er an einem Soßenfleck auf seinem Mantel herum; da wurde sein Blick von einer Schublade angezogen, die unter dem überstehenden Teil der Tischplatte verborgen war. Sie war schwer zu bemerken, denn sie hatte keinen Griff, und ihre Umrisse zeichneten sich nur durch einen dünnen schwarzen Spalt in dem dunkelgetönten Holz ab. Logan konnte schwach die beiden mit Kitt gefüllten Löcher sehen, in denen einst der Griff gesteckt hatte. Neugierig beugte er sich ein wenig vor und schob die Fingernägel in den Spalt am Boden der Schublade. Er zog behutsam, und die Schublade ließ sich glatt und geräuschlos herausziehen.

Im Inneren befand sich ein schmutziges, wirres Durcheinander. An den Verbindungsecken hatten sich kleine graue Häufchen auf dem Möbelleim gebildet. Eine Staubschicht auf dem Boden bedeckte die Reste von verblaßtem gelben Papier und verrosteten Büroklammern, die überall herumlagen. Logan kippte seinen Stuhl noch weiter zurück, und die Schublade glitt so weit vor, daß ein zartes Spinnennetz zum Vorschein kam. Die tote, in Flocken zerfallene Spinne ruhte auf einer Seite eines alten Bürokalenders. Das einzelne Kalenderblatt zeigte den 2. Oktober 1936. Logan schob die Schublade behutsam zurück in den Tisch und fragte sich, ob sie tatsächlich geschlossen geblieben war seit den Tagen, als Alf Landon gegen Roosevelt kandidiert hatte.

Die Tür von Tritts Kassenschalter ging mit einem Klick auf, und er kam heraus mit einem großen gelben Formular in der Hand. William Tritt bewegte sich glatt über den Teppich, wobei er seinen dicken jungen Körper aufrecht hielt und sich deutlich Mühe gab, den Bauch einzuziehen.

»Oh, hallo Mr. Logan«, sagte er. »Es tut mir leid, daß Sie warten mußten. Das Hauptbüro hat angerufen, und da kann ich nicht einfach einhängen, wissen Sie.«

»Ich weiß«, sagte Logan.

Der Kassierer lächelte, als er sich Logan gegenüber in einen Sessel gleiten ließ. Logan schob die Obligationen über den Tisch.

»Nett, Sie wiederzusehen«, sagte Tritt leichthin, als er seinen Füllhalter aufschraubte. »Wohl mitten in den Vorbereitungen fürs neue Semester, nehme ich an?« Keinerlei Andeutung, daß sie sich schon drüben an der Straße getroffen hatten. Logan erwiderte nichts, und Tritt machte sich an die Arbeit und befaßte sich bald mit dem Formular für den auf beide Papiere zu zahlenden Betrag. »Nun, das macht siebenundsechzig Dollar und fünfundzwanzig Cents«, sagte er, nachdem er seine Addition rasch beendet hatte.

Logan füllte einen Einzahlungsschein aus. »Würden Sie den Betrag bitte auf mein Konto verbuchen?« Er reichte sein Bankbuch über den Tisch. »Und würden Sie bitte den korrekten Betrag eintragen?«

»Gewiß, Mr. Logan«, entgegnete Tritt mit nachsichtigem Lächeln. Logan beobachtete Tritt aufmerksam beim Eintrag. Dann ging der Kassierer rasch in seinen Schalter zurück, während Logan wie unter Zwang einen weiteren Blick in die verstaubte Schublade warf. Er beschäftigte sich in Gedanken unablässig mit ihrem Inhalt, während er einen Bus nahm und zur Universität fuhr. Er war überrascht, in einer Bank, die sonst ordentlich war, auf ein so dreckiges Versteck zu stoßen.

Nach der Rückkehr in die Biologieabteilung setzte sich Logan an sein Pult in der Absicht, einige Listen für seine neuen Klassen vorzubereiten. Lange Zeit saß er da, ohne sich zu rühren. Die Septembersonne sank tief hinter die New Jersey Palisades, doch er ging nicht an seine Listen, denn die unbenutzte Schublade beschäftigte seinen Verstand aus unerfindlichen Gründen.

Plötzlich setzte er sich in seinem Stuhl auf. Mit einem Geistesblitz hatte er erkannt, wie er sich die Schublade zunutze machen konnte! Er war sich nicht bewußt, überhaupt einen Plan entwikkelt zu haben. Der Gedanke war ihm urplötzlich gekommen, und das mit solcher Deutlichkeit und Präzision, daß er kaum seine Urheberschaft empfand. Er würde die Bank berauben und den Raub Tritt anhängen. Damit wäre Tritt ein für allemal erledigt . . .

In den nächsten Wochen blieb Norman Logan erstaunlich ruhig hinsichtlich seines Planes. Jedesmal, wenn er Schritt für Schritt das Vorgehen bei seinem Raub durchging, erschien er ihm raffinierter und praktikabler. Seinen ersten Schritt tat er, als er den Scheck für sein Novembergehalt erhielt.

In der Einundfünfzigsten Straße ging Logan in einen Laden für Souvenirs und Scherzartikel und kaufte ein Zigarettenentui aus dunklem, stahlblauem Kunststoff, das wie eine elegante Achtunddreißiger Automatik aussah. Wenn man den Hahn zurückzog, schnappte ein Teil oben an der Pistole auf und gab die Zigaretten im Inneren des Griffs frei.

Er steckte sich das Spielzeug in die Tasche, nahm einen Bus bis ans äußerste Ende der Second Avenue und betrat einen schmutzigen kleinen Laden, in dessen Schaufenster Pistolen und Gewehre ausgestellt waren. Der kleine Ladenbesitzer schlurfte nach vorn, und Logan bat, sich eine Achtunddreißiger ansehen zu dürfen.

»Kann Ihnen kein so'n Ding verkaufen, ehe ich Ihren Waffenschein gesehen habe«, sagte der Mann. »Das Sullivan-Gesetz.«

»Oh, ich will gar keine Waffe kaufen«, erläuterte Logan. Er nahm seine Plastikpistole heraus. »Ich möchte nur sehen, ob die richtige genau so aussieht wie das Ding hier.«

Der kleine Mann lachte meckernd und holte unter dem Ladentisch eine Achtunddreißiger hervor, die er neben Logans Scherzartikel legte. »Sie wollen also nur herumspielen, wie?«

»Ganz richtig«, erwiderte Logan und besah sich die Pistolen. Sie waren beinahe identisch.

»Oh, sie sehen alle ziemlich ähnlich aus«, meinte der Mann. »Aber lassen Sie sich einen kleinen Tip geben. Machen Sie oben über den Deckel ein bißchen Klebeband, damit er unten bleibt. Ein Freund von mir hat eins von diesen Dingern benutzt, Mister. Er hat grade eben einen Überfall inszeniert, da kommt er doch an den Hahn, und der Deckel springt auf. Nun, er versucht dem Opfer eine Zigarette anzubieten, aber das Opfer holt aus und haut ihn grün und blau.«

»Danke«, sagte Logan lächelnd. »Ich werd's mir merken.«

»Hier, Sie können gleich jetzt ein bißchen Klebeband drauftun.«

Logan ging hinüber zur U-Bahn-Linie an der Lexington Avenue und fuhr stadtauswärts. Es war fünf Minuten vor drei Uhr, als er zur Bank kam. Der alte Wachmann in seiner grauen Uniform tippte sich an die Mütze, als Logan durch die Tür schritt. Die Stehpulte waren umlagert, und so war es nur ganz natürlich, als Logan durch die kleine eiserne Tür und hinüber zu dem Tisch mit der Schublade ging. Mr. Pinkson und der neue stellvertretende Direktor waren schon weg; ihre Schreibtische waren leer. Als Logan sich gesetzt hatte, streckte Tritt den Kopf aus der Tür seines Kassenschalters.

»Weitere Obligationen, Mr. Logan?« fragte er.

»Nein«, sagte Logan, »nur eine Einzahlung.«

Tritt schloß die Tür wieder und beugte sich über seine Arbeit. Logan zog seine Brieftasche heraus, entnahm ihr den Gehaltsscheck und schaute sich dann vorsichtig im Kundenraum der Bank um. Niemand schaute in seine Richtung. Als er die Brieftasche wieder in die Innentasche seines Mantels steckte, holte er die schmale Plastikpistole hervor und öffnete die Schublade. Er ließ die Pistole hineinfallen, schloß die Schublade, zahlte seinen Gehaltsscheck ein und ging nach Hause in sein Apartment. Dem Sullivan-Gesetz zum Trotz hatte er die ersten Schritte auf seinem Weg getan.

Im Laufe des November kontrollierte er zweimal den Tisch mit der Schublade. Jedesmal schaute er nach seiner Pistole. Sie war nicht fortgenommen worden. Als er seinen Dezember-Scheck einzahlte, war er ganz sicher, daß niemand jemals einen Blick in diese Schublade warf. Am neunzehnten beschloß er, zum entscheidenden Schlag auszuholen.

Am nächsten Morgen ging Logan nach seiner Zehn-Uhr-Vorlesung sechs Häuserblocks hinunter durch den Schnee zur Bank. Er holte vier Obligationen aus seinem Schließfach und füllte sie für die Auszahlung aus. Aus der Haupthalle klangen beruhigend Weihnachtslieder vom Tonband herüber.

Oben setzte er sich an den wuchtigen Tisch, um auf Tritt zu warten. Pinkson hatte ihm zugenickt und sich dann weiter seinen Zahlen gewidmet. Sein nervöser Stellvertreter war nirgendwo zu sehen. Die Weihnachtslieder klangen hier ziemlich laut, und Logan lächelte über diesen unverhofften Vorteil. Er legte die Obligationen nebeneinander auf die Schreibtischunterlage. Dann zog er die Schublade auf, nahm die Pistole in die linke Hand und hielt sie unter den Tisch.

Tritt kam auf ihn zu, mit dem Verzeichnis der Obligationen in der Hand. Sie begrüßten sich kurz, und Tritt setzte sich und machte sich an die Arbeit. Er addierte die Summe zweimal und sagte vorsichtig, den Blick noch immer auf die Zahlenreihe geheftet: »Nun, Mr. Logan, das macht dreiundachtzig fünfzig.«

»Ich will noch ein bißchen mehr als die dreiundachtzig fünfzig«, sagte Logan mit gleichmäßiger Stimme und beugte sich vor.

»Was soll das heißen?« fragte Tritt.

»Zehntausend Dollar in Zwanzig-Dollar-Scheinen.«

Tritts rosiges Gesicht lächelte. Er blickte hoch in Logans Gesicht, doch seine Augen erstarrten beim Anblick der Pistolenmündung, die sich über die Tischkante schob. Das Klebeband bemerkte er nicht.

»So, und nun gehen Sie zu Ihrem Schalter hinüber und holen das Geld«, sagte Logan. Für William Tritt war es die erste derartige Erfahrung. »Mr. Logan. Ich bitte Sie, Mr. Logan . . .« Er schluckte und versuchte, erneut anzusetzen, doch seine Selbstsicherheit hatte ihn im Stich gelassen. Er wandte sich Mr. Pinksons Rücken zu.

»Schauen Sie mich an«, fuhr ihn Logan an.

Tritt drehte sich wieder um. »Mr. Logan, Sie wissen nicht, was Sie tun.«

»Halten Sie den Mund.«

»Könnten wir Ihnen nicht ein Darlehen geben oder vielleicht –«

»Hören Sie mich an, Tritt.« Logans Stimme war gerade laut genug, um sich durch das Weihnachtslied hindurch Gehör zu verschaffen. Er staunte selbst über die Autorität, die darin mitschwang. »Bringen Sie das Geld in einem Säckchen. Legen Sie es hier auf den Tisch.«

Tritt wollte Einwendungen erheben, doch Logan hob die Pistole leicht an, und der letzte Widerstand schwand aus Tritts fettem Körper.

»Schon recht, schon recht. Ich werd's holen.« Als Tritt unsicher seinem Schalter zuging, ließ Logan die Pistole in die Schublade zurückfallen, die er zuschob. Tritt schloß die Türe seines Schalterraums, und sein Kopf verschwand hinter dem aus Milchglas bestehenden Teil der Schalterwand. Gleich darauf summte das Telefon auf Mr. Pinksons Schreibtisch. Logan beobachtete seinen Rücken, nachdem er abgehoben hatte. Nach einigen Sekunden wurde Pinksons Körper ganz steif. Logan seufzte, denn er wußte nun, daß er bei diesem Versuch das Geld nicht bekommen würde.

Mehrere Sekunden lang geschah nichts; dann stürzte plötzlich der kleine alte Wachmann um die Ecke an der Schalterreihe. Er hatte seine mächtige Pistole gezogen, die in seiner Hand zitterte, als er sie auf Logan zu richten versuchte.

»Okay, okay, bleiben Sie sitzen! Hände hoch, aber schnell!«

Logan streckte die Hände hoch, und der Wachmann wandte sich mit etwas überraschtem Gesicht zu Pinkson um. »Okay, Mr. Pinkson. Ich hab' ihn jetzt sicher.«

Pinkson stand auf, als Tritt aus seinem Schalter kam. Im Schutz der einen Pistole kamen die drei Männer langsam auf Logan zu.

»Vorsicht, Louie, er ist bewaffnet«, warnte Tritt den Wachmann.

»Darf ich fragen, was das Ganze eigentlich soll?« fragte Logan, der immer noch die Hände hochhielt.

»Mr. Logan«, sagte Pinkson, »mir tut das alles schrecklich leid, aber Mr. Tritt hier sagt, daß – daß«

»Daß Sie versucht haben, mich um zehntausend Dollar zu berauben«, sagte Tritt langsam. »Versuchen Sie nicht, es abzustreiten!«

Logans Gesicht nahm den Ausdruck eines Menschen an, der von solcher Ungläubigkeit überwältigt wird, daß er nicht zu sprechen vermag. Er achtete allerdings darauf, nicht zu übertreiben. Zuerst lachte er einfach über Tritt. Dann senkte er seine Hände, ungeachtet der Schußwaffe des Wachmanns, und erhob sich, ganz das ruhige, erzürnte Mitglied des Lehrkörpers der Fakultät.

»Dazu kann ich nur sagen, Mr. Tritt, daß ich das in der Tat leugne.«

»Du meine Güte«, sagte Mr. Pinkson.

»Sie sollten ihm besser seine Pistole abnehmen, Louie«, befahl Tritt dem Wachmann.

Der ging schneidig auf Logan zu und tastete ihn ab, ganz wie im Film. »Hat keine Waffe, Mr. Tritt«, meinte er.

»Natürlich hat er eine«, fauchte Tritt. Er schob den Wachmann beiseite. »Sie steckt da in seinem Mantel.« Tritt stieß seine dicke Hand in Logans linke Manteltasche und zerrte daran herum. »In dieser Tasche ist sie nicht«, meinte er nach einem Augenblick.

»Sie ist in keiner Tasche«, erklärte Logan. »Ich habe keine.«

»Doch. Sie haben sehr wohl eine Pistole. Ich hab' sie gesehen«, antwortete Tritt, dessen Stimme sich allmählich anhörte wie die eines protestierenden Kindes. Er drehte Logan heftig herum und zerrte ihm den Mantel herunter. Die Ärmel stülpten sich nach außen. Voll Eifer zog der Kassierer die Seitentaschen heraus, durchsuchte die Innen- und die Brusttasche, dann tasteten seine Hände über das gesamte Kleidungsstück und zerdrückten es dabei. »Die – die Pistole ist nicht in seinem Mantel«, sagte er schließlich.

»In seinen Hosen steckt sie auch nicht«, fügte der Wachmann hinzu.

Tritt ging rasch zum Tisch hinüber. »Sie ist hier irgendwo«, sagte er, »genau hier haben wir gesessen.« Er stand unmittelbar vor der geschlossenen Schublade, und seine Hände begannen sinnlos über die Tischplatte zu streichen. Er hob den ordentlichen Stapel von Einzahlungsscheinen auf, legte sie wieder hin, dann schaute er unter die Schreibtischunterlage, als könnte sich darunter eine Pistole verbergen.

Logan erkannte, daß er die Sache beenden mußte. »Ist hier vielleicht ein Platz, wo ich den Rest meiner Kleider ablegen kann?« fragte er laut und streifte die Hosenträger von den Schultern. Verschiedene Sparkunden hatten sich auf der anderen Seite der marmornen Barriere versammelt und beobachteten die Szene. Mr. Pinkson hatte genug.

»O nein, nicht«, sagte er fast schreiend. »Das wird nicht nötig sein, Mr. Logan. Louie sagte, daß Sie unbewaffnet sind. Nun, Louie, stecken Sie mal Ihre Pistole weg und ersuchen Sie um Himmels willen die Kunden, bitte weiterzugehen.«

»Aber Mr. Pinkson, Sie müssen mir glauben«, sagte Tritt und ging auf den Direktor zu. »Dieser Mann hat eine Pistole auf mich gerichtet und –«

»Ich weiß nicht recht, was ich glauben soll«, entgegnete Pinkson. »Aber es wurde kein Geld gestohlen, und ich sehe nicht, wie wir Mr. Logan noch länger mit dieser Sache behelligen können. Bitte, Mr. Logan, streifen Sie doch wieder Ihre Hosenträger hoch.«

Für den Kassierer war dies ein erschütternder Augenblick – zum erstenmal geschah es, daß in der Bank sein Wort in Zweifel gezogen wurde.

»Aber Sir, ich bestehe darauf, daß dieser Mann –«

»Ich muß Sie bitten, Mr. Tritt, jetzt in Ihre Schalterbox zurückzugehen«, sagte Pinkson zutiefst erregt. Tritt gehorchte.

Der Direktor half Logan in seinen Mantel und führte ihn zu seinem Schreibtisch hinüber. »Das alles ist ein schrecklicher Irrtum, Mr. Logan. Bitte nehmen Sie doch Platz, bitte.« Der freundliche kleine Mann atmete schwer. »Nun, ich möchte Ihnen nur sagen, wenn Sie auf einer Klage bestehen, dann – dann würde das bei der Zentrale in der Innenstadt für uns ganz schreckliche Folgen haben, und ich –«

»Bitte regen Sie sich nicht auf, Mr. Pinkson«, sagte Logan lächelnd. »Ich habe nicht die Absicht, eine Klage einzureichen.« Logan tat das Ganze so nebenbei ab. Mr. Tritt hatte sich eben nur eingebildet, eine Pistole gesehen zu haben, das war alles. Es wäre ganz einfach eine dieser geistigen Verwirrungen, wie sie jeder völlig normale Mensch gelegentlich haben könne. Und nun, könnte Mr. Pinkson vielleicht die Auszahlung seiner Obligationen beschleunigen? Der Direktor zahlte ihm, Entschuldigungen stammelnd, die dreiundachtzig fünfzig aus.

Logan verließ die Bank und ging, ein Weihnachtslied pfeifend, durch den leise fallenden Schnee. Er hatte die Sache perfekt hingekriegt.

In den darauffolgenden Wochen machte Logan weiter seine Bankgeschäfte mit Tritt, als wäre nichts geschehen. Der Kassierer versuchte, reserviert und ruhig zu sein, doch er zählte Summen falsch zusammen, und seine Hände zitterten. Eines Tages Ende Januar stand Tritt zitternd auf, mitten in einer Transaktion.

»Entschuldigen Sie mich, Mr. Logan«, murmelte er und stürzte in den Korridor hinter den Kassenschaltern. Pinkson folgte ihm, und Logan nützte die Gelegenheit, um nach seiner Pistole zu schauen. Sie lag unberührt in der Schublade. Dann kam Pinkson allein zurück. »Es tut mir entsetzlich leid, daß Sie wieder aufgehalten werden, Sir«, sagte er. »Mr. Tritt fühlt sich nicht besonders wohl.«

»Bildete er sich ein, er hätte wieder eine Pistole gesehen?« fragte Logan ruhig.

»Nein. Er regt sich nur in letzter Zeit furchtbar leicht auf. Seit jenem Zwischenfall mit Ihnen im vergangenen Monat benimmt er sich wie eine Katze auf der heißen Herdplatte.«

»Ich habe bemerkt, daß er sich verändert hat.«

»Er hat die alte, ruhige Haltung eines Bankbeamten eingebüßt, Mr. Logan. Und natürlich lebt er in ständiger Angst vor einer neuen Halluzination.«

»Es tut mir leid, das zu hören«, sagte Logan, der aufrichtig besorgt aussah. »Es ist sehr traurig, wenn ein Mensch die Herrschaft über sich verliert.«

»Für mich ist es besonders enttäuschend«, meinte der Direktor betrübt. »Sehen Sie, ich selbst habe Tritt in der Bank untergebracht. Ich habe ihn für einen bedeutenden Posten in der Innenstadt vorgesehen. Ein feiner Mann, intelligent, zuverlässig, genau

– nun, bisher hat er genau den Vorstellungen entsprochen. Aber jetzt – jetzt ist er – nun, ich hoffe wirklich, daß er dies wieder überwindet.«

»Ich kann Ihre Empfindungen gut verstehen«, sagte Logan mitfühlend. Innerlich lächelte er über die Präzision seines Planes. Der dicke William Tritt war reichlich erschüttert – nicht nur in Pinksons Vorstellung, sondern auch in seiner eigenen.

Am zehnten März handelte Norman Logan von neuem. Als Tritt ihm am Tisch gegenübersaß, sagte Logan: »Nun, Mr. Tritt, wir sind wieder mal soweit.« Tritt warf den Kopf hoch, und wieder blickte er in den Lauf der Spielzeug-Automatic. Er versuchte gar nicht erst, zu sprechen. »Nun holen Sie die Zehntausend her«, befahl Logan, »und diesmal aber wirklich.«

Ohne Einwände eilte der Kassierer zu seinem Schalter. Logan schob die Pistole rasch in die Schublade zurück; dann nahm er seine Aktentasche vom Boden hoch und stellte sie auf die Tischkante. Pinksons Telefon summte nicht, und der Wachmann blieb außer Sicht. Nach wenigen Augenblicken kam Tritt aus seiner Schalterbox mit einem Stoffsäckchen in der Hand.

»Gut so, machen Sie mit den Obligationen weiter«, sagte Logan. »Der Sack kommt hier auf den Tisch zwischen uns beide.« Logan beugte sich vor und öffnete das Säckchen; das Geld hielt er hinter der Aktentasche verborgen. Diese sauberen neuen Scheine waren in Bündel zu je eintausend zusammengebunden, jedes Bündel mit einem hellgelben Papierstreifen. Logan zählte ein Bündel durch, während Tritt ihm genau zusah, und legte das Geldpäckchen sorgfältig in die Aktentasche.

»So«, sagte er, »machen Sie jetzt die Obligationen fertig.« Tritt füllte das Formular aus und ließ Logan unterschreiben. Er war gar nicht aufgeregt, wie Logan angenommen hatte. »Und nun hören Sie zu, Tritt«, fuhr Logan fort, »meine Flucht ist natürlich voll durchgeplant, aber wenn Sie irgendein Zeichen geben, ehe ich aus der Bank bin, jage ich Ihnen eine Kugel in den Kopf – genau hier.« Logan deutete auf die Wurzel seiner eigenen Nase. »Glauben Sie bitte nicht, daß ich zögern würde, das zu tun. Und nun gehen Sie zu Ihrem Schalter zurück.«

Tritt begab sich in sein Gehäuse. Während er ihm den Rükken zukehrte, nahm Logan rasch das Geldsäckchen aus seiner Aktentasche und ließ es in die Schublade neben die Pistole fallen. Er drückte die Schublade in den Tisch hinein, nahm die Aktentasche und verließ die Bank.

Draußen blieb er direkt vor dem Eingang stehen, als warte er auf einen Bus. Schon nach wenigen Sekunden ging die Alarmanlage mit gewaltigem Kreischen los, und der alte Wachmann lief aus der Türe auf ihn zu.

Ihm auf den Fersen folgten Pinkson, sein Stellvertreter und Tritt.

»Nun, Gentlemen«, sagte Logan und hob die Hände vor der Pistole des Wachmannes. »Ist wohl mal wieder soweit, wie?«

Eine Menschenmenge sammelte sich an, und Pinkson schickte seinen Stellvertreter los, die Alarmanlage auszuschalten. »Kommen Sie, gehen wir alle hinein«, sagte er. »Ich will hier draußen kein Durcheinander.«

Nun spielte sich die gleiche Szene ab wie schon beim letztenmal, nur daß jetzt Logan, der zweimal zu Unrecht beschuldigte Bürger, zornig wurde. Und in William Tritts Kasse fehlten zehntausend Dollar. Tritt blieb jedoch ruhig.

»Diesmal war ich auf ihn vorbereitet«, sagte er stolz zu Pinkson. »Ich habe die Zwanziger im Wert von zehntausend gekennzeichnet. Auf der Banderole sind meinen Initialen. Das Geld ist in seiner Aktentasche.«

»Ach, um Himmels willen, Tritt«, schrie Logan plötzlich, »wer hat schon je davon gehört, daß einer, der auf der Flucht ist, auf einen *Bus* wartet? Ich weiß nicht, was Sie im Schilde führen, aber –«

»Reden Sie nicht so viel«, sagte Tritt. »Lassen Sie uns lieber mal einen Blick in Ihre Aktentasche werfen.«

Er riß sie Logan aus der Hand, ließ das Schloß aufschnappen und drehte die Aktentasche um. Ein Packen korrigierter Prüfungshefte fiel heraus, sonst nichts.

»Sehen Sie?« sagte Logan. »Kein Cent.« Der Wachmann nahm seine Waffe herunter, als Pinkson anfing, die herumliegenden Hefte aufzusammeln.

Tritt fuhr herum, schleuderte die Aktentasche gegen die Wand und packte Logan am Revers. »Aber ich gab Ihnen doch das Geld! Ich hab's Ihnen gegeben, ich hab's Ihnen gegeben!« Sein Gesicht hatte einen teigiggraue Farbe angenommen, und seine Stimme klang schrill und hoch. »Sie haben es in die Aktentasche gesteckt. Ich hab's gesehen. Ich hab's wirklich gesehen!« Er begann Logan zu schütteln, als wollte er einen letzten Versuch unternehmen, die zehntausend Dollar aus ihm herauszuschütteln.

Pinkson richtete sich mit den Prüfungsheften auf und sagte: »Um Himmels willen, Mr. Tritt, hören Sie auf!«

Tritt ließ Logan los und fuhr zu Pinkson herum. »Sie glauben mir nicht!« schrie er. »Sie glauben mir nicht! Sie glauben mir nicht!«

»Das ist keine Frage des –«

»Ich werde das Geld finden! Ich werde Ihnen zeigen, wo es liegt!« Er machte sich über den großen Tisch her und fegte ihn mit einem einzigen Schwung seines Ärmels leer. Die Zahlscheine flatterten zu Boden, und das Tintenfaß zerbrach und ergoß schwarze Tinte auf den Teppich. Tritt zog den Tisch in einem wilden Bogen über den grünen Teppich und schmetterte ihn gegen Pinksons Schreibtisch. Logan sah, wie die verstaubte Schublade vielleicht einen halben Zoll weit aufging.

Der große Mann ließ sich schwerfällig auf die Knie fallen und fing an, mit den Handflächen auf den Teppich zu schlagen, während er immer wieder vor sich hinmurmelte: »Es ist hier irgendwo – ein Stoffsäckchen.« Er packte eine Ecke des Teppichs und schlug sie knurrend zurück. Doch nur eine Staubwolke erhob sich, und ein großes Dreieck des schmutzigen, leeren Fußbodens wurde sichtbar. Inzwischen hatte sich ein Dutzend Menschen vor der Marmorbrüstung versammelt, und alle Kassierer starrten durch die Glasscheiben ihrer Schalter auf Tritt.

»Ich finde es! Ich finde es!« schrie er. Ein Schweißfilm stand auf seiner Stirn, als er sich erhob, umdrehte und wieder auf den Tisch zuging. Die leicht geöffnete Schublade lag voll in seinem Blickfeld, doch aller Augen waren auf Tritt gerichtet, und Tritt sah die Schublade unter der überstehenden Tischplatte nicht.

Logan wandte sich rasch zu Pinkson und flüsterte: »Er könnte gefährlich werden, Mr. Pinkson. Sie sollten ihn beruhigen.« Er packte Pinkson am Arm und schob ihn ein gutes Stück rückwärts, so daß der Direktor an der Tischkante unmittelbar über der Schublade zu stehen kam. Die Prüfungshefte hatte er immer noch in der Hand.

»Mr. Tritt, Sie müssen jetzt unbedingt damit aufhören!« sagte Mr. Pinkson.

»Aus dem Weg, Pinkson«, sagte Tritt und kam keuchend wie ein Bulle auf ihn zu. »Sie glauben ihm, aber ich werde es Ihnen schon beweisen. Ich werde das Geld finden!« Er legte seine Hände auf Pinksons Schultern. »Und nun machen Sie, daß Sie fortkommen, Sie Narr.«

»Das lasse ich mir von niemand gefallen«, fauchte Pinkson und versetzte Tritt eine schallende Ohrfeige. Der Kassierer hielt wie vom Donner gerührt inne und brach plötzlich in Tränen aus.

»Mr. Pinkson, Mr. Pinkson, Sie müssen mir vertrauen.«

Pinkson war tief beschämt über das, wozu er sich hatte hinreißen lassen. »Es tut mir leid, alter Junge. Das hätte ich nicht tun dürfen.«

»Ich sage Ihnen, er hat wieder eine Pistole auf mich gerichtet! Eine echte Pistole – ich bilde mir das nicht nur ein.«

»Aber warum haben Sie nicht nach Louie gerufen?« fragte Pinkson. »So lautet die Vorschrift, das wissen Sie doch.«

»Ich wollte ihn selbst schnappen. Er – er hat doch letzten Monat einen solchen Narren aus mir gemacht.«

»Aber das im letzten Monat war eine Halluzination«, sagte Pinkson und blickte zu Logan hinüber. Logan nickte.

»Es ist keine Halluzination, wenn zehntausend Dollar fehlen«, schrie Tritt.

»Gerade das verwirrt mich ebenfalls«, sagte Mr. Pinkson langsam. »Wir werden das klären, aber inzwischen muß ich Ihre Festnahme veranlassen, Mr. Tritt.«

Logan trat herzu und stand neben Pinkson; beide schauten mitfühlend auf den Kassierer, der langsam und immer noch schluchzend zu seinem Schalter zurückging.

»Mich macht das ganz krank«, sagte Pinkson.

»Ich glaube, Sie werden feststellen, daß er im strafrechtlichen Sinne nicht zurechnungsfähig ist«, meinte Logan und flößte damit Pinkson einen tröstlichen Gedanken ein.

»Vielleicht nicht.«

Logan bewies seine Besorgnis, indem er half, das Durcheinander wieder in Ordnung zu bringen, das Tritt angerichtet hatte. Er und der stellvertretende Direktor stellten den Tisch wieder an seinen Platz an der hinteren Wand, wobei Logan beim Anheben mit seinen Fingerspitzen die verstaubte Schublade fest zudrückte.

Norman Logan kam spät am nächsten Tag in die Bank zurück. Er saß an dem Tisch, um eine Einzahlung zu tätigen, und spürte, wie ihn die angenehme Erregung des Siegers durchströmte, als er die Pistole und die zehntausend Dollar aus der Schublade holte und in seine Manteltasche steckte. Beim Verlassen der Bank am Wachmann vorbei traf er im Haupteingang mit einem aufgelösten Mr. Pinkson zusammen.

»Schrecklich. Schrecklich«, sagte der kleine Mann und vergaß sogar, ihn zu begrüßen.

»Was ist geschehen?« fragte Logan ruhig.

»Ich habe soeben mit den Ärzten in Bellevue über Tritt gesprochen«, erwiderte Pinkson. »Er scheint soweit ganz in Ordnung zu sein, und sie haben ihn entlassen. Bedauerlicherweise kann er alle Fragen beantworten bis auf die eine, wo das Geld ist.« Logan drückte seine Hand fest auf das Geld in seiner Tasche und fuhr fort, sein Mitgefühl zu bekunden.

Nach der Rückkehr in sein Apartment borgte sich Logan von dem Mann, der über ihm wohnte, eine Reiseschreibmaschine. Dann setzte er sich hin und schrieb folgende Notiz:

Lieber Mr. Pinkson,

Ich gebe hiermit das Geld zurück. Es tut mir so leid. Ich glaube, ich wußte nicht, was ich tat. Ich glaube, ich habe das schon eine ganze Zeitlang nicht gewußt.

Nachdem er sich auf einem alten Einzahlungsbeleg Tritts Initialen angesehen hatte, fälschte er auf der Notiz ein kleines, ordentliches *W. T.*

Logan wischte seine Fingerabdrücke von den Geldscheinen ab und wickelte sie zusammen mit der Notiz zu einem Päckchen. Einen köstlichen Augenblick lang schwelgte er in dem Gedanken, wie schön es wäre, das Geld zu behalten. Er könnte von der Universität weggehen, nach Westen ziehen und von sich aus seine Forschungsarbeit fortsetzen. Aber das war nicht Teil des Planes, und der Plan funktionierte viel zu gut, als daß man ihn jetzt hätte ändern dürfen. Logan fuhr zu einem Postamt, das Tritts Wohnung am nächsten gelegen war, und gab das Geldpäckchen an Pinkson auf.

Am Morgen rief Mr. Pinkson Logan in der Universität an. »Nun, es hat sich alles aufgeklärt«, sagte er erleichtert, aber traurig. »Tritt hat das Geld zurückgegeben, so daß die Bank keine weiteren Beschuldigungen gegen ihn erheben wird. Aber ich brauche wohl nicht zu sagen, daß wir Tritt entlassen. Er bestreitet nicht nur, das Geld zu haben, er leugnet auch die Rückgabe.«

»Ich nehme an, er weiß einfach nicht, was er tut«, sagte Logan.

»Ja, so schrieb er in seiner Notiz. Auf jeden Fall wollte ich . . . – ja, einfach bei Ihnen anrufen, Mr. Logan, und mich für all die Scherereien entschuldigen, die wir Ihnen bereitet haben.«

»Oh, für mich war das weiter keine Last«, entgegnete Logan lächelnd.

»Sie haben uns auch sehr geholfen«, fügte Pinkson hinzu.

»Es war mir eine Freude, Ihnen zu helfen«, meinte Logan ruhig. »Es hat mir in der Tat Spaß gemacht.«

Damit verabschiedeten sie sich, und Logan ging durch den Korridor, um seine Botanikvorlesung um zehn Uhr zu beginnen.

›The Dusty Drawer‹. *Alfred Hitchcock Presents,* 31. Mai 1959. Regie Herschel Daugherty. Fernsehspiel von Halsted Welles nach Harry Muheims Kurzgeschichte ›The Dusty Drawer‹ *(Collier's,* 3. Mai 1952). Mit Dick York (Norman Logan), Philip Coolidge (Mr. Tritt), Wilton Graff (Mr. Pinkson).

Das Drehbuch von Hitchcock basierte auf einer Kurzgeschichte von mir mit dem gleichen Titel, die im Jahre 1952 in der Zeitschrift *Collier's* erschienen war. Später arbeitete ich sie zu einem Drehbuch für eine Sechzig-Minuten-Geschichte in *Philco Television Playhouse* um – ›live aus New York‹, wie man zu sagen pflegte.

Bei einem Drehbuch für Philco ließ ich den Hauptdarsteller gleichzeitig als Erzähler auftreten. William Prince spielte die Hauptrolle. Er spielte eine Szene, wandte sich dann vom Schauplatz ab und gab vor der Kamera einen Kommentar, dann wandte er sich wieder der Szene zu. Dies war eine komplizierte Konstruktion, die im Widerspruch zur grundlegenden Einfachheit des Prosastückes stand. Aber sie gefiel mir – vielleicht weil ich's geschrieben hatte!

Mit der Herstellung der Hitchcock-Version hatte ich nichts zu tun, und ich erinnere mich, daß ich sie Jahre später gesehen habe, und nach meiner Ansicht besaß sie keine *Neuheit.* Ich sah sie mir nur an, um zu sehen, in welcher Weise sie sich von ›meinen‹ Fassungen unterschied. Das war eine unfaire Art, sich eine ausgesprochen gediegene Show anzusehen. Aber so war ich eben in jenen Tagen – damals im Pleistozän. Tatsächlich möchte ich sie gerne irgendwann nochmal anschauen.

Harry Muheim

RÜCKKEHR ZUR KINDHEIT

Dorothy Salisbury Davis

Sheriff Andrew Willets stand am Wohnzimmerfenster und schaute zu, wie seine Deputies einen neuen Ansturm neugieriger und störrischer Einwohner von Pottersville von der Wiese vertrieben. Sie waren gleich beim ersten Ton seiner Sirene aus ihren Häusern, Läden oder Gärten gelaufen, und den ganzen Vormittag über war die Menge angeschwollen, hatte sich verlaufen und wieder zusammengerottet.

Hinter ihm in der Küche, aus der vorhin die Leiche von Matt Thompson weggebracht worden war, hantierte der Erkennungsdienst der Staatspolizei mit Mikroskop, Kamera, UV-Lampe und Staubsauger. Er hatte zu den Leuten volles Vertrauen, bezweifelte jedoch, ob ihre Ergebnisse noch viel zu den Aussagen gegen Phil Canby beitragen oder sie gar entkräften könnten. Mit Aussagen hatten die da draußen vor Polizei und Staatsanwalt nicht zurückgehalten. Einer gab sie an den anderen weiter, Nachbarn an Fremde, und manchmal kehrten sie von dort wieder zu Nachbarn zurück.

Man konnte die Menge durchaus zerstreuen, überlegte der Sheriff, wie man einen Schwarm Fliegen vom Aas verscheuchen konnte; aber ebenso rasch würden sie sich wieder einfinden, es sei denn, man könnte den Mord ungeschehen machen, man könnte hinausgehen und sagen: »Hört mal, Leute, es war alles ein Irrtum. Matt Thompson ist gestürzt und hat sich den Kopf angeschlagen. Seine Tochter Sue wurde hysterisch, als sie ihn fand . . .« Nutzlose Vorstellung. Selbst wenn er dies der Menge hätte mitteilen können, sie hätte sich nicht aufgelöst, weil sie es ganz einfach nicht geglaubt hätte. All zu viele waren fest davon überzeugt, daß sie so etwas hatten kommen sehen.

Maßgeblich verantwortlich dafür war vor allem eine Person unter ihnen, eine lebenslange Nachbarin, Mrs. Mary Lyons. Sie war bereit, auszusagen, daß Phil Canby in der vergangenen Nacht nicht zu Hause bei seinem Enkelsohn gewesen war, in jener Stunde, von der er schwor, er wäre daheim gewesen und hätte geschlafen.

Sheriff Willets ging hinaus, rief Mrs. Lyons zu sich und führte sie über den Hof, der zwischen dem Haus der Thompsons und dem Haus lag, in dem Phil Canby mit Tochter und Schwiegersohn lebte, bis zur Hintertreppe ihres eigenen Hauses. Das Rauschen ihrer Röcke und das Klicken ihrer Absätze verrieten ihm, daß sie nur widerwillig mitging. Sie lächelte, als sie zu ihm aufblickte, ein flüchtiges Lächeln, das nicht bis zu den Augen drang.

»Hoffentlich dauert das nicht lange, Andy«, sagte sie, als er sich hinsetzte in der Absicht, ihre Gastfreundschaft auszunutzen. »Ich sollte dem armen Mädchen unter die Arme greifen.«

»Inwiefern, Mrs. Lyons?«

»Mit dem Haus«, erklärte sie, als wäre es keineswegs ungewöhnlich, daß sie Sue Thompson im Hause half. »Da muß doch ein fürchterliches Durcheinander herrschen.«

»Dazu bleibt Ihnen noch eine Menge Zeit«, entgegnete er. »Außer der Polizei wird hier noch eine ganze Weile keiner Zutritt zum Haus haben.«

Mrs. Lyons' Kehle entrang sich ein beinahe klagender Laut, der anzeigen sollte, wie sehr sie das Ereignis auf dem Hof gegenüber mitnahm.

»Sie haben drüben schon erwähnt«, fuhr Willets fort, »daß Sie so etwas Entsetzliches schon lange erwartet hätten.«

»Etwas Furchtbares ist ja vorher schon geschehen«, sagte sie. »Phil Canby war hinter diesem Mädchen her. Sue Thompson ist ja jünger als seine eigene Tochter!«

»Was meinen Sie damit, er sei hinter ihr hergewesen?«

»Ich sah, wie er sie küßte«, meinte sie. Dann bequemte sie sich, ausführlicher zu werden, als wäre es ihr unangenehm, dies als erste erzählt zu haben. »Gestern abend vor einer Woche sah ich, wie Phil Canby Sue umarmte und küßte. Er ist doch über sechzig, Andy!«

»Neunundfünfzig ist er«, erwiderte der Sheriff und fragte sich sofort, was ein oder zwei Jahre für einen Unterschied machten und warum er es für nötig hielt, den Mann vor dieser Frau zu verteidigen. Er bemerkte, daß seine Verteidigung nicht Canby galt, sondern daß er sich selbst gegen den Einfluß dieser voreingenommenen Frau zur Wehr setzte.

»Und am nächsten Tag hat er bekanntgegeben, daß er sie heiraten werde, und sie hat es bestätigt. So jedenfalls habe ich's gehört.«

»Oh, ja, da haben Sie richtig gehört«, sagte Mrs. Lyons aufgeräumt und faltete die Hände im Schoß.

Wenn es nach ihr gegangen wäre, dürfte das, was er gehört hatte, nicht stimmen, dachte der Sheriff. Aber Phil Canby hatte schon immer mit beiden Beinen im Leben gestanden und schon zu lange neben Mrs. Lyons gewohnt, um sich von ihren Ansichten im geringsten beeinflussen zu lassen. Hätte er an dem Abend, als er Sue den Heiratsantrag machte, hochgesehen und bemerkt, wie sie von oben auf ihn hinunterstarrte, dann hätte er wohl lediglich die Jalousie dicht gemacht.

»Hätten Sie's gerne, wenn Ihre Tochter einen neunundfünfzigjährigen Mann heiraten würde, Andy?«

»Meine Tochter ist erst fünfzehn«, erwiderte der Sheriff, und im gleiche Augenblick wurde ihm klar, wie töricht diese Antwort war. Er kam mit ihr nicht zurecht, und er fürchtete, daß er auch in der Stadt einen schweren Stand haben würde wegen der Ansichten, die sie überall verbreitete und die eben jetzt in der Menge umliefen. Sie wollten Phil Canby bestraft sehen, weil er einem jungen Mädchen den Hof machte, gleichgültig, ob er an der Ermordung ihres Vaters beteiligt war oder nicht. »Wie alt ist Sue Thompson, Mrs. Lyons?«

»Sie muß neunzehn sein. Ihre Mutter starb bei ihrer Geburt, ein Jahr, nachdem ich meinen Jimmie verloren habe.«

»Ich erinnere mich an Jimmie«, hakte der Sheriff erleichtert ein. Die Erinnerung daran, daß Mary Lyons ihr vierjähriger Junge weggestorben war, machte ihn ihr gegenüber toleranter. Er fragte sich nun, wie nahe sie Matt Thompson nach dem Tod seiner Frau gestanden haben mochte. Willets konnte sich an niemanden erinnern, der Thompson seit jener Zeit nähergekommen war. Er war ein unvorstellbar übellauniger Muffel gewesen. Thompson, der von Beruf Gärtner war, hatte für die Stadt Pottersville die Anlagen gepflegt. Viele Leute behaupteten, er hätte alle Liebe, deren er fähig wäre, in die Pflege seiner Blumen gesteckt. In einem waren sich alle einig: Seine Liebe galt jedenfalls nicht der Pflege seiner Tochter. Als er jetzt darüber nachdachte, kam Willets eine Erinnerung in den Sinn: Sue als fünf- oder sechsjähriges Kind, das an der Seite seines Vaters zur Kirche trottete; sie hielt an, wenn er stehenblieb, und lief weiter, wenn er weiterging; sie klammerte sich an seinen Jackenzipfeln fest, um das Gleichgewicht zu behalten, doch nie an seiner Hand, weil er ihr nie seine

Hand reichte. Ob sich wohl noch jemand außer ihm daran erinnerte?

»Wie lange ist es her, seit Sie in Thompsons Haus waren, Mrs. Lyons?«

Ihre Augen verengten sich, während sie den Sinn seiner Frage abwog. »Fünfzehn Jahre lang bin ich nicht mehr in diesem Haus gewesen«, erwiderte sie schließlich.

Er glaubte ihr, denn das erklärte, warum sie so dringend hineinwollte. »Sue ist wohl keine besonders gute Hausfrau«, meinte er, um mehr aus ihr herauszubekommen. »Oder vielleicht wollte Matt Thompson es auch so?«

»Sie beugte sich vor. »Wie?«

»Es sieht überall so leblos aus«, erklärte er. »Es ist nicht schmutzig, aber man hat den Eindruck, als wäre hier in fünfzehn Jahren nichts weggerückt oder dazugestellt worden.«

»Er ist nie über den Tod seiner Frau hinweggekommen«, sagte Mrs. Lyons, »und er hat nie mehr eine andere Frau angesehen.«

Ein größeres Lob konnte sie ihrem ganzen Wesen nach einem Mann gar nicht aussprechen, dachte er bei sich. »Wer hat sich um Sue gekümmert, als sie noch ein Baby war?«

»Ihr Vater.«

»Und wenn er bei der Arbeit war?«

»Weiß ich nicht.«

»Wie ich so mitbekommen habe«, log er, denn er hatte noch gar keine Gelegenheit gehabt, sich umzuhören, »haben Sie sich um die beiden gekümmert, ebenso wie Phil Canbys Frau damals.«

»Mrs. Canby war seinerzeit schon leidend«, stieß sie hervor. »Ich möchte mal so sagen: Ich habe mich um beide Familien gekümmert.«

»Und wenn Sie's nicht so sagen«, murmelte der Sheriff, »wird's auch kein anderer tun.«

»Was?«

»Menschen haben eine Art, undankbar zu sein«, erklärte er.

»Allerdings.«

»Also, Mrs. Lyons, wenn ich mir's recht überlege, dann frage ich mich, warum Matt Sue nicht zur Adoption freigegeben hat.«

»Man könnte sagen, er hat es mir einmal angeboten.« Bei dieser raschen, stolzen Antwort überflog ein Hauch von Farbe ihr blasses Gesicht. Wahrscheinlich war sie damals schon Tag und Nacht voll Sorge und mit dem Suppentopf in Thompsons Haus gewesen, ob Matt nun daheim war oder nicht.

Er vermutete, daß Thompson sie verspottet hatte – denn dafür war er schon vor langer Zeit bekannt –, und fragte daher: »Hätten Sie das Kind denn genommen? Sie waren doch sicherlich recht einsam – nach dem, was mit Jimmie geschehen war.«

Auf einmal war sie so liebenswürdig und sanft, wie er sie seit ihrer Jugendzeit nicht mehr erlebt hatte. »Ich habe viel darüber nachgedacht. Ich hatte das Gefühl, irgend etwas stimmte nicht mit dem Kind. Sie war wie eine kleine Erwachsene. Ihr ganzes Leben war sie so – auch in der Schule, wie es heißt.«

»Und deshalb verstehen Sie, warum sie einwilligte, Phil Canbys Frau zu werden, nicht wahr?« meinte der Sheriff ruhig.

»Oh, ihr gebe ich keine Schuld«, erwiderte Mrs. Lyons. »In diesem Falle gebe ich der Frau nicht die Schuld.«

Willets seufzte. Nichts würde ihren Glauben an die Unmoral von Phil Canbys Heiratsantrag an ein Mädchen, das jünger war als seine eigene Tochter, erschüttern. »War Ihr Mann am vergangenen Abend weg?« fragte er.

»Er war drüben bei einem Vereinstreffen. Ich habe meine Schwester besucht und bin gegen halb elf wieder heimgekommen. Ich habe auf die Uhr gesehen, wie immer, weil ich für den Heimweg stets länger brauche als für den Hinweg.«

»Und wann hörten Sie das Baby schreien?«

»Es fing an, als ich die rückwärtige Treppe hinaufging.«

Phil Canby hatte seinen Enkelsohn gehütet, während seine Tochter Betty und sein Schwiegersohn John Murray im Kino waren. Sie hatten es sich so angewöhnt, daß er jeden Donnerstag bei dem kleinen Phillip blieb, manchmal auch öfter, denn sie lebten ja zusammen; aber donnerstags gingen Betty und ihr Mann für gewöhnlich ins Kino.

»Und sind Sie sicher, daß es das Baby der Murrays war?«

»Wer sonst sollte es gewesen sein? Das Kind von Bradys könnte ich von hier aus gar nicht hören, da sie fünf Häuser weiter wohnen.«

Der Sheriff nickte. Phil Canby schwor, daß er um diese Zeit im Bett gelegen und geschlafen und das Baby nicht geschrien hätte. Er hätte einen leichten Schlaf und erwachte sofort, wenn Klein-Phillip auch nur wimmerte. Die Murrays im Nachbarhaus hatten das Geschrei nicht gehört, allerdings nicht wegen des Radios, das

Canby nach eigenen Angaben um zehn Uhr wegen der Nachrichten eingeschaltet hatte, sondern weil sie bis halb zwölf ununterbrochen vor dem Fernseher gesessen hatten. Um diese Zeit waren die Murrays nach Hause gekommen und hatten Phil und den kleinen Philip schlafend in ihren Betten vorgefunden.

Doch rechts vom Hause der Murrays, in dem Eckhaus, in dem Sue Thompson oben geschlafen hatte, wie sie behauptete, war ihr Vater Matt irgendwann zwischen zehn Uhr und Mitternacht erschlagen worden.

»Und sonst haben Sie nichts gehört?« fragte der Sheriff weiter.

»Nein, aber ich habe auch nicht weiter gehorcht. Ich dachte, das Baby sei krank, und wollte schon hinuntergehen, als mir einfiel, daß es Donnerstagabend war und Mr. Canby ja auf das Kind aufpaßte. Von dem würde ich mir nicht meine kostbare Zeit stehlen lassen.«

Das würde jetzt auch nicht mehr der Fall sein, dachte der Sheriff. »Haben Sie eine Ahnung, wie lange das Baby schrie, Mrs. Lyons?«

»Ich ging gerade ins Bett, als es aufhörte. Das war vielleicht eine Viertelstunde später. Ich habe es noch nie vorher so schreien hören, als ob es nach Luft ringe. Ich weiß ja nicht, wie lange es schon schrie, bevor ich nach Hause kam.«

Wenn Phil Canby seinen Nachbarn Matt Thompson umgebracht hatte und gegen Viertel vor elf wieder zu Hause war, hätte er noch Zeit gehabt, das Baby zu beruhigen und dann wenigstens so zu tun, als schliefe er, ehe die Familie heimkam. Betty Murray gab zu, daß ihr Vater es sich in jüngster Zeit angewöhnt hatte, sich ziemlich oft schlafend zu stellen. Für sie alle sei seine wache Gegenwart ziemlich unangenehm gewesen. Das war allerdings kaum sehr wichtig.

Willets verließ Mrs. Lyons. Als er über die Hecke stieg, die ihr Anwesen von dem der Thompsons trennte, dachte er darüber nach, was wichtig war, aber vielleicht nicht wahr: nämlich Phils Eingeständnis, daß er an dem betreffenden Abend um neun Uhr mit Thompson in dessen Küche gestritten hatte.

Nach dem ersten groben Wortwechsel zwischen beiden Familien, nachdem Phil Canby und Sue Thompson ihre Heiratsabsichten bekanntgegeben hatten, waren beide in ein ungemütliches, abwartendes Schweigen verfallen. Sue Thompson war nie ohne ihren Vater aus dem Haus gegangen, und auch dann nur zum

Sonntagsgottesdienst. Matt Thompson hatte an dem Morgen, als Sue es ihm gesagt hatte, seine Dienste aufgekündigt. Ob nun Kündigung oder Sich-zur-Ruhe setzen, – er hatte seine plötzliche Entscheidung jedenfalls dem Bürgermeister mitgeteilt. Dann war er zu Betty Murray hinübergegangen. Nie zuvor war er dort gewesen, weder während der langen Krankheit ihrer Mutter noch bei deren Beerdigung, und wenn er seit ihrer Kindheit je mit Betty gesprochen hatte, dann konnte sie sich jedenfalls nicht mehr daran erinnern. Doch an diesem Morgen sprach er mit ihr als Frau, und zwar in einer Art und Weise, daß sie ihn angeschrien hatte: »Mein Vater ist kein Wüstling!« Worauf er zur Antwort gegeben hatte: »Und meine Tochter ist keine Hure. Bevor sie mit einem alten Mann ins Bett steigt, binde ich sie an!« Als John Murray an diesem Abend von der Arbeit kam und davon hörte, schwor er, daß er Matt Thompson umbringen werde, wenn der noch einmal in Bettys Gegenwart sein lästerliches Maul aufmachte.

Aber Matt Thompson war in sein Haus zurückgekehrt und hatte an den zum Murray-Grundstück hinausgehenden Fenstern alle Jalousien zugezogen. Phil Canby indessen ging in Pottersville wie seit frühester Jugend seinem Handwerk nach. Er war Installateur, und wegen des in der Stadt kursierenden Geredes über ihn hatte er sich über Mangel an Arbeit nicht zu beklagen. All das erfuhr der Sheriff stückchenweise, vor allem von Betty Murray. Als nun wieder der Donnerstag kam, so erzählte sie ihm, hätte sie das Gefühl gehabt, unbedingt einmal aus dem Haus gehen zu müssen. Außerdem wurde ihr allmählich bewußt, daß die ganze Angelegenheit, wenn man sich nicht weiter darum kümmerte, vielleicht wieder einschlafen würde.

Daher waren sie und John ins Kino gegangen und hatten ihren Vater bei dem Baby gelassen. Gegen halb neun kam Sue und rief nach Phil. Er ging zu ihr in den Hof hinaus, und sie bat ihn, herüberzukommen und den Abfluß am Spülbecken in der Küche zu befestigen. Ihr Vater schlafe gerade, doch er hätte gemeint, es wäre schon in Ordnung, wenn sie ihn darum bäte. Canby war ins Haus zurückgegangen, um sein Werkzeug zu holen, und dann mit ihr gegangen, wobei er einen großen Schraubenschlüssel mitnahm. Als Phil Canby dies am Morgen dem Sheriff erzählt hatte – ebenso frei und offen, wie er von dem Streit zwischen ihm und Thompson berichtete, der so heftig verlief, daß Sue sich die ganze Zeit über in der Speisekammer versteckte –, hatte Willets das unheimliche Gefühl, dies alles schon einmal gehört zu haben, und erwartete zum Schluß des Berichts ein ebenso gleichmütiges und offenes Geständnis.

Aber Canby hatte den Mord nicht gestanden. Er sei erschrokken gewesen, so berichtete er, als Matt Thompson bei seiner toten Frau geschworen hätte, ihn festnehmen und auf seinen Geisteszustand untersuchen zu lassen. Er wisse schon, wer sowas machte, hatte Thompson behauptet, und Canby wußte, von wem die Rede war: Von Alvin Rhodes, dem pensionierten Leiter der staatlichen Irrenanstalt. Thompson hatte dort in seiner Freizeit den Rasen gepflegt und nach Rhodes' Pensionierung einige Büsche aus der Stadtgärtnerei von Pottersville bei ihm gepflanzt. Der Sheriff wußte davon. Und er konnte auch den Grad von Canbys Sorge verstehen, als dieser ihm von der Entmündigung eines Freundes berichtete, die aufgrund einer Aussage der eigenen Kinder erfolgt war, und zwar aus keinem anderen für Canby ersichtlichen Grund als dem, daß der Mann zänkisch geworden war und eifersüchtig auf das Haus, das er selbst gebaut hatte und in dem er, als er älter wurde, mehr und mehr als unerwünschter Gast empfunden wurde. Phil Canby hatte das Haus gekauft, in dem er nun mit seiner Tochter lebte. Dreißig Jahre lang hatte er es abgezahlt und während der Bettlägerigkeit seiner Frau noch eine zusätzliche Hypothek aufgenommen. Aber im Gegensatz zu seinem Freund fühlte er sich hier nicht als Fremdling. Das Baby war sogar nach ihm genannt worden, doch er war sich der Last bewußt, die er mit seiner Werbung um Sue Thompson auf die Schultern seiner Tochter und ihres Mannes lud.

All das verstand der Sheriff recht gut. Die Schwierigkeit lag nur darin, dies mit den Fakten in Einklang zu bringen. So hatte Canby beispielsweise, als er das Haus der Thompsons verließ, alle Werkzeuge mitgenommen bis auf den Schraubenschlüssel, mit dem Thompson ermordet worden war. Warum hätte er ihn dort liegenlassen sollen, wenn dieser ihm gehörende Gegenstand ihn zweifellos als Mörder verraten hätte? Canbys Antwort lautete nur, er hätte ihn dort vergessen.

Willets ging zur Hintertüre von Canbys Haus. Er klopfte, und Betty Murray rief ihn herein. Klein-Philip saß in seinem Hochstühlchen und verweigerte das Apfelmus, das seine Mutter in ihn hineinlöffeln wollte. Der Sheriff blieb einen Augenblick stehen und sah dem Kind zuj, wobei er erstaunt feststellte, wie sehr die Gegenwart eines Säuglings in jeder Krise so etwas wie den Status quo aufrecht erhält. Das Apfelmus tropfte auf den Teller, den Philip herunterzuschubsen versuchte. Was er nicht mit den Händen vom Teller räumte, spuckte er hinterher.

Der Sheriff grinste. »Auch eine Möglichkeit, ihn zu füttern.«

»Er ist gerade in dem Alter«, meinte die Mutter, während sie den Boden aufwischte. »Aber ich bin so froh über ihn, gerade jetzt.«

Der Sheriff nickte. »Ich weiß«, erwiderte er. »Wo ist Ihr Vater?«

»Oben in seinem Zimmer.«

»Und die kleine Thompson?«

»Im Wohnzimmer. Sheriff, Sie nehmen die beiden doch nicht . . .«

»Noch nicht«, unterbrach er sie, ehe sie den Satz beenden konnte. Er wandte sich zur Tür und blieb stehen. »Ich glaube, Mrs. Lyons hätte nichts dagegen, wenn sie eine Weile hierbleibt.«

»Das glaube ich aufs Wort«, meinte Betty. »Ich mußte die vorderen Fenster schließen, weil die Leute hereingafften, um sie zu sehen. Einige von ihnen, und noch nicht mal Fremde, fragten ständig – wo ihr ›Freund‹ wäre.«

»Das wird nicht lange so weitergehen«, sagte Willets, und da es nicht das war, was er eigentlich gemeint hatte, wiederholte er noch einmal: »Das wird nicht lange so weitergehen.«

»Dann soll sie hierbleiben. Ich glaube, hier fühlt sie sich besser, wenn sie nur weiß, daß Papa im Haus ist.« Sie stand auf und ging auf ihn zu. Sie war eine hübsche Frau, und genau wie bei ihrem Vater wurden die Augen dunkler, wenn sie in Sorge war. »Mr. Willets, ich habe vor einer Weile mit Papa gesprochen. Er versuchte, mir von . . . sich und Sue zu erzählen. Als er ihr den Heiratsantrag machte, hätte er ihr gesagt, daß er ebenso ihr Vater . . . wie Ihr Ehemann sein wollte.« Betty errötete ein wenig. »Wie ihr Liebhaber«, berichtigte sie sich. »Genau so hat er's gesagt.«

»Und hat er Ihnen verraten, was sie darauf erwiderte?«

»Sie meinte, genau das wollte sie, denn beides hätte sie nie gehabt.«

Der Sheriff nickte über diese offenkundige Wahrheit.

»Ich dachte, ich sollte es Ihnen erzählen«, fuhr Betty fort, »denn ich weiß, wie alle über Papa und sie reden. Sie behaupten, er wäre sonderbar. Praktisch das gleiche, was auch Matt Thompson behauptet hat. Aber das stimmt nicht. Während der ganzen Zeit, in der meine Mutter krank war, bis zu ihrem Tode hat er sie selbst versorgt. Er schickte mich sogar weg in die Schule. Die meisten Männer hätten das für meine Aufgabe angesehen, und das war's vielleicht auch, aber ich war schrecklich froh, daß ich weggehen konnte. Als dann Mutter starb und ich heiratete, muß für ihn etwas . . . zu Ende gegangen sein. Und neunundfünfzig ist noch kein Alter.«

»Nein«, erwiderte Willets, der diesem Alter um vieles näher war als sie.

»Allmählich verstehe ich, was in ihm vorgegangen ist«, sagte Betty. »Ich wünschte, ich hätte früher darüber nachgedacht. Vielleicht hätte es etwas . . . jemand anderen gegeben.«

Der Sheriff schüttelte den Kopf. »Dieses Problem beschäftigt einen Mann bis zu seinem Tod.«

»Da haben Sie recht«, meinte sie nach einem Augenblick. »Das wäre wirklich ungehörig gewesen.«

Der Sheriff nickte.

»Ich wünschte, man könnte die beiden Dinge auseinanderhalten«, sagte Betty, als er sich zum Gehen anschickte, »das mit ihm und Sue – und den Mord an Mr. Thompson. Ich wünschte es bei Gott.«

»Ich auch«, erwiderte der Sheriff und dachte wieder an den Druck, der auf ihn ausgeübt werden würde, weil man die beiden Dinge eben nicht auseinanderhalten konnte, Druck nicht nur von den Einwohnern, sondern auch vom Staatsanwalt, dem es günstiger erschien, einen Mörder mit angeknackster Moral anzuklagen.

Er blieb einen Augenblick an der Treppe stehen, von wo er einen guten Blick ins Wohnzimmer hatte, um Sue Thompson unbemerkt zu beobachten. Sie saß da mit einer Stickerei im Schoß, an der sie stichelte, ohne richtig hinzuschauen. Welche Gefühle sie auch bewegen mochten, Trauer war es nicht. Ihre Haltung war eher abwartend. Wahrscheinlich hatte sie ihr ganzes Leben lang gewartet – doch worauf? Auf den Tod ihres Vaters? Den Märchenprinzen? Einen Retter? Sicher hatte sie in ihren Mädchenträumen nicht Phil Canby in dieser Rolle gesehen, doch seltsamerweise erschien es dem Sheriff unwahrscheinlich, daß sie von der Errettung vor ihrem Vater geträumt haben sollte. Was immer sie für ihren Vater empfunden hatte, sie hatte ihn sicher nicht gefürchtet, sonst hätte sie ihm bestimmt nicht ihre Heiratsabsichten mit Phil Canby mitgeteilt. Und gerade weil sie keine Furcht vor ihm empfand, so schloß Willets, konnte man sich nur schwer vorstellen, daß sie ihn umgebracht haben sollte. Sie war ein sanftes, dickliches Mädchen mit treuherzigem Blick, ihrem Vater physisch nicht gewachsen. Und doch war sie hinsichtlich der Tat die einzige Alternative zu Phil Canby, und er war der einzige, der sie gut genug kannte, um zu sagen, ob sie dessen fähig wäre.

Der Sheriff ging weiter und klopfte an Canbys Türe. »Ich muß nochmal mit Ihnen reden, Phil.«

Canby lag auf dem Bett und starrte die Decke an. »Ich habe Ihnen schon alles gesagt, was ich weiß«, entgegnete er regungslos.

Der Sheriff setzte sich in den Schaukelstuhl am Fenster. Das Radio, das Canby nach eigener Aussage am vergangenen Abend um zehn Uhr gehört hatte, stand nahe am Fenster auf einem Tisch, und die Nachbarn gegenüber, kaum fünfzehn Meter weiter, hatten es nicht gehört.

»Mrs. Lyons sagt, daß der kleine Philip gestern abend um halb elf geschrien hat.«

»Mrs. Lyons lügt«, entgegnete Canby, ohne sich zu erheben. Sein dünnes graues Haar klebte vor Schweiß am Kopf; auf dem Bett, wo er lag, erreichte ihn kein Luftzug. An seiner Schläfe pochte eine Ader. Die Haut darüber war straff und blaß; sie erinnerte Willets an einen Froschhals.

»Betty gibt zu, daß Sie das Baby nicht gewickelt haben. Es sieht Ihnen gar nicht ähnlich, Phil, das Baby einfach zu vernachlässigen.«

»Er schlief. Ich wollte ihn nicht aufwecken, und ich hatte auch über meine Pläne nachzudenken.«

»Welche Pläne?«

»Meine Heiratspläne.«

»Und wie sahen die aus?«

Endlich erhob sich Canby und schwang die Füße mit den Hausschuhen über die Bettkante. Er sah Willets an. »Wir werden in Beachwood heiraten.« Das war eine mehrere Meilen entfernte Stadt. »Ich habe an der Schnellstraße ein Haus ausgesucht und werde im vorderen Teil einen Laden aufmachen.«

Das ist phantastisch, dachte Willets. Canby und das Mädchen

benahmen sich, als ob keiner von beiden auch nur im geringsten wegen Matt Thompsons Tod verdächtigt werden könnte – als ob nicht Vergangenes ihr Zukunft stören sollte. Das brachte Willets ebenso sehr auf wie die Vorurteile von Mrs. Lyons. »Sie sind in Schwierigkeiten, Phil, und wenn Sie da nicht rauskommen, werden Sie höher hängen als Ihre hochfliegenden Pläne. Die ganze verdammte Stadt ist gegen Sie.«

»Das weiß ich, und deshalb habe ich keine Angst«, sagte Canby.

Der Sheriff sah ihn an.

»Wenn ich nicht wüßte, was alle reden«, fuhr Canby fort, »wäre ich letzte Nacht nicht weggelaufen, als Matt Thompson sagte, er wollte mich entmündigen lassen.«

»Phil«, sagte der Sheriff herausfordernd, »der Staatsanwalt wird daran festhalten, daß Sie darum *nicht* aus dem Haus gelaufen sind, daß Sie deswegen *nicht* zu Hause waren, als das Baby schrie, und daß Sie deswegen *nicht* bestätigen können, daß Mrs. Lyons das Baby schreien hörte, – weil Sie nämlich, so wird er folgern, in Thompsons Küche waren, einen Mord verübten und anschließend die Spuren beseitigten.«

Canby schüttelte den Kopf. »Dieses Baby schreit nicht. Es schreit nie, wenn ich da bin.«

Der Sheriff erhob sich und ging im Zimmer auf und ab. Dabei stellte er fest, daß Phil Canby sehr sorgsam mit seinen Sachen umging, sie ordentlich aufgestellt und ausgebessert hatte. Er war ein ordentlicher Mensch. »Sie wollen sie also immer noch heiraten?« fragte er, als er wieder vor Canby stand.

»Natürlich, warum nicht?«

Der Sheriff beugte sich zu ihm hinab, bis er ihm direkt in die Augen sah. »Phil, was glauben Sie, wer ihren Vater umgebracht hat?«

Canbys Augen verdunkelten sich, und er zog sich zurück. »Ich habe keine Ahnung«, erwiderte er. »Ich glaube, ich habe mir darüber noch nicht richtig Gedanken gemacht – bis jetzt.«

Willets kehrte zum Schaukelstuhl zurück und nahm eine Pfeife aus der Hemdtasche. Er zündete sie nicht an, hielt sie nur in der Hand, als wollte er sie anzünden, wenn sie endlich offen miteinander reden könnten. »Wann haben Sie sich denn in Sue Thompson verliebt?«

Canby strich den zerknautschten Bettbezug glatt. »Hört sich

ulkig an, wenn man das von jemand in meinem Alter sagt, wie?« Willets antwortete nicht, und Canby fuhr fort: »Ich weiß nicht. Was immer es war, es geschah im vergangenen Frühjahr. Schon als kleines Mädchen ist sie immer stehengeblieben, wenn ich draußen arbeitete, und hat mir zugesehen. Sie sagte nie viel, schaute nur zu. Als dann der kleine Philip geboren war, wollte sie ihn immer sehen. Manchmal bat ich sie herein, und wenn ich allein war, kam sie. Sie hatte eine gewisse Scheu vor Betty, und wenn John mit ihr sprach, wurde sie rot. John hat keine gute Meinung von ihr. Er ist wie alle jungen Männer heutzutage. Sie haben nur Augen für die Beine eines Mädchens, wie sie tanzt und was sie anhat. Nach dem, was sie in einem Mädchen sehen, ist es das reine Glück, wenn sie dann doch noch eine passende Frau finden . . .«

»Sie und Sue«, fiel der Sheriff sofort ein, als Canby innehielt.

»Nun, ich paßte eines Abends auf Philip auf, und sie sah mir dabei zu. Der Kleine wollte eben anfangen zu schreien, da wiegte ich ihn, und er schlief einfach in meinen Armen ein. Ich weiß noch, wie sie sagte: ›Wenn ich das doch auch könnte.‹ Da gab ich ihr das Baby. Sie war ein wenig erschrocken dabei.« Der Mann sank auf die Ellbogen zurück und kniff bei der Erinnerung ein wenig die Augen zu. »Da wurde mir blitzartig klar, was für ein verdammt kaputtes Leben Matt ihr als Kind geboten hatte.«

»Inwiefern kaputt?« fragte der Sheriff.

»Er gab ihr einfach nichts, weder Zuneigung noch Liebe. Er kaufte ihr, was sie brauchte, aber das war auch alles. Sie war schon in der High School, als sie erfuhr, daß die Menschen sich unterscheiden, was . . . ja sogar, was Händchenhalten bedeutete.«

»Ich frage mich, was in ihn gefahren war«, meinte Willets. »Die meisten Männer, die wie er ihre Frau verlieren, stecken alles in ihr Kind, bis sie wieder eine Frau gefunden haben.«

»Er wollte keine andere Frau. Er genoß seinen Schmerz, bis er ihm mehr als alles andere bedeutete.«

Der Sheriff schüttelte den Kopf. So mochte es wohl sein, auch wenn er's nicht ganz verstehen konnte. »Erzählen Sie weiter über sich und Sue.«

Canby brauchte einen Augenblick, bis er den Faden wieder gefunden hatte. Er setzte sich auf, so daß er mit seinen starken, groben Händen mit den schwarzen Fingernägeln gestikulieren konnte. »Ich legte Philip in die Wiege, und sie stand da; ich streckte irgendwie die Arme aus, als wäre sie ein kleines Mädchen, das etwas verloren hatte oder verletzt war, und sie kam zu mir.« Er hielt inne, befeuchtete die Lippen und fuhr dann fort: »Während ich sie hielt . . . Lieber Gott, was passierte da?«

Er sprang auf und lief mit hinter dem Rücken verschränkten Händen hin und her. »Ich dachte, ich hätte das alles längst hinter mir. Seit Jahren hatte ich nicht mehr so empfunden.« Er drehte sich um und sah Willets an. »Ich war wieder jung, das ist alles, und sie war kein kleines Mädchen mehr. Zuerst schämte ich mich, und dann dachte ich, weswegen schäme ich mich eigentlich? Daß ich ein Mann bin? Ich wartete den ganzen Sommer lang ab, daß es vorbeiging, aber es verschwand nicht. Es wurde nur tiefer und stiller, so daß ich keine Angst mehr hatte und mich nicht mehr schämte. Als ich sie um ihre Hand bat und sie einwilligte, mich zu heiraten, erklärte ich ihr, daß es nicht für lange wäre, denn ich bin neunundfünfzig, aber es machte ihr nichts aus.« Er öffnete die Hände, als wollte er zeigen, daß sie leer waren. »So war's, Andy. Genau so war's. Mehr kann ich nicht dazu sagen.«

»So war es«, wiederholte der Sheriff und stand auf. »Aber sehen Sie mal, wie es jetzt ist.«

Willets ging hinunter zu Sue Thompson, die noch immer mit ihrer Stickarbeit in der Hand dasaß, ein wenig abseits vom Fenster, aber doch so, daß die Leute draußen sie sehen konnten.

»Kennen Sie jemanden von den Leuten, Miss Thompson?«

»Nein«, antwortete sie, »ich glaube, nicht.«

Er nahm ihr das ab, obwohl einige von ihnen ihr ganzes Leben lang in der Nachbarschaft wohnten. Er setzte sich ihr gegenüber, so daß das Licht auf ihr Gesicht fiel. »Miss Thompson, warum haben Sie vergangenen Abend Mr. Canby erzählt, Ihr Vater wäre einverstanden, wenn Sie ihn bäten, den Abfluß zu richten?«

»Weil ich wollte, daß er herüberkam. Es war die einzige Ausrede, die mir einfiel.«

»Ihr Vater war also nicht einverstanden.«

»Nein.«

»Haben Sie denn nicht erwartet, daß es Schwierigkeiten zwischen beiden geben würde?«

»Ich glaubte nicht, daß mein Vater aufwachen würde.«

»Ich verstehe«, erwiderte der Sheriff. Die beiden waren schon ein eigenartiges Paar, dachte er, es sei denn, sie waren schuldig wie die Sünde: Einer war so naiv wie der andere. Am Abflußrohr waren Spuren von Canbys Schraubenschlüssel gewesen, wo er mit der Arbeit begonnen hatte. »Wann wollten Sie und Mr. Canby heiraten?«

»Bald. Wann immer er es sagte.«

»Haben Sie Pläne gemacht?«

»Oh ja«, sagte sie lächelnd. »Ich habe eine Menge zu tun.« Wie zum Beweis hielt sie ihre Stickerei hoch.

»Haben Sie erwartet, daß Ihr Vater sich einschalten – daß er es verhindern wollte?«

»Nein«, antwortete sie.

Der Sheriff stützte das Kinn auf die Hand und blickte sie an. »Miss Thompson, ich bin der Sheriff dieses Bezirks. Ihr Vater wurde letzte Nacht ermordet, und ich werde herausfinden, warum und von wem. Sie erzählen mir also besser die Wahrheit.«

»Ich sage Ihnen die Wahrheit, Mr. Willets. Ich weiß ja, wer Sie sind.«

»Und Sie erwarteten nicht, daß Ihr Vater sich in Ihre Heiratsabsichten einmischte?«

»Er hat sich nie in etwas eingemischt, das ich getan habe«, entgegnete sie.

»Wußten Sie, daß er zu Betty Murray gesagt hat, er würde Sie eher in Ketten legen als zulassen, daß Sie ihren ›Vater‹ heiraten?«

»Das wußte ich nicht. Zu mir hat er nie so etwas gesagt.«

»Also, was hat er denn nun gesagt, als Sie's ihm mitgeteilt haben?«

»Er lachte. Ich glaube, er sagte so etwas wie: ›Na, das setzt doch wirklich allem die Krone auf‹.«

Der Sheriff richtete sich auf. »Er hat Sie wie eine Halbidiotin behandelt. Haben Sie sich darüber nicht geärgert?«

»Natürlich«, antwortete sie, als wäre sie über die Frage überrascht. »Deshalb war ich ja unter anderem so froh über Phil . . . Mr. Canby.«

»Sie waren darüber gekränkt«, wiederholte er, »und trotzdem haben Sie nichts dagegen unternommen?«

»Ich wartete ab«, sagte sie.

»Auf was haben Sie gewartet? Daß er starb? Ermordet wurde?«

»Nein«, antwortete sie, »ich wartete einfach nur.«

»Haben Sie immer alles durch Warten bekommen, Miss Thompson?«

Sie überlegte einen Augenblick. »Ja, ich glaube schon . . . oder ich wollte es dann nicht mehr.«

Passiver Widerstand, das war's wohl, dachte der Sheriff. Wenn sogar ganze Völker dadurch zermürbt werden konnten, war sicher auch Matt Thompson nicht unverwundbar gewesen. Aber der Mord an ihm war kein passiver Widerstand. »Am vergangenen Abend haben Sie sich während der Auseinandersetzung in der Speisekammer versteckt?«

»Ja. Phil sagte mir, ich sollte weggehen, und da habe ich mich dort versteckt.«

»Haben Sie gehört, was gesagt wurde?«

»Nicht viel. Ich habe mir die Finger in die Ohren gesteckt.«

»Was genau haben Sie gehört?«

Sie sah ihn an und blickte dann zur Seite. »Ich hörte meinen Vater etwas von ›Irrenanstalt‹ sagen. Da habe ich mir dann die Ohren zugehalten.«

»Warum?«

»Ich war einmal als kleines Mädchen mit ihm dort.«

»Können Sie mir etwas darüber erzählen?«

»Ja«, meinte sie nachdenklich. »Es gab einmal einen Mann, der für ihn dort im Garten arbeitete. Ich weiß noch, daß ich ihn mochte. Er kitzelte mich und lachte wundervoll. Als ich meinem Vater erzählte, daß ich ihn mochte, nahm er mich mit hinein, damit ich die anderen sehen konnte. Einige schrien uns an, und ich bekam Angst.«

»Ich verstehe«, sagte der Sheriff, der jetzt einen Matt Thompson vor sich sah, wie er die Kranken dazu benutzte, ein furchtsames Kind zu ängstigen. »Wann sind Sie letzten Abend wieder aus der Speisekammer herausgekommen?«

»Als mein Vater mich dazu aufforderte. Er sagte, es sei alles vorbei und ich könnte hinaufgehen ins Bett.«

»Und das taten Sie? Kein Wort über den Streit?«

»Ich ging hinauf und legte mich ins Bett, wie ich Ihnen schon heute morgen erzählt habe.«

»Und Sie sind gleich eingeschlafen, weil Sie sich so elend fühlten«, wiederholte er ihre frühere Aussage. Er erkannte, wie oft Schlaf für sie die Erlösung gewesen sein mußte. Sie hatte laut eigener Aussage die ganze Nacht über tief geschlafen und war erst durch das anhaltende Klopfen von Phil Canby erwacht. Dieser hatte sich, wie er sagte, daran erinnert, als er sich an seine tägliche Arbeit begeben wollte, daß er seinen Schraubenschlüssel hatte liegenlassen. Als sie hinunterging, um Canby zu öffnen, entdeckte sie die Leiche ihres Vaters.

Der Sheriff ergriff seinen Hut. »Sie können ihn morgen beerdigen, Miss Thompson«, sagte er. »Ich würde mich rasch darum kümmern, wenn ich Sie wäre, und zusehen, daß eine Notiz in der Zeitung erscheint.«

Er ging durch die Haustür und über das Anwesen. Die Fragen, die die ihm aus der Menge zugerufen wurden, ignorierte er. Der Experte des Erkennungsdienstes wartete auf ihn. »Ich habe nicht viel für Sie, Willets. Wer immer das getan hat, hat hinterher die Küche geschrubbt, und zwar gründlich.«

»Canbys Kleidung?«

»Nichts dran, was auf die Tat hinweist. Wenn Sie es wünschen, können wir noch ein paar Tests durchführen, um absolut sicher zu sein.«

»Ich bitte darum. Und ihre Sachen?«

»Nicht der kleinste Flecken für einen Test. Ich habe ihre Sachen in ihr Zimmer zurückgebracht. Das Nachtzeug und die andere Kleidung.«

Der Sheriff überlegte einen Augenblick. »Womit wurde der Küchenboden aufgewischt?«

»Mit einem Bündel Lappen, die im Spülbecken lagen. Sie stammen aus einem Sack, der neben dem Herd hängt.«

»Wie praktisch«, meinte der Sheriff und ging die Treppe hinauf.

Nach der männlich-kargen Farblosigkeit im übrigen Haus – es sah aus, als wäre in den ganzen Jahren nie etwas von einer weiblichen Hand berührt worden –, war Sues Zimmer geradezu ein Farbenmeer. Ihr ganzes Leben in diesem Haus steckte in diesem einen Zimmer. Häkel- und Stickarbeiten in vielen und nicht zusammenpassenden Farben, Stapel von Spitzen und Leinen. Sie hatte sich einen Lampenschirm gebastelt, der nur aus Spitze zu bestehen schien. Vor nicht allzu langer Zeit hatte sie sich auch in der Malerei versucht. Die Ergebnisse waren roh und primitiv und konnten nach allem, was er davon verstand, ohne weiteres Kunst sein, doch standen die Bilder im Kontrast zur Genauigkeit ihrer Handarbeiten. In einem kleinen Schaukelstuhl aus ihrer Kinderzeit – nach Aussehen und Alter vielleicht sogar aus der Kinderzeit ihrer Mutter – saßen zwei Puppen, verblichen und matt. Bei einer schloß sich ein Auge nicht mehr. Der Staub der Jahre hing in ihnen, und er fragte sich, ob die Puppen während der ganzen Zeit ihrer Entwicklung zur Frau dort immer gesessen hätten oder ob sie sie –, verängstigt, wie sie war und ihrer eigenen Unwissenheit wahrscheinlich unbewußt – aus der Ecke geholt hatte, als ihr der Hof gemacht wurde – wenn man Phil Canbys Aufmerksamkeiten so nennen konnte –, damit sie ihr halfen, sich an den Gedanken der Ehe zu gewöhnen.

Das Bett war noch nicht gemacht, und Sues Schlafzeug lag darauf. Am Oberteil fehlten die Knöpfe, und der Stoff war abgetragen. Der Mann vom Erkennungsdienst hatte ihn dahin zurückgelegt, wo er ihn gefunden hatte. Ihr Kleid hing mit den Ärmeln über der Stuhllehne, so wie sie es hingeworfen hatte, als sie ins Bett gegangen war. Zweifellos hatte sie ein frisches Kleid angezogen, als sie zum Zaun ging und Phil Canby rief. Es war kaum zerknittert. Der Sheriff trat auf ihre Hausschuhe, einen Knopf und einen Kamm. Er bemerkte, daß der Teppich voller Fusseln von ihrer Näharbeit war. Sue Thompson ist nicht unbedingt eine Musterhausfrau, dachte er bei sich, als er hinunterging und das Haus abschloß; das war auch kein Wunder, da sie nur für sich selbst und in einem einzigen Zimmer den Haushalt zu führen hatte.

George Harris, der Staatsanwalt, war in seinem Büro, als er in die Bezirksverwaltung zurückkehrte. Er wollte wohl nicht übereifrig erscheinen, dachte Willets, da der Sheriff offensichtlich noch keine Verhaftung vorgenommen hatte. Er sprach von dem Mord als von einer Tragödie und nicht von einem Fall, also hatte er ohne Zweifel Gerede in der Stadt darüber gehört.

»Ich erhielt eine Menge Anrufe«, sagte er, »eine Menge Anrufe.«

Der Sheriff brummte: »Haben Sie darauf geantwortet?«

Harris ignorierte diese Respektlosigkeit. »Noch nicht genügend Beweismaterial, wie?«

»Ich trage gerade alles zusammen«, erwiderte Willets. »Wenn ich alles beisammen habe, lege ich's Ihnen vor. Vielleicht am Vormittag.«

»Einverstanden«, sagte Harris. Er wandte sich zur Tür, wo er sich noch einmal umdrehte. »Andy, ich möchte Ihnen keine

Vorschriften machen, wie Sie Ihr Büro zu leiten haben, aber wenn ich Sie wäre, würde ich den Rundfunksender anrufen und denen irgendwas geben – etwas zur Beruhigung.«

»Was zum Beispiel?«

»Oh, etwa, daß die Polizei alles unter Kontrolle hat.«

Er hat natürlich recht, dachte Willets. Die Behauptung, immer ›alles unter Kontrolle zu haben‹ konnte die Bildung einer Bürgerwehr vielleicht hinausschieben. Er rief also den Sender an und arbeitete dann fast die ganze Nacht hindurch. Sein letzter Streifengang führte ihn zu den beiden verdunkelten Häusern, vor denen seine Deputies Wache schoben.

Über fünfzig Leute nahmen an dem Trauergottesdienst teil, und noch mehr warteten draußen vor der Kapelle. Unter ihnen entdeckte er Gesichter, die er schon fast sein ganzes Leben lang in der Stadt gesehen hatte. Durch den Mord schienen sie losgelöst zu sein von dem, was sie eigentlich waren, Angestellte, Lastwagenfahrer oder Hausfrauen. Wie finstere Dämonen belauerten sie ihn, wie lange er wohl noch brauchen würde, um seine Beute zu packen.

Der Geistliche sprach über Matt Thompson freundlicher, als dieser zu Lebzeiten verdient hatte; er verwies auf Rechtschaffenheit, Sparsamkeit und Gerechtigkeit, so daß er mit Rücksicht auf die Anwesenden das Wort Liebe vermeiden konnte.

Phil Canby hatte den von der Arbeit gebeugten Rücken so straff wie möglich aufgerichtet und stand neben dem Mädchen mit erhobenem Kopf und grimmiger Miene. Sue weinte wie die anderen Frauen, die sich gegenseitig mit ihren Tränen ansteckten. Hinter Canby standen seine Tochter und sein Schwiegersohn John Murray – der bei einem Gespräch mit dem Sheriff an der Kirchentüre gesagt hatte, er hätte sich diesen Tag freigenommen, um »diese Sache beendet zu sehen«. Schön wär's, dachte der Sheriff, wenn die Angelegenheit dadurch wirklich abgeschlossen werden könnte.

Nach dem Schlußwort schlurften die Trauergäste beklommen hinaus. Eigentlich war es üblich, noch einen letzten Blick auf den Verblichenen zu werfen, aber Matt Thompsons Sarg war nicht mehr geöffnet worden. Dann beugte sich seine Tochter vor und nestelte an einem Blumenkranz. Jeder schaute ihr dabei zu. Sie nahm eine Blume und zog sie heraus, wobei sie den Kranz fast zerriß. Sie öffnete die Hand und betrachtete die Blume. Willets warf einen Blick auf Mrs. Lyons, die auf Zehenspitzen stand, um das Mädchen zu beobachten. Auch sie war fast zu Tränen gerührt. Sue blickte zu dem Mann an ihrer Seite auf. In ihrem runden, fröhlichen Gesicht lag ein Versprechen, auch wenn sie nicht lächelte. Sie reichte ihm die Blume. Phil Canby nahm sie, doch sein Gesicht wurde grau wie seine Krawatte. Ein zischelnder Laut, ein Fluch entfuhr Mrs. Lyons, als hätte sie laut hinausgeschrien, und durch die Versammlung ging ein zorniges Gemurmel. Willets stellte sich neben Canby und blieb dort, bis sie wieder beim Haus der Murrays waren, vor dem er die Wachen verdoppelte.

Von dort aus begab er sich direkt zum Büro des Staatsanwalts, denn George Harris hatte seit neun Uhr seinen Ermittlungsbericht vorliegen.

»Läuft alles gut?« Harris bot Willets eine Zigarette an, wobei er gleich vier oder fünf auf dem Schreibtisch verteilte. Er ist in leutseliger Stimmung, dachte der Sheriff bei sich.

»Ganz ordentlich«, erwiderte er und lehnte die Zigarette ab.

Der Staatsanwalt packte die herausgefallenen Zigaretten wieder ein. »Um die Wahrheit zu sagen, Andy, ich will verdammt sein, wenn ich kapiere, warum Sie ihn nicht gleich letzte Nacht verhaftet haben.« Er klopfte auf eine Aktenmappe, die neben ihm lag. Es war zufälligerweise der Bericht des Coroners. »Sie haben Ihre Sache gut gemacht, knapp und sauber.«

»Vielleicht habe ich ihn deshalb nicht mitgenommen«, entgegnete Willets.

Harris legte den Kopf schief und lächelte neugierig. Mit seinen vierundfünfzig Jahren wirkte er noch immer jungenhaft und vermittelte stets den Eindruck, als bemühte er sich, den Standpunkt eines anderen voll und ganz zu verstehen. Er hörte zu, wog ab und änderte seine Vorgehensweise – doch niemals seine Meinung.

»Weil ich«, sagte der Sheriff, »das Motiv zu keinem Zeitpunkt außerhalb ihres Zuhauses gesucht habe.«

Der Staatsanwalt trommelte mit den Fingern auf den Aktendekkel. »Sagen Sie mir in Gottes Namen die Wahrheit, Andy. Glauben Sie denn nicht, daß sie hier drin steckt?«

»Nicht vollständig«, beharrte der Sheriff.

»Aber der Kern?«

»Der Kern ist darin enthalten«, gab der Sheriff zu.

»›Vollständig‹ bedeutet für Sie ein Geständnis. Mancher Polizist hätte es bekommen, aber ich gebe Ihnen keine Schuld.«

»Danke«, entgegnete der Sheriff trocken. »Ich nehme an, Mr. Harris, Sie glauben, daß die Sache für ihn sehr schlecht steht?«

»Ich kann den Ausgang des Verfahrens nicht voraussagen«, sagte der Staatsanwalt mit mühsam erzwungener Geduld. »Ich stelle Ermittlungen an, und ich nehme das Urteil hin, ohne darüber ungehalten zu sein. Ich glaube, der Staat hat gute Argumente, ja.« Er schüttelte seine Gereiztheit mit einem Achselzucken ab. »Es hängt viel davon ab, denke ich, ob Canby bei seiner Tat und anschließend beim Saubermachen ungestört war.«

Willets nickte.

Harris blätterte die Akte durch und fischte ein Schriftstück heraus. »Hier. Das Mädchen versteckte sich in der Speisekammer, als er ihr's sagte, und sie ging hinauf ins Bett, als ihr Vater es ihr befahl. Nun behaupte ich, wenn sie noch einmal herunterkam, brauchte ihr Canby nur zu sagen, sie sollte wieder hinaufgehen. Sie ist ein fügsamer Typ, weder besonders helle noch dumm, sondern einfach willig und gehorsam.«

Das hat er alles aus seinen Unterlagen, dachte Willets. Wenn Harris das Mädchen überhaupt je gesehen hatte, dann höchstens zufällig. »Sie halten sie also für mitschuldig?« Sicherlich war dies die Meinung aller, die ihr Verhalten bei der Beerdigung miterlebt hatten.

Der Staatsanwalt verzog den Mund. »Ich würde diesem Aspekt im Augenblick nicht weiter nachgehen. Wir haben nichts in der Hand, um das zu beweisen. Doch er durfte sicher sein, daß er sie wieder in ihr Zimmer schicken konnte, bevor sie etwas sah. Das ist der springende Punkt: Er konnte sich in Sicherheit wiegen. So würde ich das sehen. Und nun nehmen Sie dazu die Aussage dieser Lyons und seiner eigenen Tochter. Kein Gericht würde ihm abkaufen, daß er zwischen zehn und elf bei seinem Enkelsohn zu Hause war.«

»Hat er sich für den Mord etwas ausgezogen?« fragte Willets. »Seine Kleider wurden im Labor untersucht.«

»Alte Arbeitskleidung.« Der Staatsanwalt sah ihm in die Augen. »Es gab vorher schon sauberere Morde als diesen, und ich werde es beweisen. Ich erwarte nicht, mit einer perfekten Beweisführung antreten zu können, so etwas gibt es nicht.«

»Dann bleibt mir also nichts mehr übrig«, sagte der Sheriff, »als einen Haftbefehl zu besorgen und ihn herzuschaffen.«

»Richtig. Alles andere liegt bei mir.« Der Sheriff war schon bei der Tür, als Harris rief: »Andy . . . ich bin nicht der verdammte Bluthund, für den Sie mich anscheinend halten. Alles ist hier drin.« Er deutete auf die Akte. »Sie können das selbst feststellen, wenn Sie den richtigen Blickwinkel bekommen.«

Harris mochte durchaus recht haben, dachte der Sheriff, als er durch das Gerichtsgebäude ging. Er mußte das akzeptieren. Entweder hatte der Staatsanwalt recht, und er hatte seine Arbeit nach besten Kräften und ohne Vorurteile durchgeführt, indem er Tatsachen von Gefühlen trennte . . . oder er sah sich vor eine Annahme gestellt, die den Gesetzen der Logik widersprach, nämlich daß Sue Thompson ihren eigenen Vater umgebracht hatte. Er konnte einfach nicht glauben, daß dieses fügsame Mädchen, wie Harris sie nannte, das im Wissen um die Unabänderlichkeit seiner Lage das eigene Leben im Hause des Vaters ertragen hatte – daß Sue, sanft und etwas schlampig, einen so sauberen und furchtbaren Mord ausgeführt haben konnte. Doch selbst wenn sie es getan hätte, wie könnte jemand, der so unerfahren im Umgang mit Gefühlen war wie sie, die Last der Schuld ertragen? Er bezweifelte, ob sie dessen fähig war. Unter einer solchen Bürde würde sie zerbrechen, dachte er, so wie eine überreife Pflaume aufplatzt, während sie noch am Baum hängt.

Aber das Motiv, Canbys Motiv: Es war vorhanden und doch auch wieder nicht, überlegte er. Eben dies hatte ihn von einer Verhaftung abgehalten – außerdem wehrte er sich dagegen, sich von Mary Lyons' Anhängern unter Druck setzen zu lassen.

Der Sheriff saß eine Weile an seinem Schreibtisch, dann rief er Matt Thompsons Freund Alvin Rhodes an. Nachdem er sich mit ihm verabredet hatte, fuhr er hinaus, um den ehemaligen Leiter der Irrenanstalt zu treffen.

Rhodes, der ebenso umgänglich wie Thompson mürrisch war, erzählte ihm von dessen Besuch am vergangenen Mittwoch, einen Tag vor seinem Tod. »Wir waren keine Freunde, Willets«, erklärte der ältere Mann, »obwohl sein Besuch dies nahelegen könnte. Er suchte Rat, weil seine Tochter sich in einen dreimal so alten Mann verliebt hatte.«

Während Thompson mit den Jahren immer mürrischer geworden war, überlegte der Sheriff, hatte Rhodes nach seiner Pensionierung immer mehr an Liebenswürdigkeit gewonnen. »Und haben Sie ihm einen Rat gegeben, Mr. Rhodes?«

»Ich riet ihm, nichts zu unternehmen. Ich erzählte ihm von meinen Erfahrungen mit Männern in Canbys Alter, denen es ähnlich ging. Je mehr sie sich der Erfüllung, wenn man's mal so ausdrücken will, nähern, desto mehr fürchten sie sich auch davor. Darum sind solche Mai-Dezember-Affären in der Tat selten. Ich riet ihm, ein Auge auf das Mädchen zu haben, zu verhindern, daß sie durchbrennt, und das übrige der Natur zu überlassen. Um die Wahrheit zu sagen, Willets, ich wußte, wenn sie dazu entschlossen waren, konnte er es nicht verhindern, obwohl ich ihm das nicht sagte.«

»Er hat sich so wenig um das Mädchen gekümmert«, warf Willets ein, »daß ich mich frage, wieso er sich hier überhaupt eingemischt hat. Warum sollte er sie nicht gehenlassen und damit loswerden?«

Rhodes zog die weißen Augenbrauen zusammen und betonte seine Worte sorgfältig: »Solange er sie im Haus behielt, konnte er dafür büßen, daß er gezeugt und dadurch den Tod seiner Frau verursacht hatte.« Während Willets den Kopf schüttelte, fuhr Rhodes fort: »Ich habe ihm offen erklärt, wenn einer in seiner Familie untersucht werden müßte, dann er und nicht das Mädchen.«

Ein Schreck durchfuhr Willets. »Das Mädchen?«

Rhodes nickte. »Deswegen kam er doch her, um die Möglichkeit für eine Einweisung zu erkunden, zumindest zeitweise. In seinem gestörten Hirn rechnete er sich aus, daß das Stigma nach einem solchen Aufenthalt in der Klinik Canby endgültig entmutigen würde.«

Und diese Bedrohung reichte aus, überlegte Willets, um Canby zu einem Mord zu treiben – in einem Maße, wie es die Bedrohung seiner eigenen Person niemals vermocht hätte. »Ich nehme wohl an«, sagte er beim Aufbrechen, »daß Sie selbst Schritte gegen Matt Thompson unternommen hätten.«

Rhodes erhob sich mit ihm. »Ich hatte es vor«, erwiderte er kalt. »Wenn Sie den Staatsanwalt fragen, kann er Ihnen sagen, daß ich für gestern nachmittag um zwei Uhr einen Termin mit ihm vereinbart hatte. Aber zu dem Zeitpunkt war Thompson ja tot. Ich werde das aussagen, falls ich dazu aufgefordert werde.«

Der Sheriff kehrte zum Gericht zurück und beantragte zähneknirschend vom Richter den Haftbefehl. Endlich mit seinem Gewissen im reinen, kehrte er zum Haus der Murrays zurück. Betty Murray starrte mutig die Zuschauer an, die sich wieder versammelt hatte – ebenso hartnäckig, wie diese hereingafften.

Jetzt ist es soweit, dachte Willets, jetzt sehen sie, was sie erwartet haben, und können sich in ihrem Vorurteil gegen den Mann bestärkt fühlen. Dann erst wären sie bereit, die Geschichte als Ganzes zu beurteilen, dann würden sie sich dazu herbeilassen, ihre eigene Rachsucht zu beschönigen. John Murray öffnete die Türe, als der Sheriff gerade an der Tür war.

»Bringen Sie Betty lieber hinauf«, sagte Willets zu ihrem Mann. Er konnte die anderen im Wohnzimmer sehen; Sue und Phil Canby saßen Hand in Hand auf der Couch, als er hereinkam.

»Der Alte?« flüsterte John. Willets nickte, und John rief seine Frau. Betty blickte ihn über die Schulter an, rührte sich aber nicht vom Fenster weg.

»Sie auch, Miss Thompson«, sagte Willets ruhig. »Sie gehen lieber beide mit John nach oben.«

Betty schob das Kinn vor. »Ich bleibe«, erklärte sie.» Das ist das Haus meines Vaters, und ich halte mich auf, wo ich will.«

Auch Sue Thompson machte keine Anstalten, aufzustehen. Willets ging auf Canby zu. »Stehen Sie auf«, sagte er. »Phil Canby, ich verhafte Sie wegen vorsätzlichen Mordes an Matt Thompson.«

»Ich kann es nicht fassen«, brachte Betty hinter ihnen mit hoher, zitternder Stimme hervor. »Selbst wenn der Erzengel selbst hier stehen und es verkünden würde, würde ich's nicht glauben.«

»Betty, Betty«, beruhigte ihr Mann sie und murmelte etwas von guten Rechtsanwälten.

Canbys kalter, finsterer Blick war auf den Sheriff gerichtet. »Was wird aus ihr?« fragte er und wies mit dem Kopf auf Sue.

»Weiß ich nicht«, antwortete der Sheriff. Keiner weiß es, dachte er, denn sie selbst wirkte völlig verstört. Die weitgeöffneten Augen waren auf ihn gerichtet, versuchten zu begreifen.

»Nehmen Sie ihn mit?« fragte sie, als Canby sich erhob. Willets nickte.

»Nicht für lange«, meinte John Murray tröstend und mehr zu seiner Frau als zu dem Mädchen gewandt.

»Lüg sie nicht an«, sagte Canby. »Wenn man mich einsperrt für etwas, was ich nicht getan habe, dann kann man mich auch dafür hängen.« Er wandte sich an Willets. »Wenn Sie mich schon mitnehmen wollen, dann jetzt gleich.«

»Sie können ein paar Sachen packen.«

»Ich will nichts.«

Willets ging mit ihm zur Tür. Betty sah ihren Mann an, der den Kopf schüttelte. Dann wirbelte sie zu Sue Thompson herum. »Kapierst du denn nicht? Sie stecken ihn ins Gefängnis, deinetwegen, Sue Thompson!«

Canby erstarrte an der Türe. »Laß sie, Betty. Laß sie nur.«

»Ich lasse sie nicht, und ich lasse auch Sheriff Willets nicht. Was ist denn nur in euch alle gefahren? Mein Vater ist doch kein Mörder.« Wieder wandte sie sich an Sue. »Das ist er nicht! Er ist ein guter Mensch. Das mußt du doch auch sagen! Wir müssen es allen ins Gesicht schreien, hört ihr?«

»Betty, laß sie«, wiederholte ihr Vater.

»Dann bringt sie hier raus«, mischte sich John Murray ein, dessen Zorn mit seiner Hilflosigkeit wuchs. »Da sitzt sie, und keiner weiß, was in ihr vorgeht . . .«

Der Sheriff schnitt ihm das Wort ab: »Das reicht, John. Das führt zu nichts.« Er blickte das Mädchen an. Ihr Gesicht war verzogen wie das eines kleinen Kindes, das gleich losheulen wird. »Sie können jetzt nach Hause gehen, Miss Thompson. Ich schicke Ihnen einen meiner Deputies, damit er Ihnen hilft.«

Sie gab keine Antwort, doch schien ein Weinkrampf sie zu schütteln, obwohl kein Laut zu hören war. Dann kamen schwache Schluchzer. Sie machte keine Bewegung, ihr Gesicht zu bedecken, und Willets merkte, daß ihr Gesicht vor Qual rot anlief. Alle starrten sie an und spürten den Schmerz ungeweinter Tränen. Sue zitterte am ganzen Körper, und ihr Gesicht wirkte noch mehr wie bei einem kleinen Kind.

Auf einmal kam das Weinen – ein hohes, schrilles Geräusch wie das Wimmern eines Kindes. Willets spürte, wie Canby seinen Arm umklammerte und ihm das Entsetzen Schauer über den Rücken trieb. Zwischen den Weinkrämpfen des Mädchens hörte sie das schwache Jammern Bettys, doch er konnte weder den Blick von Sue abwenden noch ihr zu Hilfe kommen. Hilflos hämmerte sie mit geballten Fäusten auf ihre Knie. Dann versuchte sie aufzustehen. Schließlich rollte sie sich herum und zog sich mit der Kehrseite voran hoch, wie es nur ganz kleine Kinder machen. Die ersten Schritte waren recht wackelig, als sie sich umdrehte und das Gleichgewicht zu halten versuchte. Plötzlich griff sie nach einem großen Aschenbecher, der sich zufällig in ihrer Reichweite befand, und stürzte damit auf Willets los, während sich ihrer Kehle kindliche Schreie entrangen . . .

Später würde man erzählen, daß Sue Thompson in die Kindheit zurückgeflohen war, die sie vor ihrem Angriff auf Willets schon einmal gesucht hatte: Als sie in der Nacht, in der ihr Vater sich mit Canby stritt, aus einem Kinderschlaf erwacht war, sich den Schlafanzug herunterriß, weil sie mit den Knöpfen nicht zurechtkam und auf ihren Vater – der sie vielleicht wegen ihrer Nacktheit beschimpfte, wegen ihrer Unanständigkeit oder ähnlichem, was ein Kind nicht begreifen kann – mit der Wut eines Kindes und der Kraft eines Erwachsenen losgegangen war . . . und dabei die erstbeste Waffe benutzte, Phil Canbys Schraubenschlüssel.

Sheriff Willets konnte vieles davon später nachweisen, als er die schmerzliche Tragödie klar vor Augen hatte: Das Schreien, das Mrs. Lyons gehört hatte, sogar das Saubermachen nach dem Mord, denn er hatte ja selbst Canbys Enkel dabei beobachtet, wie er seinen Teller von seinem Hochstühlchen hinuntergefegt hatte . . . Er vermochte sogar zu glauben, daß sie anschließend hinaufgegangen und wieder eingeschlafen war. Am nächsten Morgen dann erwachte sie wieder als Sue Thompson, neunzehn Jahre alt und glückliche Verlobte von Phil Canby.

›Backward, Turn Backward‹. *Alfred Hitchcock Presents*, 31. Januar 1960. Regie Stuart Rosenberg. Drehbuch Charles Beaumont nach der Kurzgeschichte ›Backward, Turn Backward‹ von Dorothy Salisbury Davis *(Ellery Queen's Mystery Magazine* Juni 1954; in der Davis-Sammlung *Tales for a Stormy Night*,Countryman/Foul Play Press, 1984). Mit Tom Tully (Phil Canby), Alan Baxter (Sheriff Willets), Phyllis Love (Sue Thompson), Raymond Bailey (Harris), Paul Maxwell (Saul), David Carlile (Betty Murray), Peggy Converse (Miss Lyons), Selmer Jackson (Pfarrer).

Fasziniert sah ich mir eine völlig fremde Geschichte an, doch das störte mich nicht, mir gefiel sie. Die Besetzung war hervorragend, die Spannung zum Greifen. Leider fesselte sie mich immer noch, als der Film zu Ende war und Mr. Hitchcock seine unnachahmlichen Schlußworte sprach. Freunde riefen an und fragten, was passiert war. Ich wußte es selbst nicht recht. Dann erinnerte ich mich an den Schluß der Geschichte, wie ich ihn geschrieben hatte. Er wäre der Traum einer Schauspielerin und eines Regisseurs gewesen, doch wie mir Charles Beaumont später schrieb, war der Alptraum eines Schriftstellers wahrgeworden: Keiner der Zuschauer verstand den Schluß. Sollte ich erwähnen, daß Mr. Hitchcock den schriftstellerischen Wert der Geschichte selbst unter Beweis gestellt hat? Das war einige Jahre später in seinem Film, dessen Name hier ungenannt bleibt, – aus mehreren Gründen tröstlich.

Dorothy Salisbury Davis

KATZENJAMMER

John D. MacDonald

Er träumte, er hätte etwas fallengelassen, etwas Wertvolles in dem Hochofen verloren. Er lag auf der Seite, während er versuchte, durch ein kleines Loch in den Flammen zu erkennen, was er verloren hatte. Aber die Flammen loderten so hell durch das Loch, daß seine Augen schmerzten, und ihre Hitze trocknete sein Gesicht aus. Die Lohe prasselte mit auf- und abschwellendem Geräusch.

Beim Erwachen wurde sein Traum quälende Wirklichkeit – das rauhe Prasseln war sein eigener scharfer Atem, das Gefühl des Austrocknens kam von brennendem Durst, und die Helligkeit war Schmerz hinter seinen Augen. Als er die Augen öffnete, blendete ihn ein schräger Strahl der frühen Morgensonne, und er schloß die Lider rasch wieder.

Er fühlte sich dermaßen elend, daß er nur noch an seinen Körper und dessen Funktionen denken konnte. Obwohl er dunkel das seelische Unbehagen wahrnahm, das später noch schlimmer sein mochte, ergriff ihn die Plötzlichkeit des körperlichen Unwohlseins vollständig. Ausgiebiger Schlaf hätte nämlich seinen Herzschlag beruhigt und den Rhythmus verlangsamt. Aber es war früh, und daher schlug sein Herz hart und fast hysterisch schnell, so daß er es spürte wie einen Hammer, gleichgültig in welche Richtung er den Kopf drehte.

Er empfand trotz der Übelkeit hinten am Gaumen fürchterlichen Durst. Obwohl Hände und Füße kalt waren, fühlten sich die Schenkel schweißnaß an. Sein Körper war klebrig, weil er die ganze Nacht heftig geschwitzt hatte. Im Gegenrhythmus zum Herzschlag pulsierte der Schmerz hinter den Augen.

Mit vorgebeugtem Kopf setzte er sich auf die Bettkante, preßte die Augen zusammen und legte die kalten, zitternden Hände auf die nackten Knie. Er fühlte sich schwach und bedrückt, und ihm war übel.

Großartig. Er hatte einen Kater, hinterhältig blinzelnd über schiefem Lächeln. Der Tod am Morgen.

Auf unsicheren Beinen ging er ins Badezimmer. Er drehte das kalte Wasser so weit wie nur möglich auf. Gierig trank er ein ganzes Glas leer. Er füllte eben das Glas wieder, als er sich plötzlich übergeben mußte, immer wieder, bis er nur noch Galle von sich gab. Als er sich erhob, war er zwar schwächer, aber es ging ihm etwas besser. Er wischte sich mit einem feuchten Handtuch übers Gesicht und trank noch mehr Wasser, langsam und vorsichtig und in großen Mengen. Er zählte die Gläser nicht mehr. Er trank, bis er fast platzte, aber er war noch genauso durstig wie zuvor.

Er stellte das Glas ins Regal zurück und betrachtete sich im Spiegel. Er warf einen schnellen, fast beiläufigen Blick auf sich, wie man einen Fremden anschaut, um dann noch einmal hinzusehen, nachdem der erste Blick keine übertriebene Neugier geweckt hat. Obwohl sein langes, glattes Gesicht grau war mit verquollenen Augen und Bartstoppeln, wies es seltsamerweise keine Anzeichen körperlicher Schmerzen auf.

Sein Anblick im Spiegel war der erst Schritt des Wiedererkennenes. Du bist Hadley Purvis, neununddreißig Jahre alt, und dein Haar wird mit deprimierender Geschwindigkeit grau.

Er wandte dem nichtssagenden Bild und dem Gesicht, das seine Qual nicht begriff, den Rücken zu, lehnte sich an die kalte Kante des Waschbeckens, und plötzlich erstand vor ihm eine Vision, so klar und unnatürlich scharf wie eine Farbanzeige in einer Zeitschrift: ein Glas bis zum Rand gefüllt mit dunkelbraunem Bourbon.

Mit einem Rest an Willenskraft ließ er das Bild wieder verschwinden. Noch nicht, dachte er und wunderte sich sogleich über diesen Ausdruck. Unsinn. Das gehörte zu dem düsteren Gefühl bei einem Katzenjammer – sich auszumalen, man werde langsam zum Alkoholiker. Der Sonntagmorgendrink war ein Ritual geworden, über das Sarah stillschweigend hinwegsah. Das sprach sicherlich nicht für Alkoholismus. Leider war heute ein Werktag, und es würde sicherlich halb zwölf bis zu seinem ersten Martini bei Mario. Wenn sich jemand Sorgen machte über Trunksucht, dann Sarah, die keine Ahnung hatte von seinem Job und dessen Anforderungen. Wenn ein Mann einundzwanzig Jahre lang trinkt, wird er nicht plötzlich zum Anlaß für die Art von lästiger Besorgnis, die Sarah in letzter Zeit an den Tag legte.

Wenn sie abends vor dem Essen allein waren, tranken sie ja auch, und sie geriet darüber auch nicht aus der Fassung. Sie brauchte das genau wie jeder andere. Dann war sie darauf gekommen, daß er sich jedesmal, wenn er in der Küche die Gläser aus dem Shaker nachfüllte, noch einen tiefen Extraschluck genehmigte. Ganz sanft hatte sie ihn zu einem Eingeständnis gebracht und ihm dann erklärt, gerade die Heimlichtuerei sei ›bedeutsam‹. Er hatte versucht, ihr klarzumachen, daß er mehr Alkohol vertrüge als sie und es ihm so leichter falle, sich ihre ermüdenden Vorhaltungen darüber anzuhören, wieviel er schon drin hatte.

Während er so im Badezimmer stand, hörte er draußen die Geräusche der erwachenden Stadt. Sein Gehör schien unnatürlich scharf. Er stellte fest, wie absurd es war, hier seine Streitgespräche mit Sarah zu führen und sich über sie zu ärgern. Er griff zur Dusche, drehte die Hähne auf, bis das Wasser die richtige Temperatur hatte, und stieg dann hinein. Zunächst machte er keine Anstalten, sich abzuseifen. Er stand nur einfach mit erhobenem Kopf und geschlossenen Augen unter dem Wasserstrahl.

Dabei begann er vorsichtig, sich den vergangenen Abend ins Gedächtnis zu rufen. Er hatte darin bereits ziemlich viel Erfahrung. Zögernd ging er in der Erinnerung zurück und erwartete Gewissensbisse und Ekel vor sich selbst.

An den ersten Teil des Abends erinnerte er sich wie immer noch leicht. Es war ein wichtiger Abend gewesen. Er hatte sich gestern früh sorgfältig angekleidet, da er wußte, es würde nach Büroschluß keine Zeit mehr bleiben, noch einmal heimzufahren und sich umzuziehen, bevor er ins Hotel fuhr zu Cocktails, Essen, Ansprachen, Filmen und der Vorstellung des neuen Modells. Weil es so wichtig war, hatte er sich bei Mario mittags nur zwei Martinis gegönnt, im Bewußtsein seiner Tugendhaftigkeit – das prompt von Bill Hunter zerstört wurde, der um drei Uhr nachmittags in sein Büro kam, ihn erleichtert und beifällig ansah und dann meinte: »Schön, daß Sie heute keinen Drei-Uhr-Lunch hatten, Had. Dem Alten kamen einige Zweifel, weil Sie heute abend mit von der Partie sind.«

Hadley Purvis hatte sich plötzlich fürchterlich geärgert. Im allgemeinen mochte er Bill Hunter, trotz seines Opportunismus und schlauen Ehrgeizes, durch die Hunter innerhalb kurzer Zeit bis zur Führungsspitze der Agentur aufgestiegen war.

»Und da haben Sie zu ihm gesagt: ›Mr. Driscoll, wenn Had Purvis nicht hingeht, komme ich auch nicht mit.‹ Da brach er zusammen.«

Er sah, wie Bill Hunter rot anlief. »Das gerade nicht, Had. Aber ich sage Ihnen, was los war. Ich sagte, ich wäre sicher, Sie seien sich schon der Wichtigkeit des Abends bewußt, und ich erinnerte ihn daran, daß die Leute aus Detroit Sie kennen und Ihre Arbeit für die Frühjahrskampagne sehr geschätzt haben. Wenn Sie sich also danebenbenehmen, wirft das auch auf mich kein gutes Licht.«

»Und so sehen Sie das natürlich in erster Linie.«

Hunter sah ihn ärgerlich und hilflos an. »Verdammt, Had . . .«

»Beruhigen Sie Ihr kleines, nervöses Herz. Ich werde mich anständig benehmen.«

Bill Hunter ging wieder. Dann machte Hadley gewaltige Anstrengungen, das nur für ein amüsantes, kleines Zwischenspiel zu halten, aber es gelang ihm nicht. Es blieb der Groll zurück, wie ein kleines Mädchen behandelt worden zu sein. Er hatte den Verdacht, daß Hunter bei Driscoll die Sprache darauf gebracht hatte, indem er beiläufig erwähnte: »Hoffentlich zieht Purvis heute abend keine Show ab.«

Dem Alten sah es nicht ähnlich, damit anzufangen. Er spürte, daß der alte Mann ihn wirklich mochte. Sie hatten sich schon hin und wieder gemeinsam amüsiert, und zwar wie Erwachsene, was die Fähigkeiten eines Pfadfindertyps wie Hunter ein wenig überstieg.

Er machte um fünf Uhr Schluß und nahm sich zusammen mit Davey Tidmarsh, dem einzigen von den Neuen, der mitkommen sollte, ein Taxi. Davey war ziemlich auf Draht, ein netter Junge. Hadley mochte ihn. Davey wollte wissen, wie der Abend ablaufen sollte, und im Taxi setzte Hadley ihn ins Bild.

»Wir werden stark in der Minderheit sein. Von Detroit wird eine ganze Kompanie anrücken, ebenso von der Bank. Alles wird sehr ernsthaft und mit einer Menge Spesen abgewickelt. Das ist Vor-Vorschau. Vielleicht ist auch ein Modell in Originalgröße da. Sie wollen nämlich, daß wir alle ganz wild auf das neue Modell werden. Wenn wir dann alle so richtig davon schwärmen, starten wir zwei Werbekampagnen. Die erste ist nur ein Probelauf, um die neuen Modelle an die Händler zu verkaufen, damit die sich auch dafür begeistern. Das wird in etwa vier Monaten sein. Mit der zweiten Kampagne werden die Wagen dem breiten Publikum angeboten. Sie machen ein Staatsgeheimnis daraus, Davey. Sie haben uniformierten Werkschutz, bewaffnet.«

Es wurde so, wie er es sich vorgestellt hatte, nur ein wenig größer und knalliger als im letzten Jahr. Alles schien jedes Jahr größer und pompöser als im Vorjahr. Die Veranstaltung fand im obersten Stockwerk des Hotels in einem der mittleren Konferenzräume statt.

An der Tür wurden sie sorgfältig überprüft und erhielten dann eine numerierte Karte zum Anstecken. Links im Raum befand sich eine gut fünfzehn Meter lange Bar, und entlang der rechten Wand war der Tisch mit dem kalten Buffet aufgebaut. Überall hörte man Männer murmeln, und blauer Dunst durchzog den Raum. Hadley nickte und lächelte hier und dort Bekannten zu, während sie sich ihren Weg zur Bar bahnten. Mit einem Drink in der Hand ging er in den Nebenraum – nachdem er an der Tür wieder überprüft worden war –, um sich das Modell anzusehen.

Hadley mußte zugeben, daß es sauber ausgeführt war. Das Modell hatte ein Drittel der Originalgröße. Es drehte sich langsam auf einem Sockel, ein rot-weißes Cabrio mit geöffneter Tür und dem Modell eines Mädchens im Badeanzug daneben. Beide Modelle, das Auto und das Mädchen, waren perfekt ausgeleuchtet. Er betrachtete zuerst das Mädchen und war erstaunt, wie geschickt die glänzende Sonnenbräune nachgemacht worden war. Beim Anblick des Mannequins dachte er plötzlich an Sarah und fühlte eine warme Welle der Zärtlichkeit für sie, spürte, daß nichts schiefgehen konnte, solange sie bei ihm war.

Er besah sich die Linien des auf dem Podest kreisenden Autos, und mit der Gewandheit langjähriger Übung formulierte er Sätze für die Anzeigenwerbung. Eine Weile stand er abseits und stellte sich die erfreuten Gesichter derer vor, die das Modell zum erstenmal sehen würden. Er trank sein Glas aus und ging zur Bar zurück. Mit dem ersten Drink waren auch die letzten Spuren des Ärgers auf Bill Hunter verschwunden. Nach einem weiteren Drink ging er zu Bill hin und sagte: »Ich habe Sie heute nachmittag angeknurrt.«

»Nicht der Rede wert«, erwiderte Hunter sofort und ein wenig distanziert. »Entschuldigen Sie, Had, da drüben ist jemand, den ich begrüßen muß.«

Hadley setzte sich an die Bar, wo er nicht lange allein blieb. Innerhalb von zehn Minuten war er der Mittelpunkt einer kleinen Gruppe. Er genoß diese Zeiten, in denen man ihn wegen seiner Qualitäten als Unterhalter schätzte. Die Drinks brachten ihn schnell an einen Punkt, an dem er mühelos amüsant war. Schnell kamen die scharfen Bemerkungen, fast ohne Nachdenken. Sie lachten mit ihm und mochten ihn. Das Gefühl der Beliebtheit erfüllte ihn mit Wärme.

Er erinnerte sich an schwache Warnungen im Hinterkopf, die er jedoch ignoriert hatte. Er wußte schon, wann er aufhören mußte! Er erzählte die Geschichte von Jimmy und Jacky und der Lochkarte drüben bei Shor's. Ihm war klar, daß er sie gut erzählte, daß er sich amüsierte und alles unter Kontrolle hatte.

Aber dann wurde seine Erinnerung löchrig. Der Zusammenhang fehlte, es waren nur noch Episoden. Jede einzelne zwar deutlich genug, aber alle voneinander durch schwarze Löcher getrennt.

Er stand immer noch an der Bar. Seine Zuhörer waren verschwunden bis auf einen kleinen Mann, den er nicht kannte und der sich schwankend an der Bar festhielt. Er versuchte gerade, dem kleinen Mann etwas klarzumachen. Er schüttelte ständig den Kopf. Da kam Hunter herüber, nahm ihn am Arm und meinte. »Had, Sie sollten etwas essen. Das Buffet wird gleich abgeräumt.«

»Lächeln Sie mal, Partner, wenn Sie schon das Wort ›sollten‹ in den Mund nehmen.«

»Setzen Sie sich, ich hole Ihnen was.«

»Keiner soll behaupten, Hadley Purvis könnte sich nicht selbst durch ein gutbestücktes Buffet futtern.« Da Hunter ihn am Arm zog, trank Hadley aus, stellte das Glas vorsichtig auf die Bar und ging zum Buffet, wobei er Hunters Griff abschüttelte. Er nahm sich einen Teller und betrachtete das Angebot. Er hatte nicht den geringsten Appetit. Ein Blick nach hinten sagte ihm, daß Hunter ihn beobachtete. Er zuckte die Achseln und ging den langen Tisch entlang.

Nächste Erinnerung: Er stand mit dem Teller in der Hand da. Bill Hunter machte ihm aufgeregt Zeichen, die er ignorierte. Zielsicher ging er hinüber, wo Driscoll mit einigen der führenden Köpfe von Detroit saß. Driscolls besorgter Blick belustigte ihn, aber er setzte sich dazu, und Driscoll mußte ihn vorstellen.

Wieder später: Etwas fiel ihm von der Gabel. Er fing es auf und bemerkte den angewiderten Blick eines der wichtigsten Männer aus Detroit, eines glatzköpfigen, mächtig aussehenden Typs mit rotem Gesicht und kleinen, hellblauen Augen.

Er erinnerte sich, daß er anfing, über diesen Blick nachzugrübeln. Während die anderen sprachen, aß er beharrlich weiter. Die halten mich für einen Hanswurst. Ich bin gut genug, sie zum Lachen zu bringen, aber das ist schon alles. Sie halten mich nicht für fähig, einen ernsthaften Gedanken zu fassen.

Er erinnerte sich an Driscolls gerunzelte Stirn, als er die Unterhaltung störte und gleich den Glatzkopf aus Detroit ansprach, wobei er sich bemüht hatte, jedes Wort deutlich und ohne Verschleifen auszusprechen.

»Das Modell sieht gut aus. Dagegen wirken eine Menge Autos bereits vor der Zeit veraltet. So wie ich das sehe, befinden wir uns in einer Zeit der künstlich beschleunigten Alterung. Die Ehrlichkeit ist aus den amerikanischen Produkten verschwunden. Der große Gott heißt Umsatz. Also strengt ihr Hersteller euch mächtig an, ein Produkt zu machen, das verschleißt, kaputtgeht oder vergammelt oder, wie euer Auto, aus der Mode kommt. Es ist die alte Bauernfängerei. Ihr habt eure Hand in der Tasche der Kunden, und wir haben unsere Hände in euren Taschen.«

Die Erinnerung an diese kleine Ansprache war lebhaft, und sie entsetzte ihn. Vielleicht hatte er recht. Aber dieser festliche Anlaß, bei dem jeder jedem zu dem neuen glanzvollen Produkt gratulierte, das sie nun verkaufen würden, war weder die richtige Gelegenheit noch die richtige Zeit dafür. Als er sich die Worte ins Gedächtnis rief, fühlte er seine Wangen heiß werden. Vor Driscoll so etwas zu sagen, war schon ein Ding! Da waren schon recht handfeste Entschuldigungen angebracht.

Er konnte sich weder an die Reaktion des Mannes aus Detroit noch an Driscolls sofortige Reaktion erinnern. Er wußte nicht mehr, was sonst noch am Tisch passiert war. Als nächstes saß er an der Bar mit einem Glas in der Hand, und neben ihm sprach Hunter so ernst auf ihn ein, daß man fast Tränen in seinen Augen sehen konnte. »Großer Gott, Had! Was haben Sie nur gesagt? Was haben Sie bloß angerichtet? Ich habe ihn noch nie so aufgeregt gesehen!«

»Sagen Sie ihm, er kann mich gernhaben. Ich habe nur ein paar klare Worte von absoluter Wahrheit gesprochen. Und jetzt werde ich mal ein bißchen Leben in die Band bringen.«

»Lassen Sie die Musik sein! Gehen Sie nach Hause, bitte! Gehen Sie einfach heim, Had!«

Wieder ein Filmriß, dann stritt er mit dem Schlagzeuger. Der

Mann war merkwürdigerweise abgeneigt, ihm die Schlagzeugstöcke zu überlassen. Ein Kellner ergriff ihn am Arm.

»Was soll das?« fragte Hadley ihn ärgerlich. »Ich wollte diesem Hampelmann nur beibringen, wie man im Takt bleibt.«

»Ein Herr möchte mit Ihnen sprechen. Er wartet bei der Garderobe und bat mich, Sie zu ihm zu bringen.«

Dann war er an der Garderobe, wo Driscoll wartete. Er trat dicht auf Hadley zu. »Halten Sie den Mund, Purvis. Hören Sie bloß genau zu, wenn ich jetzt versuche, Ihrem besoffenen Schädel etwas einzubleuen. Verstehen Sie, was ich sage?«

»Klar kann ich –«

»Halten Sie die Klappe! Sie haben wahrscheinlich den ganzen Laden für uns verspielt. Diese Ansprache von Ihnen. Er sagte, er hätte nicht gewußt, daß ich Rote engagiert hätte. Er meinte, diese Kritik am amerikanischen Lebensstil bereite ihm körperliche Übelkeit. Wissen Sie, was ich ihm sagen werde, wenn ich wieder hineingehe?«

»Nein.«

»Daß ich Sie hinausgeworfen, Ihnen gekündigt und Sie heimgeschickt habe. Und zwar auf der Stelle. Es ist ein Versuch, den Vertrag zu retten. Und selbst wenn er nicht mehr zu retten ist, werfe ich Sie raus, und zwar höchstpersönlich. Ich glaubte, ich würde Skrupel dabei haben. Ich kenne Sie schon lange. Jetzt merke ich, Purvis, daß ich es regelrecht genieße. Es ist eine verdammte Erleichterung, Sie loszuwerden. Machen Sie ja den Mund nicht auf! Ich würde Sie nicht mal dann wieder mit reinnehmen, wenn Sie umsonst arbeiteten. Kommen Sie nicht zurück. Auch morgen nicht. Ich werde eins der Mädchen Ihren persönlichen Kram zusammenpacken lassen, den ich Ihnen zusammen mit Ihrem Scheck durch Boten vorbeischicke. Beides werden Sie noch morgen vormittag haben. Sie sind ein gescheiter Mann, Purvis, aber die Stadt ist voll von gescheiten Männern, die sich am Schnapsglas festhalten. Gute Nacht.«

Driscoll drehte sich auf dem Absatz um und ging zurück in den großen Saal. Hadley erinnerte sich, daß der Schock den Alkoholnebel durchdrungen hatte. Er wußte noch, daß er dagestanden und zwei Männern zugesehen hatte, die einen Projektor aufstellten. Er konnte nur noch daran denken, wie er es Sarah beibringen sollte und was sie dazu sagen würde.

Übergangslos befand er sich dann in der Gegend des Times

Square auf dem Heimweg. Ab und zu schwankte der Gehsteig, und jedesmal taumelte er, um das Gleichgewicht wiederzugewinnen. Die Lichterketten schmerzten in seinen Augen. Sein Herz klopfte heftig, und er spürte Atemnot.

Er hielt an und sah in die Auslage eines Herrenbekleidungsgeschäftes, das noch geöffnet war. Das Schild an der Tür verhieß BIS MITTERNACHT GEÖFFNET. Er sah auf die Uhr. Es war kurz nach elf. Er hatte geglaubt, es wäre schon später. Plötzlich verspürte er den Drang, sich selbst und anderen zu beweisen, daß er nicht vollständig betrunken war. Könnte er das beweisen, dann wüßte er, daß Driscoll ihn nicht wegen seiner Trinkerei, sondern wegen seiner Ansichten gefeuert hatte. Und wer wollte schon einen Job behalten, der keine eigene Meinung zuließ?

Er nahm seine ganze Kraft zusammen und blickte angestrengt ins Schaufenster. Er betrachtete eine Krawatte aus grauer Wolle mit einer kleinen, dunkelrot aufgestickten Figur. Die kleinen Stickereien sahen aus wie Kommas. Sie gefiel ihm. Die Krawatten in dieser Ecke des Schaufensters waren mit Dreifünfzig ausgezeichnet. Er prüfte seine Standfestigkeit, räusperte sich und betrat den Laden.

»Guten Abend, Sir.«

»Guten Abend. Ich hätte gerne die Krawatte aus dem Schaufenster, die graue links mit dem dunkelroten Muster.«

»Würden Sie sie mir bitte zeigen, Sir?«

»Natürlich.« Hadley deutete darauf. Der Verkäufer nahm eine gleiche aus dem Regal.

»Hätten Sie sie gerne in einer Schachtel, oder soll ich sie in eine Tüte packen?«

»Eine Tüte genügt.«

»Das ist eine sehr hübsche Krawatte.«

Er reichte dem Verkäufer einen Fünfdollarschein und bekam das Wechselgeld. »Danke, Sir, und gute Nacht.«

»Gute Nacht.« Kerzengerade ging er mit der Tüte in der Hand hinaus. Das hätte keiner besser machen können. Ein sehr ordentlicher Kauf. Wenn er je einen Nachweis seiner Kondition brauchte, der Verkäufer würde sich an ihn erinnern. »Ja, ich erinnere mich an den Herrn. Er kam kurz vor Ladenschluß und kaufte eine graue Krawatte. Ob er nüchtern war? Vielleicht hatte er einen oder zwei Drinks, aber er war stocknüchtern.«

Und irgendwo zwischen dem Laden und seiner Wohnung ließ

ihn die Erinnerung endgültig im Stich. Verschwommen kam ihm ein Streit mit Sarah ins Gedächtnis, weil er schon zu oft in dieser Verfassung heimgekommen war.

Er rieb sich kräftig mit einem rauhen Handtuch trocken und ging ins Schlafzimmer. Bei dem Gedanken an die verlorene Stellung ergriff ihn Panik. Er würde so leicht keine andere Stelle finden. Und eine ebenso gute zu bekommen, war vielleicht unmöglich. Er hatte einen Beruf, dessen Grundlage Gewäsch war.

Vielleicht hatte es auch seine guten Seiten. Es würde ihn zwingen, etwas zu verändern. Eine andere Stadt etwa, ein neues Leben. Vielleicht würden sie etwas wiederfinden, das ihnen irgendwann im vergangenen Jahr verlorengegangen war. Aber er wußte, er pfiff nur im Dunkeln. Er hatte Angst. Das war das schlimmste an seinem Katzenjammer.

Doch sogar diese Erkenntnis verschwamm in dem unwirklichen Nebel, der typisch für all seine verkaterten Tage war. Seine Träume waren immer lebhaft, so lebhaft, daß sie sich mit der Wirklichkeit vermischten. Dann erinnerte er sich wieder an Driscolls Gesicht, und ihm wurde klar, daß er seine Hoffnung aufgeben konnte, vielleicht doch alles nur geträumt zu haben.

Er ging in sein Schlafzimmer und nahm frische Unterwäsche aus der Schublade. Wieder dachte er an den Kauf der Krawatte. Es schien eigenartig, daß der Kauf im nachhinein so wichtig für ihn sein sollte. Die Kleidung, die er getragen hatte, lag noch dort, wo er sie neben dem Bett hatte fallen lassen. Er klaubte sie auf und leerte die Taschen des Anzugs. Am Revers klebte Erbrochenes. Er konnte sich nicht erinnern, daß er sich übergeben hatte. Die Hose hatte am linken Knie einen dreieckigen Riß, und erst jetzt bemerkte er eine Abschürfung an seinem nackten Knie. Er wußte nicht, daß er gestürzt war. Die Krawatte war nicht in der Anzugtasche. Er begann sich zu fragen, ob er das mit der Krawatte nur geträumt hatte. In seinem Hinterkopf geisterte ein Bild aus einem anderen Krawattentraum.

Er beschloß, ins Büro zu gehen, weil er nicht wußte, was er sonst tun sollte. Wenn seine Erinnerung an Driscoll zutraf, hatte Driscoll sich vielleicht inzwischen beruhigt. Nach sorgfältiger Rasur suchte er im Regal nach der neuen Krawatte, aber sie war nicht da. Als er sich die umband, die er ausgewählt hatte, bemerkte er neben dem Abfallkorb auf dem Boden ein zerknülltes

Stück Papier. Er hob es auf, glättete es, und als er den Namen des Ladens darauf las, wußte er, daß der Krawattenkauf Wirklichkeit war.

Bereits vor acht war er fertig angezogen. Er fühlte sich nicht wohl, obgleich der Kopfschmerz nachgelassen hatte. Seine Hände zitterten, und seine Beine fühlten sich hohl und schwach an.

Es wurde Zeit, nach Sarah zu schauen. Er wußte, er hatte sie am vergangenen Abend gesehen. Vielleicht war sie im Bett gewesen, hatte ihn heimkommen hören, war wie üblich aufgestanden, und zweifellos hatte es eine Szene gegeben. Hoffentlich hatte er ihr nicht erzählt, daß er seinen Job verloren hatte. Doch falls es ein Traum gewesen war, konnte er es ihr nicht mitgeteilt haben. Und wenn doch, durfte er sicher sein, daß er nicht geträumt hatte. Leise ging er durchs Badezimmer in ihr Schlafzimmer. Sie hatte im Bett gelegen, und die Decke war umgeschlagen, als sie aufgestanden war.

Er ging durch den kurzen Flur hinunter in die Küche. Sarah war nicht da. Er machte sich allmählich Sorgen. Der Streit konnte gewiß nicht so schlimm gewesen sein, daß sie sich angezogen hatte und fortgegangen war. Er tat Kaffeepulver in die Kaffeemaschine und setzte sie auf kleingestellte Gasflamme. Dann mischte er sich Saft und trank ein großes Glas. In der Wohnung herrschte unheimliche Ruhe. Er schenkte sich noch ein Glas ein, trank es halb aus und ging hinüber ins Wohnzimmer.

In der Tür blieb er stehen, denn er sah die Krawatte, erkannte das kleine Muster wieder. Da stand er, mit dem Glas in der Hand, und starrte die Krawatte an. Sie war fest geknotet, und über dem Knoten, auf der Armlehne ruhend, sah er das stille, stumme Gesicht Sarahs, durchscheinend wie eine Eierschale.

›Hangover‹. *The Alfred Hitchcock Hour,* 6. Dezember 1962. Regie Bernard Girard. Drehbuch von Lou Rambeau nach John D. MacDonalds Kurzgeschichte ›Hangover‹ *(Cosmopolitan,* Juli 1956; in der Sammlung von MacDonalds *End of the Tiger and Other Stories* erschienen, Gold Medal, Dezember 1960) und nach Charles Runyons Kurzgeschichte ›Hangover‹ *(Manhunt,* Dezember 1960). Mit Tony Randall (Hadley Purvis), Jayne Mansfield (Marian), Dody Heath (Sandra Purvis), Robert P. Lieb (Bill Hunter), Myron Healey (Bob Blake), Tyler McVey (Driscoll), James Maloney (Cushman), June Levant (Verkäuferin), William Phipps (Barkeeper), Chris Roman (Cliff), Richard Franchot (Albert).

Im Laufe der Jahre haben weder meine Verblüffung noch meine Verärgerung darüber nachgelassen, was das Fernsehen aus ›Hangover‹ gemacht hat. Ich freute mich natürlich, daß die Geschichte in der *Hitchcock Hour* gesendet werden sollte. Doch sowie die Titel auf der Bildfläche erschienen, merkte ich, daß ein paar Idioten beschlossen hatten, meine Story mit einer Erzählung von Charles Runyon zu kombinieren. Das Ergebnis war natürlich absoluter Schwachsinn. Das strahlende Licht war Tony Randall als Hadley Purvis, eine absolut richtige Besetzung. Ich halte ›Hangover‹ für eine genügend starke Geschichte, um die Zuschauer die erforderlichen fünfzig Minuten in Bann zu halten. Ich vermute, daß eben solche Entscheidungen, Geschmacksverirrungen und schlechte Inszenierung das Fernsehen in die gegenwärtige beklagenswerte Situation gebracht haben.

John D. MacDonald

MORGEN DER WAHRHEIT

Charles Runyon

Beim Erwachen spürte ich die Hammerschläge im Kopf noch nicht, aber ich wußte, es würde zu pochen beginnen, sowie ich den Kopf hob. Meine Nase fühlte sich geschwollen an, als hätte jemand sie kräftig eingeklemmt.

In der Küche hörte ich Lärm. Etwas Blechernes kippte um, rollte eine Ewigkeit lang herum und fiel dann mit einem dröhnenden Paukenschlag zu Boden. In meinem Kopf begann es zu hämmern. Ich versuchte, regungslos und passiv mit dem Lärm fertigzuwerden. »Marian! Bist du in der Küche?«

Nur ein metallisches Echo antwortete, wie in einem leerstehenden Haus. Mühsam öffnete ich ein Auge und sah, daß niemand im Bett neben mir lag. Die Zudecke lag säuberlich gefaltet am Fußende. Das Laken war umgeschlagen, frisch und glatt, für sie bereit. Doch Marian hatte nicht hier geschlafen; sie war vor fast zwei Wochen fortgegangen.

Ich schoß die Augen, und Verzweiflung legte sich mir bleischwer aufs Gemüt. Ich hatte geglaubt, letzte Nacht wäre sie zurückgekommen. Wie immer lächelte sie mich an, bevor sie zu Bett ging, mehr mit den Augen als mit dem Mund. Sie trug das zartblaue Nachthemd, das ich ihr vor zwei Monaten zum zehnten Hochzeitstag geschenkt hatte . . .

Zum Teufel, ich mußte das wohl geträumt haben. Ich wünschte, daß sie zurückkam, und solche unerfüllbaren Wünsche halten den Mechanismus in Gang.

An meinem Rücken spürte ich etwas Warmes. Rasch drehte ich mich um, aber es war nicht Marian. Das Haar dieses Mädchens war ebenso rotbraun wie das ihre, aber Marians Haar war nie so verwuschelt.

Ich rückte von ihr ab. Im Schlaf runzelte sie die Stirn und rutschte zu mir herüber. Ich glitt aus dem Bett, schlüpfte in den Morgenmantel und betrachtete sie. Sie war zwischen zwanzig und fünfundzwanzig. Falls sie hübsch sein sollte, war das jetzt nicht mehr zu erkennen, wie sie so mit schlaffen, dicklichen Wangen schlief. Ihre leicht geöffneten Lippen ließen zwei etwas vorstehende Zähne sehen. Aus ihrem Mundwinkel rann ein

Speichelfaden aufs Kopfkissen und bildete dort zusammen mit dem Lippenstift einen Fleck, der fast aussah wie verdünntes Blut.

Ich wollte jetzt nichts mit ihr zu schaffen haben. Schon bei der Aussicht auf eine Unterhaltung wurde mir übel. Aber ich wollte sie weghaben, also rüttelte ich sie an den Schultern.

»Baby . . .« Mit geschlossenen Augen fuhr sie sich mit der Zunge über die Lippen. »Laß uns noch ein bißchen schlafen, Baby.«

Langsam verlor ich die Geduld. Ich haßte dieses schmutzige, dumme und abgedroschene Kosewort. In meinen fünfunddreißig Jahren hatte ich mich an alles mögliche gewöhnt, nur nicht daran, ›Baby‹ genannt zu werden. Ich schüttelte sie, bis sie die Augen aufmachte.

»Mann, und deshalb weckst du mich auf?« Sie zog sich das Laken über den Kopf. »Marian . . . du hast mich dauernd Marian genannt.«

Ich riß ihr das Laken herunter. »Verdammt! Meine Frau heißt so.«

»Weiß ich, Baby, weiß ich.« Sie stieß das Laken weg und streckte die Beine lang aus. »Ich heiße Sandra. Kannst mich Sandy nennen.«

Sie warf mir einen Schlafzimmerblick zu, den sie wohl für süß und verführerisch hielt. Auf mich wirkte er wie Sirup im Gesicht. Ihr nackter Körper ließ mich kalt, obwohl ihr fester, rosiger Leib sicherlich der Traum eines Amerikaners war. Mein Traum war sie nicht, deshalb brachte mich ihre Anwesenheit aus dem Konzept. Ich wußte nicht mehr, wo und warum ich sie aufgegabelt hatte. Meine letzte klare Erinnerung war, daß ich am Mittwoch aus dem Büro gekommen war und die Leere des Hauses mich wie ein Hieb in den Magen getroffen hatte. Ich wußte, daß ich nicht noch eine Nacht allein mit mir verbringen konnte, also ging ich aus und schüttete Wodka-Martinis in mich hinein.

»Schön, Sandy«, sagte ich. »Wo habe ich dich kennengelernt?«

Sie hob die Brauen. »He, du hast ja 'n echten Filmriß! Ich bin Hosteß in der Dolly-Bar.«

Stirnrunzelnd schüttelte ich den Kopf. Das konnte ich nicht unterbringen.

»Das ist 'ne Stripkneipe an der Fourth Street. Weißt du das etwa auch nicht mehr?«

»Würde ich sonst fragen?«

»Oh . . . Baby hat einen Kater, nicht?« Sie stand auf und wollte zur Tür. »Ich hol' dir was dagegen.«

»Laß nur. Sag mir, wann und warum du hierhergekommen bist.«

Sie blieb in der Tür stehen und drehte sich um. Sie stützte eine Hand auf die Hüfte. »Okay. Du bist Mittwochabend in die Dolly-Bar gekommen, hast mir ein paar Drinks spendiert, und als mich ein . . . früherer Freund belästigte, bist du dazwischengefahren und hast ihn verdroschen. Du hast ein paarmal auf ihn eingeschlagen, bis sie dich rausgeworfen haben. Mir gefiel es, wie du dich behauptet hast. Ich habe dich mit zu mir ins Hotel genommen, und am nächsten Vormittag sind wir hierhergefahren.«

»Wie spät war's da?«

»Gegen elf.«

»Elf? Ach du lieber Himmel.« Ich sah mich richtig mit einem Flittchen im Arm in mein neues Häuschen schwanken. So etwas tat man in Elysia einfach nicht. Dies war die Gegend von Elternbeiräten und Pfadfindern – auch wenn der Name Bilder von Satyrn und molligen Griechinnen mit Traubenröckchen hervorrufen mochte. Elysia war das Zuhause von Männern, die in der Stadt arbeiteten, und ich hatte eine der Clubregeln gebrochen. »Hat dich jemand gesehen?«

»Na, ich glaube schon.« Sandy zuckte mit den Schultern. »Du hast mir nichts von Hereinschleichen gesagt.« Sie machte eine Pause. »Also, wenn du noch mehr Fragen hast – ich verziehe mich mal aufs Örtchen.«

Damit verschwand sie und warf die Badezimmertür hinter sich zu. Gleich darauf hörte ich, wie in der Küche Glas zu Bruch ging.

Barfuß und krummbeinig wegen meines Brummschädels ging ich in die Küche. Marians graue Katze hatte eine Mehldose umgeworfen und verzierte den Raum nun mit weißen Pfotenabdrücken.

Ich umrundete sie und klemmte sie mir dann unter den Arm. Während ich sie hinter den Ohren kraulte, schaute ich mich in der Küche um.

Hier herrschte Chaos. Aus dem Spülbecken, in dem sich schmutziges Geschirr stapelte, drang der Geruch von abgestandenem Essen und Schnaps. Auf dem Herd stand eine Pfanne mit schwarzen Kugeln, die einmal Erbsen gewesen waren. Was Marian wohl dazu gesagt hätte? Sie sprang immer sofort vom Tisch auf und wusch ab, bevor die Teller kalt werden konnten.

Auf dem Tisch standen zwei Teller. Auf einem lag ein Klecks grauer Schmiere mit einem Streifen Schinken, garniert mit einem langen roten Haar. Mir drehte sich fast der Magen um; die Vorstellung, mit ihr zu essen, war womöglich noch weniger anregend als die, mit ihr ins Bett zu gehen.

Die Katze maunzte. »Schon gut, meine Kleine«, sagte ich. »Zuerst du, dann die andere.«

Ich schlurfte durchs Wohnzimmer und sah, daß die Haustür offenstand. Der Teppich davor war feucht. Die Tür hatte die ganze Nacht offengestanden, und es hatte geregnet. Ich setzte die Katze auf dem Rasen ab und gab ihr mit dem großen Zeh einen Schubs.

Auf der Vordertreppe lag der Beweis, daß das Leben in Elysia auch ohne mich weitergegangen war. Ein paar Milchflaschen standen in der Sonne; ich versuchte sie zu zählen, aber sie drehten sich vor meinen Augen. Zwei Zeitungen lagen als nasse, klebrige Klumpen auf dem Gehweg, und eine dritte lag gleich bei der Haustür, frisch, trocken und mit dem Geruch nach Druckerschwärze, als ich sie aufhob. Ich las das Datum unter dem Namen der Zeitung: *Dienstag, 19. Juli.*

Fünf Tage, dachte ich. Ein Schweißtropfen rann mir kalt den Rücken hinunter. *O Gott, fünf Tage weg wie Schwarzgebrannter in einer durstigen Kehle.*

Ich ließ die Zeitung fallen und versuchte, mich zu erinnern. Aber es kam nichts außer kaltem Schweiß unter dem Morgenmantel. Wie eine weiße Niete auf blauem Stahlblech hing die Sonne am Himmel. Es konnte nicht viel später als acht Uhr sein; noch Zeit genug, ins Büro zu gehen. Aber dann fiel mir das Winterverkaufsprogramm ein, das ich dem Vorstand am Freitag hätte vorlegen sollen, und mir wurde klar, daß ein Tag die Katastrophe nur unwesentlich vergrößern würde.

Als ich den Blick hob, sah ich mein Auto quer in der Einfahrt stehen. Mit den Hinterrädern stand es im Rasen meiner Nachbarn. Nun wußte es bestimmt die ganze verdammte Stadt. Zwei Frauen gingen vorbei, die leere Einkaufswagen vor sich herschoben. Sie gafften mich an, dann gingen sie weiter mit der konzentrierten Miene von Studenten, die zu spät zur Vorlesung kommen. Plötzlich wurde ich mir meiner nackten Beine unter dem Morgenmantel bewußt.

Ich ging wieder ins Haus und schlug die Türe vor der peinigenden Helle zu. Ich brauchte was zum Trinken. Meine Nerven waren bis zum Zerreißen gespannt.

Die sandfarben geflieste Bar befand sich einen halben Treppenabsatz tiefer im Keller. Die Wände waren mit Wüstenmotiven bemalt, und als ich den Raum betrat, hatte ich das Gefühl, auf allen vieren durch die Sahara gerobbt zu sein.

Doch in der Bar befanden sich weder Scotch noch Bourbon. Ich suchte nach den exotischen Getränken, die Marian für den Tag gekauft hatte, an dem ich Abteilungsleiter mit der Verpflichtung sein würde, Parties zu geben. Ob sie jetzt wohl in ihrem Hotelzimmer saß und bedauerte, daß sie all die Zukunftspläne über den Haufen geworfen hatte?

Alle Flaschen waren leer, sogar die großen, schlanken Metaxaflaschen. Anscheinend hatte wir sogar dem Crème de Cacao den Garaus gemacht, denn ich fand zwei Gläser mit einem braunen Rückstand, der am Rand bereits eintrocknete, in der Mitte aber noch feucht war, wie ein Wasserloch in der Wüste.

Ich durchstreifte den Raum und fand einen Bierkrug mit einem Rest Bourbon und einer zerdrückten Zigarettenkippe drin. Ich angelte die Kippe heraus, stürzte den Bourbon hinunter und schüttelte mich wie ein Vulkan vor dem Ausbruch. Dreimal mußte ich schlucken, bis der Bourbon drunten blieb.

Nach einer Weile fühlte ich mich soweit hergestellt, daß ich raufgehen und ein Taxi rufen konnte. Danach ging es mir noch besser; welche Erleichterung, wenn Sandy endlich aus dem Haus wäre.

Als ich auflegte, entdeckte ich die Notiz, die ich vor einer Woche auf den Notizblock gekritzelt hatte: Regent Hotel, Ca-72700. Obwohl mich diese Nummer achtzig Dollar für einen Detektiv gekostet hatte, war mein Anruf bisher unterblieben. Ständig hielt ich mir vor, daß schließlich Marian mich betrogen hatte, nicht ich sie. Sie mußte zu mir kommen.

Ich stand auf und ging nach oben, weg vom Telefon. Draußen vor dem Schlafzimmer lag mein Anzug. Er war zerknittert, feucht und schmutzig. Mit nackten Zehen hob ich ihn auf und stellte fest, daß das Dielenholz darunter fleckig war wie Haut unter einem Verband. Welche Schnapsidee hatte mich wohl dazu bewogen, in den Regen hinauszulaufen? Vielleicht wußte Sandy es . . .

Sie war im Badezimmer und stand mit dem Rücken zu mir unter der Dusche. Hinter dem Wasservorhang sah sie wie Marian aus – allerdings wie eine Doppelgängerin, deren dicke, schwarz nachgezogene Augenbrauen mich schmerzlich nach dem Original verlangen ließen. Ich verspürte das seltsame Verlangen, den Kopf des Mädchens unter Wasser zu drücken.

Stattdessen bemühte ich mich um einen freundlichen, aber festen Ton. »Bald fertig?«

Sie hörte auf, ihren Bauch einzuseifen, und als sie sich umdrehte, quoll Schaum zwischen ihren Fingern hervor. »Ich mag's langsam, Baby.« Sie lächelte schwach. »Willste mir den Rücken waschen?«

Ich griff nach dem Duschvorhang und zog ihn zusammen. Früher hatte ich Marian den Rücken gewaschen, doch dieses Flitterwochenritual hatte vor einigen Jahren aufgehört. »Beeil dich. Ich hab' ein Taxi gerufen.«

»'nen tollen Cadillac vor der Türe, und dann nimmst du ein Taxi?«

Langsam riß mir der ohnehin dünne Geduldsfaden. »Du wirst das Taxi nehmen, Sandy – es wird gleich hier sein.«

»Mit nichts als Seifenschaum auf dem Leib?« Ihr Lachen zerrte an meinen Nerven, als fahre jemand mit Fingernägeln über eine Schiefertafel. »Jedenfalls kann ich nicht hier weg, Baby.«

»Verdammt! Ich heiße Greg. Greg Maxwell.«

»Ich weiß, Baby . . .«

»Nenn mich nicht so!«

»Gestern hat's dir gefallen.«

Ich ging zum Waschbecken und schüttete mir kaltes Wasser ins Gesicht. Mit Sandy zu reden, war ein nutzloses Unterfangen; wenn das Taxi da war, würde sie verschwinden. Ich fragte mich, wieviel sie wohl verlangen würde . . .

Ich wischte den Spiegel ab und betrachtete mein tropfendes Gesicht mit der Distanz, die der Alkohol vermittelt. Ich sah aus wie ein rothaariger Hampelmann, dessen vom Tischler hastig zusammengeleimtes Gestell lose im Morgenmantel hing. Schwarzrote Stoppeln standen hier und da in dem blassen Gesicht, unterbrochen von kleinen Schnitten vom Rasieren.

Ich betrachtete meine Hände. Die knubbeligen Knöchel waren

abgeschürft, die Fingernägel abgebrochen und schwarz umrandet. Mir fiel mein feuchter, schmutziger Anzug im Flur ein, und ich versuchte, mich an den gestrigen Abend zu erinnern.

Aber der gestrige Tag war weg, genau so wie die Tage davor. Fünf Tage waren verschwunden, irgendwo versteckt in drei Milliarden Gehirnzellen. Eine fremde, gewalttätige Persönlichkeit hatte von mir Besitz ergriffen: Ein Schwachsinniger, dem es gefiel, ›Baby‹ genannt zu werden, und der auf Flittchen stand. Jetzt hatte er sich in meinem Hirn niedergelassen und grinste von einem Aktenschrank voller Erinnerungen herunter. *Verschwinde von hier, Maxwell,* sagte er gerade. *Diese fünf Tage gehörten mir, alter Knabe.*

»Was?«

Beim Klang von Sandys Stimme sprang ich auf. »Ich habe nichts gesagt.«

»Du sagtest etwas von ›hier verschwinden‹.«

»O Gott.« Ich glaubte den Verstand zu verlieren; ich konnte mich nicht entsinnen, überhaupt etwas gesagt zu haben. Mit beiden Händen drückte ich gegen meine Stirn. »Sandy, was habe ich draußen im Regen gemacht?«

»Noch nicht mal *daran* erinnerst du dich?«

Ich preßte die Zähne zusammen. »Sandy, ich weiß nur, daß mein Anzug als nasses, schmutziges Bündel im Flur liegt.«

»Na gut . . .« Sie schwieg eine Minute, dann wurde der Duschvorhang zur Seite geschoben. Sie trat hinter mich und hüllte mich in eine Wolke von Seifenduft. »Das war am Freitag abend, als dieser Kerl kam und wissen wollte, warum du nicht zur Arbeit gekommen bist.«

»Welcher Kerl?«

»Mann, ich weiß nicht, wie er heißt –«

»Verdammt! Wie sah er aus?«

»So'n schweinsäugiger kleiner Kerl. Naschte dauernd.«

»Naschte . . .« Mein Mund war trocken, meine Haut war heiß und prickelte. Mein Chef war Harvey Reed, der Verkaufsleiter. Sein eindringlicher Blick vermittelte stets den Eindruck, als glaube er nie, was er sah. Er kaute pausenlos Pfefferminzbonbons, um seine Nikotinsucht zu dämpfen. »Weiter«, sagte ich.

»Schön. Er blieb nicht lange. Irgendwie schien er aufgebracht – hat noch nicht mal von dem Drink probiert, den ich ihm gemacht habe.«

Ich fuhr herum. »Warum zum Teufel bist du ihm nicht aus den Augen geblieben?«

Sie hielt mitten im Ohrenputzen inne. »Mann . . . ich hab' versucht, zu helfen. Du sagtest, er wäre dein Chef, und da wollte ich nett zu ihm sein . . .«

»Ach, um Himmels willen!« Ich wandte mich um und hielt mich am Waschbecken fest. Harvey war in puncto Familie recht eigen: *Ein Mann, der kein anständiges Familienleben führen kann, ist nicht in der Lage, mit Kunden umzugehen.* Ich erinnerte mich, wie er das mit dem Ausdruck eines überraschten Eichhörnchens und mit einem Pfefferminzbonbon in der Backe einst zum Besten gegeben hatte. »Okay, Sandy, er hat dich also gesehen. Und wie paßt nun der Regen in dieses Bild?«

»Ich . . . Willst du das auch bestimmt wissen?«

Ich sprach leise, wobei ich die Bewegung meiner Lippen im Spiegel betrachtete. »Sandy, zum letzten Mal: Sonst würde ich wohl nicht fragen.«

»Schon gut, schon gut. Mein Gott, mir wär's lieber, du wärst wieder betrunken. Da bist du wesentlich unterhaltender.« Sie seufzte. »Also . . . als der Kerl gegangen ist, bist du ihm gefolgt und hast ihm erzählt, er könne dich gar nicht rausschmeißen, weil du schon gekündigt hättest. Du hast behauptet, dein Job bei United Oil sei wesentlich besser. Als er weggefahren ist, hast du auf dem Rasen gestanden und hast hinter ihm hergeschrien –«

»Geschrien?«

»Ja, du hast ihn zur Hölle geschickt, aber ich konnte dich im Haus nicht so gut verstehen. Dann fing es an zu regnen, und du warst auf allen vieren auf dem Rasen und hast die Finger in den Boden gekrallt. Ich ging raus und fragte dich, ob du was verloren hättest. Du sagtest, wir wären kurz davor, über den Rand der Welt zu stürzen, und wolltest, daß ich dich festhalte –« Sie fing an zu lachen, brach dann aber plötzlich ab. »Tut mir leid, aber du hast dich so . . . ulkig aufgeführt.«

Ich schüttelte den Kopf, um ihn klar zu bekommen. Wie Wolkenfetzen stoben bruchstückhaft Erinnerungen durch mein Gehirn. Mir kam wieder in den Sinn, daß ich das Gefühl gehabt hatte, die Erde kippte von der Sonne weg und stürzte mich in Finsternis. Ich hatte Angst, den Kontakt mit der Erde zu verlieren und ins kalte, tiefe All zu segeln, ohne Marian als Anker . . .

»War's ein sehr guter Job?« fragte Sandy. »Ich meine . . . Ich denke schon, aber du meintest, dein Vertrag mit dieser anderen Firma –«

»Ist erledigt, Sandy. Vergessen wir's.« Die Betroffenheit in ihrer Stimme verursachte mir Übelkeit. Ich wollte kein Mitgefühl; deshalb konnte ich auch nicht ins Büro zurück. Ich würde meine Kündigung mit der Post schicken. Sollten sie doch die Story mit der United Oil glauben. Mit einer guten Empfehlung konnte ich vielleicht sogar dort unterkommen.

Aber ja doch! Harvey würde die Gelegenheit beim Schopf packen: Guter Mann, Maxwell. Abgesehen von seinem Alkoholproblem. In Anbetracht seiner häuslichen Situation kann ich dem Jungen natürlich keine Schuld geben. Dreimal verdammt! Danach würde mich keiner auch nur mit der Brikettzange anfassen.

Das Surren eines Rasierapparates zerrte an meinen Nerven. In einer Vision sah ich Marian die sanftgeschwungenen Beine rasieren. Sie wollte nie, daß ich dabei zusah. Rasieren war Männersache, und sie kam sich dabei derb und unzart vor.

Als ich mich umwandte, sah ich Sandy, die, ein Bein auf den Badewannenrand gestützt, die dicke Wade mit einem kleinen Rasierapparat von Haaren befreite. Einen Augenblick beobachtete ich, wie die Stoppeln zur Seite flogen, dann dämmerte mir, daß es Marians Rasierapparat war. Ich riß das Kabel aus dem Stecker, und das Summen erstarb.

Sandy blickte mit offenem Mund auf. »Was zum Teufel . . .?«

»Wo hast du den Rasierer her?«

»Wieso . . . Du hast ihn mir letzte Nacht gegeben.«

Letzte Nacht. Ich war fast sicher gewesen, daß Marian ihn mitgenommen hatte, aber da befand ich mich wohl im Irrtum.

Ich streckte die Hand aus: »Gib her.«

Sie händigte ihn mir aus, während sie fragend mein Gesicht studierte. Ich wickelte das Kabel um den Rasierer und legte ihn ins Medizinschränkchen. Später mußte ich ihn dann saubermachen, wenn mein Magen sich beruhigt hatte. Die Luft im Badezimmer war schwer vom Duft der Seife.

»Hast du Gepäck dabei?« fragte ich sie.

»Einen Koffer, wie du gesagt hast.«

»Gut. Ich helf' dir packen.«

Sie blinzelte überrascht. »Baby, wart mal . . .«

»Mach erst hier sauber. Dann zieh dich an.« Ich ging zur Tür. »Und hör auf, mich Baby zu nennen.«

Ich trat auf den Flur und atmete tief durch, aber viel half es nicht. Mir wurde übel bei dem Gedanken, Freitagabend zehn Jahre Arbeit weggeworfen zu haben.

Im Schlafzimmer fand ich Sandys billigen Pappkoffer, den ich offen durchs Haus trug. Sandy hatte es wohl als Laufsteg benutzt. Im Wohnzimmer lagen Schuhe, im Eßzimmer ein Négligé, und in der Kellerbar waren dünne schwarze Dessous verstreut, die an meinen Fingern klebenblieben.

Ich war fast fertig, als ich draußen auf der Rückseite einen Hund bellen hörte. Er gehörte nicht uns; Marian mochte Hunde nicht. Als ich rausging, sah ich den Dalmatiner unseres Nachbarn mit steifen Beinen auf der kahlen, schwarzen Erde des noch nicht fertiggestellten Hofes. Er balgte sich mit einem Beagle, den ich noch nie gesehen hatte.

Ich schrie sie an, und sie liefen weg. Dann fragte ich mich, warum mich das überhaupt kümmerte. Der Hof war Marians Idee gewesen, eine weitere herausgerissene Seite aus ihrem Buch der Zukunft. Sie hatte es während meiner letzten Zweimonatsreise unserer Verkaufsabteilung in Auftrag gegeben. In der Nacht, als ich zurückkehrte, fand ich sie mit dem Mann im Bett, der den Auftrag bekommen hatte. Aber da baute er gerade nicht am Hof . . .

Ich ging wieder hinein und knallte die Tür zu. Der nächste Hausbesitzer konnte den Hof ja fertigstellen lassen. Sollte er sich doch Gedanken machen um das Haus und die Fünfundzwanzigjahre-Hypothek. Ohne Arbeit konnte ich die Zahlungen nicht leisten.

Ich mußte in eine billigere Wohnung, in eine andere Umgebung ziehen. Ich mußte in einem anderen Job noch einmal ganz von vorne anfangen; vielleicht würde ich sogar wieder Klinkenputzen gehen müssen. Verdammt! Ich vermißte Marian. Ich brauchte ihre ruhige, realistische Art, Probleme anzupacken. Ohne sie kam ich mir vor wie ein Tausendfüßler, bei dem jedes Bein in eine andere Richtung strebt.

Erst einmal mußte ich Sandy loswerden. Oben entdeckte ich die Spuren ihrer nassen Füße, die durchs Schlafzimmer führten. Sie hatte das Badezimmer nicht aufgeräumt. Im Schlafzimmer sah ich Marians Kleiderschrank offenstehen; verstreute Kleider lagen herum. Ärger stieg in mir hoch.

Ich entdeckte Sandy in der Küche beim Kaffeetrinken. Sie trug das blaue Nachthemd, das ich Marian zum letzten Hochzeitstag geschenkt hatte. Wie einen Messerstich spürte ich die Enttäuschung darüber, daß Marian es hiergelassen hatte. Dann wandelte sich die Enttäuschung in Wut. »Steh auf«, befahl ich Sandy.

Langsam und mit ausdrucksloser Miene stand sie auf.

»Jetzt zieh das Nachthemd aus.«

Sie sah verwirrt aus. »Aber gestern hast du mich ausdrücklich gebeten, es anzuziehen.«

Mit zwei raschen Schritten war ich bei ihr. Ich ergriff ihren Arm und sagte: »Zieh es vorsichtig aus. Ich will nicht, daß es zerreißt.« Allmählich verstärkte ich meinen Griff, und sie rührte sich. »Das wär's. Jetzt den anderen Arm . . . vorsichtig.«

Als sie das Nachthemd ausgezogen hatte, ließ sie sich auf den Stuhl zurückfallen und rieb sich den Arm. »Du hast starke Hände, weißt du das? Du solltest mal die anderen Flecken sehen, die du mir verpaßt hast.« Ihre Unterlippe zitterte. »Aber es macht mir nichts aus. Weißt du, warum? Weil ich mir vorkam wie 'ne Ehefrau, und darauf bin ich scharf.

Plötzlich bist du ganz anders . . .« Ihr Blick verschwamm, und ihr Gesicht wurde faltig und häßlich.

Ich sah, wie ihr eine Träne über die Wange kullerte, und meine Haut kribbelte. Ich konnte ihre Tränen nicht sehen. »Ist dein Taxi noch nicht da?«

»Klar.« Ihr Mund verzog sich. »Da, unterm Tisch.«

»Wenn's nicht kommt, kannst du auch laufen. Jetzt zieh dich an. Ich will, daß du verschwunden bist, wenn meine Frau zurückkommt.«

»Deine *Frau?* Aber du –« Einen Augenblick schloß sie die Augen und schlug sie dann wieder auf. »Du hast sie doch weggeschickt, weil du sie mit einem anderen erwischt hast.«

»Ich habe sie nicht direkt *erwischt* . . .«

»Sie hat's aber nicht abgestritten, hast du gesagt.«

Ich wollte nicht streiten, aber der Drang, mich zu rechtfertigen, trieb mich voran. »Sandy, ich war zwei Monate lang fort. In dieser Zeit benahm ich mich auch nicht gerade wie ein . . . perfekter Ehemann. Jedenfalls ist es mir egal, was sie gemacht hat. Sie kommt zurück.«

»Und was ist mit deinem Versprechen?«

»Welchem Versprechen?«

Sie stand auf, und ihr weicher Mund nahm plötzlich einen recht entschlossenen Zug an. »Du hast gesagt, wir gehen nach Mexiko. Du wolltest das Haus verkaufen, dein Geld von der Bank abheben, dein Lager verkaufen . . .«

»Ach zum Teufel. Ist dir nicht klar, daß ich arbeitslos bin? Auf dem Haus liegt eine Hypothek, für das Auto mußte ich mein Lager beleihen. Sandy, du versuchst den falschen Mann auszunehmen. Ich stehe verdammt nahe vor dem Ruin.«

Bei diesen Worten hob sie das Kinn. »Ich versuche dich nicht auszunehmen!«

»Warum gehst du dann nicht?«

»Weil . . . du hast gesagt, du haßt deine Frau, weil sie eine kalte, berechnende Maschine wäre. Du würdest mich mögen, weil ich warm und leidenschaftliche und . . . und liederlich bin.«

Mit einem Mal hing mir diese Unterhaltung zum Hals heraus. »Hör mal, was immer in den letzten fünf Tagen auch passiert ist, es ist vorbei. Ich bin ein anderer Mann. Ich habe mich vollständig geändert. Was ich vorher haßte, das liebe ich jetzt. Und was ich zuvor mochte, ist mir jetzt zuwider. Kapierst du das?«

»Haßt du mich?«

»Ist nicht deine Schuld, Sandy. Es hat sich eben so ergeben.«

»Heißen Dank.« Sie ging zur Türe, drehte sich um und schaute mich an. »Du hättest besoffen bleiben sollen, Baby.«

Sie ging hinaus und schleppte ihren Koffer die Treppe hinauf. Ich beobachtete, wie sie im Schlafzimmer verschwand, und fühlte mich, als hätte ich einen Hund vom Bein gescheucht.

Während ich darauf wartete, daß sie herunterkam, fuhr das Taxi vor. Ich ging raus und bat den Fahrer zu warten, kehrte zurück und lief ungeduldig durchs Wohnzimmer, nun, da ich beschlossen hatte, Marian zurückzuholen. Sie wäre dankbar, überlegte ich, auch wenn sie's nicht zeigen würde. Sie würde ängstlich darauf bedacht sein, mir zu gefallen, und ich würde es akzeptieren. Sie würde mir Schokoladenplätzchen machen und den Kaffee ans Bett bringen. Ich würde einen Tag im Bett herumfaulenzen, warm und gemütlich unter den Flanellaken. Wir würden miteinander plaudern und uns lieben. Obwohl sie Liebe am hellichten Tag für etwas pervers hielt, würde sie mich nicht abweisen. Später würde ich ihr dann das mit der Arbeit erzählen, und dann würden wir zusammen beraten, was wir tun sollten . . .

Da kam Sandy herab in einem schwarzen Kleid mit Pailletten, das anscheinend ihre Arbeitskleidung war. Das war zwar so gut wie gar nichts, aber mir war es egal. Ich war ihr fast dankbar, so wie man einem Langweiler dankbar ist, der nach einem langen, anstrengenden Abend endlich die Tür hinter sich zumacht. Ich drückte ihr einen Zwanziger in die Hand und meinte: »Fürs Taxi, Sandy.«

Sie betrachtete ihn finster, stopfte ihn dann in ihre Handtasche und ging mit dem eng an den Hüften anliegenden Kleid hinaus. Ich raste zum Telefon und wählte das Regent Hotel. »Geben Sie mir bitte Mrs. Maxwells Zimmer«, bat ich die Vermittlung.

»Einen Moment, Sir.«

Während ich wartete, trommelte ich mit den Fingern aufs Telefontischchen. Im Geiste sah ich Marian in ihrem Zimmer sitzen, die schmalen, weißen Hände mit den Handflächen nach oben im Schoß. Ihre Nase war an der Spitze ein wenig rot, weil sie geweint hatte oder gleich weinen würde. Gleich darauf erhob sie sich, nahm ihre Handtasche und ging hinaus. Sie blieb kurz vor dem Spiegel stehen, eine kleine Frau, an der nicht zuviel und nicht zuwenig dran war. Ihr dunkles, rotbraunes Haar war an den Schläfen zurückgestrichen, oben waren die Haare sorgfältig in feste Locken gedreht, die wie stilisierte Wellen aussahen. Sie hob die Hand und berührte etwas Unvollkommenes, was nur sie sehen konnte. Plötzlich klingelte das Telefon . . .

Die Stimme der Telefonvermittlung drang an mein Ohr. »Tut mir leid, Sir, Mrs. Maxwell ist gestern abgereist.«

Mein Magen verkrampfte sich, und ein Schweißtropfen rann langsam meinen Rücken hinab. »Hat sie . . . eine Adresse hinterlassen?«

»Nein, Sir. Tur mir leid.«

Ich legte auf und spürte Bitterkeit in der Kehle. Ich konnte nicht mehr denken; mein Gehirn war wie ein elektrischer Apparat, den ein Blitzschlag lahmgelegt hatte. Es schienen zwar Rauchwölkchen aufzusteigen, und er summte auch, aber ihm fehlte der Saft.

Hinter mir hörte ich Lärm. Als ich mich umdrehte, stand Sandy da.

»Ich wußte, daß sie nicht da ist«, sagte sie. »Sie ist letzte Nacht gekommen.«

Ich starrte sie verständnislos an.

»Du . . . hast sie wieder weggeschickt«, meinte Sandy.

Mein Mund war trocken. Ich dachte an Marian, die heimkam und hoffte, daß ich ihr verzieh, und sie fand mich wahnsinnig und betrunken vor und das Haus vom Chaos einer viertägigen Orgie verwüstet. »Was . . . was habe ich zu ihr gesagt?«

»Mann, das weiß ich nicht. Als sie gekommen ist, hast du mich ins Bad abgeschoben. Lange Zeit später bist du reingekommen und hast gesagt, sie würde uns nicht mehr in die Quere kommen.«

Mein Gesicht fühlte sich gespannt an, als zöge jemand am Hinterkopf die Haut zusammen, wobei ich Schlitzaugen bekam und mein Mund sich verzog, so daß die Worte nur noch verzerrt herauskamen.

»Und habe ich dir da den Rasierapparat und das Nachthemd gegeben?«

»Ja.« Ihre Augen wurden rund. »Baby, du siehst aus, als könntest du einen Drink vertragen.«

»Oh Gott, o du lieber Gott!« Ich preßte die Augen zusammen und lehnte die Stirne an das kühle, feste Holz des Telefontischchens. Urplötzlich kam die Erinnerung wieder, wie das Licht in einer Großstadt nach einem Stromausfall. Sie war gleißend hell, lebendig – und unerträglich . . .

Wir hatten lange gestritten und waren dabei von Zimmer zu Zimmer gelaufen. Jetzt standen wir auf dem Hof und sahen einander an. Ich war heiser und atmete rauh. Marian war steif, nüchtern und stark wie ein Baum. Sie hatte das Haus gesehen und die Anwesenheit einer anderen Frau gespürt, deshalb ging sie jetzt. »Diesmal, Greg, komme ich nie wieder zurück.« Ich fluchte hinter ihr her. Sie betrachtete mich kühl und spöttisch, was meine Wut nur noch mehr anstachelte, bis blanker Haß meinen Verstand vernebelte. Ich schlug sie nieder, stemmte einen Stein hoch, hob ihn über den Kopf und ließ ihn mit aller Wucht niedersausen. Als ich anschließend noch mehr Steine hochstemmte, lachte ich darüber, wie meine Hände zitterten.

Sandys Stimme drang zu mir aus einem fernen, friedlichen Land herüber mit einer Süße, die meine Seele erstarren ließ.

»Komm, wir wollen uns einen Rausch antrinken, Baby. Kümmere dich nicht um sie. Ich bleib' bei dir. Für immer.«

Ich hörte Hunde im Hof, die sich wieder rauften. Diesmal wußte ich, weswegen sie sich balgten.

›Hangover‹. *The Alfred Hitchcock Hour,* 6. Dezember 1962. Regie Bernard Girard, Drehbuch von Lou Rambeau nach John MacDonalds Kurzgeschichte »Hangover« *(Cosmopolitan,* Juli 1956; in der Sammlung von MacDonalds *End of the Tiger and Other Stories,* Gold Medal, 1966) und nach Charles Runyons Kurzgeschichte »Hangover« (Manhunt, Dezember 1960). Mit Tony Randall (Hadley Purvis), Jayne Mansfield (Marian), Dody Heath (Sandra Purvis), Robert P. Lieb (Bill Hunter), Myron Healy (Bob Blake), Tyler McVey (Driscoll), James Maloney (Cusham), June Levant (Verkäuferin), William Phipps (Barkeeper), Chris Roman (Cliff), Richard Franchot (Albert).

Ich habe ›Hangover‹ nie gesehen, aber ich könnte ganze Bände schreiben über die Umstände der Entstehung der Geschichte – basierend auf einer wahren Begebenheit – bis zu ihrer Veröffentlichung im *Manhunt* Magazin. Sie ist der Hope-Diamant unter den Kurzgeschichten, mit einem Hintergrund voll Blut, bizarrer Zufälle und Permutationen des Bösen. Ein Beispiel dafür:

Zu der Zeit, als mein Agent Scott Meredith mich über den Verkauf der Geschichte ans Fernsehen informierte, lebten wir in dem Ferienort Zihuatanejo an der Pazifikküste. Das Honorar vom Fernsehen lag um einiges höher als das aus der Veröffentlichung im Magazin, nur war ein Haken dabei. Der Vertrag mußte unterzeichnet und notariell beglaubigt sein.

Nun gab es in Zihuatanejo allerdings keinen Notar. Die nächste Möglichkeit bestand in Acapulco, etwa einhundertfünfzig Meilen weiter die Küste hoch. Die Schwierigkeit bestand jedoch darin, daß ein Hurrikan alle Brücken zwischen uns und der Stadt zerstört hatte. Das einzige Boot, das durchkam, gehörte einer Brauerei im Besitz des mexikanischen Präsidenten. Es fuhr einmal die Woche und brachte Bier und andere lebensnotwendige Dinge für die Fischer. Also charterte ich ein Flugzeug, das wohl schon kurz nach dem Start den ersten Fall von Flugzeugentführung durch den Piloten bildete.

Das Flugzeug war klein und konnte nur drei Passagiere nebst Pilot aufnehmen. Hinten saß ein junges Paar aus Kankakee, Illinois, auf Hochzeitsreise. Doch die Braut hatte einen heftigen Anfall von Luftkrankheit und außerdem gerade eine Diät aus Rindfleisch und Mangos hinter sich, dem einzig Eßbaren in

Zihuatanejo – außer gebackenen Bananen. Ihr Magen behielt nichts bei sich, und der junge Mann war auch nicht besser dran. Beide sprachen kein Wort Spanisch und baten mich deshalb, dem Piloten davon Mitteilung zu machen. Das tat ich auch und bemerkte dabei ein eigenartiges Glitzern in dessen Blick, ohne aber weiter darüber nachzudenken.

Was sich anschließend zutrug, hätte aus der Feder von Paul Bowles stammen können. Es fing an, als wir über das Dorf flogen, das von einer Regenflut aus den Bergen überschwemmt worden war. Wo vorher ein paar hundert Menschen gelebt hatten, war nun nichts mehr zu sehen außer einer schmutzigtrüben Flut. Noch immer wurde im Schlamm nach Leichen gegraben. Man konnte kleine Flecken schwarzer Teilchen sehen, wo die Leichen gleich nach der Bergung verbrannt worden waren. Für eine ausgiebige Zeremonie blieb keine Zeit – nur einige rasche Worte, ein Spritzer Weihwasser, dann Kerosin drüber und eine Fackel drauf. Wahrscheinlich brachte das den Piloten auf die Idee mit der Erpressung.

Er drehte ab und steuerte auf See hinaus. Das Mädchen hinter mir wurde grün, und ihr Mann bat mich, den Piloten zu ersuchen, sich keine weiteren Luftsprünge mehr zu erlauben, wenn er nicht Wert legte auf eine Frau, der furchtbar übel war. Dieser Pilot nun, Prototyp des Latin Lover, erklärte, der einzige Weg zu einem reibungslosen Flug führe über Extrabezahlung. Ich stellte fest, daß wir gar nicht mehr auf dem Weg nach Acapulco waren, sondern irgendwo außer Sichtweite des Festlands über dem Meer kreisten. Ich fragte den Piloten, wieviel, und er erwiderte: »Oh, etwa hundert Dollar pro Mann und Nase.« Ich gab das an den jungen Mann auf dem Rücksitz weiter. Der lachte nur und meinte spöttisch: »Hält der uns für blöd? Der würde doch nicht seine eigene Maschine in den Sand setzen.« Ich war mir da nicht ganz so sicher, deshalb kehrte ich zum Piloten zurück und sagte: »Wir reden nach der Landung darüber.« Der Pilot sah überrascht aus. Am Boden hatte er ja kein Druckmittel mehr. Aber er war noch Neuling im Erpressergeschäft, und deshalb war er sich über den nächsten Schritt noch nicht im klaren. Nach einem neuerlichen Abtauchen und Hochziehen mit mehrfacher Schwerkrafteinwirkung, das lediglich Erbrechen bei der jungen Frau zur Folge hatte, legte er die Maschine gerade und flog mit Höchstgeschwindigkeit nach Acapulco.

Als ich ihn auf dem Rollfeld verließ, hielt er sich so weit wie möglich vom Hangar entfernt. Das Pärchen warf ihm ein paar Hundert-Peso-Scheine hin und schwankte davon. Der Pilot betrachtete zuerst das Geld, dann die Schweinerei in seinem Flugzeug. Als ich ihm mein Trinkgeld gab, sagte ich: »Für Ihre Bemühungen.« Er nahm die Münze, ein Fünfzig-Centavo-Stück, das bereits damals so gut wie wertlos war, und warf es weit fort. Es funkelte auf, rollte über die Landebahn und verschwand im dichten Dschungel, der den Flugplatz umgab.

Das ist nur eine der seltsamen Begebenheiten rund um die Geschichte. Ich habe den Vertrag auch in Acapulco nicht notariell beglaubigen lassen. Aber das ist wieder eine andere Geschichte.

Charles Runyon

LAUTER REIZENDE LEUTE

Robert Bloch

Der Zug hatte Verspätung, und es mußte schon neun Uhr durch sein, als Natalie mutterseelenallein auf dem Bahnsteig vor der Station Hightower stand.

Der Bahnhof selbst hatte offensichtlich bereits für die Nacht geschlossen – es handelte sich eigentlich nur um eine Haltestelle, denn es gab hier keine Stadt –, und Natalie wußte nicht recht, was tun. Sie war fest davon ausgegangen, daß Dr. Bracegirdle da sein und sie abholen würde. Vor der Abfahrt in London hatte sie ihrem Onkel telegraphisch ihre Ankunftszeit mitgeteilt. Doch vielleicht war er gekommen und wieder gegangen, nachdem sich der Zug verspätet hatte.

Natalie blickte sich unsicher um und bemerkte dann eine Telefonzelle, die ihr plötzlich die Lösung eingab. In ihrer Tasche steckte Dr. Bracegirdles letzter Brief, und darin standen sowohl Adresse wie Telefonnummer. Sie wühlte in ihrer Handtasche, und bis sie das Telefonhäuschen erreicht hatte, hielt sie auch den Brief in der Hand.

Der Anruf bei ihm erwies sich als etwas problematisch; es dauerte eine endlose Zeit, bis in der Vermittlung die Verbindung hergestellt wurde, und in der Leitung war ein starker Summton. Ein Blick auf die Berge jenseits des Bahnhofes durch die Glaswände der Telefonzelle ließ sie den Grund für die Schwierigkeit ahnen. Schließlich, so rief sie sich ins Gedächtnis, war man hier im Westen. Die Bedingungen mochten ein wenig primitiv sein –

»Hallo, hallo!«

Eine Frauenstimme ertönte über die Leitung, deren Schreien den Lärm ziemlich gut übertönte. Es war nun kein Summen mehr zu hören, und das Geräusch im Hintergrund war aller Vermutung nach ein allgemeines Palaver vieler Stimmen. Natalie beugte sich vor und sprach direkt und deutlich in das Mikrofon.

»Hier spricht Natalie Rivers«, sagte sie. »Ist Dr. Bracegirdle da?«

»Wer ist am Apparat, sagten Sie?«

»Natalie Rivers. Ich bin seine Nichte.«

»Seine was, Miss?«

»Nichte«, wiederholte Natalie. »Kann ich ihn bitte sprechen?«

»Einen Augenblick.«

Eine Pause trat ein, in der sich das Geräusch der Stimmen im Hintergrund zu verstärken schien, und dann vernahm Natalie eine angenehm klingende Männerstimme, die wesentlich leichter von dem undeutlichen Gemurmel zu unterscheiden war.

»Dr. Bracegirdle hier. Meine liebe Natalie, das ist ein unerwartetes Vergnügen!«

»Unerwartet? Aber ich habe dir doch von London aus heute nachmittag ein Telegramm geschickt.« Natalie beherrschte sich, als sie die leichte Schärfe bemerkte, die sich in ihre Stimme geschlichen hatte. »Ist es denn nicht angekommen?«

»Ich fürchte, hier unten steht es mit dem Service nicht zum besten«, sagte Dr. Bracegirdle mit einem entschuldigenden Kichern. »Nein, dein Telegramm ist nicht eingetroffen, aber allem Anschein nach du selbst.« Er kicherte wieder. »Wo bist du denn, meine Liebe?«

»Am Bahnhof Hightower.«

»Ach du liebe Zeit. Das liegt genau in der entgegengesetzen Richtung.«

»Entgegengesetzten Richtung?«

»Von Peterby aus. Kurz bevor du angeläutet hast, wurde ich angerufen. Irgend so ein dummer Quatsch mit einem Blinddarm – wahrscheinlich nichts anderes als ein verdorbener Magen. Aber ich habe versprochen, gleich rumzukommen, nur für alle Fälle.«

»Willst du sagen, daß du immer noch die Allgemeinpraxis machst?«

»Notfälle, meine Liebe. Es gibt in dieser Gegend nicht viele Ärzte. Zum Glück aber auch nicht viele Patienten.« Dr. Bracegirdle wollte eben wieder anfangen zu kichern, wurde dann aber ernst. »Paß mal auf. Du sagst, du bist am Bahnhof. Ich werde gleich Miss Plummer losschicken, damit sie dich mit dem Kombiwagen abholt. Hast du viel Gepäck?«

»Nur meine Reisetasche. Das übrige kommt mit dem Hausrat per Boot.«

»Boot?«

»Hab' ich das nicht erwähnt, als ich schrieb?«

»Doch, stimmt, das hast du. Nun, macht nichts. Miss Plummer wird gleich losfahren.«

»Ich warte vor dem Bahnsteig.«

»Wie war das? Bitte sprich lauter, ich kann dich kaum hören.«

»Ich sagte, ich warte vor dem Bahnsteig!«

»Oh.« Dr. Bracegirdle kicherte wieder. »Hier ist eine kleine Party im Gange.«

»Störe ich denn dann nicht? Ich meine, weil du mich nicht erwartet hast –«

»Keinesfalls! Die gehen alle in Kürze nach Hause. Warte du auf Plummer.«

Das Telefon gab einen Knacks, als eingehängt wurde, und Natalie kehrte zum Bahnsteig zurück. In erstaunlich kurzer Zeit erschien der Kombi und rutschte von der Straße weg bis zur Kante der Gleise. Eine große, dünne, grauhaarige Frau in einer etwas zerknitterten weißen Uniform stieg aus und winkte Natalie zu.

»Kommen Sie her, meine Liebe«, rief sie. »Hier, ich werde dies mal eben hinten reinwerfen.« Sie nahm die Reisetasche hoch und beförderte sie ins Auto. »Und nun, rein mit Ihnen – und schon sind wir weg!«

Sie wartete kaum, bis Natalie die Wagentür geschlossen hatte, sondern jagte den Motor auf Hochtouren, und der Wagen preschte wieder auf die Straße zurück.

Die Tachonadel schoß sofort auf siebzig hoch, und Natalie zuckte zusammen. Miss Plummer bemerkte ihre Nervosität.

»Tut mir leid«, sagte sie. »Wenn der Doktor unterwegs ist, kann ich nicht lange wegbleiben.«

»O ja, Gäste im Haus. Er hat es mir erzählt.«

»Wirklich?« Miss Plummer nahm eine scharfe Kurve an einer Kreuzung, und die Reifen quietschten protestierend. Natalie beschloß, ihre Furcht durch eine Unterhaltung abzulenken.

»Was für ein Mann ist mein Onkel eigentlich?« fragte sie.

»Haben Sie ihn denn nie kennengelernt?«

»Nein. Meine Eltern zogen nach Australien, als ich noch ziemlich klein war. Dies ist meine erste Reise nach England. In der Tat ist es sogar das erste Mal, daß ich von Canberra weg bin.«

»Haben Sie Familie bei sich?«

»Sie kamen vor zwei Monaten bei einem Autounfall um«, sagte Natalie. »Hat der Doktor Ihnen das nicht erzählt?«

»Ich fürchte, nein, – sehen Sie, ich bin noch nicht lange bei ihm.« Miss Plummer stieß ein Krächzen aus, und der Wagen schleuderte wild auf der Straße. »Autounfall, wie? Manche Leute haben hinter dem Lenkrad nichts zu suchen. Das sagt der Doktor.«

Sie wandte sich um und schaute Natalie an. »Ich habe doch richtig verstanden, daß Sie gekommen sind, um hier zu bleiben?«

»Ja, natürlich. Er schrieb mir, als er zu meinem Vormund bestellt wurde. Deshalb frage ich mich, wie er wohl sein mag. Aus Briefen kann man das schlecht sagen.« Die schmalgesichtige Frau nickte stumm, doch Natalie drängte es, sich jemandem anzuvertrauen. »Um die Wahrheit zu sagen, ich bin ein wenig aufgeregt. Ich meine, ich bin vorher noch nie einem Psychiater begegnet.«

»Wirklich?« meinte Miss Plummer achselzuckend. »Da haben Sie Glück. Ich hab' im Laufe der Zeit schon eine ganze Reihe erlebt. Sind so ein bißchen Alleswisser, wenn Sie mich fragen. Obwohl ich sagen muß, Dr. Bracegirdle ist einer der besten. Entgegenkommend, wissen Sie.«

»Soweit ich weiß, hat er eine ziemlich große Praxis.«

»Für diese Dinge gibt es keinen Mangel an Patienten«, bemerkte Miss Plummer. »Vor allem unter den Wohlhabenden. Ich würde sagen, Ihr Onkel hat sich ganz schön herausgemacht. Das Haus und alles – aber Sie werden selbst sehen.« Wieder vollführte der Wagen einen Schlenker, bei dem einem schlecht werden konnte, und raste zwischen den eindrucksvollen Toren einer langen Zufahrt hindurch, die vor einem wuchtigen, baumumstandenen Haus endete. Durch die mit Läden verschlossenen Fenster erblickte Natalie einen schwachen Lichtschein – gerade hell genug, um ihr einen ersten Eindruck von der reich verzierten Fassade am Haus ihres Onkels zu geben.

»Donnerwetter«, murmelte sie, mehr zu sich selbst.

»Wie war das?«

»Die Gäste – und es ist Samstagabend. Und da stehe ich nun, total zerknautscht von der Reise.«

»Machen Sie sich nur keine Gedanken darüber«, versicherte ihr Miss Plummer. »Hier gibt's keine Förmlichkeiten. Das hat mir der Doktor gesagt, als ich kam. Dies ist ein Heim nicht wie die anderen.«

Miss Plummer krächzte ihre Worte heraus, während sie gleichzeitig bremste, und der Kombiwagen hielt direkt hinter einer imponierenden schwarzen Limousine.

»Hinaus mit Ihnen!« Mit munterer Tüchtigkeit schnappte Miss

Plummer die Reisetasche vom Rücksitz und trug sie die Treppen hinauf, wobei sie Natalie mit einem Kopfnicken über die Schulter bedeutete, ihr nachzukommen. An der Türe hielt sie inne und wühlte in der Tasche nach dem Schlüssel.

»Sinnlos, zu klopfen«, sagte sie. »Sie hören mich nie.« Als die Türe aufschwang, wurde ihre Bemerkung voll bestätigt. Das Hintergrundgeräusch, das Natalie übers Telefon vernommen hatte, bildete hier eine turbulente Geräuschkulisse. Zögernd stand sie da, als Miss Plummer über die Schwelle fegte.

»Kommen Sie, kommen Sie!«

Gehorsam trat Natalie ein, und als Miss Plummer hinter ihr die Tür schloß, blinzelte sie, da ihre Augen nicht an die hier drin herrschende Helligkeit gewöhnt waren.

Sie bemerkte, daß sie in einer langen, ziemlich kahlen Halle stand. Unmittelbar vor ihr stand ein großer Koffer. In einer Ecke zwischen dem Geländer und der Wand standen ein Schreibtisch und ein Stuhl. Zur Linken war eine dunkelgetäfelte Tür –, die offensichtlich in Dr. Bracegirdles Privatbüro führte, denn auf einem Messingtäfelchen stand sein Name. Zur Rechten befand sich eine riesige offene Diele, deren Fenster gegen die Dunkelheit der Nacht dick mit Gardinen verhängt und mit Läden versperrt waren. Von hier wurde der Lärm der abendlichen Gesellschaft zurückgeworfen.

Natalie ging durch die Halle auf die Treppe zu. Dabei erhaschte sie einen Blick auf die Diele. Ein Dutzend Gäste bewegte sich im Kreis um einen großen Tisch. Sie redeten und gestikulierten mit der Lebhaftigkeit enger Bekannter –, miteinander beschäftigt und mit dem Inhalt einer Reihe von Flaschen, die den Tisch zierten. Ein plötzlich ausbrechendes Gelächter verriet, daß mindestens einer der Gäste die Gastfreundschaft des Doktors mißbraucht hatte.

Natalie ging rasch am Eingang vorbei, um nicht bemerkt zu werden, und schaute dann zurück, um sicherzugehen, daß Miss Plummer mit ihrer Reisetasche folgte. Miss Plummer folgte tatsächlich, doch ihre Hände waren leer, und als Natalie die unterste Treppenstufe erreichte, schüttelte Miss Plummer den Kopf.

»Sie wollen doch nicht etwa hinaufgehen?«, murmelte sie. »Kommen Sie herein und machen Sie sich bekannt.«

»Ich wollte mich eigentlich zuerst ein wenig frisch machen.«

»Lassen Sie mich vorangehen und erst Ihr Zimmer in Ordnung bringen. Der Doktor hat mir nicht Bescheid gesagt, wissen Sie.«

»Das ist wirklich nicht nötig. Es würde mir reichen, mich nur zu waschen –«

»Der Doktor sollte jeden Augenblick zurück sein. Warten Sie doch bitte auf ihn.« Miss Plummer ergriff Natalies Arm, und mit der gleichen Geschwindigkeit und Energie, die sie beim Fahren an den Tag gelegt hatte, steuerte sie das Mädchen in den hell erleuchteten Raum.

»Hier ist die Nichte des Doktors«, verkündete sie. »Miss Natalie Rivers aus Australien.«

Mehrere Köpfe drehten sich in Natalies Richtung, obwohl Miss Plummers Stimme kaum durch den allgemeinen Lärm der Unterhaltung gedrungen war. Ein kurzgewachsener, fröhlich aussehender dicker Mann verbeugte sich vor Natalie und schwenkte ein halbleeres Glas.

»Den ganzen Weg von Australien, wie?« Er streckte ihr sein Glas hin. »Sie müssen Durst haben. Hier, nehmen Sie dies. Ich hole mir ein anderes.« Und ehe Natalie antworten konnte, drehte er sich um und tauchte zurück in die Gruppe rund um den Tisch.

»Major Hamilton«, flüsterte Miss Plummer. »Eine liebe Seele, wirklich. Obwohl ich befürchte, daß er ein kleines bißchen angesäuselt ist.«

Nachdem Miss Plummer sie alleingelassen hatte, blickte Natalie unsicher auf das Glas in ihrer Hand. Sie war noch ungewiß, wo sie es wieder abstellen konnte.

»Erlauben Sie.« Ein großer, grauhaariger, sehr distinguiert wirkender Mann mit schwarzem Schnurrbart trat auf sie zu und nahm ihr das Stielglas aus den Fingern.

»Ich danke Ihnen.«

»Keine Ursache. Ich fürchte, ich muß mich für den Major entschuldigen. Der Party-Geist, wissen Sie.« Er nickte und deutete auf eine Frau in einem außerordentlich tief dekolletierten Kleid, die angeregt mit einer Gruppe von drei lachenden Männern plauderte. »Aber da es so etwas wie eine Abschiedsfeier ist –«

»Ah, hier sind Sie!« Der kurzgewachsene Mann, den Miss Plummer als Major Hamilton vorgestellt hatte, stürzte in den Kreis um Natalie zurück mit einem frischen Drink in der Hand und einem frischen Lächeln auf dem geröteten Gesicht. »Ich bin wieder zurück«, verkündete er. »Genau wie ein Bumerang, wie?«

Er lachte explosionsartig, dann hielt er inne. »Ich meine, Sie haben doch Bumerangs in Australien? Hab' eine ganze Menge von euch Aussies in Gallipoli gesehen. Natürlich ist das schon einige Zeit her, jedenfalls vor Ihrer Zeit, möchte ich annehmen – «

»Bitte, Major.« Der große Mann lächelte Natalie an. Seine Gegenwart strahlte etwas Beruhigendes und irgendwie seltsam Vertrautes aus. Natalie fragte sich, wo sie ihn vielleicht vorher schon einmal gesehen haben konnte. Sie beobachtete, wie er zum Major hinüberging und ihm den Drink aus der Hand nahm.

»Aber hören Sie mal –« entgegnete der Major heftig.

»Sie haben genug gehabt, alter Junge. Und es ist für Sie fast Zeit zu gehen.«

»Einen für unterwegs –« Der Major blickte sich um und streckte die Hände vor, als wolle er Zustimmung erbitten. »Alle anderen trinken auch!« Er machte einen Satz auf sein Glas zu, doch der große Mann wich ihm aus. Er lächelte Natalie über die Schulter hinweg zu, zog den Major auf die Seite und begann ernsthaft mit ihm zu flüstern. Der Major nickte in seiner Trunkenheit übertrieben mit dem Kopf.

Natalie sah sich im Zimmer um. Niemand schenkte ihr die geringste Aufmerksamkeit außer einer älteren Frau, die ganz allein auf einem Schemel vor dem Klavier saß. Sie richtete einen starren Blick auf Natalie, der ihr das Gefühl gab, bei einem Galakonzert zu stören. Natalie drehte sich hastig um und erblickte wieder die Frau in dem dekolletierten Kleid. Plötzlich fiel ihr wieder ein, daß sie sich ja selbst umziehen wollte. Auf der Suche nach Miss Plummer sah sie sich zum Eingang um. Doch Miss Plummer war nirgendwo zu sehen.

Sie ging in die Halle zurück und schaute die Treppe empor.

»Miss Plummer!« rief sie. Doch es kam keine Antwort.

Aus dem Augenwinkel bemerkte sie auf einmal, daß die Tür zum Zimmer auf der anderen Seite der Halle offenstand, und als Natalie hinüberstarrte, kam Miss Plummer mit einer Schere in der Hand rückwärts heraus und eilte in der entgegengesetzten Richtung davon, noch ehe Natalie nach ihr rufen konnte.

Die Leute hier benahmen sich schon reichlich seltsam, überlegte Natalie. Aber war das bei Parties eigentlich nicht immer so?

Sie ging an der Treppe vorbei und wollte Miss Plummer folgen, hielt jedoch auf einmal vor der offenen Tür.

Neugierig warf sie einen Blick in den Raum, der offensichtlich das Sprechzimmer ihres Onkels war. Es war ein behagliches Zimmer mit vielen Büchern an den Wänden, und vor den Regalen standen schwere, lederbezogene Möbel. Die Behandlungscouch befand sich in einer Ecke nahe der Wand, und daneben war ein großer Schreibtisch aus Mahagoni. Seine Platte war leer bis auf ein altmodisches Telefon, von dem eine dünne braune Schnur hing.

Irgend etwas an dieser Schnur störte Natalie, und ehe sie sich ihrer Bewegung bewußt war, stand sie im Zimmer und blickte auf die Schreibtischplatte und die braune Telefonschnur hinunter.

»Miss Plummer!« murmelte Natalie und erinnerte sich an die Schere, die sie in ihren Händen gesehen hatte. Aber warum hätte sie das Telefonkabel durchschneiden sollen?

Natalie drehte sich eben um, als der große, distinguiert aussehende Mann hinter ihr durch die Türe trat.

»Das Telefon wird nicht gebraucht«, sagte er, als hätte er ihre Gedanken erraten. »Ich habe Ihnen doch erzählt, daß dies eine Abschiedsfeier ist.« Er sprach mit einem leichten Kichern.

Wieder empfand Natalie an ihm etwas seltsam Vertrautes, und diesmal fiel es ihr ein. Sie hatte das gleiche Kichern am Telefon gehört, als sie vom Bahnhof aus angerufen hatte.

»Sie machen sich wohl einen Spaß!« rief sie. »Sie sind doch Dr. Bracegirdle, oder nicht?«

»Nein, meine Liebe.« Er schüttelte den Kopf, als er an ihr vorbei durch das Zimmer ging. »Es ist nur so, daß kein Mensch Sie erwartet hat. Wir waren eben drauf und dran, wegzugehen, als Sie anriefen. So mußten wir einfach irgendwas sagen.«

Einen Augenblick herrschte Stille. Dann fragte Natalie endlich: »Wo ist denn nun mein Onkel?«

»Dort drüben.«

Natalie stand auf einmal neben dem großen Mann und starrte auf etwas hinab, das in einer Ecke zwischen Couch und Wand lag. Sie mußte wegsehen.

»Ausgesprochen unordentlich«, sagte der große Mann und nickte. »Natürlich kam das alles so plötzlich, – die Gelegenheit, meine ich. Und dann ließen sie sich alle mit Alkohol vollaufen –«

Seine Stimme klang in dem Raum wie ein hohles Echo, und

Natalie merkte plötzlich, daß der Lärm der Party verstummt war. Sie blickte auf und sah alle im Türrahmen stehen und zuschauen.

Die Gruppe wich auseinander, und Miss Plummer trat schnellen Schrittes ins Zimmer, über ihrer zerknitterten, schlechtsitzenden Uniform unsinnerweise einen Pelzumhang.

»Ach du lieber Gott«, stöhnte sie. »So haben Sie ihn also gefunden!«

Natalie nickte und trat einen Schritt vorwärts. »Sie müssen doch etwas tun«, sagte sie. »Bitte!«

»Natürlich haben sie die anderen noch nicht gesehen«, meinte Miss Plummer, »denn die sind oben. Die Mitarbeiter des Doktors. Gräßlicher Anblick.«

Die Männer und Frauen hatten sich hinter Miss Plummer in den Raum gedrängt und starrten stumm vor sich hin.

Natalie wandte sich flehentlich an sie. »Aber das ist doch das Werk eines Wahnsinnigen!« schrie sie. »Er gehört in eine Irrenanstalt!«

»Mein liebes Kind«, murmelte Miss Plummer, während sie rasch die Tür schloß und versperrte und die stummen Zuschauer sich auf sie zubewegten. »Dies ist eine Irrenanstalt . . .«

›A Home Away from Home‹. *The Alfred Hitchcock Hour,* 27. September 1963. Regie Herschel Daugherty. Fernsehspiel von Robert Bloch nach seiner eigenen Kurzgeschichte ›A Home Away from Home‹ *(Alfred Hitchcock's Mystery Magazine,* Juni 1961). Enthalten in *Blochs Tales in a Jugular Vein,* Pyramid, 1965). Mit Ray Milland (Dr. Fenwick), Claire Griswold (Natalie Rivers), Virginia Gregg (Miss Gibson), Peter Leeds (Andrew), Beatrice Kay (Sara Sanders), Ben Wright (Dr. Norton), Mary La Roche (Ruth), Connie Gilchrist (Martha), Jack Searle (Nicky Long), Ronalds Long (Major), Peter Brooks (Donald), Brendan Dillon (Inspektor Roberts), Richard Peel (Offizier).

Von all meinen in Hitchcock-Programmen im Fernsehen gezeigten Geschichten kommt ›A Home Away from Home‹ wahrscheinlich Sir Alfreds spezieller Hitchcock-Weise, die Welt zu betrachten, am nächsten. Deshalb schrieb ich sie speziell für einen Kurzgeschichtenwettbewerb des *Alfred Hitchcock's Mystery Magazine,* bei dem sie einen Preis errang.

Die Erzählung, im wesentlich eine Variation von Poe's ›The System of Dr. Tarr and Prof. Fether‹, ist ganze 2500 Wörter lang und enthält kaum genügend Stoff, um sie für eine einstündige Fernsehfassung zu bearbeiten. Als daher die Produzenten Joan Harrison und Norman Lloyd an mich herantraten, die Geschichte für eine Fernsehshow umzuschreiben, stand ich vor einem Problem. Wie konnte ich die Linie der Geschichte erweitern und die Charaktere entwickeln unter Beibehaltung der Elemente, durch die in der Kurzgeschichtenversion die Handlung zum Erfolg wurde?

Es mag recht anspruchsvoll klingen, wenn ich sage, daß ich das Garn der Spannung die ganze Handlung hindurchführen und nicht einfach einige Szenen zum Ausstopfen hinzufügen wollte. Die willkürlichen Programmlängen des Fernsehens sind wie das Prokrustesbett in der Sage, das seine unseligen Benutzer entweder streckte oder verkürzte, bis sie genau in seine Form paßten. Doch wenn eine Geschichte ›hinhauen‹ soll, genügt es nicht, einfach zu strecken oder zusammenzuquetschen, und so stand ich bei meiner Umarbeitung vor keiner leichten Aufgabe.

Wenn Sie sich bei der Lektüre der kleinen Erzählung dies vor Augen halten, werden Sie merken, daß es für mich nicht leicht war, sie zu erweitern und dabei das gleiche Maß an Spannung aufrechtzuerhalten, aber ich glaube, die Dramatisierung ist gelungen.

Wenigstens war ich so sehr davon befriedigt, daß ich Jahre später zwei Novellen und einen abendfüllenden Kinofilm schrieb, die beide in der gleichen Örtlichkeit angesiedelt waren. Wüßte man die Wahrheit, dann ist vielleicht ein solcher Handlungsort in Wirklichkeit mein Heim fern von daheim . . .

Robert Bloch

STADT IN ANGST

Ellery Queen

Susan March, die junge, rothaarige Bibliothekarin der Flora G. Sloan Library, Northfields kulturellem Stolz, lenkte ihren gichtbrüchigen alten Buick um den Pfosten mit der Warnblinkanlage im Stadtzentrum und fuhr die Hill Street hinauf zu dem Ziegelbau, in dem das Rathaus untergebracht war. Der aus den Ritzen im Boden dringende Qualm reizte sie zum Husten, aber das kümmerte sie nicht, denn sie hatte entdeckt, daß die Limousine Baujahr 1940 nur auf steilen Strecken qualmte; die Straße zwischen der Stadt und dem Häuschen in Burry's Hollow drei Meilen von Northfield weg, in dem sie wohnte, war die weiteste Strecke über so eben wie eine Tenne.

Susan hatte den Jahrgangs-Buick vor einigen Wochen, im Oktober, von Miss Flora Sloan bekommen, Northfields unbestrittener Alleinherrscherin, von der manche behaupteten, sie sei eine direkte Nachfahrin von Ebenezer Scrooge.

»Aber Miss Flora«, hatte Susan mit wehendem Pferdeschwanz ausgerufen, »warum gerade ich?«

»Weil dieser Buschräuber von Will Pease mir mickrige fünfunddreißig Dollar dafür geboten hat«, war Miss Floras grimme Entgegnung. »Lieber geb' ich ihn Ihnen umsonst.«

»Ich weiß gar nicht, was ich sagen soll, Miss Flora. Er ist wunderschön.«

»Papperlapapp«, hatte die alte Dame gesagt. »Die Hupe muß gerichtet werden, die Reifen sind geflickt, ein Scheinwerfer ist zerbrochen, die Farbe blättert ab, und auf der linken Seite ist er eingebeult. Aber in der kurzen Zeit, die ich ihn hatte, brachte er mich überall hin, wo ich hinwollte, und bei Ihnen wird er's genau so machen, Susan. Das ist doch besser, als jeden Tag die sechs Meilen zur Bücherei und zurück mit dem Fahrrad zu strampeln, wie Sie's seit dem Tod Ihres Vaters machen.« Mit einem Hauch von Schärfe fuhr Miss Flora fort: »Heute tragen die Mädchen ja keine Pumphosen mehr wie damals, als ich zweiundzwanzig war.«

Miss Flora hatte vergessen zu erwähnen, daß auch die Heizung nicht funktionierte. Nachdem der November begonnen hatte und der Winter kurz bevorstand, gab es nur die schwierige Wahl, die Fenster offenzuhalten und zu erfrieren, oder sie zu schließen und dafür zu ersticken. Aber im Augenblick, als Susan sich in übelriechendem blauem Dunst die Hill Street hinaufmühte, schlug sie sich mit einem viel drückenderen Problem herum. Tom Cooley wurde vermißt.

Tommy war der Sohn eines Gemüsegärtners im Valley, ein flachsköpfiger Junge mit roten Händen, groß und von langsamen Bewegungen wie John Cooley. Von seiner Mutter Sarah, die im vergangenen Winter an Lungenentzündung gestorben war, hatte er die kummervollen Augen. Tommy verschlang Bücher geradezu, in Northfield eine seltene Erscheinung, und Susan setzte große Erwartungen in ihn.

»Es gibt keinen Grund auf der Welt, warum du nicht aufs College gehen solltest, Tommy«, hatte sie zu ihm gesagt. »Du bist einer der wenigen hier in der Stadt, die eine solche Chance verdienen.«

Tommy hatte geantwortet: »Selbst wenn Pa es sich leisten könnte, brächte ich's im Augenblick nicht fertig, ihn allein zu lassen.«

»Aber früher oder später mußt du doch fort. In einem Jahr oder so wirst du zur Army gehen.«

»Ich weiß nicht, was Pa dann macht.« Dann lenkte er das Gespräch in aller Ruhe wieder auf Bücher.

Tommy Cooley war von einer Traurigkeit, hatte so frühzeitig alle jugendliche Verspieltheit abgelegt, daß er in Susan den Wunsch weckte, ihn zu bemuttern, auch wenn er sie um Haupteslänge überragte. Sie freute sich auf seine Besuche und die kurzen Gespräche über Hemingway und Thomas Wolfe. Tommy war durch seine Arbeit an die Farm gebunden, doch an jedem ersten Montag im Monat tauchte er an Susans Schreibtisch auf, um den Armvoll Bücher zurückzugeben, die sie ihm empfohlen hatte, und voll Eifer mit einer neuen Ladung abzuziehen. Weder Regen noch Schnee, noch die gute alte Neu England-Sonne konnte ihn davon abhalten.

Am ersten Montag im November blieb Tommy aus. Als er sich bis zum Ende der Woche noch nicht hatte blicken lassen, war Susan sicher, daß etwas nicht in Ordnung war, und am Freitagabend fuhr sie zur Farm der Colleys hinaus. Sie fand das vom Wetter mitgenommene Haus versperrt, in einer Furche rostete ein

Traktor vor sich hin, Kürbisse und Tomaten waren nicht abgeerntet, und weder von Tommy noch von seinem Vater gab es das geringste Lebenszeichen.

Daher schloß sie am Samstagnachmittag frühzeitig ihre Bücherei, und nun befand sie sich auf der Hill Street, auf dem Weg zum Büro von Deputy Sheriff Linc Pearce, um eine bedrückende Aufgabe zu erfüllen.

Es mußte schon der zuständige Beamte des County sein, denn Northfields Polizeidepartment bestand aus nur einem Mann: Rollie Fawcett. Seit einer Generation beschränkte sich die Polizeiarbeit von Old Rollie darauf, in der Main und Hill Street Reifen zu markieren und Strafzettel über einen Dollar für zu langes Parken auszuschreiben, von denen sein Gehalt bestritten wurde. Es gab in Northfield einfach keinen anderen, an den man sich wenden konnte, außer Linc Pearce.

Susan war auch darüber nicht sonderlich glücklich.

Die Schwierigkeit lag darin, daß sie für Linc Pearce immer noch der weibliche Peter Pan war, der ihm das Steinsalz aus der Kehrseite pickte, wenn der alte Mr. Burry sie in seinen Apfelbäumen erwischte. Auch als sie längere Röcke und einen Büstenhalter trug, änderte sich nicht das geringste an Lincs Haltung. Nicht etwa, daß er weiblichem Charme gegenüber immun gewesen wäre, beileibe nicht; die Art und Weise, wie er vor seinem Eintritt in die Army mit der schon recht reifen Marie Fullerton herumzog, war Beweis genug. Linc kehrte ruhiger und gefestigter nach Hause zurück und leistete ausgezeichnete Arbeit als Stellvertreter von Sheriff Howland im Distrikt Northfield. Aber Susan behandelte er nach wir vor so, als ob sie immer noch zusammen nackt im Burry's Creek schwimmen würden.

Sie parkte ihre Klapperkiste auf dem mit »Nur für Behördenfahrzeuge« markierten Platz und betrat das Rathaus mit zusammengebissenen Zähnen, zu allem bereit.

Linc legte gleich mit seiner üblichen Tour los. »Wenn das nicht die Kratzbürste Sue ist«, kicherte er und wand seine ein Meter neunzig hinter dem papierübersäten Schreibtisch hervor. »Hast du die Brille zu Hause gelassen?«

»Welche Brille?« Susan konnte noch auf siebzig Meter die Barthaare eines Eichhörnchens zittern sehen.

»Als ich letztes Mal auf der Straße an dir vorbeiging, hast du mich überhaupt nicht gesehen.«

»Ich habe dich wohl gesehen«, entgegnete Susan kalt und zog sich zurück wie eine Schlange. »Linc Perace, wenn du mich wieder unterm Kinn kitzelst –«

»Aber Susie«, sagte Linc, »ich stelle dir nur eben einen Stuhl hin.«

»O«, schnaubte Susan und ließ ihre Vorsicht außer acht. »Solltest du womöglich Manieren entwickeln?«

»Gewiß, meine Gnädigste«, erwiderte Linc respektvoll, hob sie mit einem Arm schwungvoll vom Boden und beförderte sie auf den Stuhl.

»Eines Tages . . .« Susan blieb die Rede im Hals stecken.

»Sachte, sachte«, beruhigte sie Linc. »Was treibt dich her?«

»Tom Cooley!«

»Der junge Bengel, mit dem du dir soviel Mühe gibst?« Er grinste. »Was hat denn der Bauernbursche angestellt? Vielleicht ein Bibliotheksbuch mitgehen lassen?«

»Er ist verschwunden«, gab Susan zornig zurück.

Dann berichtete sie Linc, daß Tommy nicht in der Bücherei erschienen war, und erzählte von ihrem Besuch auf der Farm der Cooleys.

Linc setzte natürlich eine nachsichtige Miene auf. »Um John gibts kein Geheimnis. Er ist seit über einem Monat weg, um eine andere Farm möglichst weit weg von Northfield zu kaufen. John trägt schwer an Sarahs Tod im vergangenen Winter. Aber Tommy sollte eigentlich die Farm versorgen.«

»Nun, er ist jedenfalls nicht dort.«

»Vielleicht hat er sich eine Spritztour irgendwohin geleistet.«

»Und einen Traktor für viertausend Dollar auf einem halbumgepflügten Feld stehenlassen, damit er vor sich hinrostet?« Susans Pferdeschwanz wippte herum wie eine rote Fahne im Wind. »Tommy hat viel zuviel Bauernblut in sich, um so was zu tun, Linc.«

»Er ist jetzt siebzehn, nicht wahr?«

»Ich sage dir, ich kenne Tommy Cooley und du nicht.«

Deputy Sheriff Lincoln Pearce blickte sie an und schnappte sich seinen Hut und die schaffellgefütterte Jacke. »Wahrscheinlich werde ich nie erfahren, wie's ausgeht, wenn ich nicht selbst nachschaue.«

Draußen auf dem Parkplatz besah er sich Susans neueste

Errungenschaft. »Ich weiß Bescheid«, nickte er ernst. »Das ist John Wilkes Booths* Fluchtfahrzeug. Wo hast du ihn her?«

»Miss Flora Sloan hat ihn mir vor drei Wochen *geschenkt,* als sie bei der Tombola auf dem Basar das Chevrolet Coupé gewonnen hat.«

Linc pfiff. Dann klappte er wie ein Taschenmesser zusammen und stieg ein. »Ist er auch sicher? Kaum zu glauben, was meine Arbeit für Risiken mit sich bringt!«

Die ganze Fahrt über machte er in dieser Weise weiter. Susan fuhr ganz steif, ohne ein Wort zu reden.

Doch als sie in den Hof der Cooleys einbogen, sagte Linc mit völlig veränderter Stimme: »John ist zu Hause. Da steht sein Jeep.«

Sie fanden John Cooley in einem Lehnstuhl in seiner Diele. Die massigen Schultern hingen herab, auf den kräftigen Knien lag die Familienbibel. Über das Buch hinweg starrte er vor sich hin.

»He, John«, sagte Linc von der Türe her.

Der Farmer hob den Kopf. Die blaßgrauen Augen blickten benommen.

»Mein Junge ist fort, Lincoln.« In seiner dröhnenden Stimme klang Sorge, tiefe Sorge.

»Hab' grad davon gehört, John.«

»Sieht aus, als sei er schon seit Wochen weg.« Er blickte durch die düstere Diele. »Wo ist Tommy, Sue Marsh?«

»Ich weiß es nicht, Mr. Cooley.« Susan versuchte, ihrer Stimme einen beiläufigen Klang zu geben. »Ich hoffte, Sie würden's wissen.«

Der Farmer stand auf und sah sich um, als suche er nach einem Platz für seine Bibel. Er war beinahe so groß wie Linc und anderthalbmal so breit, ein Baum von einem Mann, den der Blitzschlag getroffen hat.

»Wann haben Sie Tom zum letztenmal gesehen, John?«

»Am zweiten Oktober, als ich wegfuhr, um nach einem neuen Hof zu suchen.« John Cooley schluckte. »Hab' auch einen gefunden, drunten in York State. Dachte, ich könnte Tommy einen neuen Start geben, vielleicht ein bißchen mehr Glück für uns schaffen. Aber nun werde ich's wohl aufgeben müssen.«

* Mörder von Abraham Lincoln (Anm. d. Üb.).

»Sehen Sie mal nicht gleich so schwarz, John«, meinte Linc heiter. »Hat der Junge Ihnen keine Nachricht hinterlassen?«

»Nein.« Der Farmer atmete hörbar. Er legte die Bibel auf den Lehnsessel nieder, als werde ihm das Gewicht plötzlich zu schwer.

»Wir werden ihn finden. Sue, du hast Tom zuletzt am ersten Montag im Oktober gesehen?«

Susan nickte. »Ich glaube, es war am dritten Oktober, dem Tag, nachdem Mr. Cooley weggefahren ist, wie er sagt. Tommy kam in die Bücherei, um ein paar Bücher zurückzugeben und neue zu holen. Ich erinnere mich, daß er den Lastwagen mithatte.«

»Ist der Laster noch da, John?«

»Ja.«

»Fehlt irgendwas von Tom?«

»Seine Zweiundzwanziger.«

Linc sah erleichtert aus. »Na, da haben wir's. Er ist in die Berge gegangen und wird jeden Augenblick mit einem fetten Rehbock und einem Sackvoll Ausreden zürückkommen. Ich würde mir keine Sorgen machen.«

»Ich schon«, warf Susan ein. Sie war wütend auf Linc. »Tommy hätte sich niemals auf einen längeren Ausflug begeben, ohne mir erst die Bibliotheksbücher zurückzugeben.«

»Da spricht die weibliche Logik.« Linc grinste, doch dann ging er zu Cooley hinüber und legte dem Älteren die Hand auf die Schulter. »John, möchten Sie, daß ich eine Suche einleitet?«

Die Schulter zitterte, aber alles, was der Farmer herausbrachte, war: »Ja.«

Über Nacht hatte Linc drei Suchtrupps organisiert und die Staatspolizei alarmiert. Am Sonntagmorgen machte sich ein Trupp unter Führung des alten Sanford Brown, Northfields erstem Magistratsmann, nach Westen auf den Weg mit der Weisung, bei jeder Farm und jeder Tankstelle haltzumachen. Rollie Fawcett übernahm den zweiten Trupp, der mit gleichen Weisungen nach Osten aufbrach. Den dritten Trupp leitete Linc selbst; er hatte noch Frenchy Lafont und Lafonts beide Jagdhunde mit. Frenchy war Eigentümer des Northfield Bar and Grill an der Hill Street gegenüber dem Rathaus. Er war der beste Spurensucher des County.

»Nehmen Sie's nicht so schwer, John«, sagte Lafont zu John Cooley, bevor sie aufbrachen. »Ich und meine Hunde, wir werden Ihren Jungen finden. Warum wollen Sie auch mitgehen?«

Doch der Farmer packte weiter seinen Rucksack, als wäre er taub.

Lincs Trupp verschwand in dem dichten Waldgebiet im Norden, wo er zwei Wochen unterwegs war. Sie kamen zurück mit Bärten, hohlwangig und stumm. John Cooley und Frenchy Lafont waren nicht dabei. Sie tauchten erst zehn Tage später wieder auf, als der erste Schneefall eine weitere Suche aussichtslos machte. Selbst die Hunde wirkten niedergeschlagen.

Linc hatte inzwischen der Polizei in den angrenzenden Bundesstaaten Handzettel zukommen lassen, die von der Northfield Times gedruckt worden waren. Sie enthielten eine Beschreibung von Tommy Cooley und zeigten sein jüngstes Photo, das aus dem Jahrbuch der High School stammte. Zeitungen, Rundfunk und Fernsehstationen arbeiteten mit. Linc schickte eine offizielle Anfrage nach Washington. Die Rekrutierungslisten von Heer, Marine, Marinekorps und Luftwaffe wurden durchkämmt. Die Immatrikulationsbüros sämtlicher Colleges im Land wurden per Rundschreiben befragt. Das FBI wurde informiert.

Doch von Tommy Cooley – oder seinem Jagdgewehr – fand sich keinerlei Spur.

Linc und Susan stritten sich.

»Das ist so eine Sache, sag' ich dir.« Die Falte zwischen Lincs Augen war in diesen Tagen tiefer denn je. »Wir konnten ja noch nicht einmal annähernd die Zeit seines Verschwindens festlegen. Das kann zu jeder Zeit zwischen dem dritten Oktober und Anfang November gewesen sein. Niemand sah ihn fortgehen, und anscheinend hat ihn seither niemand zu Gesicht bekommen.«

»Aber ein erwachsener junger Mann löst sich doch nicht in Rauch auf!« protestierte Susan. »Er muß doch irgendwo sein, Linc. Er ist nicht einfach von zu Hause fortgelaufen. Tommy handelt nicht verantwortungslos, und wenn du nur halb der clevere junge Mann des Sheriffs bist, für den du dich hältst, dann wirst du herausfinden, was mit ihm geschehen ist.«

Das war eine höchst unlogische Bemerkung, und Susan wußte es auch. Für einen kurzen, spannenden Augenblick dachte sie, Linc werde wütend über sie herfallen, aber wie üblich ließ er sie kurz abfahren. »Wie wärs, wenn du meine Polizeimarke übernimmst, und ich gebe dafür die Bibliotheksbücher aus?«

»Glaubst du wirklich, daß du in den Stapeln das richtige finden würdest?«

Susan marschierte hinaus und knallte die Türe zu. Linc stand auf und schloß sie nochmals leise.

Mitte Dezember fuhr Susan zur Cooley-Farm hinaus. Die Gerüchte über John Cooley beunruhigten sie. Es wurde davon geredet, er vernachlässige die Farm, rede mit sich selbst und hocke dauernd über seiner Bibel.

Susan stellte fest, daß die Gerüchte übertrieben waren. Das Haus war zwar schmutzig, und in der Küche stapelte sich das ungespülte Geschirr, doch in Anbetracht der Jahreszeit schien die Farm selbst gut in Schuß zu sein, und der Farmer selbst sprach ganz vernünftig. Nur sein Aussehen entsetzte Susan. Seine rötliche Haut war grau und schlaff geworden, durch das Haar zogen sich weiße Strähnen, und sein Overall schlotterte um den Körper.

»Ich hab' Ihnen einen Heidelbeerkuchen aus meiner Tiefkühltruhe mitgebracht, Mr. Cooley«, sagte sie fröhlich. »Ich erinnere mich, daß Tommy davon gesprochen hat, Heidelbeer wäre Ihr Lieblingskuchen.«

»Ach ja.« Cooley schaute auf den Kuchen auf seinem Schoß hinunter, aber er schien ihn nicht zu sehen. »Mein Tom ist ein guter Junge.«

Susan suchte angestrengt nach einem Gesprächsthema. Schließlich sagte sie: »Wir vermissen Sie sehr bei den Grange-Versammlungen und in der Kirche . . . Ist es hier draußen nicht recht einsam für Sie, Mr. Cooley?«

»Ich muß auf meinen Jungen warten«, erklärte John Cooley geduldig. »Der Herr würde ihn nie ohne ein Zeichen von mir nehmen. Ich habe noch kein Zeichen empfangen, Susan. Er wird heimkommen.«

Tommy Cooley wurde im Brunnen gefunden.

Die Niederschläge hatten in diesem Jahr biblische Ausmaße erreicht. Sie zerstörten die Frühpflanzungen, überfluteten Teiche und Bäche und ließen den Northfield River so weit über die Ufer treten, daß Tausende von Hektar Weiden und tiefergelegenes Land überschwemmt wurden. Die Verbindungsstraße zwischen

Northfield und dem Valley stand über mehrere Meilen unter Wasser.

Als das Wasser zurückging, gab es unmittelbar neben der Straße, keine zwei Meilen von der Cooley-Farm entfernt, eine flache Grube frei, und in dieser Grube lagen die sterblichen Überreste von John Cooleys Sohn. Ein mit Straßenausbesserungsarbeiten beschäftigter Bautrupp des County entdeckte ihn.

Susan hörte die tragische Nachricht, als sie eben die Bibliothek absperrte.

Frenchy Lafont, der in seinem neuen Ford-Kabrio unterwegs war, bremste ab und schrie ihr zu: »Sie haben die Leiche von Cooleys Jungen gefunden, Miss Marsh! Alles läuft hin!«

Susan konnte sich später nicht mehr daran erinnern, wie sie in der diesigen Dämmerung den Buick in Gang brachte. Wahrscheinlich war es Instinkt, reiner Herdentrieb, der sie nun bewog, blindlings der Herde von Fahrzeugen zu folgen, die auf der Straße zum Valley dahinschossen, die meisten genau so unkontrolliert wie ihre eigene Klapperkiste. Susan hatte nur eins vor Augen: den Anblick von John Cooleys grauem Gesicht, als er zu ihr gesagt hatte, der Herr hatte ihm kein Zeichen gegeben.

Das Herz wurde ihr schwer, als sie endlich das Gesicht des Farmers erblickte. Cooley kniete in dem Grab neben der Straße, wühlte mit den Fingern im Schlamm, die leeren Augen blickten schrecklich, während rings um ihn die Leute wie ein aufgescheuchter Haufen Ameisen in dem lehmverschmierten Buschwerk herumtrampelten. Linc Pearce und einige Angehörige der Staatspolizei hielten die Menge zurück, um dem Trauernden Platz zu lassen. Doch sie hätten sich nicht anzustrengen brauchen; der Farmer hätte ebenso gut allein in einem seiner Maisfelder sein können. Seine großen Hände fuhren wie liebkosend über den Schlamm in der Grube, dann droschen sie wieder wie wild darauf ein, als wollte er ihn mit Schmeicheln und Gewalt seinem Wahnsinn unterwerfen. Einmal fand er einen Knopf, der vom Ärmel der Lederjacke seines Sohnes abgerissen war. Linc kam herzu und wollte ihm den Knopf abnehmen, doch die mächtige Hand ballte sich zur Faust, wurde wie ein Hammer, und Linc wandte sich ab. Der große Mann steckte ihn zusammen mit einem Kieselstein, einem Glassplitter, einem Klumpen mit Graswurzeln in seine Manteltasche – dies war sein Sohn, der Bund zwischen ihnen, Mizpah . . .

Erst nachdem das Bündel unter der Zeltplane in Art Ormsbys Leichenwagen fortgebracht worden war und die Menge sich zerstreut hatte, gelang es Susan, näher heranzukommen. Sie hatten John Cooley dazu gebracht, sich neben dem Grab auf einen Baumstumpf zu setzen, während die Männer das Gestrüpp durchsuchten. Sie folgten nur ihrer Routine, wie Susan wohl wußte, denn die Zeit, das zurückweichende Wasser und die Füße der Menschenmenge hatten jegliche Spur vernichtet.

Sie wartete, während Linc mit einem Lieutenant der Staatspolizei und Dr. Buxton, der als Polizeiarzt für Northfield amtierte, sprach. Sie sah, wie Dr. Buxton zu John Cooley hinüberblickte, den grauen Kopf schüttelte und sich dann in seinen Wagen setzte, um zur Stadt zurückzufahren. Da bemerkte sie, daß der Lieutenant vorsichtig eine rostige, schmutzverkrustete Flinte in der Hand hielt.

Nachdem er mit der Flinte weggegangen war, trat Susan auf Linc zu und sagte: »Nun, wie sieht's aus?« Den ganzen Winter über hatten sie kaum ein Wort miteinander gesprochen.

Linc blinzelte kurz zu ihr hinab und sagte: »Hallo, Sue.« Dann sah er zu dem regungslosen Mann auf dem Baumstumpf hinüber, als wären beide in seinen Gedanken auf schmerzvolle Weise miteinander verbunden.

»Dieses Gewehr da«, fragte Susan, »gehörte das Tommy?«

Linc nickte. »Wurde mit der Leiche zusammen in die Grube geworfen. Sie werden es im Labor der Staatspolizei in Gurleytown nochmals gründlich untersuchen; nach der ganzen Zeit werden sie nichts mehr finden.«

»Wie lang denn?«

»Schwer zu sagen.« Linc preßte die Lippen fest zusammen. »Doc Buxton meint nach dem ersten Augenschein, daß er fünf bis sechs Monate tot ist.«

Susans Brust hob sich, sie hielt die Luft an. »Linc . . . war es Mord?«

»Der Hinterkopf ist vollständig eingeschlagen. Was sonst noch vorliegt, erfahren wir erst, wenn der Doc die Autopsie durchgeführt hat.«

Susan schluckte die kalte Luft hinunter. Sie brachte es einfach nicht fertig, dieses in eine Plane eingehüllte Bündel mit Tommy Cooleys großer, trauriger, eifriger Person in Verbindung zu bringen, sich vorzustellen, daß diese Person seit dem vergangenen Oktober oder Anfang November in der Erde zerfiel.

»Wer hätte ihn töten wollen?« sagte Susan wild. »Und warum, Linc? Warum?«

»Gerade das muß ich nun herausfinden.«

Noch nie hatte sie erlebt, daß ihn sein Humor so vollständig verlassen hatte, daß sein Mund so sehr zusammengekniffen war. Eine Welle der Wärme durchrieselte sie. Einen Augenblick lang fühlte sich ihm Susan sehr nahe.

»Linc, laß mich dir helfen«, brachte sie atemlos hervor.

»Wie?« fragte Linc.

Das Gefühl der Wärme schwand. Es gab keinen Weg einer Annäherung auf der Basis von Erwachsenen, weder im Falle Tommy Cooley noch sonst. Susan erwartete beinahe, Linc werde ihr die Schulter tätscheln.

»Das ist Männerarbeit«, murmelte er. »Trotzdem vielen Dank.«

»Und glaubst du, daß du der Mann dafür bist?« hörte Susan sich selbst ausrufen.

»Vielleicht nicht. Aber auf jeden Fall werde ich's versuchen.« Linc faßte ihre Hand, doch sie zog sie hastig zurück. »Weißt du, Susie«, sagte er, »du bist völlig durcheinander. Laß mich die Schwerarbeit machen. Wenn die Spur fünf, sechs Monate alt ist . . .«

Zitternd vor Wut schlüpfte Susan weg.

In den folgenden Wochen empfand Susan fast eine gewisse Befriedigung, als sie Lincs Fehlschläge verfolgte. Die meisten Insider-Informationen erhielt sie von Dr. Buxton, der zu den treuen Besuchern der »Mystery«-Sektion in der Bücherei gehörte, und von Frenchy Lafont. Miss Floras alles erfassende Augen nahmen die Ereignisse praktisch schon wahr, ehe sie passierten, und Frenchys strategische Position gegenüber dem Rathaus verschaffte ihm den bestinformierten Kundenkreis in der Stadt.

»Linc Pearce schreit herum wie eine Färse auf der Suche nach dem Stier«, bemerkte Miss Flora eines Tages in der Bibliothek. »Der Junge sitzt völlig auf dem Trockenen, Susan. Es gibt Dinge, die der Allmächtige uns nicht wissen lassen will. Ich glaube, das Geheimnis um den armen Tommy Cooley gehört auch dazu.«

»Das kann ich mir nicht vorstellen, Miss Flora«, sagte Susan. »Wenn Linc auf dem Trockenen sitzt, dann nur, weil es ein besonders schwieriger Fall ist.«

Die alte Dame blinzelte ihr zu. »Mir scheint, Susan, daß du ein mächtiges persönliches Interesse an ihm hast.«

»Selbstverständlich! Tommy –«

»Von wegen Tommy. Du kannst die Männer mit deinem unverblümten Mundwerk und deinem rothaarigen Temperament zum Narren halten, Susan Marsh, aber eine alte Frau führst du nicht hinters Licht. Du bist in Lincoln Pearce verliebt, solange ich denken kann. Warum machst du seinen Launen nicht ein Ende und heiratest ihn?«

»Ihn heiraten!« Susan lachte. »Um alles in der Welt, Miss Flora! Natürlich habe ich ein Interesse an Linc – schließlich sind wir zusammen aufgewachsen. Dies ist für ihn ein wichtiger Fall –«

»Quatsch!« sagte Miss Flora nachdrücklich und rauschte hinaus.

Mitte Mai sagte Frenchy Lafont zu Susan, als sie in seinem Café ihren Lunch aß: »Dieser Linc ist wirklich ein Narr. Wissen Sie was, Miss Marsh? Jeder außer ihm selbst weiß, daß er geschlagen ist.«

»Er ist nicht geschlagen, Mr. Lafont!«

In der Tat gab es weder für Linc Pearce noch für sonst jemand irgendeinen Anhaltspunkt. Der Schädel des toten Jungen war von hinten durch einen Schlag von beträchtlicher Stärke zerschmettert worden, wie Dr. Buxton feststellte. Auch Schultern und Rücken wiesen Zeichen eines Angriffs auf. Anscheinend hatte er eine Reihe heftiger Schläge erhalten. Doch die Waffe wurde nicht entdeckt.

Linc ging immer wieder zu der flachen Grube zurück, untersuchte in einem großen Umkreis Schritt für Schritt Straße und Gesträuch, noch lange nachdem Tommy Cooley neben seiner Mutter auf dem alten Friedhof von Northfield beigesetzt worden war. Doch es war vergeudete Zeit. Auch die Techniker der Staatspolizei waren nicht erfolgreicher. An Kleidung oder Flinte des toten Jungen konnten sie nicht den geringsten Hinweis entdecken. Ihr ganzes Untersuchungsergebnis bestand in der Aussage, daß aus der Waffe kein Schuß abgegeben worden war – »Das hätte ein Blinder mit dem Krückstock sehen können!« bemerkte Susan bissig. Der Junge war also vermutlich ohne Warnung oder die Möglichkeit zur Verteidigung getötet worden. Man hatte Tommys Flinte zusammen mit den bedeutungslosen Dingen aus seinen Taschen an seinen Vater zurückgegeben.

Niemand erinnerte sich daran, Tommy nach dem dritten Oktober gesehen zu haben. So blieb selbst der Zeitpunkt des Mordes in Dunkel gehüllt.

Am geheimnisvollsten war die Frage des Motivs. Raubmord schied aus, denn Tommys Brieftasche mit dem größten Teil der hundert Dollar, die ihm sein Vater zurückgelassen hatte, fand sich unberührt in der Grube. Linc durchforstete das Leben des Jungen und seine Verbindungen, befragte immer wieder seine Freunde, seine alten Lehrer von der High School, quetschte jeden Farmer und jeden Landarbeiter im Umkreis von Meilen um die Cooley-Farm aus. Doch eine Erklärung für Tommys Tod fand sich nicht. Der Junge hatte allem Anschein nach keine Feinde; er hatte niemand übers Ohr gehauen, und er hatte keinerlei Affären mit einem Mädchen oder einer Frau gehabt.

»John«, sagte Linc eines Tages flehentlich zu Cooley, »fällt Ihnen denn gar nichts ein, was uns einen Aufschluß geben könnte, warum Tommy ermordet wurde? Wenigstens irgendwas?«

Doch der Farmer hatte nur den Kopf geschüttelt und sich abgewandt, während seine dicken Finger seine Bibel umklammerten. Er hatte in letzter Zeit die Heilige Schrift immer zur Hand. Im Frühling werkelte er ziellos auf der Farm herum, er pflanzte nichts, ließ die Maschinen verrosten. Ungefähr einmal in der Woche fuhr er nach Northfield zum Einkaufen in den Supermarkt, doch sprach er mit niemandem.

Eines Abends Ende Mai, als Susan nach dem Abendessen auf der Terrasse saß, im sanften Mondlich schaukelte und der Serenade der Frösche lauschte, sah sie eine vertraute Gestalt auf sich zukommen.

Das gab's doch nicht! Doch es stimmte. Linc Pearce kam nach Burry's Hollow, der Berg zum Propheten!

»Susie?«

»Wenn das nicht Bohnenstange Linc ist!« bemerkte Susan ruhig. Ihr Herz pochte wie eine alte Pumpe.

Linc zögerte am Fuße der Verandatreppe und drehte seinen Hut in den Händen. »Ich hab's mal drauf ankommen lassen, ob du daheim bist. Wenn du viel zu tun hast –«

»Ich werde meine Puppen wegräumen«, sagte Susan. »Deinetwegen.«

»Wie?« Lincs Stimme hörte sich verwirrt an.

Susan lächelte. »Setz dich, Fremdling.«

Linc setzte sich schüchtern auf die unterste Stufe und schaute zum Mond auf. In seinem schmalen Gesicht waren Linien, die Susan nie zuvor wahrgenommen hatte.

»Wie gehts dir so?« fragte Susan.

»So la-la«, entgegnete er ungeduldig und drehte sich um. »Hör mal, Susie, es ist doch einfach albern, so weiterzumachen. Ich meine, du und ich. Du benimmst dich wie ein Kind.«

Susan hatte das Gefühl, als schlügen die Flammen von ihren Haaren direkt auf ihre Zehenspitzen über. »Ich benehme mich wie ein Kind!« rief sie. »Bist du hier rausgekommen, um mir das zu sagen, Linc? Wenn das –«

Er schüttelte den Kopf. »Anscheinend sage ich immer das Falsche zu dir. Warum kann es nicht so sein wie früher, Susie? Weißt du, ich vermisse deine komischen bissigen Bemerkungen und deinen Karottenkopf. Aber seit diese Cooley-Geschichte begann –«

»Das fing schon lange vorher an«, entgegnete Susan. »Und ich möchte lieber nicht darüber reden, Linc, auch nicht über meine komischen bissigen Bemerkungen oder meine Haarfarbe. Wie steht's mit dem Cooley-Fall?«

»Susie –«

»Der Cooley-Fall«, sagte Susan. »Oder soll ich mich schlafenlegen?«

»Hoffnungslos. Der wird nie gelöst.«

»Weil du nicht in der Lage warst, ihn zu lösen?«

»Weder ich noch sonst einer«, sagte Linc achselzuckend. »Eins von diesen Verbrechen, die keinen Sinn ergeben, weil nie ein Sinn drinsteckte. Wir gehen jetzt von der Theorie aus, daß der junge Cooley auf der Straße von einem psychopathischen Landstreicher überfallen wurde, der ihn in aller Eile verscharrte und sich dann in andere Gegenden verdrückte.«

»Mit anderen Worten, die bequemste Theorie, die sich denken läßt.«

Linc erwiderte mit ausgesuchter Gleichgültigkeit: »Das passiert schließlich alle Tage.«

»Angenommen, es war kein psychopathischer Landstreicher?«

»Was willst du damit sagen?«

»Ich glaube, daß es jemand in Northfield war.«

»Wer?«

»Das weiß ich nicht.«

Linc lachte.

»Ich meine, du solltest jetzt lieber gehen, Linc Pearce«, sagte Susan entschieden. »Ich mag dich nicht mehr.«

»Aber Susie . . .«

Im Haus drin läutete das Telefon. Es klingelte dreimal, das Zeichen für Susan, die daraufhin ins Haus ging.

»Für dich, Linc«, erklärte sie kühl. »Der Barmixer bei Frenchy Lafont drüben.«

»Bib Hadley? Ich hätt's besser wissen sollen, als Bib zu erzählen, daß ich auf meinem Heimweg bei dir reinschauen wollte«, brummte Linc und erhob sich von der Stufe. »Wahrscheinlich irgendein Besoffener, der drüben randaliert . . . Was ist los, Bib?«

Über mich in einer Bar zu reden! dachte Susan und drehte sich in kaltem Zorn um.

Dann doch hörte sie, wie Linc sagte: »Ich fahre gleich raus, Bib«, und den Hörer auflegte.

Die Art, wie er das sagte, bewog sie, sich wieder umzudrehen.

»Was ist passiert?« fragte Susan rasch.

»Noch ein Mord.«

Eine eisige Hand drückte ihr das Herz zusammen.

»Wer, Linc? Wo?«

»Frenchy Lafont.« Lincs Stimme klang belegt. »Ein paar Bengels, die mit 'ner frisierten Karre durch die Gegend rasten, fanden seine Leiche gleich neben der Straße ins Valley. Der ganze Hinterkopf eingeschlagen.«

»Wie Tommy Cooley«, flüsterte Susan.

»Das kann man wohl sagen!« Linc machte eine hilflose Geste mit seinen langen Armen. »Bib sagt, daß sie Frenchy genau am gleich Fleck fanden, wo wir Tommys Leiche ausgegraben haben!«

Auf der Straße, die ins Valley führte, herrschte ein wildes Durcheinander von Privatwagen, Jeeps und Farmfahrzeugen.

Susan wand sich an der Schlange vorbei. In einem der Wagen sah sie Miss Flora Sloan. Die verwelkte Despotin von Northfield fuhr in ihrem neuen Chevrolet wie der Teufel, und die Gänseblümchen auf ihrem Hut wippten wie irrsinnig hin und her.

Linc ließ auf der ganzen Strecke seine Sirene eingeschaltet.

Wir sind vor Angst wie von Sinnen, dachte Susan.

Zwei Fahrzeuge der Staatspolizei hatten neben dem Ort des neuesten Schreckens Straßensperren errichtet. Linc pflügte sich seinen Weg über das unbefestigte Bankett und schlitterte in den freigehaltenen Platz. In beiden Richtungen wirkte die Straße wie eine doppelte Schnur von Lichtern. Wohin Susan auch blickte, sprangen die Leute aus ihren Autos und rannten die Straße entlang und auf dem Bankett. Die etwa zwanzig Meter Landstraße zwischen den Straßensperren waren mit blinkenden Augen gesäumt.

Susan trat Linc fast auf die Absätze.

Sie blickte um seine lange Gestalt herum auf etwas, das unmittelbar neben der Straße am nördlichen Rand lag. Das Bild, von den grellen Polizeischeinwerfern brutal in allen Einzelheiten ausgeleuchtet, sprang sie geradezu an. Susan fuhr zurück und bedeckte die Augen.

Für den Rest ihres Lebens blieb ihr dieser an eine Blitzlichtaufnahme gemahnende Eindruck in Erinnerung: Der Sandhügel, wo nach der Entfernung von Tommy Cooleys Leiche die Grube aufgeschüttet worden war, war mit Kieselsteinen übersät, zwischen denen einzelne Stücke Glimmerkies glitzerten, mit Unkraut überwuchert; darüber gebreitet, wie auf einem von Art Ormsbys Katafalken, die sterblichen Überreste von Frenchy Lafont.

Susan konnte seine Wunde nicht sehen, sie konnte sich nur vorstellen, wie sie aussehen mochte. Man hatte ihn umgedreht, so daß sein Gesicht den Sternen zugewandt war. Mit Frenchy Lamonts Gesicht hatte es nicht die geringste Ähnlichkeit mehr. Frenchy Lafonts Gesicht war dunkel und lebhaft gewesen, lebenssprühend, mit schöngeformten Lippen über weißen Zähnen und einem schwarzen Schnurrbart wie ein Strich. Das Gesicht hier sah aus wie ranziger Talg. Der Mund klaffte auf und bildete eine schwarze Höhle, und die Augen starrten wie staubige Glasscherben.

»Grad wie der Cooley-Junge«, sagte einer von den Staatspolizisten.

Seine Stimme weckte ein weites Echo, wie fernes Donnergrollen. In diesem Grollen lag mehr als nur Angst, – Wut und, von der Wut verdeckt, Haß. Die Männer der Staatspolizei blickten sich verdutzt um.

»Hört sich nach Scherereien an, Pearce«, murmelte einer Linc zu. »Das sind Ihre Leute. Sie sollten besser was unternehmen.«

Linc ging auf eins der Polizeiautos zu. Für einen Augenblick wollte Susan ihm nachrennen. Sie hatte das Gefühl, als hätte man sie nackt im Schweinwerferlicht stehenlassen.

Doch die Augen richteten sich nicht auf sie.

Linc schwang sich auf die Motorhaube und breitete die Arme aus. Das Gemurmel erstarb.

»Nachbarn, ich kannte Frenchy Lamont mein ganzes Leben lang«, sagte Linc in seiner ruhigen Art. »Die meisten von Ihnen kannten ihn genau so lange. Es gibt keinen Mann und keine Frau in Northfield, der nicht wünscht, daß derjenige, der das hier getan hat, gefunden und seiner Strafe zugeführt wird. Aber so geht's jedenfalls nicht. Wir werden Frenchys Mörder finden, wenn Sie jetzt alle heimgehen und uns die Chance geben, unsere Arbeit zu tun.«

»So wie Sie den Mörder meines Jungen gefunden haben?«

Das war John Cooleys heisere Baßstimme. Er stand hochaufgerichtet in seinem Jeep in der Nähe der westlichen Straßensperre und schwenkte seinen starken Arm und die geballte Faust wie ein Richtschwert. Linc wandte sich zu ihm um.

»Gehen Sie nach Hause, John«, sagte Linc freundlich.

»Ja, John, geh heim!« kreischte eine schrille Stimme hinter der anderen Absperrung herüber. »Geh heim und laß dich umbringen, so wie Tommy umgebracht wurde!«

»Das hat keinen Sinn, Wes Bartlett«, entgegnete Linc. »Gebrauchen Sie doch Ihren Verstand, Mann –«

Doch seine Stimme ging unter in einer Woge von Geschrei.

»Wir verlangen Schutz!«

»Jawohl!«

»Wer kommt als nächster dran?«

»Solang er Deputy ist . . .«

»Abtreten!«

»Ein neuer Sheriff muß her!«

»Jawohl! Abtreten!«

»Im Gebrüll der Menge war das Klappern von Lincs Sheriffstern auf der Motorhaube des Polizeiautos erstaunlich laut zu hören.

»Schön, hier ist meine Marke!« rief Linc. »Und wer ist nun der Wundermann, der diese Arbeit besser kann? Ich selbst werde ihn Sheriff Howland empfehlen. Los, kommt schon, nur keine Schüchternheit! Wer will es machen?«

Einen um den anderen schaute er sie an. Blicke senkten sich, unbehagliches Schweigen machte sich breit. Verlegenheit.

»Nun, wie stehts?« spottete Linc.

Irgendwo weiter unten wurde ein Motor gestartet . . .

Zehn Minuten später war die Straße leergefegt und dunkel.

Linc sprang vom Wagen herunter, schnappte sich seine Marke und ging zu den Männern der Staatspolizei hinüber.

»Gut gemacht, Sheriff«, murmelte Susan.

Doch er schritt, hart und verbittert, an ihr vorbei zum Rand des Hügels.

»Los, an die Arbeit«, sagte er.

Zuerst glaubten sie, es wäre Raubmord gewesen. Frenchy Lafonts Brieftasche wurde zwar unberührt bei dem Leichnam gefunden, doch ein Umschlag mit den Tageseinnahmen des Cafés fehlte, von dem man wußte, daß er ihn am frühen Abend bei sich gehabt hatte. Doch über Nacht brach die Raubmordtheorie in sich zusammen, als der Umschlag im Nachttresor der First National Bank of Northfield in der Main Street bei der Leerung am nächsten Morgen zum Vorschein kam.

Die Waffe wurde nicht gefunden. Alles war genau wie im Fall Tommy Cooley.

Der Mord an dem Cafébesitzer war in jeder Beziehung verwirrend. Er war Junggeselle gewesen und hatte mit seiner betagten Mutter auf dem alten Besitz der Lafonts abseits der Straße ins Valley gelebt, eine Meile außerhalb der Stadt. Sein älterer Bruder, ein wohlhabender Kaufmann in Quebec, hatte seit Monaten nichts von ihm gehört. Der Bruder, der sich in der Stadt aufhielt, um die Begräbnisvorbereitungen zu treffen und sich um die Mutter zu kümmern, konnte kein Licht auf das Geheimnis werfen. Die alte Mrs. Lafont wußte nichts.

Am Abend seiner Ermordung hatte Lafont das Café kurz vor neun Uhr allein verlassen und die Tageseinnahmen mitgenommen. Er fuhr in seinem neuen Ford weg. Ungefähr eine Stunde später lag er tot sechs Meilen vor der Stadt draußen, am Ort der Cooley-Tragödie. Sein Wagen wurde in der Nähe des Hügels gefunden. Er wurde in die Polizeigarage in der Kaserne von Gurleytown geschleppt und von Experten untersucht. Außer Frenchys Fingerabdrücken wurde nichts gefunden, kein Blut, keine Anzeichen eines Kampfes, keinerlei sonstige Hinweise. Der Tank war beinahe voll.

»Er warf den Umschlag bei der Bank in den Tresorschlitz«, erzählte Linc Susan, »hielt bei Howie Grebes Tankstelle, um nachzutanken, und fuhr dann in westlicher Richtung auf der Straße ins Valley davon. Er muß seinem Tod direkt in die Arme gelaufen sein. Nichts weist darauf hin, daß man ihm einen Hinterhalt legte und ihn überfiel – nichts wurde geraubt, und Frenchy hat auch seine Pistole nicht angerührt, die er im Handschuhfach hatte. Bob Hadley sagt, er sei ganz der übliche Witzbold gewesen, als er das Café verließ.«

»Glaubst du, daß er eine Verabredung hatte mit jemand, den er kannte?« fragte Susan.

»Nun, Hadley erzählt, er habe im Café einen Telefonanruf bekommen«, berichtete Linc langsam, »gegen acht Uhr abends.«

»Davon habe ich bisher nichts gehört! Wer hat ihn angerufen, Linc?«

»Das weiß Bib nicht. Frenchy ist immer selbst ans Telefon gegangen.«

»Hat Bib Hadley zufällig irgendwas aufgeschnappt?«

»Nein.«

»Wirkte Frenchy aufgeregt? Es muß da doch irgend etwas geben.«

»Bib ist nichts aufgefallen, was anders war als üblich. Der Anruf hat vielleicht gar nichts mit dem Fall zu tun.«

»Vielleicht war's irgendeine Frau, mit der er was hatte. Ich hörte da so Geschichten über ihn und die Logan Street.«

Susan wurde rot. Die Logan Street war ein Teil Northfields, den kein anständiges Mädchen je einem Vertreter des anderen Geschlechts gegenüber erwähnte.

»Bis jetzt haben sich alle Alibis als hieb- und stichfest erwiesen.« Linc fuhr sich mit der Hand über die Augen wie ein alter Mann. »Es ist nicht gut, wenn man immer nur denkt und Theorien aufstellt. Ich muß es genaus wissen, Sue, und es gibt nicht eine einzige Tatsache, in die ich mich verbeißen könnte.«

»Aber es muß doch einen Grund dafür geben, wenn einem Mann der Schädel eingeschlagen wird!« rief Susan. »Warum wurde Frenchy ermordet? Warum wurde seine Leiche an der Stelle abgelegt, wo der Mörder den toten Tommy verscharrt hatte? Du kannst nicht gut sagen, es sei wieder ein psychopathischer Landstreicher gewesen, Linc.«

Linc schaute sie an wie ein wundes Tier. Sein Blick war glasig vor Erschöpfung. Doch er sagte nur: »Vielleicht nicht. Nur – Frenchys Tod scheint genau so wenig Sinn zu haben wie Tom Cooleys. Hör mal, Susie, ich muß arbeiten, und reden hilft mir da nicht weiter, auch wenn's mit dir ist. Wenn du mich bitte entschuldigen willst . . .«

»Gewiß«, sagte Susan steif. »Aber eins will ich dir sagen, Linc Pearce, wenn diese Morde aufgeklärt sind, dann waren es Gespräche, Theorien und Denken, die zur Lösung geführt haben!« Damit fegte sie hinaus, elend im Herzen.

Susan warf sich Nacht für Nacht schlaflos herum, bedrängt von Fragen, auf die es keine Antwort gab. Warum wurde Tommy Cooley getötet? Warum folgte ihm Frenchy Lafont in den Tod? Welche Verbindung bestand zwischen beiden? Und – das war die erschreckendste Frage von allen – wer würde das nächste Opfer sein?

Eine Woche nach dem Mord an Lafont wartete Susan vor dem Eingang zum Café, bis Bib Hadley kam, um aufzusperren.

»Sie müssen ja ein mächtiges Verlangen nach meinem Kaffee haben, Miss Marsh«, meinte der dicke Barmixer beim Aufschließen. »Ich werde die Kaffeemaschine gleich in Betrieb setzen.«

»Was ich wirklich will, sind Informationen, Bib«, sagte Susan grimmig. »Ich habe es restlos satt, rumzuhocken und darauf zu warten, daß mir einer den Schädel einschlägt.«

Der Barmixer band sich eine saubere Schürze um seine ausladende Mitte. »Scheint so, als ob jeder Tom, Dick und Harry zwischen Northfield und Boston aus dem gleichen Grund bei mir reinschaut. Gestern war sogar so ein Zeitungsfritze von einer der City-Rundfunkstationen da. Machte extra die Reise, um den alten Bib auszuholen. Reichen Sie also jetzt Ihre Liste ein, Miss Marsh, während Frenchys Bruder überlegt, was er mit diesem Lokal anfangen soll. Was wollen Sie denn wissen?«

»Die Verbindung zwischen Tommy Cooley und Frenchy Lafont«, antwortete Susan.

»Da gab's keine«, sagte Bib Hadley. »Nächster Punkt.«

»Aber da muß eine Verbindung gewesen sein, Bib! Hat Tommy jemals für Mr. Lafont gearbeitet?«

»Nein.«

»Ist Tommy je hierhergekommen?«

»Ich will Ihnen mal was sagen, Miss Marsh«, sagte der Barmixer und zündete das Gas unter der Kaffeemaschine an, »ich glaube nicht, daß Frenchy den jungen Tom Cooley erkannt hätte, selbst wenn er im hellen Tageslicht über ihn gestolpert wäre. Sie kennen Frenchys Einstellung zu Teenagern. Er bewirtete sie gelegentlich alle drüben in Tracy's Eisdiele, aber er wollte keinen hier reinlassen, auch wenn sie nur eine Tasse Kaffee wollten. Sonst kriegt eine gute Bar einen schlechten Namen, pflegte Frenchy zu sagen.«

»Es gibt einfach eine Verbindung zwischen Tommy und Frenchy Lafont«, bekräftigte Susan, »und solange die nicht gefunden ist, werden diese Morde nicht aufgeklärt.«

»Ich nehme an, du wirst sie finden?«

Susan sprang hoch. Da stand er in der Türe des Cafés, und seine Kiefer mahlten wie bei Gary Cooper in einer gefühlsgeladenen Szene.

»Ich hab' vom Bürofenster aus gesehen, wie du Bib aufgelauert hast«, sagte Linc bitter. »Traust du mir vielleicht nicht mehr zu, die richtigen Fragen zu stellen?«

Ich weiß nicht, warum ich Schuldgefühle habe, dachte Susan wütend. *Wir leben schließlich in einem freien Land!*

Linc stemmte seinen kräftigen Fuß auf den Rand des Kübels mit der staubigen Palme. »Willst du auch meinen Stern haben, Sue? Glaubst du vielleicht nicht, daß ich Bib jede Frage gestellt habe, die du an ihn gerichtet hast, und noch eine ganze Menge mehr? Dies ist ein äußerst schwieriger Fall. Mußt du ihn unbedingt für mich noch schwieriger machen, indem du mich mit Füßen trittst?«

»Herzlichen Dank!« warf Susan hin. »Leute, die festsitzen und keine Hilfe von Leuten annehmen wollen, die versuchen, sie wieder flott zu kriegen, sind einfach – einfach herumziehende *Dickschädel.*«

»Wir haben schon vor langer Zeit aufgehört, in deines Vaters Kuhstall Fangen zu spielen, Sue«, sagte Linc. »Wann wirst du endlich erwachsen werden?«

»Ich *bin* erwachsen! Und wie ich erwachsen bin, Linc Pearce – und alle wissen es, nur du nicht!« schrie Susan ihn an. »Müssen wir eigentlich hier herumstehen und uns vor allen Leuten anschreien?«

»Ich gehöre nicht zu den Leuten«, sagte Bib Hadley. »Ich bin nicht einmal hier.«

»Niemand schreit außer dir.« Linc richtete sich zur vollen Höhe auf, so daß Susans Hals anfing, vom Aufblicken zu ihm wehzutun. »Ich dachte, daß wir einander ziemlich gut kennen, Susie. Aber vielleicht kennen wir einander überhaupt nicht.«

»Da bin ich ganz sicher!« versuchte Susan würdevoll herauszubringen, doch es klang wie erstickt, und sie flüchtete an Linc vorbei zu ihrer Klapperkiste und jagte mit Vollgas die Hill Street hinab.

Zwei Abende später wurde der Leichnam von Flora Sloan, der Alleinherrscherin von Northfield, von einer Motorradstreife gleich neben der Schnellstraße zum Valley gefunden. Ihr Hinterkopf war eingeschlagen worden.

Wie im Falle von Frenchy Lafont war die Leiche der alten Dame in Tommy Cooleys winterliches Grab geworfen worden.

Flora Sloan hatte an einer Sitzung des Kirchengemeinderates in der Christgemeinde teilgenommen, auf der bestimmte Probleme der Gemeinde, auch finanzieller Art, behandelt worden waren. Miss Flora hatte wie gewöhnlich die Debatte beherrscht, und wie gewöhnlich hatte sie sich durchgesetzt. In gehobener Stimmung hatte sie die Versammlung verlassen, die kurz vor zehn Uhr beendet wurde, war in ihren Chevrolet gestiegen und hatte Sanford Brown, ihrem Hauptkontrahenten während des Abends, triumphierend zugewinkt. Dann war sie abgefahren, wahrscheinlich in Richtung des großen Sloan-Hauses am westlichen Stadtrand. Doch dort kam sie nie an, wahrscheinlich fuhr sie dran vorbei, denn die Straße zum Valley führte an ihrem Anwesen vorbei.

Als ihr Leichnam kurz nach Mitternacht von dem Streifenfahrer entdeckt wurde, war sie etwa seit einer Stunde tot gewesen.

Hatte Flora Sloan jemand mitgenommen, der sie zwang, zu der einsamen Stelle sechs Meilen vor der Stadt zu fahren, und sie dann ermordete? Aber die alte Dame war berühmt gewesen für ihre Abneigung gegen Landstreicher und ihr Mißtrauen gegen Anhalter. Es war nicht bekannt, daß sie jemals einen Fremden in ihrem Wagen hätte mitfahren lassen.

Ihre Handtasche wurde neben der Leiche gefunden, und das Geld war unberührt. Eine wertvolle Rubinbrosche, ein Familienerbstück der Sloans, steckte noch an ihrem blauen Spitzenkleid.

Der Chevrolet war in der Nähe der Grube geparkt. Fast an der gleichen Stelle war der verlassene Ford von Frenchy Lafont gefunden worden. Am Wagen befanden sich nur ihre eigenen Fingerabdrücke; weder im Wagen noch in der Umgebung konnten irgendwelche Hinweise entdeckt werden.

Drei Tage nach Flora Sloans Ermordung berief Sanford Brown, erste Magistratsperson von Northfield, eine besondere Stadtversammlung ein. Die Stadtväter, sehnige alte Yankee-Farmer und Geschäftsleute, setzten sich hinter den zerschrammten Tisch aus Kastanienholz im Versammlungsraum des Rathauses unter einer amerikanischen Flagge. Sie sahen aus wie ein Richterkollegium, das über die Todesstrafe zu befinden hat. Zwischen ihnen – Susan fand, sie wirkten auf bedrückende Weise wie Gefangene – saß der Sheriff des County, Howland, und sein örtlicher Vertreter, Lincoln Pearce.

Es war ein bedrückender Abend, und die Menschenmenge im Raum bewirkte, daß die Luft zum Ersticken war. Sie sah jeden, den sie kannte, und auch einige Gesichter, die sie vergessen hatte.

Der alte Sanford Brown klopfte mit seinem Hammer kräftig auf den Tisch. Eine tiefe Stille schlug ihm entgegen.

»Aufgrund der Vollmacht, mit der ich ausgestattet bin«, näselte der alte Brown geschwind, »berufe ich diese Versammlung ein. Da es sich um eine Sondersitzung handelt, wollen wir auf die übliche Geschäftsordnung verzichten und sofort zur Sache kommen. Sheriff Howland ist auf Ersuchen der Magistratsperson von seinem Amtsbezirk zu uns hergekommen. Bitte ergreifen Sie das Wort, Sheriff.«

Sheriff Howland war ein großer, zum Schwitzen neigender Mann in einem eleganten Stadtanzug mit einer schwarzen Strickkrawatte. Er stand auf und fuhr sich mit einem durchweichten Taschentuch über die Stirn.

»Freunde, als ich in diesem County in mein Amt gewählt wurde, habe ich mich nach dem besten Mann umgesehen, den ich als Stellvertreter in eurem Distrikt finden konnte. Ich hab' mich immer wieder umgehört, und da wurde mir gesagt, es gäbe keinen besseren Deputy in Northfield als den jungen Lincoln Pearce. Ich möchte, daß ihr genau so wißt wie er, daß ich mein volles Vertrauen in seine Fähigkeiten setze, seine Amtspflichten zu erfüllen. Linc, sagen Sie diesen guten Leuten hier, was Sie mir heute gesagt haben.«

Nachdem ihm so geschickt die Verantwortung zugeschoben worden war, stand Linc auf. Seine blauen Augen waren von Trauer verschattet, und er war so blaß, daß Susan das Herz weh tat.

»Ich bin kein Fachmann für Mord und habe das auch nie behauptet«, begann Linc mit sachlicher Stimme, doch Susan konnte sehen, daß seine Fingerknöchel an der Tischkante weiß wurden. »Ich habe jedoch die Unterstützung der besten Fachkräfte der Staatspolizei. Und sie sind in dieser Sache genau so mit ihrem Latein am Ende wie ich.«

Eine alte Dame kicherte, und mehrere Männer grinsten.

Bescheidenheit, Linc? dachte Susan schmerzlich. *Vielleicht findest du in den nächsten Tagen zu mir . . .*

»Drei Leute wurden totgeschlagen«, fuhr Linc fort. »Der eine war ein Junge von siebzehn Jahren, der Sohn eines einfachen Farmers – ein ruhiger Junge, Angehöriger der Kongregationalistengemeinde, hatte nie Schwierigkeiten. Einer war Besitzer einer Bar und eines Grills, franko-kanadischer Abstammung, Katholik, einer der beliebtesten Männer in der Stadt. Das dritte Opfer war die letzte Überlebende der Familie, die Northfield gegründet hat – eine reiche Frau, knauserig, wie manche sagen, doch wir alle kennen ihre Großzügigkeit. Sie hat Northfield ihr ganzes Leben hindurch mehr oder weniger geleitet. Sie war eine Säule der Christlichen Episkopalkirche, jedes wichtigen Ausschusses, und sie hatte ihre Finger in sämtlichen kommunalen Angelegenheiten.«

Er glaubt, er hat sie hinter sich, dachte Susan und blickte ringsum auf die langen, knochigen Gesichter. *Linc, Linc . . .*

»Die Leichen dieser drei Personen wurden am selben Ort gefunden. Ihr Tod muß also in irgendeiner Weise verknüpft sein. Aber wie? Auf diese Frage scheint es keinerlei Antwort zu geben. Wenigstens ist es uns bis jetzt nicht gelungen, eine Antwort zu finden.

Wir wissen nichts über Tommy Cooleys Tod, da so viele Monate vergangen sind, bis wir seine Leiche fanden. Frenchy Lafont wurde wahrscheinlich durch einen Telefonanruf von jemand, den er kannte und vor dem er keine Angst hatte, in den Tod gelockt. Flora Sloan nahm ihren Mörder allem Anschein nach im Wagen mit, als sie die Gemeindeversammlung verließ, und das hätte sie niemals getan, wenn es nicht jemand gewesen wäre, den sie kannte. Tommy Cooleys Kleidung war schon zu stark zersetzt, um uns noch etwas zu verraten, und die Niederschläge dieses Frühjahrs verwischten alle Spuren, die eventuell noch vorhanden waren. Doch an den Knien von Frenchys Hose und Flora Sloans Rock fanden wir Schmutz. Man kann also annehmen, daß Tommy vielleicht an diesem Ort gezwungen wurde, hinzuknien, so wie Frenchy und Miss Flora später, und er dann von hinten den tödlichen Schlag erhielt.«

Du kannst reden und reden, Linc, sie werden dich nicht mehr in Ruhe lassen, dachte Susan. *Sie werden nichts gegen dich unternehmen – sie werden dich nur von jetzt an ignorieren . . .*

»Das ist alles, was wir haben«, sagte Linc. »Keine Verbindung zwischen den drei Opfern – keine einzige. Kein Motiv. Kein Gewinn – in allen drei Fällen wurde nichts geraubt, soweit wir wissen. Tommy Cooley besaß nichts, was er jemand hätte hinterlassen können. Frenchy Lafonts Geschäft und sein Haus erhält seine einundachtzigjährige Mutter, und nun erfahren wir, daß Flora Sloan ihren gesamten Besitz wohltätigen Einrichtungen vermacht hat. Kein Motiv – keine Frau, kein anderer Mann im ganzen Fall, kein eifersüchtiger Ehepartner oder Liebhaber. *Kein Motiv.*«

Linc hielt inne und blickte zu Boden. Susan schloß die Augen.

»Wenn jemand grundlos tötet, ist er wahnsinnig. Drei Menschen starben, weil in unserer Stadt ein Geistesgestörter frei herumläuft. Das ist die einzige Antwort, die einen Sinn ergibt. Wenn hier jemand einen besseren Einfall hat, dann möge er ihn um Gottes willen hören lassen.«

Der Lärm erhob sich nun wie ein anschwellender Sturm, und Sanford Brown verschaffte mit seinem Hammer sofort wieder Ruhe. Doch nun wartete alles.

»Ich möchte noch eins sagen.«

Susan hörte, wie Lincs Stolz seiner Stimme einen eigensinnigen Klang verlieh. *Linc, Linc, merkst du denn nicht, daß du am Ende bist? Der alte Sanford, der Magistratsmann, Sheriff Howland – alle wissen es. Du etwa nicht?*

»Ich werde meine Polizeimarke nur abgeben, wenn Sheriff Howland dies von mir verlangt«, fuhr Linc fort. »Wollen Sie das, Sheriff?«

Der Politiker wand sich. »Nein, Linc, natürlich nicht – außer, die guten Menschen von Northfield meinen –«

Armer Linc. Jetzt kommt's.

»Linc Pearce soll seine Marke behalten!« schrie ein stämmiger Farmer von unten herauf. »Der Junge hat sein Bestes getan, aber er ist doch noch ein junger Kerl, da liegt das Problem. Was wir brauchen, ist ein Sicherheitskomitee. Männer mit Gewehren, die neben der Grube wachen . . . , die Straßen auf- und abpatrouillieren!«

»Herr Vorsitzender . . .«

Susan verließ leise den Verhandlungsraum, während von allen Ecken und Enden Anträge und Resolutionen auf das Podium niederprasselten. Auf der Rathaustreppe holte sie Linc ein.

»Hallo Susie«, sagte Linc mit steifem Grinsen. »Bist du mir nachgegangen, um mitanzusehen, wie ich die bittere Pille verdaue?«

»Sicherheitskomitee, Wachen an der Grube«, sagte Susan bitter. »Was erwarten die eigentlich – vielleicht, daß er ihnen direkt in die Arme läuft? Linc, *bitte,* laß mich dir helfen! Komm, wir beide sprechen das Ganze nochmals durch. Es muß einfach etwas geben, was dir entgangen ist! Vielleicht wenn wir unsere Köpfe zusammenstecken –«

»Weißt du was?« Linc legte die kräftigen Hände um ihre Taille und hob sie wie eine Puppe zu sich hoch. »Auf einmal hab' ich den Wunsch, dich zu küssen.«

»Linc, laß mich augenblicklich runter. Behandle mich nicht wie ein Kind. Bitte, Linc.«

»Meine kleine alte Susie.«

»Und nenn mich unter keinen Umständen Susie! Ich hasse das! Ich habe es mein ganzes Leben lang verabscheut! Linc, laß mich wieder runter, hörst du!«

»Tut mir leid.« Linc sah echt überrascht aus. Er setzte sie behutsam auf die Treppenstufe nieder. »In der anderen Sache lautet meine Antwort wie immer, Sue. Sie können so viele Komitees und Possen inszenieren, wie sie wollen – das ist meine Aufgabe, und die werde ich selbst erfüllen oder zugrundegehen. Kann ich dich nach Hause fahren?«

»*Niemals!*« Und damit flüchtete sich Susan in die Sicherheit des alten Buick, den Flora Sloan ihr geschenkt hatte. Dort konnte sie in Anstand und Abgeschiedenheit in Tränen ausbrechen.

Noch lange nachdem der letzte Magistratsmann gegangen war und Rollie Fawcett die Lichter im Gebäude gelöscht hatte, saß Linc in seinem Büro. Dumpf nahm er das Gewitter wahr, das inzwischen losgebrochen war. Der gegen seine Fenster peitschende Regen schien seiner Stimmung angemessen.

Es muß etwas geben, was dir entgangen ist . . .

Linc war mehr irritiert durch die Herkunft dieses Satzes, der ihm im Kopf herumging, als durch die Hartnäckigkeit, mit der er sich in ihm festsetzte. Dieser kleine Hitzkopf! Vom ersten Augenblick an hatte sie ihm eingeheizt. Redete über den eingleisigen Verstand . . .

Angenommen, sie hatte recht?

Der Gedanke scheuerte ihn wund wie sein Kragen.

Was konnte ihm entgangen sein? Hatte er nicht alles erfaßt? Wohl hundert Mal und mehr war er die drei Fälle durchgegangen. Er konnte beim besten Willen nichts übersehen haben. Oder doch?

Endlich erkannte es Linc Pearce – passenderweise während eines Blitzes. Das kahle Büro mit seinen weißgetünchten Wänden schien für einen Augenblick taghell, und in dieser blitzartigen Beleuchtung fiel Linc ein, was ihm entgangen war.

Es hatte sich in jener ersten Nacht des langen Alptraums zugetragen, der Nacht, in der Tommy Cooleys Leiche gefunden worden war, freigeschwemmt von den ablaufenden Wassern des Frühlingshochwassers. John Cooley hatte neben dem Grab gekniet und mit den Händen im Schlamm gewühlt nach irgendwelchen Überbleibseln von seinem Sohn. Die jämmerlichen kleinen Dinge, die er gefunden und in die Tasche seines rotkarierten Mantels gesteckt hatte – *angenommen, eins davon war ein Hinweis, ohne daß Cooley dies bewußt gewesen war?*

Linc schnappte sich seinen Regenmantel und stürmte los.

Das Farmhaus der Cooleys war dunkel. Linc schaltete Scheinwerfer und Zündung aus. Seine Haut prickelte in einem Gefühl der Gefahr, die er nicht genau bestimmen konnte.

Der Regen hatte sich in einen tropischen Wolkenbruch verwandelt. Blitze rissen in schnellen Entladungen wie Geschützsalven den Himmel auf, erhellten die abgedunkelten Fenster, die Terrasse mit den der Wand zugekehrten altersschwachen Schaukelstühlen, die offene Türe der Garage nebenan . . .

Cooleys Jeep stand nicht in der Garage.

Linc langte nach einer Taschenlampe und stieg aus seinem Wagen. Er eilte durch den Gewitterregen zur Garage hinüber und ließ das Licht umherwandern. Jawohl, der Lastwagen der Farm war da, aber der Jeep fehlte.

Linc entspannte sich. Er hatte John Cooley bei der Versammlung im Rathaus nicht bemerkt, aber er mußte dort gewesen sein. Wenn er dort war und ein Sicherheitskomitee gebildet wurde, dann wäre er sicher einer der ersten Männer, die im Gebüsch nahe Tommys Grab auf der Lauer lagen.

Linc ging zur Terrasse hinauf und griff nach der Tür. Sie war unverschlossen, er öffnete sie und ging in den Flur.

»John?« Er konnte sich täuschen. Es mochte ein Dutzend Erklärungen für den fehlenden Jeep geben. »John?«

Niemand antwortete. Linc ging nach oben und blickte in die Schlafzimmer. Sie waren leer.

Er kehrte in John Cooleys altmodisches Schlafzimmer zurück und ließ das Licht seiner Taschenlampe umherwandern. Natürlich, der Kommodenschrank. Er machte die Türen auf. Der Schrank war angefüllt mit Winterkleidern.

Da hing auch der rote Mantel.

Linc schickte ein Stoßgebet zum Himmel und griff mit der Hand in die rechte Tasche.

Alles war noch da.

Er nahm die Stücke einzeln heraus und drehte sie sorgfältig in seinen Fingern herum. Der Knopf von der verrotteten Lederjacke des jungen Tom. Ein Kieselstein. Ein Brocken schmutzverkrustetes Glas . . .

Ein Stück Glas!

Es war ein dickes, kantiges Glasstück mit einer Krümmung, ein beinahe dreieckiges Stück, das von etwas Größerem abgesplittert war. Es war . . . es war . . .

Mein Gott! dachte Linc.

Er ließ es sich immer wieder durch den Kopf gehen und weigerte sich, es zu glauben. So einfach konnte es doch gar nicht sein. Die Antwort auf die Morde, die geschehen waren. Die Warnung vor dem Mord, der sich noch ereignen sollte. *Der Mord an Susan Marsh.*

In einem Augenblick des Entsetzens sah Linc ihr flatterndes rotes Haar, das vertraute kleine Gesicht, die kecke Nase, in die er so gerne zwickte, die wasserblauen Augen, der vorlaute Mund, der ihn sein ganzes Leben lang getriezt hatte.

Das alles sah er, von Erde verschmiert und verstummt.

Eine Welt ohne Sue . . .

Linc wußte später nicht mehr, wie er aus dem Haus gelangt war.

Susan hatte sich mit verquollenen Augen zu Bett gelegt, aber sie konnte einfach nicht einschlafen. Die Schwüle, der Sturm, die Donnerschläge und die vom Teich zurückgeworfenen Blitze verwandelten die Nacht in einen Alptraum. Noch nie hatte sie sich so allein gefühlt.

Sie kroch aus dem Bett, zog sich einen Morgenrock über und tastete umher, um überall das Licht einzuschalten. Dann ging sie in die winzige Diele, setzte sich hin und horchte starr in den Sturm hinaus.

Oh Linc, Linc . . .

Als das Krachen ertönte, die Vorhänge heftig wehten und ein kalter Wasserguß ihre bloßen Füße traf, war ihr erster Gedanke, der Orkan hätte die Haustüre losgerissen.

Sie blickte auf.

John Cooley stand in der zersplitterten Tür. In seinem Arm ruhte Tommys Jagdgewehr. In den Augen des Farmers las Susan ihren Tod.

»Sie wachen am Grab«, sagte John Cooley. Seine Stimme klang wie zerbrochen und hoch, hatte nicht mehr den tiefen Baß wie sonst. »Ich kann dich deshalb nicht dorthinbringen, Susan Marsh.«

»Sie haben sie umgebracht«, sagte Susan starr.

»Knie dich auf den Boden und bete.«

Er hatte den Verstand verloren, das erkannte sie nun. Er hatte sich am Rande des Abgrunds bewegt seit Tommys Verschwinden, seines einzigen Sohnes, des Kindes seiner geliebten Sarah. Und als die Leiche gefunden wurde, da war er restlos dem Wahnsinn verfallen. Nur hatte es keiner bemerkt – weder Linc noch sie selbst, noch sonst jemand.

Linc, Linc.

»Tommy doch nicht«, flüsterte Susan. »Sie haben Tommy geliebt, Mr. Cooley. Sie hätten – Sie hätten es nicht fertiggebracht, Tommy zu töten.«

Das verzerrte Gesicht des Farmers mit den aufgerissenen

Augen wurde weich und glich vage einem menschlichen Antlitz. Seine Augen füllten sich mit Tränen. Die massigen Schultern begannen zu zittern.

Lieber Gott, laß mich einen Weg finden, daß ich ihn davon abhalte, mich genauso umzubringen wie Frenchy Lafont und Miss Flora . . .

»Ich weiß, daß Sie Tommy nicht getötet haben, Mr. Cooley.«

Der metallbeschlagene Kolben von Tommys Jagdgewehr – das war die Waffe, mit der die Leben ausgelöscht worden waren . . . *Lieber Gott . . . ich darf nicht ohnmächtig werden, darf nicht . . . diese dunklen Flecken auf dem Kolben . . . muß ihn zum Sprechen bringen . . . vielleicht das Telefon . . . Nein, nein, das wäre tödlich . . . Was kann ich nur tun? Linc . . .*

»Tommy nicht. Jemand anderer hat Tommy getötet, Mr. Cooley. Wer war es? Warum sagen Sie es mir nicht?«

Der Farmer sank in den gepolsterten Sessel neben der Tür. Der Regen fiel auf ihn, mischte sich mit seinen Tränen.

»Du hast ihn getötet, Susan Marsh«, weinte er.

»O nein!« rief Susan schwach.

»Du, oder Frenchy, oder die alte Frau. Ich wußte es wegen des Glasscherbens im Grab des Jungen. Ein Scherben von einem Scheinwerfer. Scheinwerfer von einem alten Auto. Er wurde auf der Straße überfahren, wurde von hinten von einem Auto getroffen . . . von hinten. Du hast ihn mit einem Auto umgebracht, und du hast ihn in ein dreckiges Loch geworfen und Dreck auf ihn geworfen und bist weggelaufen. Du, oder Frenchy, oder die alte Frau.«

Susan fuhr sich mit der Zunge über die Lippen. »Der Buick«, sagte sie. »Mein alter Buick.«

John Cooley blickte auf, und auf einmal wirkte er schlau. »Ich hab' ihn gefunden! Hättest du nicht geglaubt, wie? In ganz Northfield hab ich herumgesucht und hab' das Auto gefunden, von dem das Glasstück stammt. Ich hab' nach einem eingeschlagenen Scheinwerfer gesucht, und das Auto, das die alte Frau dir geschenkt hat, das war's. Da paßt das Glasstück rein. Hast du Tommy überfahren? Oder die alte Frau, die den Wagen vor dir gefahren hat? Oder Frenchy, dem der Buick gehörte, bevor ihn die alte Frau kaufte?«

»Hat Frenchy Lafont diesen Wagen im Oktober an Flora Sloan verkauft?« stieß Susan hervor.

»Hast wohl nicht gedacht, daß ich das rauskriege, wie?« sagte

John Cooley mit einem listigen Kichern. »Jawohl! Lafont verkaufte ihn an die alte Frau, als er seinen neuen Ford kaufte. Und sie hat ihn ein paar Wochen später dir gegeben, als sie beim Grange-Basar einen Chevrolet gewann. O, ich hab' alles rausgekriegt! Ich hatte mir geschworen, selber Justiz zu üben.« Die Augen bekamen wieder den starren Blick. Er wimmerte. »Aber wer, wer von euch? Ich weiß nicht, wer von euch im Oktober Tommy getötet hat, weil niemand weiß, an welchem Tag er überfahren wurde. So muß ich euch alle umbringen. So ist die Rache des Herrn mein. Der Zorn. Mit dem Gewehr des Jungen. Ich hab' diesen Lafont angerufen, ich sag' zu ihm, triff mich an dem Grab, ich muß mit dir reden . . . Ich bin in die Stadt gegangen und hab' auf die alte Frau gewartet, bis sie aus der Kirche kam, und ich hab' sie angehalten und ihr befohlen, mich zum Grab zu fahren. ›Bete, Flora Sloan‹, sag ich zu ihr. ›Hinunter auf deine mörderischen Knie, Sünderin, und bete für deine verdammte Seele‹, sag' ich. Und dann hab' ich's ihr mit dem Gewehrkolben des Herrn gegeben.«

Der Raum schimmerte.

John Cooley war aufgestanden, und die großen Augen glänzten.

»Bete, Susan Marsh«, donnerte er. »Hinunter auf deine Knie, Mädchen, und bete für deine Seele.«

Die stählerne Hand lag auf ihrem Nacken und zwang sie in die Knie.

Lieber Gott . . . Linc, dich liebe ich, du bist der einzige, den ich je . . .

Das letzte, was Susan wahrnahm, als sie gegen die würgende Klammer um ihren Hals ankämpfte, war das leuchtende Gesicht, furchtbar in seinem Triumph, und der hocherhobene, rostige, blutverkrustete Gewehrkolben.

Sie wurde in dem Augenblick ohnmächtig, als Linc Pearce in den Raum stürmte und sich auf den Wahnsinnigen stürzte.

Susan schlug die Augen auf. Sie lag in ihrem eigenen Bett. Lincs langes Gesicht war ihr ganz nahe.

»Ich glaube, ich hörte dich etwas sagen, Linc, vor Millionen Jahren«, murmelte Susan. »Vielleicht war's auch eben erst. Hast du nicht etwas ganz Nettes gesagt?«

»Ich sagte, daß ich dich liebe, Susie – Susan«, flüsterte Linc, »und auch etwas davon, ob du mich heiraten willst.«

Susan schloß wieder die Augen. »Das war's, was ich gemeint habe«, sagte sie zufrieden.

Es wurde niemals festgestellt, wer Tommy Cooley überfahren hatte, ob es Frenchy Lafont oder die alte Miss Flora war. Man stritt sich jahrelang darüber.

›Terror at Northfield‹. *The Alfred Hitchcock Hour,* 11. Oktober 1963. Regie Harvey Hart. Fernsehspiel von Leigh Brackett nach Ellery Queens Kurzgeschichte »Terror Town« (*Argosy,* August 1956). Mit Dick York (Sheriff Will Pearce), Jacqueline Scott (Susan Marsh), R. G. Armstrong (John Cooley), Gertrude Flynn (Flora Sloan), Dennis Patrick (Frenchy LaFont), Katherine Squire (Mrs. LaFont), Peter Whitney (Bib Hadley).

›Terror Town‹ war die einzige Kurzgeschichte von Ellery Queen (den beiden Vettern Frederic Danny, 1905–1982, und Manfred B. Lee, 1905–1971), in deren Mittelpunkt nicht die weltberühmte Detektivfigur Ellery Queen stand. Die Verfasser hofften, die Geschichte ans Fernsehen verkaufen zu können, doch die Fassung, die in *The Alfred Hitchcock Hour* ausgestrahlt wurde, wies von Queens Handlung und Personen nur noch das nackte Gerippe auf. Regisseur Harvey Hart und Drehbuchautor Leigh Brackett enthüllten bereits im Anfangsteil des Films das Geheimnis hinter den Morden von Northfield und fügten mehrere neue Szenen und Handlungselemente hinzu, um Spannung und Bedrohung zu beleben, während sie die überraschende Wendung am Schluß und die starke Atmosphäre einer Kleinstadt in Neu-England eliminierten, die die Geschichte von Queen auszeichnete. Doch alles in allem war es ein wirkungsvoll in Szene gesetztes und recht aufregendes kleines Spiel.

Francis M. Nevins, jr.

MORD GEFÄLLIG?

Jack Ritchie

Das Mädchen am Schalter für Kleinanzeigen las mein Formular durch, kaute auf dem Bleistift und sah mich dann unsicher an. »Wollen Sie das in unsere Zeitung einrücken?«

»Ja. Und ich hätte gern eine Chiffre für die Antworten.«

Die Anzeige, die im *Herald Journal* erscheinen sollte, lautete: *Sind Sie hoffnungslos an Ihren Ehepartner gefesselt? Vielleicht gibt es für Ihr Problem eine letzte Lösung. Alle Zuschriften werden streng vertraulich behandelt. Schreiben Sie an Herald Journal, Fach Nr.*

Ich musterte ihre zweifelnde Miene. »Stimmt was nicht?«

Sie kaute noch ein paarmal auf dem Bleistift. »Ich bin neu hier und kenne die Politik dieser Zeitung nicht genau.« Sie rief einen Mr. Wilson herbei, der anscheinend diese Abteilung leitete.

Er las meine Anzeige durch. »Sind Sie Rechtsanwalt?«

»Nein.«

»Ich meine . . . Sie beziehen sich hier nicht auf Scheidung?«

»Nein.«

Er räusperte sich. »Also was verstehen Sie dann unter ›eine letzte Lösung‹?«

»Ich möchte lieber die Anzeige für sich sprechen lassen.«

Und so wurde ich immer weiter nach oben verwiesen, bis ich schließlich im Büro von J. G. Bingham, dem Anzeigenleiter, landete.

Meine Anzeige hatte mich begleitet und lag jetzt vor ihm auf dem Schreibtisch. Er kam gleich zur Sache. »Ich fürchte, Sie werden mich über diese Anzeige zu meiner vollsten Zufriedenheit aufklären müssen, sonst können wir sie nicht veröffentlichen.«

Ich seufzte. »Also gut. Ich heiße James Parkerson und bin Professor für Psychologie an der Universität.«

Er deutete auf das Blatt Papier. »Hat das was mit Ihrem Fachgebiet zu tun?«

»Ja. Ich möchte eine Arbeit schreiben über meine Hypothese, daß wahrscheinlich zehnmal so viele Männer und Frauen von ihren Ehepartnern umgebracht würden, wenn es da nicht einen psychologischen Faktor gäbe.«

»Ihre Angst, erwischt zu werden?«

»Natürlich, das ist sicherlich ein wichtiger Faktor. Ich behaupte aber, daß es mindestens genau so bedeutsam ist – wenn nicht noch bedeutsamer –, daß die Menschen es ganz einfach nicht selbst fertigbringen. Wenn sie den Mord aber *delegieren* – jemand für den Job anheuern können –, würde die Mordrate sprunghaft ansteigen.«

Er runzelte die Stirn. »Heißt das, daß Sie *tatsächlich* für die Durchführung von Mord inserieren? Erwarten Sie im Ernst, daß Ihnen jemand auf diese Anzeige antwortet?«

»Natürlich. Die Leute antworten auf die lächerlichsten Dinge. So erschien zum Beispiel vor einigen Jahren in einer landesweit erscheinenden Zeitung folgende Anzeige: *Dies ist Ihre letzte Chance. Schicken Sie einen Dollar an Postfach 107.* Nur das, sonst nichts. Es wurde nicht die kleinste Gegenleistung versprochen, und trotzdem schickten Tausende von Lesern einen Dollar.

Ich habe ausdrücklich die Worte ›eine letzte Lösung‹ gewählt. Das Wort ›Mord‹ würde alle, bis auf die Verrückten, abschrecken. Ich denke, daß die Antworten in zwei Kategorien fallen werden. Die einen kommen von solchen, die annehmen, ich sei Rechtsanwalt und könnte ihnen neue Informationen über das Scheidungsrecht geben. Die nützen für meine Arbeit nichts, und ich werde sie einfach ablegen.«

Ich hatte währenddessen gestanden, nahm jetzt aber auf einem Stuhl Platz, den Bingham mir anbot. »Die Briefe der zweiten Kategorie werden auf den ersten Blick denen der ersten Kategorie ähneln, aber die Saat für Mord ist gelegt, und ich werde sie sicherlich aufspüren. Diese Zuschriften kommen von Leuten, die sich unter einer ›letzten Lösung‹ etwas anderes vorstellen, und sie werden sich ungläubig fragen: *Kann das wirklich möglich sein? Bedeutet es wirklich das, wofür ich es halte?* Und sie werden ein wenig Zeit und eine Briefmarke opfern, um das vorsichtig herauszubekommen.«

Bingham zweifelte. »Aber wenn sie draufkommen, wer Sie sind und was Sie bezwecken, werden sie sich dann nicht gleich wieder aus dem Staub machen?«

»Ich habe nicht vor, meine Absichten und meine Person zu offenbaren, bevor die Befragungen abgeschlossen sind. Zunächst einmal bin ich ein professioneller Mörder, der seine Dienste anbietet.«

Bingham dachte eine Weile nach und rieb sich dann den Hals. »Also gut. Ich bin zwar nicht sicher, daß ich das richtige tue, aber ich bin selbst neugierig. Wir werden drucken. Für wie lange?«

»Zunächst einmal nur einen Tag.«

Er überlegte etwas anderes. »Sie holen Ihre Post am besten direkt hier im Büro ab. Man kann nie wissen, ob nicht ein Reporter unten wartet, wenn Sie an Ihr Fach gehen.«

Meine Anzeige erschien in der Abendausgabe des *Herald Journal.* Am nächsten Tag, nach meiner letzten Vorlesung, erschien ich in Binghams Büro, um meine Zuschriften abzuholen.

Bingham schien sich unbehaglich zu fühlen, als er mir den kräftigen Mann in seiner Begleitung vorstellte. »Das ist Sergeant Larson vom Betrugsdezernat. Er sagt, es gehöre zu seinen Aufgaben, die Kleinanzeigen, insbesondere die persönlichen, auf faule Sachen durchzulesen.«

»An dieser Sache ist nichts faul«, sagte ich bestimmt. »Vielleicht erklären Sie dem Sergeant besser, was ich mache.«

Larson fiel ein: »Hat er schon. Aber ich möchte das lieber selbst nachprüfen. Kann ich mal Ihre Brieftasche sehen? Nehmen Sie zuerst das Geld heraus.«

Ich tat wie geheißen, und er untersuchte die Brieftasche. »Nun, zumindest haben Sie eine Parkerson-Brieftasche. Ich schaue mal bei der Universität vorbei, um sicherzustellen, daß Sie auch wirklich der sind, für den Sie sich ausgeben.«

Bingham händigte mir einen kleinen Packen Umschläge aus. »Das kam mit der heutigen Post.«

Es waren nur sechs. Ich war ein wenig enttäuscht.

Larson sah zu, wie ich sie in die Tasche steckte. »Sind welche dabei von Leuten, von denen Sie glauben, daß sie gerne ihren Mann oder ihre Frau aus dem Weg räumen lassen würden?«

»Ich habe sie noch nicht gelesen, aber ich denke schon.«

Er streckte die Hand aus. »Geben Sie mir die Briefe.«

Ich übersah die Hand. »Das kommt überhaupt nicht in Frage. Sie sind an mich adressiert und deshalb meine persönliche Korrespondenz.«

Er machte ein finsteres Gesicht. »Hören Sie mal, Professor, wollen Sie denn nicht, daß Mord *verhindert* wird?«

»Natürlich. Schließlich soll meine Arbeit ja dazu beitragen. Aber man muß zuerst das Ausmaß einer Krankheit feststellen, bevor man sie heilen kann. Außerdem können Sie ja sehen, daß keiner dieser Leute einen Mord begehen wird, wenn er nicht jemanden dafür engagieren kann. Und solange sie mit mir verhandeln, sind sie erst einmal auf Eis gelegt.«

Widerstrebend willigte Sergeant Larson ein. »Aber wenn Sie mit Ihren Verhandlungen fertig sind, möchten wir die Namen. Wir wollen den Leuten ihr Vorhaben ausreden.«

Ich stimmte zu. »Das ist zwar ein Vertrauensbruch, aber ich verstehe Ihren Standpunkt. Wenn ich soweit fertig bin, bekommen Sie die Namen.«

Ich fuhr heim und wollte gerade mein Arbeitszimmer betreten, als meine Frau Doris mich aufhielt. »Liebling, hast du dir schon was überlegt, wie wir dein Forschungsjahr verbringen?«

»Wir werden hier bleiben«, antwortete ich. »Ich möchte an meinem neuen Projekt arbeiten.«

Sie seufzte. »Du arbeitest zu viel, Liebling. Ich habe was über diese Weltreisen auf Trampdampfern gelesen. Die meisten nehmen eine begrenzte Anzahl Passagiere auf. Wäre doch nett, das Jahr so zu verbringen, nicht?«

Ich war ungeduldig wegen der Briefe. »Doris, aus welchem Grund möchtest du so eine Reise machen?«

»Warum? Ich glaube, um andere Menschen zu sehen.«

»Wirklich? Meinst du denn nicht auch, daß alle Menschen auf der Welt sich im Grunde ziemlich gleich sind?«

»Nun . . . schon.«

»Warum sollten wir in diesem Fall dann einen Haufen Geld ausgeben, Doris, um eine längst bekannte Tatsache zu beweisen?«

Ich ging in mein Arbeitszimmer, öffnete die sechs Briefe und las sie. Vier gehörten einwandfrei zu Kategorie Eins, aber die beiden anderen interessierten mich.«

Ich las den ersten nochmals durch.

Sehr geehrter Herr,

ich habe eben in der Abendausgabe des *Herald Journal* Ihre äußerst interessante Anonce gelesen.

Mir kam dabei der Gedanke, daß Sie vielleicht die Möglichkeiten einer ›letzten Möglichkeit‹ gar nicht kennen. Oder doch?

Wenn Sie mir schreiben wollen, dann setzen Sie bitte folgende Anzeige in den *Herald Journal:* Entlaufen. Colliehund. Hört auf den Namen Regis.

Der Brief war nicht unterschrieben.

Ich studierte den maschinengeschriebenen Text. Die O's und E's waren verschmutzt, und die übrigen Typen konnten auch eine gründliche Reinigung vertragen. Das Farbband war verblaßt und gehörte ausgewechselt. Abgesehen von der überflüssigen Formulierung ›Colliehund‹ und der Schreibweise von ›Anonce‹ schien der Brief ohnehin ziemlich nüchtern.

Oder war die Schreibweise korrekt? Ich sah mich nach meinem Wörterbuch um, konnte es aber nirgends entdecken. Ich erhob mich und ging zur Tür. »Doris, wie buchstabierst du ›Annonce‹?«

Sie überlegte einen Augenblick: »A-n-o-n-c-e.«

Das hörte sich für mich irgendwie falsch an. »Wo ist das Wörterbuch?«

»Auf dem Schreibtisch im Wohnzimmer, Liebling.«

Mit dem Wörterbuch kehrte ich ins Arbeitszimmer zurück. Man schrieb das Wort mit zwei n.

Dann wandte ich mich dem zweiten Brief der Kategorie Zwei zu. Auch dieser war mit der Maschine getippt, ohne Anrede und Unterschrift und ziemlich kurz.

Mac's Bar, Ecke Einundzwanzigste und Wells. Heute abend acht Uhr. Bestellen Sie Scotch. Öffnen und verknoten Sie den rechten Schnürsenkel.

Ziemlich einfach, dachte ich, und natürlich würde ich die Verabredung einhalten.

Ich rief den *Herald Journal* an und ließ eine Anzeige bezüglich Regis', des entlaufenen Collies, in der morgigen Ausgabe einrücken.

Als ich auflegte, wanderte mein Blick zum Wörterbuch, dann zum ersten Brief. Ich starrte ihn einige Minuten lang an, dann spannte ich ein leeres Blatt Papier in die Schreibmaschine.

Ich tippte: *Mir kam der Gedanke, daß der schnelle braune Fuchs über den faulen Hund springt.* Und weiter: *Mir kam der Gedanke, daß sechs schnelle Feindangriffe die fünf Kanonenboote gefährden.*

Ich studierte die Wörter. Sie waren dunkel und scharf. Keine verschmutzten O's und E's. Ich lächelte dümmlich und zerknüllte das Papier. Wirklich lächerlich, was einem manchmal so einfällt.

Nach dem Abendessen zog ich meinen Mantel an. »Ich gehe noch für eine Weile zur Universität, Liebling. Muß noch was erledigen. Ich weiß nicht, wann ich zurück bin.«

»Ist schon gut, Liebling. Hast du übrigens bemerkt, daß ich die Typen deiner Schreibmaschine gereinigt und ein neues Farbband eingelegt habe?«

Ich hielt mitten beim Hutaufsetzen inne. »Wann hast du das gemacht?«

»Heute vormittag, Liebling.«

Ich ging hinaus. Es nieselte.

Millionen Menschen schreiben ›Annonce‹ falsch, überlegte ich etwas gereizt, während ich den Zündschlüssel umdrehte. Entweder schreiben sie's mit einem n oder mit einem s oder beides. Und Typen werden nun mal jeden Tag gereinigt oder neue Farbbänder eingelegt . . .

Der Motor sprang an, und ich fuhr zu Mac's Bar.

Ich fand einen Platz an der Bar und bestellte einen Scotch. Ich öffnete und verschloß meinen rechten Schnürsenkel und sah mich dann erwartungsvoll in der Runde um, ob jemand auf mich zukam.

Nichts tat sich.

Ich warf einen Blick auf die Wanduhr. Genau acht. Vielleicht hatte er oder sie sich verspätet.

Zehn Minuten später betrat ein mittelgroßer Mann Mac's Bar. Ich kippte meinen Drink hinunter und bestellte mit deutlicher, tragender Stimme einen neuen Scotch. Dann öffnete und verschloß ich den rechten Schnürsenkel. Der neue Kandidat ignorierte mich.

Geduldig wartete ich auf den nächsten, der die Bar betreten würde.

Acht Gäste später beschloß ich, aufzugeben. Außerdem hatte ich einen unlösbaren Knoten im Schnürsenkel.

Als ich zu Hause ankam, war Doris anscheinend nach oben ins Bett gegangen. Ich leerte eine große Tüte Kartoffelchips, von der ich mich dunkel erinnerte, sie in Mac's Bar gekauft zu haben. Dann legte ich mich schlafen. Beim Treppensteigen bekam ich Schwierigkeiten.

Am nächsten Morgen hatte ich dröhnende Kopfschmerzen. Womöglich war ich allergisch gegen Kartoffelchips. Es gelang mir, den Knoten im Schnürsenkel zu lösen, und zum Frühstück nahm ich nur Kaffee.

Doris sah mich besorgt an. »Hast du dir eine Grippe geholt?«

»Möglicherweise.« Ich trank den schwarzen Kaffee aus, nahm zwei Aspirin und verließ das Haus.

Meine Vorlesungen an der Universität schienen sich endlos hinauszuziehen, und ich fühlte mich grenzenlos erleichtert, als es endlich Mittag war.

In der Mensa aß ich etwas und entschied dann, daß mir ein kleiner Spaziergang guttun würde. Ich blieb in der Nähe des Memorial Union stehen, um meine Pfeife anzuzünden. Als ich über die Streichholzflamme sah, erblickte ich einen großen gutgekleideten Mann, der auf mich zukam.

Er lächelte leicht. »Wie geht's Ihnen heute?«

Ich hatte ihn noch nie zuvor gesehen, und mein Gesundheitszustand ging ihn bestimmt nichts an.

Er richtete den Blick auf meine Schuhe. »Den Knoten haben Sie also wieder aufbekommen.«

Ich starrte ihn an. »Warten Sie . . . Schickten Sie mir diesen . . .?«

Er nickte. »Ja. Und ich war vergangenen Abend in Mac's Bar.«

Ich wurde ärgerlich. »Warum zum Teufel sind Sie dann nicht zu mir gekommen? Vor allem, bevor ich diese Kartoffelchips gekauft habe!«

Weil ich ein vorsichtiger Mensch bin, und das ist ein heißes Eisen.« Er musterte mich. »Was meinten Sie mit ›eine letzte Lösung‹?«

Ich hatte die Beherrschung noch nicht ganz wiedergefunden. »Raten Sie mal«, erwiderte ich direkt.

Er verzog das Gesicht zu einem schwachen Lächeln. »Mord?«

Zögernd sagte ich: »Getroffen.«

Sein Blick wanderte wieder zu mir. »Wieviel verlangen Sie, wenn Sie meine Frau umbringen?«

Ich antwortete aus dem Stegreif: »Zehntausend Dollar.«

Die Summe schien ihn nicht im geringsten zu erschüttern. »Wie würden Sie's anstellen?«

»Wir würden natürlich für Ihr Alibi sorgen. Dann würde ich Ihre Frau zu einem bestimmten Zeitpunkt erschießen. Sie hätten nichts damit zu tun.«

Er nickte. »Recht simpel, und deswegen müßte es klappen, Professor Parkerson.«

Ich geriet etwas aus der Fassung. »Woher wissen Sie meinen Namen?«

»Ich bin Ihnen gestern abend nach Hause und heute früh zur Universität gefolgt. Ich wollte herausfinden, wer Sie sind. Und irgendwie, Professor, kann ich es nicht glauben, daß ein Mann in Ihrer Position sich mit Mord beschäftigt, weder als Beruf noch als Hobby.«

»Sir«, entgegnete ich steif, »soll ich nun Ihre Frau beseitigen oder nicht?«

»Ich bin nicht verheiratet. *Worauf* wollen Sie eigentlich hinaus, Professor?«

»Das ist *meine* Sache.«

Sein Blick flackerte. »Ich glaube, das sollte ich der Polizei erzählen. Für die könnte das interessant sein.«

»Mit der Polizei bin ich klar, zumindest auf der Sergeant-Ebene.«

»Vielleicht sollte ich die Information auch an eine Zeitung weitergeben? Die könnte die Story lohnend finden.«

Das gefiel mir nun ganz und gar nicht. Ich schätze zwar die Veröffentlichung einer Anzeige in der Zeitung, aber nicht einen Artikel auf der ersten Seite. Das würde meine sämtlichen gegenwärtigen und zukünftigen Kunden verscheuchen.

Er bohrte weiter: »Soll ich damit zur Zeitung gehen?«

Ich seufzte. »Nein.«

Wir setzten uns auf eine Bank in der Nähe, und ich erzählte ihm von meinem Vorhaben. Am Schluß war er sehr nachdenklich.

»Haben Sie auf die Anzeige Zuschriften bekommen?«

»Sechs bis jetzt.«

Er schwieg eine Weile, dann meinte er: »Professor Parkerson, wenn Sie die Namen der Kunden haben – die aus der zweiten Kategorie –, würden Sie sie mir überlassen?«

»Ihnen? Weshalb?«

»Sie bekommen von mir fünfhundert Dollar für jeden Namen – vorausgesetzt natürlich, ich komme mit dem Kunden ins Geschäft.«

Mir ging ein Licht auf. »Warum wollen *Sie* diese Namen?«

Er lächelte. »Eine der Schwierigkeiten in meinem Beruf ist, mit möglichen Kunden in Kontakt zu treten. Ich kann natürlich nicht inserieren. Aber Sie.«

Ich platzte mit der unnötigen Frage heraus: »Ihr Beruf ist *Mord?*«

»Vielleicht könnten wir uns stattdessen auch auf einen bestimmten Prozentsatz einigen«, schlug er vor. »Sagen wir, fünfzehn Prozent von jedem Honorar?«

Ich stand auf. »Ich glaube, jetzt bin *ich* dran, die Polizei zu rufen.«

Er zuckte die Schultern. »Was können Sie schon beweisen? Ich würde diese Unterhaltung rundweg abstreiten. Mein Name und meine Fingerabdrücke erscheinen in keiner Polizeiakte.« Seine Augen schienen zu funkeln. »Merken Sie denn nicht, wie *groß* wir das aufziehen könnten? Ihre ›Forschungsarbeit‹ muß sich ja nicht auf einen bestimmten Ort beschränken. Sie könnten sie aufs ganze Land ausdehnen. Ein richtiger Kinsey-Report – zumindest mal vom Umfang her. Und Ihr Beruf ist der perfekte legitime Anstrich.«

»Niemals. Nie und nimmer.«

Das störte ihn nicht im geringsten. »Ich gebe Ihnen ein wenig Zeit zum Überlegen, Professor. Und bedenken Sie, daß es wahrscheinlich Hunderte von Psychologen gibt, die diese Gelegenheit sofort ergreifen würden.«

Ich sah ihm nach, wie er über die Straße ging und in ein schnittiges Dreiundsechziger Cabrio einstieg.

Nach meiner letzten Vorlesung für heute fuhr ich mit meiner Limousine Baujahr Sechsundvierzig nach Hause.

Doris sortierte einen Haufen Kleidung auseinander. »Für den Flohmarkt in der Kirche, Liebling.«

Ich betrachtete die Kleidungsstücke. »Was hat mein brauner Anzug dabei zu suchen? In ihm habe ich geheiratet.«

»Er ist abgetragen, Liebling. Ich wußte gar nicht, daß dein Herz dran hängt.«

»Tut es nicht. Aber man kann ihn immer noch anziehen. Häng ihn in den Schrank zurück.«

»Schon gut, Liebling. Aber heutzutage muß man nicht mehr im gleichen Anzug heiraten und begraben werden.«

Ich sah sie nachdenklich an. Warum hatte sie gerade das gesagt? Heiraten und begraben werden?

Ich zuckte die Schultern und ging ins Arbeitszimmer. Dort holte ich mir ein Blatt Papier. In den Vereinigten Staaten leben etwa hundertsechsundachtzig Millionen Menschen. Angenommen, einhunderttausend davon möchten ihren Ehepartner loswerden – bestimmt eine vorsichtige Schätzung. Aber warum sollte man das Gebiet nur auf Ehemänner und Ehefrauen beschränken? Schließlich gab es ja auch Onkel, Tanten, Neffen, Nichten, Freunde . . .

Angenommen, man könnte mit nur fünftausend davon ins Gespräch kommen. Und weiter angenommen, jeder würde durchschnittlich fünftausend Dollar zahlen? Das wären insgesamt fünfundzwanzig Millionen Dollar. Und fünfzehn Prozent von fünfundzwanzig Millionen Dollar sind –

Abrupt zerknüllte ich das Papier und warf es weg. Ich wandte mich einem Stapel Klausurarbeiten zu und begann eisern, sie zu korrigieren.

Am Donnerstagnachmittag ging ich zum *Herald Journal.* Im Fach Nummer 1183 lag die Antwort auf meine Anzeige wegen dem entlaufenen Collie Regis.

Ich las die Nachricht.

Sehr geehrter Herr,

ich habe Ihre Anzeige wegen Ihrem entlaufenen Collie Regis gelesen.

Ich glaube, wir sollten uns treffen. Ich schlage das Restaurant Leoni an der Ecke Siebenundzwanzigste und Gerald am Freitagabend um acht Uhr vor.

Ich trage dann einen rosa Chiffonschal und Sie ein Fakultätsabzeichen. Ich werde ›Regis‹ sagen, und Sie antworten mit ›Schwarzer Hals‹.

Ich las es noch einmal durch. Es war klar ersichtlich, daß es sich bei dem Verfasser um eine Frau handelte. Und diesmal waren die Buchstaben schwarz und gestochen scharf.

Das Restaurant Leoni? Ach ja. Ich erinnerte mich daran. Doris und ich hatten dort vor ein oder zwei Jahren gegessen.

Ich grübelte eine Weile darüber nach, dann machte ich mich auf den Heimweg. Als ich das Haus betrat, sagte ich: »Doris, wir sind schon eine ganze Zeit nicht mehr essen gegangen. Sollten wir diesen Freitag mal zu Leoni gehen?«

Sie sah von ihrer Zeitschrift auf. »Tut mir leid, Liebling. Das ist mein Frauenclubabend. Ich würde ja absagen, aber dieses Jahr bin ich Vorsitzende, und da muß ich einfach hin. Wenn man in einer Organisation ein Amt übernimmt, muß man einigen Verpflichtungen nachkommen, und dazu gehört Anwesenheit.«

Ich setzte den Hut wieder auf. »Ich mache noch einen kurzen Spaziergang.«

»Aber du bist doch gerade heimgekommen, Liebling.«

»Trotzdem gehe ich ein bißchen spazieren.«

Draußen war es finster und windig. Konnte es sein, daß Doris mich einfach auf den Arm nahm? Aber woher sollte sie von meinem Projekt wissen? Ich halte meine Arbeiten immer geheim, bis ich richtig drin bin. Dann komme ich nicht in Verlegenheit, wenn ich eine Arbeit aufgeben muß, weil sie sich als undurchführbar erwiesen hat.

Oder war es sogar möglich, daß Doris ernsthaft die phantastische Absicht erwog, mich aus dem Weg zu räumen?

Wir waren seit zehn Jahren glücklich – wie ich annahm – verheiratet. Natürlich führten wir ein ruhiges Leben, aber Doris hatte sich bestimmt daran gewöhnt. Ich hatte wohlüberlegt, sozusagen ›im Dienst‹ geheiratet. Ihr Vater war Professor für romanische Sprachen und ihre Mutter außerordentliche Professorin für Zoologie. Ihre Arbeiten zur Ökologie eines Weihers setzen auch heute noch den Maßstab auf diesem Gebiet.

Sollte ich Doris frontal darauf ansprechen und eine Erklärung verlangen?

Ich schüttelte den Kopf. Nein, ich mußte nur herausfinden, wie weit sie wirklich gehen wollte.

Sollte ich mir eventuell einen Bart ankleben für mein Rendezvous bei Leoni? Ich wollte Professor Tibbery vom Schauspielfach aufsuchen und sehen, was sich machen ließ.

Ein großes Cabrio fuhr langsam an mir vorbei und hielt dann am Straßenrand. Der große fremde Berufskiller stieg aus und wartete auf mich.

»Also, Professor, haben Sie sich's überlegt, ob Sie mitmachen wollen?« Mir kamen wieder einige Gedanken. Warum töteten Menschen? Natürlich aus Gewinnsucht. Aus Leidenschaft *und* in Notwehr.

Bei dieser Vorstellung bekam ich große Augen. Wäre es moralisch gerechtfertigt, wenn ich Doris umbringen ließe, bevor sie mich erwischen konnte? Sollte ich jemand anheuern, der das für mich erledigte? Mit geschlossenen Augen focht ich mit kalter Logik und warmem Gefühl.

Nein, ich konnte Doris nicht töten lassen. Ich hatte sie wohl oder übel geheiratet, obwohl das Übel entschieden größer war, als ich erwartet hatte.

»Nun, Professor«, wiederholte der Fremde, »sind Sie bereit fürs Geschäft?«

Ich öffnete die Augen. »Wir haben absolut nichts miteinander zu besprechen.«

Abschätzend hob er für einige Augenblicke den Kopf, dann langte er in seine Manteltasche. Er holte eine Karte heraus, die er mir gab. »Ich bin noch einen Tag im Westland Hotel. Und merken Sie sich, es gibt andere Psychologen, die diese Gelegenheit sofort ergreifen würden.«

»Bitte, bedienen Sie sich.«

Als die Rücklichter seines Wagens um die Ecke verschwunden waren, besah ich mir die Karte im Licht der nächsten Straßenlaterne. Außer seinem Namen stand nichts drauf: Charles A. Hasker. Ob das sein richtiger Name war? Wenn er nicht polizeilich erfaßt war, konnte das gut sein. Aber es war nicht wichtig. Ich würde Sergeant Larson informieren, wo er Hasker finden konnte.

Vielleicht konnte die Polizei im Augenblick nichts unternehmen, aber andererseits wüßten sie dann von seiner Existenz und seinem Beruf und konnten ihn beobachten. Vielleicht würde er irgendwann verhaftet.

Als ich nach Hause kam, wartete mein Nachbar, Professor Conner, bereits vor dem Schachbrett.

Ich weiß nicht, warum er ständig zu uns kommt. Wir haben wenig gemeinsam. Sein Gebiet ist die Zoologie. Ich führte das Schachspiel ein, da es einer Unterhaltung mit ihm vorzuziehen war.

Um elf aß er zwei von Doris' Thunfischsalat-Sandwiches und ging.

Am Freitagabend nach dem Essen ging Doris nach oben, um sich für ihren Frauenabend umzuziehen. Als sie wieder herunterkam, küßte sie mich flüchtig. »Ich weiß nicht genau, wann ich wiederkomme, Liebling. Wir haben heute Castro als Diskussionsthema, und man kann nie wissen, wieviele Resolutionen wir verabschieden werden.«

Ich warf ihr einen mürrischen Blick zu. »Hast du alles? Zum Beispiel deinen rosa Chiffonschal?«

»Ist in meiner Handtasche, Liebling. Hast du was dagegen, wenn ich heute abend das Auto nehme?«

»Ich dachte, Professor Bronsons Frau nimmt dich immer mit?«

»Ich habe sie gebeten, es nicht zu tun. Ehrlich gesagt habe ich gerne ein bißchen Bewegungsfreiheit. Sonst muß ich immer gehen, wenn sie geht.«

Als sie weg war, holte ich aus dem Schrank die Verkleidung, die mir Professor Tibbery früher am Tag gegeben hatte.

Ich ging seine Empfehlungen nochmals durch und stellte einen Spiegel auf. Warum um alles in der Welt sollte Doris mich umbringen wollen? Warum? Wegen Geld? Lächerlich. Unsere Verhältnisse waren ziemlich bescheiden.

Wegen der Lebensversicherung? Die stellte zwar einen ganz ansehnlichen Betrag dar, aber auch nicht so hoch, daß sie einen in solche Versuchung führen könnte. Gab es einen anderen Mann? Ich lächelte darüber. Es gab nicht den kleinsten Beweis dafür –

Reglos saß ich eine Weile da.

Warum kam Professor Conner so oft zu uns? War er wirklich aufs Schachspielen aus? Warum servierte Doris immer diese verflixten Thunfischsandwiches? Meine Leibspeise sind sie jedenfalls bestimmt nicht.

Und Conner ist Junggeselle. Sein Interesse gilt den Wirbeltieren. Ein Mann, der sich mit primitiven Wirbeltieren beschäftigt, mag sich bestimmt auch irgendwann einmal für die höherentwikkelten interessieren.

Ich betrachtete mein nun bärtiges Spiegelbild und setzte dann die Sonnenbrille mit den grünen Gläsern auf. Auf dem Weg nach draußen hielt ich beim Kühlschrank und nahm das Abzeichen aus dem Versteck hinter einem Glas Essiggurken.

Gegen acht war ich bei Leoni und stellte mich gleich in den Eingang, wobei ich das Abzeichen deutlich herumzeigte.

Leoni war ein bescheidenes Lokal mit etwa einem Dutzend Tischen und ebensovielen Theken. Ich ließ den Blick im Raum umherwandern. Keine der Frauen trug einen rosa Chiffonschal.

Ich stand schon ein paar Minuten da und hatte eben beschlossen, die Theken einer genaueren Inspektion zu unterziehen, als eine etwa fünfundzwanzigjährige Frau von einem der Tische aufstand und auf mich zukam.

Sie sagte etwas zögernd: »Regis?« und sah mich wachsam an.

Ich zwinkerte. »Sie tragen aber keinen rosa Chiffonschal.«

»Aber natürlich.«

Da fiel mir meine grüne Sonnenbrille ein. Ich errötete etwas und nahm sie ab. Tatsächlich, sie trug einen rosa Chiffonschal. Ich hatte sie noch nie zuvor gesehen.

»Schwarzer Hals«, erwiderte ich schwach.

Sie führte mich an ihren Tisch und erzählte mir ihre Geschichte. Sie wollte ihren Mann loswerden, ohne jedoch das Motiv dafür zu enthüllen. Vielleicht Geld, dachte ich, aber es war mir völlig gleichgültig.

Wir einigten uns rasch auf ein Honorar von zehntausend Dollar und auf eine neuerliche Verabredung, um die Einzelheiten zu besprechen. Ich hatte nicht die leiseste Absicht, sie wiederzusehen. Ich würde ihren Namen an Sergeant Larson weitergeben und es ihm überlassen, sie von dem Vorhaben wieder abzubringen.

Was mich betraf, so war dies das Ende meines Projektes. Stattdessen würde ich mein Forschungsjahr damit zubringen, ein Persönlichkeitsbild von geprüften Buchhaltern zu erstellen. Schließlich war das meine Alternative gewesen.

Ich ging zur nächsten Theke und bestellte einen Scotch mit Soda. Ich verspürte eine Art Hochgefühl, das wohl jeder Mann hat, der entdeckt, daß seine Frau ihn doch nicht umbringen will.

Ich trank noch gemütlich drei weitere Scotch, und um halb elf ging ich. Es waren etwa drei Meilen nach Hause, der Vollmond war aufgegangen, und mir war nach einem Fußmarsch zumute.

Die Straße durchs Wohngebiet war still und verlassen, und so bemerkte ich zufällig das Auto, das vier Blocks von meinem Haus entfernt an mir vorüberfuhr.

Es war meine eigene Limousine, mit der Doris wahrscheinlich gerade von ihrem Frauenabend zurückkam. Etwa einen Block vor mir hielt das Auto am Straßenrand.

Aha, Doris hatte mich gesehen und wartete auf mich.

Doch da fiel mir ein, daß ich ja immer noch den Bart trug. Wie hatte sie mich erkannt? Noch dazu im Mondschein?

Stirnrunzelnd näherte ich mich dem Wagen.

Was ich zunächst nur für einen unförmigen Schatten auf dem

Beifahrersitz gehalten hatte, wurde jetzt deutlich. Es waren zwei Personen im Auto. Ich blieb stehen und starrte durch die Scheibe. Doris . . . und Professor Conner.

Die beiden Gesichter wandten sich mir kühl zu und gaben mir deutlich zu verstehen, daß mich das Ganze absolut nichts anginge.

Die Stimme meiner Frau war ungewohnt hart: »Ist was, Mister? Hauen Sie ab.«

Ich haute ab.

An der Ecke blieb ich stehen und verschwand sofort hinter einem Gebüsch, um zurückzuspähen. Ich hatte mich nicht getäuscht. Sie lagen sich wieder in den Armen. Und das in *meinem* Auto!

Ich stoppte die beiden auf meiner Uhr. Zehn Minuten. Fünfzehn. Es war nicht abzusehen, wann sie sich trennen würden. Ich erhob mich und ging zu einer öffentlichen Telefonzelle einen Block weiter.

Was Hasker wohl verlangen würde, um Doris endgültig zu beseitigen? Und Professor Conner dazu? Wahrscheinlich eine wahnsinnige Summe. Selbst mit fünfzehn Prozent Nachlaß könnte ich mir das wohl nicht leisten.

Vielleicht würde er es auch umsonst machen, wenn er und ich Geschäftspartner wurden.

›Anyone for Murder?‹. *The Alfred Hitchcock Hour,* 13. März 1964. Regie Leo Penn. Drehbuch von Arthur Ross nach Jack Ritchies Kurzgeschichte ›Anyone for Murder?‹ *(Alfred Hitchcock's Mystery Magazine,* Januar 1964). Mit Barry Nelson (James Parkerson), Patricia Breslin (Doris Parkerson), Edward Andrews (Bingham), Dick Dawson (Robert Johnson), Richard X. Slattery (Detective Barker), David Fresco (Kellner).

Der aus Wisconsin stammende Jack Ritchie (1922–1983) war ein seltener Vogel unter den Schriftstellern, ein professioneller Kurzgeschichtenautor. Von 1953 an bis zu seinem Tod verkaufte er mehr als fünfhundert Erzählungen, davon die meisten an Krimi-Magazine. Zwei seiner frühen Geschichten mit zähen Burschen und ähnliche Krimireißer aus den Fünfzigern wurden in dreißigminütige Geschichten für *Alfred Hitchcock Presents* umgearbeitet; und zwei andere, darunter auch ›Anyone for Murder?‹ wurden bei *The Alfred Hitchcock Hour* gesendet. Wie Sie selbst sehen, ist die Geschichte brillant, indem sie grundlegendes Geschichtenerzählen mit bizarrem Humor in der Ritchie eigenen Art verbindet. Obwohl ich die Fernsehfassung nie gesehen habe, kann ich mir nicht vorstellen, daß Regisseur Leo Penn und Drehbuchautor Arthur Ross einen Mißerfolg damit hatten, wenn sie sich an Ritchies Vorlage gehalten haben.

Francis M. Nevins, Jr.

FAMILIENANSCHLUSS

James Yaffee

Seit Beginn des Winters war Joan Porters Leben von der großen Sorge beherrscht, was sie tun sollten, wenn das Kindermädchen ging. Der kleine Bruce war jetzt drei Monate alt, und Mrs. Finney konnte nicht länger bei ihm bleiben. Sie war Säuglingsschwester, und eine Menge anderer Neugeborener verlangten nach ihr. Sie hatte sich nur noch einverstanden erklärt, bei den Porters zu bleiben, bis sie eine ältere, weniger gut qualifizierte Frau dafür gefunden hatten.

Doch das war gar nicht so einfach. Joan befürchtete schon, daß sie nie mehr jemanden dafür Geeigneten finden würden. Schließlich würde diese Frau ja die nächsten zwei, drei Jahre ständig um Bruce herum sein, vielleicht sogar länger. In den Psychologiebüchern wurde ständig betont, wie wichtig diese ersten Jahre sein konnten. Schlechter Einfluß in diesem frühen Alter konnte das ganze Leben eines Kindes belasten.

Welche Erleichterung war es schließlich, als Harry eines Abends mit der wunderbaren Neuigkeit heimkam. »Weißt du, wer mich heute nachmittag im Büro angerufen hat? Ausgerechnet Frieda! Frieda – du weißt doch, ich habe dir alles von ihr erzählt – war mein altes Kindermädchen; sie war bei mir, bis ich sechs wurde. Also, sie hat in der Zeitung von New Rochelle von Brucie gelesen und möchte wissen, ob wir sie für ihn nehmen wollen.«

Das grenzte wirklich an ein Wunder. Natürlich erinnerte sie sich an all das, was Harry ihr von seinem alten Kindermädchen erzählt hatte – ihren ulkigen deutschen Akzent, ihre herzliche, liebevolle Art, ihre Bestimmtheit, wenn Harry ungezogen war, ihre kleinen Wiegenlieder und die wundervollen Gutenachtgeschichten, ihre Pingeligkeit mit seinem Äußeren und ihren Stolz auf seine kindlichen Leistungen.

Harry kannte noch nicht mal Friedas Nachnamen – sie war zwar verheiratet, aber ihr Mann war seit vielen Jahren tot, und Harry hatte keine Ahnung, wer er gewesen sein mochte. Harry kannte nur seine Frieda. Wie oft hatte er schon gesagt: »Wenn ich auf eine glückliche Kindheit zurückblicken kann und heute ein ausgeglichener Mensch bin, dann verdanke ich das vor allem

Frieda.« Und wie oft hatte Joan schon davon geträumt, für ihren eigenen kleinen Jungen ein so perfektes Kindermädchen zu finden.

Am nächsten Montagmorgen kam Frieda an, und Harry und Joan holten sie am Bahnhof von New Rochelle ab.

Joan wußte sogleich, daß alles gut würde. Frieda war eine kräftige Frau Anfang Sechzig, mit breiten Gesichtszügen, dickem grauem Haar und braunem, runzligem Gesicht. Aber trotz ihrer Einfachheit war nichts Grobes an ihr. In ihrem Blick lag Mitgefühl ebenso wie die typisch deutsche Frische und Tatkraft. Ihr Lächeln hatte etwas seltsam Trauriges und Empfindsames. Sie trug einen einfarbig grauen Mantel, der schon etwas abgetragen, aber immer noch ordentlich aussah. Auf dem Kopf saß ein vernünftiger, etwas altmodischer Hut. Ihr schweres, solides Schuhwerk verriet keinerlei weibliche Eitelkeit.

Die beiden Frauen verstanden sich auf Anhieb. »Mrs. Porter«, sagte Frieda auf dem Bahnsteig und hielt Joan auf Armlänge von sich weg. »Das ist also die Frau von meinem kleinen Harry. Ich wußte immer, daß er einmal ein nettes, hübsches Mädchen wie Sie heiratet.« Harry wurde rot und meinte, in Friedas Gegenwart fühle er sich wieder wie ein sechsjähriger Junge. Lachend schüttelte Joan herzlich Friedas Hand und stützte sie am Arm, um ihr ins Auto zu helfen.

Die ganze Fahrt über erzählten sie sich Geschichten über ›ihren Harry‹, während Harry vorne schwach protestierte.

Als sie die Einfahrt zum Haus hinauffuhren, wurde Frieda aufgeregt. »Ich kann es gar nicht erwarten, ihn zu sehen«, sagte sie. »Das kleine Baby. Ich muß wissen, ob er genauso hübsch ist, wie sein Papa war.«

Als Harry das Auto einparkte, machte Frieda ein paar nette Bemerkungen über das Haus. Aber ihre Aufregung steigerte sich – sie konnte nicht verhehlen, daß ihr das Baby am wichtigsten war. Joan gefiel das sehr.

Endlich waren sie oben im Kinderzimmer, und Frieda betrachtete Bruce in seinem Laufställchen. Lange sagte sie kein Wort. Dann meinte sie mit leiser, zitternder Stimme: »Wie hübsch er ist. Das hübscheste Baby auf der Welt.«

Als Joan sie ansah, bemerkte sie mit einem leisen Anflug von Mitgefühl Tränen in Friedas Augen. »Mrs. Porter, wie soll ich Ihnen nur danken? Es ist wieder wie in alten Zeiten.«

Aus einem plötzlichen Impuls heraus umarmte Joan die alte Dame. »Sie brauchen mir nicht zu danken. Von jetzt an gehören Sie zur Familie.«

Joans Instinkt gab ihr recht. Frieda erwies sich rasch als das, was man eine ›Perle‹ nennt. Sie war mit ihren zwei Koffern, die anscheinend ihre ganze Habe enthielten, in das Mädchenzimmer neben dem Kinderzimmer eingezogen, und nach einer Woche konnte man sich kaum noch vorstellen, wie der Haushalt je ohne sie funktioniert hatte.

Am wichtigsten war jedoch ihre Hingabe an Bruce. Ruhig und ohne viel Aufhebens übernahm sie all die Pflichten um ihn. Sie fütterte ihn – und weit weniger von der pürierten Nahrung wurde dabei verkleckert als bei Joan. Wenn sie ihn wusch, wand er sich und quietschte erstaunlicherweise kaum unter ihrer magischen Berührung. Sie hatte ein unheimliches Gespür, fast einen sechsten Sinn dafür, wann seine Windeln gewechselt werden mußten, und mit schier endlosem Vergnügen gurrte und summte sie mit ihm, kitzelte ihn und brachte ihn zum Lächeln.

Aber sie beanspruchte ihn nie allein für sich. Sie war das fast unglaubliche Phänomen eines Kindermädchens, das nicht glaubt, sie selbst sei unendlich wichtiger für das Kind als die Mutter. Wenn Joans Zeit zum Spielen kam, zog sich Frieda immer in den Hintergrund zurück, ohne auch nur einmal das Gesicht säuerlich zu verziehen. Und wenn Joan einmal waschen oder füttern wollte, überließ Frieda ihr das ohne Anzeichen von Mißmut.

Außerdem arbeitete Frieda auch willig im Haushalt mit. Sie und Joan machten gemeinsam sauber, und Frieda bestand sogar darauf, daß sie sich beim Kochen abwechselten. »Ich weiß, Sie sind eine gute Köchin«, meinte Frieda, »doch ich habe auch viel Übung. Aber manchmal sitzt ein verliebtes junges Paar lieber bei Kerzenschein am Tisch und sieht sich in die Augen, ohne sich um den Braten kümmern zu müssen.«

Joan erwiderte lachend: »Sie sprechen wohl aus Erfahrung? Ich wette, als Sie jungverheiratet waren –«

Frieda lächelte ein wenig schmerzlich. »Nein, nein, bei mir war es nicht so. Mein Mann war nicht wie mein kleiner Harry. Er war Preuße, Sie verstehen –« Lachend wechselte sie das Thema, und Joan fragte nie mehr danach.

»Ich weiß nicht, was ich ohne Frieda machen sollte.« Auf diesen Nenner brachte es Joan einen Monat nach Friedas Ankunft gegenüber ihrer Mutter. Es war Friedas freier Nachmittag, und Joan saß mit ihrer Mutter im Kinderzimmer, wo sie Kaffee tranken und beobachteten, wie Bruce im Laufstall herumkrabbelte. »Ehrlich«, fuhr Joan fort, »manchmal glaube ich, es ist einfach zu schön, um wahr zu sein.«

»Es ist zu schön, um wahr zu sein«, erwiderte ihre Mutter. »So ist das immer bei diesen besitzergreifenden, alten Kindermädchen. Kaum sind sie da, übernehmen sie schon alles. Bevor du dich umsiehst, lassen sie dich dein Baby gar nicht mehr anrühren.«

»Aber Frieda ist ganz und gar nicht so. Sie ist nicht im geringsten besitzergreifend. Sie möchte Bruce glücklich sehen. Nichts macht ihr mehr Freude, als wenn ich mit ihm spiele. Wenn du wüßtest, wie lieb sie ist –«

»Oh, da bin ich ganz sicher.« Die Mutter hob energisch das Kinn. »Am Anfang sind sie honigsüß. Allmählich machen sie sich unentbehrlich, und wenn es dann soweit ist, sieh dich vor! Du kannst dies nicht tun, jenes nicht tun, Baby muß jetzt sein Schläfchen machen, Baby darf nicht gestört werden, Baby möchte dich jetzt nicht sehen. Zum Schluß kannst du noch froh sein, wenn sie dich nicht aus dem Kinderzimmer aussperren.«

Aber Joan tätschelte ihrer Mutter nur lächelnd die Hand. »Gut, aber eins mußt du zugeben. Lieber ein besitzergreifendes Kindermädchen, das dein Kind wirklich liebt, als ein *solches* Kindermädchen.« Sie wies auf die Abendzeitung, die zusammengefaltet auf der Armlehne des Stuhls lag.

»Was für eins?« fragte die Mutter.

»Hast du's noch nicht in der Zeitung gelesen? Dieser schreckliche Fall in San Francisco.« Joan schlug die Zeitung auf und las den Artikel vor.

Es ging um eine Familie in San Francisco, deren kleiner Sohn vor eineinhalb Monaten gestorben war. Der Arzt hatte es für die Folge einer jener geheimnisvollen Virusinfektionen gehalten, die manchmal kleine Kinder dahinraffen, und das Baby war normal beerdigt worden. Aber erst kürzlich hatte eine Verwandte der Familie, eine im Haus lebende altjüngferliche Tante, die Behörden überzeugt, die Leiche exhumieren und eine Obduktion vornehmen zu lassen. Und tatsächlich stellte man fest, daß das Kind vergiftet worden war. Jetzt fahndete man nach dem alten Kindermädchen, das kurz vor der Tragödie entlassen worden war. Dieses Kindermädchen war immer sehr pingelig gewesen und hatte niemanden an das Baby herangelassen. Aber am verdächtigsten hatte sie sich am Tag vor dem Tod des Kindes gemacht, als sie tatsächlich die Kinderzimmertür abgeschlossen hatte und sich weigerte, Mutter und Tante während des Fütterns hereinzulassen.

Dies war auch der eigentliche Kündigungsgrund gewesen.

Man hatte natürlich keine Beweise gegen die Frau, aber die Zeitungen fingen schon an, sie als ›Kinderschlächterin‹ zu bezeichnen . . .

»Das ist ja entsetzlich«, sagte Joans Mutter schaudernd. »Aber das ändert meine Meinung in keiner Weise. Diese alten Kindermädchen meinen immer, sie wüßten alles besser als die Mutter, und glaub mir, so ist es – Joan, schau mal!« Sie schrie kurz auf. »Er wird sich die Finger zwischen den Scharnieren des Laufställchens klemmen!«

»Er tut sich schon nicht weh, Mutter. Ein Baby muß Erfahrungen machen, sonst wird es für den Rest seines Lebens furchtsam und gehemmt.«

»Das steht wohl in diesen lächerlichen Psychologiebüchern? Also, ich werde nicht ruhig hier sitzenbleiben und zusehen, wie sich mein Enkel die Finger bricht! Schon gut, Bruciebaby, schon gut, schon gut, nicht weinen, Oma ist ja da . . .«

Nur zwei Tage später hatte Bruce die ersten Magenkrämpfe. Mitten in der Nacht begann er zu weinen. Joan fuhr aus dem Schlaf und erkannte, daß sein Weinen nicht wie sonst klang. Als sie ins Kinderzimmer kam, beugte sich Frieda schon über ihn und flüsterte ihm beruhigend zu.

Dr. Flowers wurde gerufen. Unter anderen Umständen hätte Joan sich nie für ihn entschieden – er war ziemlich alt und für ihren Geschmack zu oberflächlich. Aber da er seit Jahren Harrys Hausarzt war, wäre er gekränkt gewesen, wenn Harry jemand anderen gerufen hätte.

»Kein Grund zur Beunruhigung, meine Liebe, überhaupt nicht«, erklärte der alte Dr. Flowers in seiner hohen, volltönenden Stimme. »Nur eine kleine Magenverstimmung, sonst nichts.

Ich habe in der Apotheke angerufen; die werden ein Medikament rüberschicken. Halten Sie ihn inzwischen warm und ruhig, und der starke kleine Bursche wird morgen früh wieder ganz in Ordnung sein.«

Das dauerte allerdings zwei Tage. In dieser Zeit hatte er Brechanfälle, zwischen denen er auf dem Rücken lag und teilnahmslos an die Decke starrte. Joan war so durchgedreht, daß sie kaum noch klar denken konnte. Einzig Frieda konnte ihr durch diese schwere Zeit helfen. Frieda war ein Wunder an Tatkraft – sie kümmerte sich um das Baby, gab ihm Medizin, sang es in den Schlaf, linderte seine Schmerzen, wischte auf, wenn er sich übergeben hatte, führte den Haushalt, beruhigte Joan und dachte auch an Harrys Appetit. Doch sie war immer gutgelaunt, ruhig und unaufdringlich. Sie benahm sich nicht wie eine herrschsüchtige, ausgebildete Kinderschwester, die ein für allemal »alles in die Hand nahm«.

Schließlich war Bruce wieder wohlauf und ganz der alte. Und Joan warf sich aufs Bett, um mindestens eine Woche durchzuschlafen. Aber erst drückte sie Frieda schnell die Hand und murmelte: »Danke schön.«

Am nächsten Tag ging wieder alles seinen gewohnten Gang. Um sechs Uhr abends brachte Frieda das Baby zu Bett, während Harry und Joan unten vor dem Essen einen Cocktail tranken.

»Oh, schau mal«, sagte Joan, als sie durch den zweiten Teil der Abendzeitung blätterte, »da steht noch mehr über den Fall in Kalifornien – diese Kinderschlächterin, wie man sie nennt.«

»Eine Menge Sensationsgier«, bemerkte Harry. »Hier steht, daß die neue Wasserstoffbombe eine ganze Stadt auslöschen kann, und jeder regt sich über so einen kleinen unbedeutenden Kindermord in San Francisco auf.«

»Aber das ist doch klar. So ein kleines Baby umzubringen – das ist doch wirklich brutal.«

Harry sah sie belustigt an. »Und ist das nun brutaler, als wenn eine ganze Stadt mit Tausenden von Babys vernichtet wird?«

»Weiß ich nicht. Es ist halt so. Das ist einfach logisch.« Von ihrer Begründung nicht ganz befriedigt, las sie schnell den Artikel.

Ein paar Minuten später lachte sie seltsam.

»Was gibt's zu lachen?« erkundigte sich Harry.

»Nur ein komischer Zufall. Als die Polizei das Haus, wo das

Baby gestorben ist, durchsuchte, fand sie im Zimmer des Kindermädchens hinter einem Schrank versteckt eine Flasche. Sie war noch halb voll mit Arsen. Jetzt fahndet man nach der Frau und will sie wegen Mordes festnehmen.«

»Gut, aber wo ist da der komische Zufall?«

»Also, in der Zeitung ist eine Beschreibung von ihr. ›Anfang Sechzig. Kräftig und schwer. Etwa einssiebzig. Graues Haar. Dunkle Erscheinung. Trägt einfarbige, billige Kleidung. Spricht mit deutschem Akzent‹.« Joan hielt inne und sah ihn an. »Merkst du's denn nicht? Diese Beschreibung paßt irgendwie – nun ja, auf Frieda.«

Harry starrte sie einen Moment an, dann warf er den Kopf zurück und brach in Gelächter aus.

Joan senkte den Blick und wurde rot. »Ich weiß nicht, worüber du lachst. Ich sagte ja nur, es wäre ein Zufall.«

»Aber sicher. Shirley Holmes Porter übernimmt den Fall. Arme Frieda – wir kennen sie ja nur zufällig seit über fünfundzwanzig Jahren und sie hat mich auch nur zufällig praktisch allein großgezogen. Aber es ist was dran, sie hat graues Haar und einen deutschen Akzent, also schnüffeln wir besser in unserem Essen nach dem berüchtigten Geruch von bitteren Mandeln.« Er lachte wieder. »Liebling, du bist abgekämpft, und die letzten Tage waren schwer für dich, deswegen kannst du nicht klar denken. Siehst du nicht, daß die Beschreibung auf neun von zehn aller deutschen Kindermädchen paßt? Geh mal morgens in den Central Park, und ich wette, auf jeder zweiten Bank sitzt mindestens eine alte Dame, die dieser Beschreibung entspricht.«

Schon ärgerte sich Joan ein wenig über sich selbst. Und so war ihr Ton ihm gegenüber etwas gereizt. »Ich habe ja nicht behauptet, daß das etwas zu bedeuten hat, oder? Ich habe nur auf einen Zufall hingewiesen, und jetzt behandelst du mich, als wäre ich beschränkt.«

»Liebling, tut mir leid.« Er ging zu ihr hinüber und küßte sie auf die Stirn. »Ich möchte dir gewiß nicht unterstellen, du wärst beschränkt oder so was.«

Danach kam er auf die Sache nicht mehr zurück. Nur einmal beim Essen machte er ein ernstes Gesicht und schnüffelte bedeutungsvoll am Salat. Dann zwinkerte er ihr aufreizend zu.

Nun, jetzt ist Schluß damit, sagte sich Joan. Sie schlug sich diese törichte Idee ein für allemal aus dem Kopf.

Aber manchmal geht das gar nicht so einfach. Jedenfalls war es bei Joan schon immer so. Plötzlich hatte sie eine seltsame Vorstellung oder einen Verdacht, und obwohl sie wußte, wie absurd es war, war sie erst zufrieden, wenn sie dem nachgegangen war und festgestellt hatte, daß nichts dran war. Zum Beispiel damals am College, als sie mit Harry kurz verlobt war und jemand erwähnt hatte, daß er mit Nathalie Taylor aus South Carolina gesehen worden wäre – tagelang hatte Joan sich herumgequält und schließlich Harry gesagt, sie werde die Verlobung lösen, wobei sie ihm noch schreckliche Dinge an den Kopf warf. Sie erinnerte sich noch an die Demütigung, als sie herausfand, daß Nathalie Taylor seine Cousine ersten Grades war und er nur auf Bitten seiner Mutter an jenem Abend mit ihr ausgegangen war.

Jetzt ist es wieder so, schalt sich Joan. Sie ließ einfach die Phantasie mit sich durchgehen.

Und doch ertappte sie sich gleich am nächsten Morgen, während sie und Frieda das Schlafzimmer aufräumten, dabei, daß sie – fast gegen ihren Willen – das gefährliche Thema anschnitt.

»Wissen Sie, Frieda«, meinte sie, als sie einander gegenüberstanden, um ein Laken auszuschütteln. »Sie haben uns nie von Ihrem Leben während der letzten zwanzig Jahre erzählt . . . seit Sie damals Harry aufzogen. Ich möchte weiß Gott nicht meine Nase in alles stecken, aber da Sie nun praktisch zur Familie gehören, interessieren wir uns schon dafür . . .«

Bildete sie sich das nur ein, oder verlor Friedas Lächeln bei dieser Frage tatsächlich etwas von seiner Fröhlichkeit? »Meine Lebensgeschichte ist nicht interessant, Mrs. Porter. Als ich nicht mehr für Harrys Mama arbeitete, ging ich zu den Atkins, Freunden seiner Mutter in der West End Avenue –«

»Oh, ich kenne die Atkins natürlich. Sie waren fast sieben Jahre bei ihnen und anschließend bei dieser Künstlerfamilie. Harry hat mir das alles erzählt; auch, daß Sie immer Geburtstagsglückwünsche geschickt haben. Mich interessiert die Zeit danach, Frieda. Sie schrieben Harry, daß Sie ihren Beruf aufgeben und bei Ihrer verheirateten Tochter im Westen leben wollten. Das war vor zehn Jahren, und seit damals hat er nichts mehr von Ihnen gehört.«

Emsig stopfte Frieda das Laken an den Bettkanten fest. »Ich kam mit meiner verheirateten Tochter nicht zurecht, Mrs. Porter. Das Haus war zu klein, und ich mochte ihren Mann nicht, diesen Tunichtgut Carl. Ich blieb dort ein Jahr, bis sie nach Saint Louis zogen. Sie baten mich, mit ihnen zu gehen, aber ich lehnte ab und meinte, ich würde wieder als Kindermädchen arbeiten. Und das tue ich nun.« Sie hob das Kinn und lachte steif. »Also nicht sehr interessant, nicht wahr?«

»Bei wem haben Sie im Westen gearbeitet?«

»Bei vielen, Mrs. Porter.«

»Aber wie hießen die, für die Sie zuletzt arbeiteten?«

»Wie sie hießen?« Einen Augenblick schüttelte Frieda heftig das Kissen auf. »Ihr Name war – Munster. Mr. und Mrs. William Munster.«

Joan fiel auf, daß es nicht der Name der Familie mit dem ermordeten Baby in San Francisco war. »War das in San Francisco?«

»Nein, in einer Kleinstadt, Bakersfield. Ich war noch nie in San Francisco.«

Joan atmete tief durch. Dann brachte sie ein wenig zitternd die nächste Frage heraus: »Und diese Leute – Mr. und Mrs. Munster – hatten sie auch einen kleinen Jungen?«

Frieda schien sich zu entspannen und lächelte. »O ja. Es waren immer kleine Buben. Ich mag die kleinen Buben sehr gerne. Ich werde jetzt das Badezimmer putzen, Mrs. Porter.« Damit war sie weg, noch bevor Joan eine weitere Frage stellen konnte.

Den ganzen Vormittag lang dachte Joan über diese Unterhaltung nach. Frieda war ziemlich ausgewichen. Es gab überhaupt keinen Zweifel, daß das nur Joans Einbildung entsprang. Warum um alles in der Welt sollte sie Einzelheiten aus ihrem Leben während der letzten Jahre verheimlichen wollen, wenn es da nicht etwas zu verheimlichen gab? Vielleicht irgend etwas Schreckliches?

Es gab eine Menge Gründe, sagte sich Joan, persönliche und private. Jeder hat sein Recht auf Privatleben, oder nicht? Warum sollte einer sein ganzes Privatleben vor jeder neugierigen Hausfrau in Westchester ausbreiten? Kümmere dich um deinen eigenen Kram, ermahnte sich Joan.

Eine leise, einschmeichelnde innere Stimme sagte: Bruce ist dein Baby; das *geht* dich was an; es ist überhaupt das wichtigste.

Ein paar Tage später traten drei Ereignisse ein, die all ihre unterdrückten Verdachtsgründe wieder aufrührten.

Das erste Ereignis geschah beim Frühstück. Auf der letzten Seite der *Times* überflog sie eine kurze Notiz über die Kinderschlächterin.

»Hör mal zu, Harry«, sagte sie und bemühte sich um einen gleichgültigen Ton, »du erinnerst dich doch noch an den Mordfall in San Francisco, über den wir neulich gesprochen haben? Also, man hat jetzt neue Erkenntnisse über das Kindermädchen, das es getan haben soll. Der Beamte vom Fahrkartenschalter erinnert sich, daß er sie einen Tag nach der Beerdigung des Babys gesehen hat. Er hat ihr eine Zugfahrkarte nach New York verkauft. Das sind mit dem Zug etwa drei bis vier Tage, und dieser Mord geschah vor etwa sechs Wochen – gerade eine Woche, bevor Frieda sich mit dir in Verbindung setzte und nach der Arbeit fragte, nicht wahr?«

Harry senkte seine Hälfte der Zeitung und seufzte. »Und was genau soll *das* nun heißen?«

»Ich sage ja nicht, daß es etwas bedeutet –«

»Ach nein? Was behauptest du denn, möchte ich mal wissen? Mein Gott, Liebling, gebrauche doch deinen gesunden Menschenverstand, ja? Täglich fahren Hunderte mit dem Zug nach New York. Außerdem muß diese Frau ja gar nicht bis nach New York gefahren sein. Sie kann ebenso gut in Chicago ausgestiegen oder überhaupt nicht mit dem Zug gereist sein. Ich verstehe nicht, wie du so töricht sein kannst.«

»Ich weiß ja, daß es unvernünftig ist. Nur – im zweiten Abschnitt steht der Kommentar eines bekannten Psychiaters. Er wurde gefragt, ob er eine Theorie hätte, warum diese Kinderschlächterin das Baby vergiftet haben könnte. Jetzt hör mal zu, was er sagte: Sie sei zweifellos das Opfer einer gewöhnlichen Psychose, die kinderlose Frauen mittleren Alters trifft oder solche, die von ihren Kindern vernachlässigt werden. Solche Frauen sollen aufgrund ihrer Frustration ein Haßgefühl gegen jüngere Frauen mit kleinen Babys entwickeln. Sie halten es für ungerecht, daß diese Frauen glücklicher seien als sie selbst, und oft griffen sie zu extremen und gewalttätigen Methoden, um diese jungen Mütter für die vermeintliche Ungerechtigkeit zu bestrafen.«

»Äußerst scharfsinnig«, bemerkte Harry. »Wenn ich was hasse, dann ist es ein Möchtegern-Psychiater.«

»Harry«, fuhr Joan trotz seines Spotts fort, »ich muß ein für allemal Klarheit haben! Ich muß sicher sein, sonst habe ich keine ruhige Minute mehr. Frieda erzählte, ihre letzten Auftraggeber seien ein Mr. Munster und seine Frau in Bakersfield in Kalifornien gewesen. Also, ich schicke meinem Bruder Eddie in Los Angeles ein Telegramm – er ist Rechtsanwalt und hat die Möglichkeit, etwas herauszufinden – und bitte ihn, sich mit diesen Munsters in Verbindung zu setzen und mir dann zurückzutelegrafieren. Und noch was – ich frage Eddie, ob die Zeitungen dort ein Bild dieses Kindermädchens veröffentlicht haben. Wenn ja, soll er mir eins schicken. Ich *weiß*, daß es töricht ist«, sagte sie, um seinen Einwänden zuvorzukommen, »aber ich muß es einfach machen!«

Also machte sie sich gleich nach dem Frühstück daran, während Frieda hinter dem Haus Wäsche aufhängte.

Am selben Nachmittag trat das zweite Ereignis ein. Frieda war mit dem Kinderwagen draußen, und Joan überkam das heftige Verlangen, Friedas Zimmer zu durchsuchen, um vielleicht etwas zu entdecken, was sie beruhigen konnte. Ihr war klar, daß das ein schlimmes Vorhaben war; sie mochte hochnäsige Menschen nicht – »aber es ist wegen Brucie«, sagte sie sich.

Aber sie brauchte das Zimmer anscheinend gar nicht zu durchsuchen, denn in dem Augenblick, als sie das Zimmer betrat, blieb ihr Blick an einem Gegenstand auf der Kommode hängen. Es war eine große Flasche, zu etwa drei Vierteln gefüllt mit einer dicken bräunlichen Flüssigkeit. Joan nahm sie in die Hand, aber es war weder ein Aufkleber noch ein anderer Hinweis auf den Inhalt darauf. Schnell öffnete sie die Flasche und roch daran. Aber die Flüssigkeit, was immer es sein mochte, war geruchlos.

Ein wenig später, als Frieda mit Bruce nach Hause kam, sprach Joan sie offen darauf an: »Ich bin an Ihrem Zimmer vorbeigegangen, Frieda, da die Türe offen war, sah ich zufällig diese Flasche auf der Kommode. Ist sie denn aus unserem Medizinschränkchen?«

Frieda schien diese Frage nicht aus der Fassung zu bringen. Sie zog dem Baby das Jäckchen aus. »Ja, das ist Medizin, Mrs. Porter, aber nicht aus dem Medizinschränkchen, sondern meine eigene.«

»Nehmen Sie es selbst?«

»Nein, nein. Das ist nicht für mich, sondern für das Baby.«

Die unbeschwerte Freundlichkeit, mit der sie das sagte, ließ Joan erstarren. »Ich kann mich aber nicht erinnern, daß Dr. Flowers so etwas verschrieben hat.«

»Es ist auch nicht von Dr. Flowers. Der hat ja keine Ahnung. Das ist meine eigene Arznei aus meiner Mädchenzeit in Deutschland. Wenn sich mein Baby nicht gut fühlt, wenn es eine leichte Erkältung oder einen verdorbenen Magen hat, bekommt es das. Hilft viel besser als Dr. Flower's Medizin.«

»Frieda –« Joan konnte die Angst in ihrer Stimme nicht unterdrücken. »Ich glaube nicht, daß Sie Bruce das geben!«

»Aber Mrs. Porter, ich verstehe Sie nicht. Das tut ihm sehr gut. Ich habe diese Medizin allen meinen Babys gegeben.«

»Wagen Sie es nicht, Bruce etwas davon zu geben!« Joan spürte, wie ihr die Tränen in die Augen stürzten. »Wagen Sie es ja nicht, hören Sie!«

Sie sah den betroffenen und verwirrten Ausdruck in Friedas Gesicht. »Mrs. Porter, ich würde meinem Baby nichts geben, was ihm schadet. Wissen Sie denn nicht, wie sehr ich ihn liebe?«

Scham überfiel Joan. »Frieda – ich weiß gar nicht, was – es tut mir leid!« Sie stieß das letzte Wort heraus, wandte sich um und lief in ihr Zimmer.

Als sie Frieda beim Abendessen sah, waren beide so ruhig und liebenswürdig wie immer. Keine von beiden verlor ein Wort über den Vorfall.

Und dann, gegen zehn Uhr, trat das erste Ereignis ein. Frieda war oben zu Bett gegangen, und Joan und Harry sahen fern, als das Telefon klingelte. Western Union war dran mit dem Antworttelegramm von Joans Bruder Eddie aus Los Angeles. Das Mädchen las es am Telefon vor:

RIEF KONTAKTE IN BAKERSFIELD AN. SAHEN EINWOHNERMELDEAMT-UNTERLAGEN, TELEFONBÜCHER, STEUERUNTERLAGEN DURCH. WÄHREND DER LETZTEN FÜNF JAHRE KEIN WILLIAM MUNSTER GEMELDET. WERDE FOTO AUSGRABEN UND EILBOTEN SCHICKEN.

Sogar Harry war davon ein wenig erschüttert. Stirnrunzelnd meinte er: »Das kapiere ich nicht. Warum sollte sie dich anlügen? Welchen Grund könnte sie dafür haben?«

Joans Stimme klang fast hysterisch, als sie antwortete: »Ich kann mir einen guten Grund vorstellen!«

Harry runzelte die Stirn. »Wir werden morgen früh mit ihr sprechen. Bestimmt gibt es eine absolut vernünftige Erklärung dafür. Außerdem, wenn du das Foto bekommst, wirst du sehen, wie albern das alles ist. Mein Gott, ich kenne Frieda seit meiner Kindheit! Sie war immer wie ein Familienmitglied.«

»Ein Familienmitglied«, wiederholte Joan.

Aber am nächsten Tag sprachen sie nicht mit Frieda, denn während der Nacht war Bruce wieder krank geworden, und das verdrängte alle anderen Gedanken.

Dr. Flowers hielt es für dieselbe Krankheit wie zuvor. »Eine einfache Magenverstimmung, nichts Ernstes. Wahrscheinlich ist er gegen etwas allergisch. Sobald er wieder gesund ist, werde ich ein paar Tests machen.«

Jetzt hatte Joan keinerlei Vertrauen mehr zu Dr. Flowers. In ihrer Vorstellung war Bruce nur sicher, wenn sie nicht von seiner Seite wich und ihn nicht aus den Augen ließ. Sie sagte alle Verabredungen und Vereinstreffen ab, übernahm das Waschen und Füttern von Bruce, stellte ein Klappbett ins Kinderzimmer und blieb in der darauffolgenden Nacht bei ihm.

Bei der kleinsten Bewegung oder Seufzern von ihm fuhr sie aus dem Bett auf und beugte sich über sein Bettchen.

Frieda bot oft ihre Hilfe an. »Sie arbeiten zu viel. Daran sind Sie nicht gewöhnt. Gehen Sie ruhig schlafen, ich kümmere mich um ihn.« Aber Joan wies Friedas Angebote zurück, erst hastig, dann immer bestimmter. Und sie wappnete sich gegen den verwirrten und enttäuschten Ausdruck im Gesicht der alten Frau.

Einmal, nachdem Bruce einen besonders heftigen Brechanfall hatte, bot Frieda wieder an zu helfen, und Joan fuhr sie wütend an: »Verschwinden Sie! Wir brauchen Sie nicht! Auf Ihre Art Hilfe können wir gern verzichten!«

Einen Augenblick später entschuldigte sie sich. Sie erklärte, sie wäre müde und besorgt und wüßte nicht mehr, was sie sage. Aber auch das Lächeln, mit dem Frieda die Entschuldigung hinnahm, konnte nicht über den Schmerz in ihren Augen hinwegtäuschen.

Am dritten Abend von Bruces Erkrankung rief Harry an und teilte mit, er könnte nicht zum Abendessen kommen, da er in New York zwei auswärtige Kunden bei sich hätte.

»Liebling, wann wirst du zurück sein?«

Man mußte ihr die Angst anhören, denn er antwortete mit

einem beruhigenden Lachen. »Warum bist du so nervös? Ich werde gegen Mitternacht daheim sein. Wenn's Bruce schlimmer geht, ruf Dr. Flowers an.«

Sie legte auf und lief ins Kinderzimmer zurück. Bruce war allein, wie sie ihn verlassen hatte.

Allmählich wurde es dunkel. Langsam und quälend brach die Nacht herein. Joan richtete selbst Bruces Essen. Aber sie beschäftigte Frieda währenddessen in der Küche. Sie bat Frieda um Hilfe, aber wenn es dann soweit war, ließ sie Frieda an nichts heran. Dann ging sie hinauf und fütterte Bruce, während Frieda in der Tür stand und zusah, aber nicht näherkam.

Dann aßen Frieda und Joan. Joan nahm nur ein Sandwich, das sie selbst zubereitet hatte, und ein Glas Milch zu sich. Frieda wollte etwas für sie kochen, aber sie schüttelte nur heftig den Kopf. »Ich habe keinen richtigen Hunger«, meinte sie. »Außerdem möchte ich Bruce nicht zu lange allein lassen.«

Während des Essens wechselten die beiden Frauen kaum ein Wort. Einmal machte Frieda eine Bemerkung über frühere Zeiten in Deutschland, ein andermal darüber, daß aus Bruce einmal etwas Großes würde. Im allgemeinen war das ein unfehlbarer Anfang für eine Unterhaltung, aber heute abend konnte Joan einfach nicht darauf eingehen.

Als sie ins Kinderzimmer hinaufgingen und nach Bruce sahen, setzten sie sich jeweils an eine Seite des Bettchens und betrachteten ihn im Schlaf. Wieder sprachen sie kaum miteinander.

»Ich glaube, es geht ihm besser«, meinte Frieda einmal. »Er fühlte sich heute wohler.« Sie zögerte, dann fuhr sie fort: »Sie geben mir doch recht, oder? Es ging ihm heute besser.«

Joan antwortete nicht.

Später lachte Frieda kurz auf und sprach wieder. »Dieser Dr. Flowers versteht gar nichts von Babys. Ich glaube, es ist gut, daß wir nicht auf ihn angewiesen sind.«

Joan sah abrupt auf und fragte sich, was Frieda mit dieser Bemerkung wohl meinte, erwiderte aber nichts.

Der Abend schlich dahin. Im Licht der kleinen Nachttischlampe warfen die beiden Frauen große Schatten über das Zimmer. Ab und zu, wenn Frieda nicht hersah, beobachtete Joan sie genau, um herauszufinden, wer diese alte Frau wirklich war. War sie wirklich, wie sie zu sein schien, die unschuldige, alte Frieda, die traditionelle deutsche Nanny, die in ihrer Arbeit aufging? Oder verbargen sich hinter dieser runzligen Stirn tiefere, schwärzere und schmutzigere Gedanken, unterschwellige Eifersucht, Frustration und unterdrückte Gewalttätigkeit? Joan konnte es nicht sagen. In der einen Sekunde schien Friedas Miene die Inkarnation des Bösen, dann wieder war alles so schön und einfach und behaglich –

Was weiß man schon je von einem anderen? fragte sich Joan. Durchschnittliche Gesichter, die so warmherzig und froh sind und einem alles bedeuten – weiß man je, was dahinter vorgeht? Für einen Moment blanken Entsetzens schien Joan das Leben wie ein Alptraum und die ganze Welt voll von grinsenden Teufeln . . .

Unten klingelte es an der Tür. Joan stand auf und sah auf die Uhr. Halb zwölf. »Frieda, machen Sie bitte auf?«

Frieda ging hinaus. Gleich darauf rief sie hinauf: »Es ist ein Postbote mit einem Eilbrief.«

Joan ging hinunter und nahm Frieda den Brief aus der Hand, wobei sie versuchte, ihre Aufregung zu verbergen. Sie wandte sich ab, so daß Frieda ihr nicht beim Öffnen zusehen konnte. Dann riß sie mit zittrigen Fingern den Umschlag auf. Ein zusammengelegter Zeitungsausschnitt fiel heraus. Oben drüber stand in fettgedruckten Lettern: Mrs. Oscar Baumgartner – Diese Frau wird polizeilich gesucht im Zusammenhang mit dem Tod von –«

Weiter brauchte Joan gar nicht zu lesen. Das Foto unter diesen Zeilen war ein wenig verschwommen und dunkel, aber immer noch deutlich genug.

Es war ein Foto von Frieda.

Daran bestand kein Zweifel.

Dann bemerkte sie, daß Frieda nicht mehr bei ihr stand.

Ein Anflug von Panik ließ Joan erstarren.

Dann war er vorüber, und sie schrie laut auf.

»Bruce!«

Sie rannte die Treppe hinauf und den Flur entlang. Die Kinderzimmertür war geschlossen. Sie riß sie auf und schnappte nach Luft, als sie es sah . . .

Frieda beugte sich über das Kinderbettchen. In der einen Hand hielt sie einen Löffel, in der anderen die Flasche, die Joan auf der Kommode hatte stehen sehen, die Flasche mit der bräunlichen Flüssigkeit. Mit ihrer sanftesten und beruhigendsten Stimme flüsterte sie Bruce zu: »Schon gut, mein Baby, nun schluckst du dies, das vertreibt den Schmerz; dann geht's dir wieder gut. Frieda weiß das –« Bruce war jetzt wach und sah sie groß an. Lächelnd streckte er die Hand aus, und sie hielt ihm den Löffel an den Mund.

Joan schoß vor, stürzte sich auf Frieda und entwand ihr den Löffel. Die braune Flüssigkeit spritzte über Bruces Bettchen, und die Flasche fiel klirrend zu Boden. Bruce fing an zu weinen.

»Mörderin!« schrie Joan Frieda an. »Schlächterin! Kinderschlächterin!«

Frieda trat mit hochgezogenem Mundwinkel auf sie zu.

»Halten Sie sich von uns fern!« schrie Joan heiser und erschöpft. »Bleiben Sie von meinem Baby weg!«

Dann drehte sich alles um sie – Friedas verzerrter Mund, Bruces Geschrei, das Rauschen in ihren Ohren, das Nachtlicht, das immer greller wurde. Sie nahm nur noch wahr, wie Friedas knochige Finger nach ihrem Arm griffen . . .

Sie lag auf dem Rücken, und Harry sah auf sie hinunter.

Zunächst verschwamm alles im Nebel; sie glaubte zu träumen. Dann wurden die Umrisse schärfer; sie nahm das vertraute Muster der Tapete wahr und spürte ihr Bett unter sich.

Plötzlich fuhr Joan mit einem Schrei auf. »Bruce!«

Harry legte ihr die Hand auf die Schulter und drückte sie sanft aufs Kissen zurück.

»Es geht ihm gut, Liebling. Er schläft jetzt.«

»Aber Frieda –«

»Sie ist in ihrem Zimmer.«

»In ihrem Zimmer!« Wieder versuchte Joan, sich aufzusetzen. »Aber Harry, sie ist doch nicht etwa *allein?* Sie wird wieder versuchen – sie will ihn umbringen –«

Harry seufzte besorgt. »Sie hat mir alles erzählt, was du zu ihr gesagt hast. Joan, Liebling.« Er beugte sich vor. »Es stand alles in den Abendzeitungen, ich habe es auf der Heimfahrt im Zug gelesen. Man hat die Kindesmörderin geschnappt, und sie hat ein umfassendes Geständnis abgelegt. Frieda hat nichts damit zu tun.«

Joan starrte ihn an, während sie seine Worte langsam in sich aufnahm.

»Aber Harry . . . das Bild in der Zeitung . . . das war ein Foto von Frieda . . .«

»Ja, Frieda war das Kindermädchen von diesem Baby, das stimmt. Sie hatte den Verdacht, daß jemand dem Kind Übles wollte. Darum hat sie beim Füttern die Tür abgeschlossen.«

»Aber sie hat mich angelogen! Mir zu erzählen, sie hätte bei diesen Munsters gearbeitet –«

»Aber verstehst du denn nicht, Liebling? Sie hatte Angst. Als sie in der Zeitung las, daß das Baby tot war und man sie wegen Mordes suchte, fürchtete sie sich davor, etwas zu sagen. Alles sprach gegen sie – dafür hatte jemand gesorgt. Ich glaube, die Polizei würde ihr die Geschichte nie abnehmen. Schließlich –« Harry senkte nervös den Blick – »konnte sie nicht erwarten, daß die Polizei erkannte, wie freundlich und lieb sie ist. So wie wir es hätten wissen müssen.«

»Aber sie hat Bruce mit diesem Zeug gefüttert . . . Und wie sie nach mir griff, als ich ohnmächtig wurde –«

Harry lächelte müde. »Sie hat dir ja gesagt, was das für ein Zeug ist, nämlich ihr eigenes, bevorzugtes Hausmittelchen. Sie hat es mir als Kind zweimal die Woche eingeflößt. Und als sie nach dir griff – nun, sie hat dich fallen sehen und versucht, dir zu helfen.«

»Versucht, mir zu helfen.« Joan schüttelte sich gequält. »Aber, Harry, wenn sie wirklich das Kindermädchen von diesem Baby war – was ist dann mit der Flasche Arsen, die in ihrem Zimmer gefunden wurde?«

»Die ist vom richtigen Mörder dorthin gestellt worden, um sie zu belasten.«

»Vom richtigen Mörder?«

Wieder seufzte Harry. »Es war die altjüngferliche Tante. Es verhielt sich genau so, wie der Psychiater gesagt hatte – eine frustrierte Frau mittleren Alters ohne eigene Kinder, voller Groll gegen Frauen, die glücklicher waren als sie. Darum hat sie auch so gedrängt, einen Monat nach der Beerdigung die Leiche wieder exhumieren zu lassen; deswegen hat sie auch versucht, Frieda das Verbrechen in die Schuhe zu schieben. Es reichte ihr nicht, ihre Wut gegen die Mutter des Kindes auszulassen. Sie mußte auch Frieda etwas Schreckliches antun – weil Frieda, die mit dem Baby noch nicht mal verwandt war, so viel von seiner Liebe besaß.«

»So viel von seiner Liebe«, wiederholte Joan langsam und empfand schließlich in vollem Umfang, was sie Entsetzliches angerichtet hatte.

Sie setzte sich auf.

»Ich gehe zu ihr.«

Frieda war in ihrem Zimmer und packte einen Koffer. Als Joan eintrat, sah sie auf. Ihre Augen waren gerötet, und das Gesicht war alt und grau.

Joan ging zu ihr und sagte sehr ernst und eindringlich: »Frieda, ich bitte Sie um Verzeihung. Bitte vergeben Sie mir. Bleiben Sie doch hier bei Bruce und uns.«

Friedas Lippen zitterten, und es dauerte eine Weile, bis sie es unterdrücken konnte, dann brachte sie ein sehr liebes und trauriges Lächeln zustande. »Ich gebe Ihnen keine Schuld, Mrs. Porter. Eine Mutter muß ihr Baby beschützen. Aber ich halte es für besser, wenn ich jetzt gehe.«

»Wir mögen Sie so sehr, Frieda. Sie gehören zur Familie. Wirklich –«

Aber Frieda schüttelte langsam den Kopf. »Zur Familie«, sagte sie leicht und sanft, ohne die geringste Bitterkeit. »Nein, das stimmt nicht. Damit betrügen Frauen wie ich uns selbst. Wir gehören nie zur Familie. Wir sind mit im Haus, sehen nach dem Baby, jedermann ist nett zu uns, aber für uns gibt es keine Familie.« Sie hielt einen Augenblick inne und lächelte dann still. »Ich glaube, ich gebe meinen Beruf auf. Ich habe ein bißchen Geld. Damit suche ich mir ein schönes Plätzchen, und dort werde ich glücklich leben.« Sie senkte den Kopf und fuhr rasch mit Packen fort.

In dieser Nacht konnte Joan nicht einschlafen. Sie lag im Dunkeln auf dem Rücken. Schließlich sagte sie:

»Ich werde nie vergessen, was ich ihr angetan habe – niemals.«

»Aber sicher wirst du das«, erwiderte Harry von nebenan. »Jetzt bist du aufgeregt. Aber nach einer Weile, im Laufe der Zeit – glaub mir, Liebes, man vergißt solche Dinge.«

Joan dachte einen Augenblick darüber nach, dann erwiderte sie flach und gepreßt: »Du hast recht, und das ist das Schlimme dabei.«

›One of the Family‹. *The Alfred Hitchcock Hour,* 8. Februar 1965. Regie Joseph Pevney. Drehbuch von Oscar Millard nach James Yaffees Kurzgeschichte ›One of the Family‹ *(Ellery Queen's Mystery Magazine,* Mai 1956). Mit Lilia Skala (Frieda), Kathryn Hays (Joyce Dailey), Jeremy Slate (Dexter Dailey), Olive Deering (Christine Callendar).

Ich weiß, daß es mir sehr gut gefallen hat. Die Fernsehfassung hielt sich an die Originalgeschichte, wobei der überraschende Schluß noch dramatischer gestaltet wurde. (Ich hatte das vorgeschlagen, als ich die Story verkaufte.) Meine Charaktere erscheinen mir außerdem interessanter, wenn sie durch gute Schauspieler zum Leben erweckt werden.

James Yaffee

DIE TODESSZENE

Helen Nielsen

Die Frau, die mit dem schwarzen Duesenberg hereingefahren war, faszinierte Leo Manfred. Sie hielt sich gut, mochte vielleicht Modell oder Tänzerin sein. Ihre Knöchel waren zierlich, die Waden straff. Leo schlängelte sich unter dem Wagen hervor, an dem er gearbeitet hatte, um sie näher in Augenschein zu nehmen.

Sie war ganz in Weiß gekleidet – ein weißer Hut mit breitem Schulmädchenrand, ein weißes Kleid, das ihren Körper gerade soweit verhüllte, um seine Aufmerksamkeit noch mehr zu reizen, und weiße Schuhe mit hohen, spitzen Absätzen.

Doch da war noch etwas mehr an ihr als nur ihre Haltung und die Art, wie sie sich kleidete. Es war etwas Seltsames um sie, beinahe Geheimnisvolles, und das Geheimnisvolle paßte ganz und gar nicht in die Schmieröl- und Schmutz-Gesellschaft von Wagners Garage. Leo erhob sich.

Carl Wagner, der Leos dreißig Jahre um die Hälfte übertraf und weit mehr Interesse an einer aufgeklappten Motorhaube hatte als an irgendeiner Frau, verdeckte den Blick auf ihr Gesicht. Doch als sie sprach, war ihre Stimme weich und wohlklingend.

»Mr. Wagner«, sagte sie, »können Sie mir sagen, wann mein Automobil fertig sein wird?«

Automobil – nicht etwa Wagen, registrierte Leos wacher Geist.

Inzwischen starrte Wagner unter die Motorhaube mit der Begeisterung eines Picknickgastes, der eben den Korb mit Köstlichkeiten geöffnet hat.

»Es ist ein großer Motor, Miss Revere«, antwortete er, »und jeder Zylinder muß synchronisiert werden. Ihr Vater ist da immer sehr eigen.«

»Mein Vater –« Sie zögerte. Die Ahnung eines Lächelns lag auf ihrem Gesicht. Man konnte es nicht sehen, nur spüren – so wie man manche Parfüms spürt, überlegte Leo. »Mein Vater ist sehr eigen, Mr. Wagner. Aber der Tag ist so warm, und ich habe nicht die geringste Lust, Einkäufe zu machen.«

Carl Wagner verschwendete weder Zeit noch Worte. Die Finger der einen Hand stocherten in der Tasche seines Monteuranzugs und fingerten einen Satz Schlüssel heraus. Im gleichen Augenblick blickte er auf und sah Leo.

»Mein Gehilfe wird Sie nach Hause bringen«, sagte er. »Sie können Ihrem Vater sagen, daß wir den Wagen liefern werden, sobald er fertig ist.«

Wenn Leo Manfred an das Schicksal geglaubt hätte, dann wäre er zu dem Schluß gelangt, dies sei eine Schicksalsfügung. Doch Leo glaubte an Leo Manfred und an etwas, was man Gelegenheit nennt.

Frauen waren Leos Spezialität. Er besaß ein schwarzes Büchlein, in dem die Telefonnummern von mehr als 57 verschiedenen Exemplaren verzeichnet waren. Doch keine der in dem schwarzen Büchlein festgehaltenen Damen war dem Fahrgast vergleichbar, der den Rücksitz auf dem neuen Pontiac des Chefs einnahm, als er sich die Hügel über dem Boulevard hinaufwand.

Leo versuchte im Rückspiegel ihr Gesicht zu sehen, doch sie sah nie zu ihm hin. Sie starrte aus dem Fenster oder machte sich an ihrer Handtasche zu schaffen. Die Hälfte ihres Gesichts verschwand im Schatten des Hutes. Sie schien schüchtern zu sein, und Schüchternheit war eine erfrischende Herausforderung.

Der Pontiac schlängelte sich nach ihrer Anweisung höher und höher, an immer weiteren neuen Immobilienprojekten vorbei, bis er auf dem Kamm einer langen Privatzufahrt vor dem Eingang eines riesigen Hauses ausrollte. In architektonischer Hinsicht war das Haus eine Kombination von Mittelmeer und spätem maurischem Stil mit mehreren Tupfern von frühem Hollywood. Leo, der kein Interesse an Architektur hatte, erkannte dies nicht; er erkannte aber wohl, daß der Bau dieses Hauses eine mächtige Stange Geld gekostet haben mußte und daß der Gärtner, der sich mit dem Rasen von der Ausdehnung einer Viehweide abmühte, bestimmt nicht vom Amt für Parks und Strände gestellt wurde.

Und doch lag über dem Anwesen eine gewisse Schäbigkeit – eine Art von Müdigkeit, von Nostalgie, die Leo sofort auffiel, als er seinen Fahrgast zur Türe begleitete.

»Ich kenne dieses Haus!« rief er. »Ich hab' Bilder davon gesehen. Es hat einen Namen –« Und dann starrte er die Frau in Weiß an, die Carl Wagner mit ihrem Namen angesprochen hatte. »Revere«, erinnerte er sich laut. »Gordon Revere.«

»Gavin Revere«, verbesserte sie.

»Gavin Revere«, wiederholte Leo. »Das ist's! Das ist das Haus des großen Filmregisseurs Gavin Revere, das er für seine junge Frau, Monica Parrish, baute. Es heißt –«

Die Frau in Weiß hatte den Schlüssel aus ihrer Tasche geholt.

»Mon-Vere«, sagte sie.

Leo beobachtete, wie sie den Schlüssel in das Schloß der massiven Tür steckte, und plötzlich dämmerte ihm die Antwort auf das Geheimnis.

»Wenn Sie Miss Revere sind«, sagte er, »dann müssen Sie die Tochter von Monica Parrish sein. Kein Wunder, ich konnte meine Augen nicht von Ihnen lassen!«

»Wirklich?«

Sie drehte sich kurz zu ihm um, ehe sie das Haus betrat. Aus der Tasche nahm sie eine Dollarnote und hielt sie ihm hin, doch Leo hatte mehr als nur ein Stück von einem langen, düsteren Gang hinter ihr bemerkt. Weit mehr.

»Ich könnte kein Geld annehmen«, protestierte er, »nicht von Ihnen. Ihre Mutter war ein Idol für mich. Ich bettelte jedesmal meinen Onkel um Geld an – ich war Waise –, um ins Kino gehen zu können, sooft ein Film mit Monica Parrish lief.«

Leo ließ einen Ton der Verehrung in seine Stimme einfließen.

»Das war wohl, als Sie noch ein sehr kleiner Junge waren«, meinte Miss Revere.

»Elf oder zwölf«, erwiderte Leo. »Nie habe ich einen Film ausgelassen, den Ihre Mutter und Ihr Vater drehten –«

Die Türe fiel zu, bevor Leo weitersprechen konnte, und das letzte, was er sah, war dieses angedeutete Lächeln unter dem Schatten des Hutes.

Nach seiner Rückkehr zur Garage bestürmte er Carl Wagner mit Fragen.

»Warum haben Sie mir nicht gesagt, wer sie ist?« verlangte Leo zu wissen. »Sie wußten es doch.«

Wagner kannte sich mit Motoren aus. Die singenden Zylinder des Duesenberg waren für ihn, was für Leo Manfred ein Gehaltsscheck und eine schöne Frau waren – in dieser Reihenfolge. Er zog seinen Kopf unter der aufgeklappten Motorhaube hervor und schwelgte träumerisch in Erinnerungen.

»Ich entsinne mich, wie Gavin Revere diesen Wagen zum erstenmal zu einem Ölwechsel hierherbrachte«, sinnierte er.

»Damals war er drei Wochen alt, und heute sind nicht mehr Kratzer drauf als damals.«

»Was ist mit ihm passiert?« beharrte Leo.

»Polo«, sagte Wagner. »Es gab eine Zeit, als jeder, der etwas gelten wollte, Polo spielen mußte. Revere war nicht dafür geschaffen. Er brach sich das Rückgrat und landete im Rollstuhl. Über eine Reihe von Jahren hinweg war er immer wieder im Krankenhaus, ehe er ein Comeback versuchte. Doch inzwischen hatte sich alles geändert. Er erlitt eine Reihe von Fehlschlägen und zog sich zurück.«

»Und Monica Parrish?«

»Sie waren wie siamesische Zwillinge«, fuhr Wagner fort. »Ihre Karrieren waren miteinander verknüpft. Mit Revere ging es bergab, und mit Parrish ging es bergab. Ich glaube, sie ließ sich schließlich scheiden und heiratete einen Grafen Soundso – oder vielleicht war sie auch diejenige, die sich dieser Hindu-Religion zuwandte. Was spielt das schon für eine Rolle? Stars steigen empor, und Stars fallen, Leo, aber ein guter Motor . . .«

Carl Wagner fand sein Entzücken an den zwölf Zylindern, doch auf dem fruchtbaren Boden von Leos verdorbener Seele keimte ein süßer Vorsatz.

»Ich werde den Wagen zurückbringen, wenn er fertig ist«, sagte er.

Wagner schaute ihn lange an und gab ihm einen Ratschlag, der keine Beachtung finden sollte.

»Leo«, sagte er, »halt dich an die Nummern in deinem kleinen schwarzen Buch.«

Für einen Mann wie Leo Manfred war die Zeit kurz. Er mußte einen langen Weg zurücklegen, um dahin zu kommen, wohin er wollte, und er durfte keine Skrupel über das Transportmittel hegen. Als er den Duesenberg in die Hügel hinauffuhr, beobachtete er die Bautätigkeit entlang der Straße sorgfältiger. Die Hügel wurden begradigt, eingeebnet, terrassiert und in saubere Miniaturanwesen verwandelt, so rasch die Traktoren neue Straßen anlegen konnten und die Lastwagen die überflüssige Erde abtransportiert hatten. Jedes Grundstück wurde für $ 25 000 bis $ 35 000 verkauft, die Gebäude nicht eingerechnet, und er hätte eine Addiermaschine gebraucht, um auszurechnen, wieviel das ausgedehnte Grundstück von Mon-Vere auf dem freien Markt gebracht hätte.

Das Haus selbst, so überlegte er, während er den Wagen die steile Zufahrt hinauffuhr, das hätte vielleicht einen gewissen Wert als Museum oder als Wahrzeichen – ›Mon-Vere Estates‹, mit dem berühmten alten Haus im Mittelpunkt. Aber wen kümmerten heute noch Relikte? Das Haus niederlegen und Platz für neue Grundstücke schaffen! Es kam Leo nicht in den Sinn, daß er in seinen Gedanken vielleicht etwas voreilig war.

Er hatte geduscht und sein neues Importhemd angezogen; er trug seine engsten Hosen und hatte seinen beinahe schwarzen Haarschopf sorgfältig gekämmt. Der Rückspiegel verriet ihm, daß er ein gutaussehender, schneidiger Bursche war, und die Tochter von Gavin Revere war trotz ihrer etwas ätherischen Art eine Frau – und wenn ihn nicht alle Instinkte, die im allgemeinen recht gesund waren, trogen, eine einsame Frau. Berühmtheiten erzogen ihre Kinder recht vorsichtig, als könnten sie durch die gemeine Masse befleckt werden. Damit aber wurden sie um so anfälliger für jemanden mit Nerven und Vitalität.

Als Leo an der Türe des alten Hauses läutete, öffnete die Frau in Weiß selbst. Sie lächelte anmutig und streckte die Hand nach dem Autoschlüssel aus. Doch Leo hatte anderes im Sinn: Wagner hätte darauf bestanden, daß der Wagen vollständig in Ordnung wäre. Sie solle eine Probefahrt auf dem Grundstück machen. Sein Job stehe auf dem Spiel – er werde womöglich rausgeschmissen, wenn er den Anordnungen des Chefs nicht nachkomme.

Daraufhin erklärte sie sich einverstanden, und während der Fahrt konnte Leo seine Scheu und Hochachtung beweisen und das Besitztum, das noch weit größer war, als er gehofft hatte, eingehender abschätzen. Erst als sie zurückkehrten und eben in die Garage fuhren, gelang es ihm, den Motor absaufen zu lassen und den Wagen zum Stillstand zu bringen.

»Das muß der Vergaser sein«, sagte er, »ich werde mal nachsehen.«

Die Einstellung des Vergasers gab ihm weitere Zeit und eine Gelegenheit, sich die Hände dreckig zu machen. Sie befanden sich eben in diesem Zustand, als die Stimme eines Mannes von der Terrasse in der Nähe der Garage erklang.

»Monica? Ist etwas nicht in Ordnung? Wer ist der Mann?«

Gavin Revere war eine beherrschende Persönlichkeit, selbst

noch im Rollstuhl, ein gutaussehender Mann mit einer Mähne schneeweißen Haares, klaren Augen und markanten Gesichtszügen. Die Frau in Weiß antwortete auf seinen Ruf wie ein gehorsames Kind.

Leo konnte, wenn die Gelegenheit es erforderte, Bescheidenheit mit der gleichen Eleganz tragen wie sein importiertes Sporthemd. Er näherte sich Revere mit einer Haltung tiefen Respekts. Mr. Reveres Wagen müßte vollständig in Ordnung sein. Ob er vielleicht näher herangerollt werden wollte, um den Motor zu hören? Wollte er vielleicht eine Probefahrt machen? Hatte er die mehr als 90 000 Meilen mit diesem Wagen selbst gefahren?

Reveres Augen leuchteten auf, und Feindseligkeit und Mißtrauen schwanden. Eine Zeitlang verweilte er dann bei Erinnerungen an die Vergangenheit. Er sprach geläufig mit Leo, während Leo die zurückhaltende Monica Revere aus immer geringerer Distanz studierte. Als das Gespräch allmählich erlahmte, blieb nur noch der Vorwand seiner schmutzigen Hände. Das Personal war in Urlaub, wurde ihm gesagt, und das Wasser im Dienstbotentrakt wäre abgestellt worden. Der Gärtner wiederum kam nur tagsüber.

Leo wurde zu einem Gästebad im Haus geführt – überladen, alt und geräuschvoll. Mehr als einige Minuten im Haus war alles, was er brauchte, um sich darüber klar zu werden, daß sein erster Eindruck schon im Foyer richtig gewesen war: Der ganze Ort war ein riesiger weißer Elefant, der gebaut worden war, ehe es eine Einkommensteuer und die hohen Kosten für die Erhaltung gegeben hatte. Ein alterndes Haus, ein alter Wagen – Stützen für die Erinnerungen eines alten Mannes.

Vom Badezimmer aus weiter unten entdeckte er noch interessantere Dinge. Ein Raum von riesigen Ausmaßen bildete eine Art Galerie. An den Wänden hingen Standphotos aus alten Revere-Parrish-Filmen – Liebesszenen, Action-Szenen, Nahaufnahmen von Monica Parrish. Ihre Schönheit war noch immer zu erkennen, nicht mit zuviel Make-up zugedeckt. Doch die ganze Ausstellung wirkte museal, abgelebt. Den Höhepunkt bildete die altarartige Zelebrierung einer qualvollen Todesszene – übersteigert bis zur Lächerlichkeit –, unter der auf einem Marmorsockel ein strahlender Oscar stand.

Leo, der sich völlig in den Anblick vertieft hatte, nahm erst allmählich die Gegenwart eines Menschen hinter sich wahr. Er wandte sich um. In dem allmählich schwindenden Nachmittagslicht stand, halb Schatten und halb Wirklichkeit, Monica Revere.

»Ich dachte schon, daß ich Sie hier finden würde«, sagte sie. Sie blickte auf die Sterbeszene mit einer Art Verehrung. »Dies war sein größter Film«, sagte sie. »Er kommt oft hierher, um seinen Erinnerungen nachzuhängen.«

»Er« wurde ausgesprochen, als handle es sich um eine Gottheit.

»Er hat sie geschaffen«, meinte Leo.

»Ja«, erwiderte sie leise.

»Und nun sind beide dabei, Sie zu zerstören.«

Das war der einzige Weg, ihr näherzukommen. In wenigen Augenblicken hätte sie ihn freundlich zur Türe geleitet. Es war besser, nach einem Versuch hinausgeworfen zu werden, dachte er. Plötzlich war sie drauf und dran, ärgerlich zu werden.

»Sie zu begraben«, fuhr Leo rasch fort. »*Ihre* Jugend, Ihre Schönheit –«

»Nein, bitte«, wehrte sie ab.

Leo nahm sie bei den Schultern. »Ja, bitte«, sagte er fest. »Warum glauben Sie denn, daß ich zurückgekommen bin? Wagner hätte auch jemand anderen schicken können. Aber heute sah ich eine Frau in die Garage kommen, wie ich sie nie zuvor gesehen habe. Eine bezaubernde, einsame Frau –«

Sie versuchte ihn wegzuschieben, aber Leos Arme waren stark. Er zog sie an sich und fand ihre Lippen. Sie befreite sich von ihm und blickte über die Schulter in die Halle zurück.

»Wovor fürchten Sie sich?« fragte er. »Hat er je erlaubt, daß jemand Sie küßt?«

Sie schien verwirrt.

»Das verstehen Sie nicht«, sagte sie.

»Wirklich? Was glauben Sie, wie lange ich brauche, um die Wahrheit zu erkennen? Ein fünfundzwanzig Jahre altes Auto, ein dreißig Jahre altes Haus, Diener im ›Urlaub‹. Nein, leugnen Sie nicht. Ich muß Ihnen die Wahrheit über sich selbst sagen. Sie leben in einem Mausoleum. Schauen Sie diesen Raum an! Schauen Sie diesen dummen Schrein an!«

»Dumm!« ächzte sie.

»Dumm«, wiederholte Leo. »Ein törichtes Stück Metall und eine alte Photographie eines überzogenen Akts durch einen verblaßten Star. Monica, hör mir zu. Hörst du mein Herz klopfen?«

Er zog sie wieder an sich. »Das ist der Klang des Lebens, Monica – all des Lebens, das draußen vor diesen Mauern auf dich wartet, Monica –«

Einen Augenblick lang hatte sie die Wahl, entweder zu schreien oder sich seinen Armen zu überlassen. Der Augenblick ging vorbei – und dann sank sie in seine Arme. Eine ganze Zeit verging, ehe sie wieder sprach.

»Wie heißt du?« murmelte sie.

»Später«, sagte Leo. »Die Einzelheiten kommen später.«

Die Schnelligkeit seiner Eroberung überraschte Leo keineswegs. Monica Revere war genug behütet worden, um sie für einen Mann reif zu machen, der eine Gelegenheit erkennen und beim Schopf packen konnte.

Es erwies sich leichter, ihr den Hof zu machen, als er zu hoffen gewagt hatte. Zuerst trafen sie sich, einigermaßen verstohlen, in kleinen, abgelegenen Lokalen, wo *Monica so gerne* in einer halbdunklen Nische oder an einem nur von einer Kerze erhellten Tisch saß. Sie *verabscheute* vielbesuchte Clubs und helles Licht, und diese Bescheidenheit fand Leo sowohl erfrischend wie finanziell schonend.

Dann ergaben sich auf seinen Vorschlag hin weitere Störungen beim Duesenberg, die Fahrten nach Mon-Vere bedingten. Dort mühte er sich mit dem Motor ab, während Gavin Revere von seinem Rollstuhl aus zuschaute, Anweisungen erteilte und sich in Erinnerungen erging. Zu passender Zeit erfuhr Leo, daß Revere sich fest an Mon-Vere klammerte. »Ich werde das Haus in einem Leichenwagen verlassen«, sagte er, »und nicht eher« – was Leo bei reiflichem Nachdenken für einen löblichen Vorsatz hielt.

Ein Mann in einem Rollstuhl. Die Situation bot interessante Möglichkeiten, vor allem, wenn das Terrain, auf dem er den Rollstuhl benutzte, so hoch über der Stadt lag – so abgelegen, so zerklüftet und so vernachlässigt. Der Gärtner hatte sich nur mit der Vorderseite beschäftigt. Eine weitere Inspektion des Anwesens enthüllte im rückwärtigen Teil einen beklagenswert fortgeschrittenen Verfall, selbst auf der Terrasse, wo Gavin sich so gerne sonnte und von der aus man einen Steilabfall von wenigstens siebzig Metern überblickte, unter dem einer der Superhighways vorbeiführte. Leo prüfte das Gelände mit einem alten Croquetball, den er in der Garage gefunden hatte, und entdeckte dabei einen Abhang, der auf den Steilabfall zuführte und nur mit einer denkbar niedrigen und brüchigen verputzten Mauer gesichert war.

Leo, der sich nach einer eingehenden Untersuchung dieser brüchigen Mauer umdrehte, fand Monica nur wenige Meter entfernt stehen; sie beobachtete ihn unter einem breitrandigen Strohhut hervor. Er kam gleich zur Sache.

»Ich habe wirklich gehofft, daß du mir nachkommst«, sagte er. »Ich muß dich allein sprechen. So kann das nicht weitergehen. Ich kann dich nicht länger sehen, mit dir sprechen, dich berühren, – ohne dich jemals besitzen zu können. Ich möchte dich heiraten, Monica – ich möchte dich jetzt heiraten.«

Leo hatte eine besondere Art, das »jetzt« zu verdeutlichen, die eine Frau immer etwas benommen machte. Monica Revere bildete da keine Ausnahme. Sie klammerte sich unterwürfig an ihn und versprach, mit Gavin Revere zu sprechen, sobald sie konnte.

Zwei Tage später wurde Leo zu einer Vorstellung in die Galerie von Mon-Vere befohlen. Die verehrten Standphotos hingen rings um ihn. Der schimmernde Oscar und die groteske Todesszene bildeten den Hintergrund für Gavin Reveres Rollstuhl. Monica stand diskret im Schatten. Sie hatte ihren Fall gut vertreten. Gavin Revere zeigte sich der Heirat durchaus geneigt – unter einer Bedingung.

»Sie sehen rings um uns die Erinnerungen an einen verblaßten Ruhm«, sagte Revere. »Ich weiß, auf Sie wirkt das töricht, aber abgesehen vom gefühlsmäßigen Wert weisen diese Relikte darauf hin, daß Monica immer in guten Verhältnissen gelebt hat. Ich hatte gehofft, ich könnte dafür sorgen, daß dies immer so bleibt, aber seit meinem Unfall bin ich für die Versicherungen kein tragbares Risiko mehr. Ich muß die Gewißheit haben, daß Monica geschützt ist, wenn ich diese Welt verlasse, und ein kranker Mann kann diesen Schutz nicht bieten. Wenn Sie gesund genug sind, um die ärztlichen Untersuchungen zu bestehen und eine Lebensversicherung über fünfzigtausend Dollar eingehen, mit Monica Revere als Begünstigter, dann werde ich meine Einwilligung zur Heirat geben, sonst nicht.«

»Sie können sich an jede ihrem Wunsch entsprechende Versicherungsgesellschaft wenden«, fuhr er fort, »vorausgesetzt, natürlich, daß es eine angesehene Gesellschaft ist. Monica, Liebes, ist nicht unser alter Freund Jeremy Hodges Vertreter für

Pacific Coast Mutual? Sieh mal nach, ob seine Karte in meinem Schreibtisch ist.«

Die Karte war im Schreibtisch.

»Wenn Sie wollen, werde ich ihn anrufen und eine Verabredung für Sie treffen«, schloß Revere, »aber wenn Sie zu Hodges gehen, dann nehmen Sie bitte Rücksicht auf den Stolz eines alten Mannes und sagen ihm nicht, warum Sie die Versicherung abschließen. Ich will nicht, daß darüber getratscht wird, Gavin Revere müsse sich auf einen Handel einlassen.«

Seine Stimme brach. Er war weiter gegangen, als Leo erwartet hatte – damit würde alles viel leichter werden. Leo nahm die Karte an sich und wartete, bis eine telefonische Verabredung getroffen worden war. Es war eine Kleinigkeit, die Leo tun mußte – um einen alten Mann bei Laune zu halten, dem nicht mehr viel Zeit auf dieser Welt blieb.

Während er wartete, überschlug Leo im Geist den Wert der mächtigen Deckenbalken und der Holzvertäfelung, die selbstverständlich herausgenommen werden müßten, ehe eine Abbruchfirma Gavin Reveres verblichenen Ruhm beseitigte.

Leo war körperlich ein so vollkommenes Exemplar, wie die Natur es erlaubte, und so hatte er keinerlei Schwierigkeiten, die Versicherung abzuschließen. Revere war zufrieden. Das Hochzeitsdatum wurde festgesetzt, und es blieb nichts mehr übrig als die Besprechung von Plänen für eine einfache Feier und die Flitterwochen.

An einem strahlenden Nachmittag redeten Leo und Monica – die ihr Gesicht wieder unter dem Schatten eines großrandigen Hutes verborgen hielt – und Gavin Revere in seinem Rollstuhl auf der Terrasse über die Einzelheiten. Während Revere sprach und sich an seine eigenen Flitterwochen in Honolulu erinnerte, fuhr ihn Monica herum. Die Luft war warm, doch vom offenen Ende der Veranda, wo das Pflaster sich sanft zu dem jähen Abgrund neigte, kam eine kräftige Brise herein.

An einer Stelle nahm Monica ihre Hände von dem Stuhl, um ihren Hut festzuhalten, und der Rollstuhl bewegte sich fast einen halben Meter auf die Kante zu, ehe sie ihn wieder zu fassen bekam. Leo hielt seine Gefühle im Zaum. In diesem Augenblick hätte es passieren können, ohne das geringste Zutun von seiner

Seite. Ihm kam der Gedanke, daß sie an dem Tag, als sie ihn an dem Mäuerchen vorfand, vielleicht mehr gesehen hatte, als sie sich anmerken ließ. Konnte es sein, daß auch sie Gavin Revere aus dem Weg haben wollte?

Monica hatte nun das Ende der Terrasse erreicht und schwenkte den Stuhl herum.

»Vulkanische Gipfel«, rezitierte Revere, »aufsteigend wie jähe Finger, götterwärts weisend vom fruchtbaren, tropischen Paradiese . . .«

Monica setzte sich ermüdet auf das Mäuerchen, um auszuruhen. Leo war drauf und dran, loszuschreien.

»Ein wahrhaftiger Garten Eden für junge Liebende«, sinnierte Gavin. »Ich erinnere mich gut daran . . .«

Unbemerkt von Monica, die eifrig die Falten ihres Rockes glättete, war die alte Mauer unter ihrem Gewicht weggesackt und begann unmittelbar über dem Abgrund durchzuhängen. Leo sprang rasch vor. Das alles war ganz verkehrt – Monica war doch seine Anwartschaft auf Mon-Vere! All diese großartigen Anwesen mußten dem Neuen weichen!

Der Riß vergrößerte sich.

»Paß auf –«

Die letzten Worte Leo Manfreds endeten in einem wilden Schmerzensschrei, denn bei seinem Sprung nach vorn brachte er es irgendwie fertig – vielleicht weil Gavin Revere wie auf ein Stichwort hin genau diesen Augenblick aussuchte, um die Räder seines Rollstuhls zu packen und sich selbst herumzuwerfen? –, mit dem Rollstuhl zusammenzustoßen und dabei unmittelbar an der Kante der zerbröckelnden Mauer das Gleichgewicht zu verlieren.

Im gleichen Augenblick erhob sich Monica, um ihren vom Wind verwehten Hut zu fangen, und Leo empfing einen verwischten Eindruck von ihr, als sie sich zu ihm umwandte, als er an ihr vorbei kopfüber in die Ewigkeit stürzte.

In solchen Augenblicken steht die Zeit so still wie die schrecklichen Photos in Gavin Reveres Galerie des verblaßten Ruhmes, und in dem einen furchtbaren Augenblick sah Leo, was er in seiner Ichbezogenheit vorher nie bemerkt hatte – Monica Reveres Gesicht ohne Hut und ohne Schatten. Sie lächelte heiter und zufrieden. In einer wie losgelösten Art der Selbstbeobachtung kam ihm die Gewißheit, daß seine eigenen, von Todesangst gezeichneten Gesichtszüge eine genaue Kopie des Gesichts in der Todesszene waren.

Leo Manfred war nie mehr in der Lage, eine genaue Messung vorzunehmen, doch der Absturz auf den stark befahrenen Superhighway drunten war mindestens siebzig Meter tief.

Bei Policen, die auf hohe Summen lauteten, führte die Pacific Coast Mutual immer eine genaue Untersuchung durch. Jeremy Hodges als alter Freund erwies sich als äußerst hilfreich. Er berichtete, der junge Mann hätte darauf bestanden, daß Monica Revere als einzige Begünstigte eingetragen werden sollte, und er hätte sich geweigert, den Grund anzugeben. »Das ist eine persönliche Angelegenheit«, habe er erklärt. »Was spielt das schon für eine Rolle?« Für Hodges, bei dem es um eine hohe Provision ging, spielte es keine Rolle.

»Das ist wirklich rührend«, sagte Gavin Revere. »Wir kannten den jungen Mann erst seit ganz kurzer Zeit. Er kam her, um meinen Wagen von der Garage zu bringen. Er schien ganz hingerissen von Monica.«

»Er sagte mir, als kleiner Junge wäre er ein großer Fan von Monica Parrish gewesen«, bemerkte sie.

Jeremy überreichte Gavin den Scheck der Versicherung und küßte dann Monica galant die Hand.

»Wir sind alle Fans . . . und kleine Jungen . . . in Gegenwart von Monica Parrish«, sagte er. »Wie machen Sie das bloß, meine Liebe? Was ist Ihr Geheimnis? Die Jahre haben von Gavin genau so ihren Tribut gefordert wie von mir, aber an Ihnen scheinen sie spurlos vorüberzugehen.«

Das war eine bezaubernde Lüge. Die Jahre hatten auch bei ihr Spuren hinterlassen – um die Augen, die sie am liebsten durch tiefe Schatten verdeckte, und um den Mund, der manchmal hart wurde, so wie jetzt, als Jeremy ging und Gavin den Scheck prüfte.

»Eine große Tragödie«, sinnierte er. »Aber wie du mir bei der Probe erklärt hast, meine Liebe, war es in Wirklichkeit seine eigene Idee. Und wir können das Geld gut gebrauchen. Ich denke daran, daß ich versuchen sollte, ein gutes Drehbuch zu finden.«

Monica Parrish hörte kaum zu. Gavin sollte ruhig seine Träume haben; sie hatte ihre Genugtuung. Stolz erhob sie ihr Haupt.

»Alle Kritiken waren sich einig«, sagte sie. »Ich war wirklich großartig in der Todesszene.«

›Death Scene‹. *The Alfred Hitchcock Hour,* 8. März 1965. Regie Harvey Hart. Fernsehspiel von James Bridges nach der Kurzgeschichte von Helen Nielsen ›Death Scene‹ (*Ellery Queen's Mystery Magazine,* Mai 1963). Mit James Farentino (Leo Manfred), Vera Miles (Nicky Revere), John Carradine (Gavin Revere), Leonard Yorr (Bill Wagner), Virginia Aldridge (Susan Revere).

›Death Scene‹ wurde in der letzten Saison der Hitchcock-Serien gezeigt. Sie sollten mit leuchtenden Farben abschließen, deshalb wurden Spitzentalente herangezogen: makellose Darstellung aus einem Guß, geniale Bearbeitung und ein erweitertes Ende, bei dem meinem Überraschungseffekt noch ein weiterer aufgesetzt wurde. Ich war restlos begeistert!

Helen Nielsen

FLUCHT IM SCHNEE

Edward D. Hoch

John Kendell sprang als erster aus dem Streifenwagen und lief als erster mit gezogener Schußwaffe in die Allee. In dem angewehten Schnee fiel es leicht, den Spuren rennender Füße zu folgen. Er kannte die Gegend und wußte, daß die Allee nach wenigen Metern an einem Bretterzaun endete. Der Mann, hinter dem er her war, würde dort in der Falle sitzen.

»Hier ist die Polizei!« rief er. »Kommen Sie mit erhobenen Händen heraus!«

Alles blieb stumm bis auf das Pfeifen des Windes in den Alleebäumen und etwas, was sich wie das verzweifelte Keuchen eines Menschen anhörte, der keinen Ausweg fand. Kendell konnte hören, daß Sergeant Racin ihm folgte; er wußte, daß auch er seine Waffe im Anschlag hatte. Der Mann, den sie suchten, hatte das Fenster eines Spirituosengeschäfts weiter unten an der Straße eingeschlagen und war mit einem Armvoll Ginflaschen abgehauen. Nun hatte er sich ins Nichts geflüchtet und im Schnee eine Spur hinterlassen, die nicht zu übersehen war.

Über ihren Köpfen trat der Vollmond hinter einer Wolke hervor und tauchte die Allee in blauweißes Licht, so plötzlich, als wäre ein Schalter angeknipst worden. Sechs, sieben Meter vor ihnen erblickte Johnny Kendell den Mann, dem er auf den Fersen war, sah das Aufscheinen von etwas, das er in der erhobenen Hand hielt. Johnny zog den Hahn seines Polizeirevolvers durch.

Selbst als das gejagte Wild nach rückwärts stolperte und sterbend gegen den Zaun fiel, feuerte Kendell weiter. Er hörte nicht auf, bis Sergeant Racin völlig entsetzt ihm den Revolver aus der Hand schlug und sie mit einem Fußtritt außer Reichweite beförderte.

Kendell wartete die Untersuchung der Polizei nicht ab. Innerhalb von achtundvierzig Stunden quittierte er seinen Dienst und machte sich mit einem Mädchen namens Sandy Brown, das er in einem Monat heiraten wollte, auf den Weg nach Westen. Er hatte nicht das Bedürfnis, sogar mit jemandem, der ihm so nahestand wie Sandy, darüber zu sprechen, bis der kleine Wagen an die dreihundert Meilen hinter sich gebracht hatte.

»Er war ein Säufer, ein alter Kerl, der den nächsten Schnaps nicht abwarten konnte. Nachdem er das Fenster eingeschlagen und den Gin geklaut hatte, ging er einfach die Allee hinunter, um ihn in aller Seelenruhe trinken zu können. Er hob eben eine Flasche an die Lippen, als ich ihn sah. Ich weiß nicht, wofür ich's hielt – eine Knarre vielleicht oder ein Messer. Gleich als ich den ersten Schuß abgefeuert hatte, wußte ich, daß es nur eine Flasche war, und vielleicht war ich auf mich selbst wütend oder auf die Welt, und darum ließ ich den Finger am Abzug.« Mit zitternden Händen zündete er sich eine Zigarette an. »Wenn er nicht einfach ein alter Saufbold gewesen wäre, dann hätten sie mich wahrscheinlich vors Schwurgericht gebracht.«

Sandy war ein ruhiges Mädchen, das dem Mann, den sie liebte, wenig Fragen stellte. Sie war groß und eckig, ihr dunkelbraunes Haar war nach Pagenart kurz geschnitten, und die Art, wie sie lachte, weckte in Männern den Wunsch, ihre Seele zu verkaufen. Dieses Lachen und ein kaum wahrnehmbares Zwinkern am Grund ihrer hellblauen Augen verriet jedem, der es wissen wollte, daß Sandy Brown nicht immer so ruhig und ganz gewiß nicht jungenhaft war.

Als sie nun neben Johnny Kendell saß, sagte sie: »Er war ohnehin so gut wie tot, Johnny. Wenn's ihn nicht in dieser Allee erwischt hätte, dann hätte man ihn erst gefunden, wenn er stocksteif gefroren wäre.«

Er lenkte den Wagen ein wenig zur Seite, um den Schneewehen auf der Straße auszuweichen. »Aber ich hab' ihm drei Kugeln in den Pelz gejagt, um sicherzugehen. Er hat Gin gestohlen, und darum hab' ich ihn getötet.«

»Du dachtest, er hätte eine Waffe.«

»Ich habe überhaupt nicht gedacht, an gar nichts. Sergeant Racin erzählte mal von einem Polizisten, der durch die Kugel eines Mannes mit erhobenen Händen zum Krüppel geschossen worden ist, und ich glaube, wenn ich überhaupt an etwas dachte, dann an diesen Fall.«

»Ich wünschte immer noch, daß du bis nach der Voruntersuchung geblieben wärst.«

»Damit sie mich dann offiziell hätten feuern können? Nein danke!«

Johnny fuhr eine ganze Weile schweigend weiter und rauchte vor sich hin. Er öffnete das Seitenfenster einen Spalt breit und ließ sich die kalte Luft durchs blonde Haar streichen. Er sah gut aus, war noch keine dreißig, und bis jetzt wirkte jede seiner Handlungen selbstbewußt und sicher. »Ich glaube, ich bin einfach nicht zum Polypen geschaffen«, meinte er endlich.

»Und wofür bist du nun geschaffen, Johnny? Einfach dafür, so quer durchs Land davonzulaufen? Davonzulaufen, auch wenn niemand hinter dir her ist?«

»Wir suchen uns einen Ort, wo wir haltmachen. Ich werde mir Arbeit verschaffen, und dann heiraten wir. Wart's nur ab.«

»Was kannst du denn noch außer weglaufen?«

Er starrte durch die Windschutzscheibe auf die vorbeiziehenden Schneewehen, die von Ruß geschwärzt waren. »Ich kann einen Menschen töten«, antwortete er.

Die Stadt hieß Wagon Lake, ein Name, der besser zu ihrer Vergangenheit als zu ihrer Gegenwart paßte.

Die offenkundigen Zeichen dieser Vergangenheit fielen einem überall ins Auge: die alten Hütten entlang des zugefrorenen Seeufers und die staubigen Seewege mit den tiefeingeschnittenen Wagenspuren, die hier und da parallel zu den modernen Schnellstraßen liefen. Aber Wagon Lake, das einst so weit ab vom Schuß war, hatte nicht mit dem Erfolg des Autos und dem Nachkriegsboom gerechnet, der den Ort zu einem vornehmen Vorort machte, der nur eine Fahrstunde von der größten Stadt des Bundesstaats entfernt lag.

Der Ort war bis ins letzte tiefer Mittelwesten, und vielleicht lag etwas in der Atmosphäre, was Johnny Kendell überzeugte. Das war's, aber vielleicht war er es auch nur müde weiterzufahren. »Hier sind wir richtig«, sagte er zu Sandy, als sie an einer Tankstelle anhielten. »Wir wollen eine Weile hierbleiben.«

»Der See ist aber ganz zugefroren«, entgegnete sie zweifelnd.

»Wir wollen schließlich nicht schwimmen gehen.«

»Nein, aber diese Sommerplätze wirken im Winter so entsetzlich kalt, viel kälter als normale Städte.«

Aber sie konnten erkennen, daß mit den Autobahnen auch die Geschäftsniederlassungen nach Wagon Lake gekommen waren. Es war nicht länger eine Sommerfrische. Sie beschlossen zu bleiben.

Für den Anfang nahmen sie sich zwei nebeneinanderliegende Zimmer in einem nahegelegenen Motel, denn Sandy weigerte sich, mit ihm in ein gemeinsames Apartment zu ziehen, solange sie nicht verheiratet waren. Am Morgen ließ Kendell sie zurück, um nach einer Wohnung zu schauen, während er sich auf die Suche nach Arbeit begab. An der dritten Stelle, wo er es versuchte, schüttelte der Mann trübselig den Kopf und sagte: »Niemand stellt hier im Winter jemand ein, außer vielleicht ein Sheriff. Sie sind ein rauher Bursche. Versuchen Sie's doch mal bei ihm.«

»Vielen Dank, vielleicht mach' ich das«, sagte Johnny Kendell, aber er unternahm noch in zwei Geschäften am Ort einen Versuch, ehe er sich im Gerichtsgebäude und im Büro des Sheriffs wiederfand.

Der Sheriff hieß Quintin Dade. Er hatte ständig eine billige Zigarre im Mundwinkel, die er auch beim Reden nicht herausnahm. Er war Politiker, und noch dazu ein recht gerissener. Trotz der Zigarre war nicht zu übersehen, daß er von den in jüngster Zeit in Wagon Lake ansässigen wohlhabenden Kreisen gewählt worden war.

»Gewiß«, sagte er und ließ sich hinter einem Schreibtisch nieder, der unordentlich mit Briefen, Berichten und Fahndungsformularen übersät war. »Ich suche einen Mann. Wir stellen hier immer den Winter über jemanden ein, der auf der Straße am See patrouilliert und nach den Wochenendhäusern sieht. Die Leute lassen in diesen alten Kästen in den Wintermonaten manchmal wertvolles Zeug zurück. Sie erwarten, daß wir das beschützen.«

»Haben Sie denn noch keinen Mann?« fragte Kendell.

»Wir hatten, bis letzte Woche.« Sheriff Dade gab keine weitere Erklärung, sondern fragte statt dessen: »Haben Sie Erfahrung in Polizeiarbeit?«

»Ich war mehr als ein Jahr dabei, drüben im Osten.«

»Warum sind Sie weggegangen?«

»Ich wollte auf Reisen gehen.«

»Verheiratet?«

»Ich hab's vor, sobald ich einen Job habe.«

»Für den hier werden fünfundsiebzig Dollar die Woche bezahlt, und die Arbeit ist in der Nacht. Wenn Sie gut einschlagen, werde ich Sie auch für den kommenden Sommer behalten.«

»Und was muß ich tun?«

»Mit einem Streifenwagen einmal stündlich um den See fahren, die Häuschen überprüfen, sicherstellen, daß keine Jugendlichen sich dran zu schaffen machen – solche Dinge.«

»Hatten Sie viel Scherereien?«

»Oh, nichts Ernstes«, erwiderte der Sheriff und blickte rasch zur Seite. »Nichts, womit ein großer Kerl wie Sie nicht fertig werden kann.«

»Müßte ich eine Schußwaffe tragen?«

»Aber sicher,«

Johnny Kendell ließ es sich durch den Kopf gehen. »In Ordnung«, sagte er schließlich. »Ich werd's versuchen.«

»Schön. Hier sind einige Berwerbungsunterlagen zum Ausfüllen. Ich werde bei den Leuten im Osten drüben nachfragen, aber das braucht Ihre Einstellung nicht zu verzögern. Hier habe ich eine Waffe für Sie. Ich kann Ihnen den Wagen zeigen, und dann können Sie heute abend anfangen.«

Kendell nahm den Revolver Kaliber 0.38 nur zögernd an. Das Fabrikat war nicht das gleiche wie bei der Waffe, die er seinerzeit getragen hatte, doch sie waren sich zu ähnlich. Allein das Gefühl, das Gewicht und die Kälte in seiner Handfläche riefen ihm jene Nacht in der Allee wieder ins Gedächtnis.

Später, als er ins Motel zurückging und Sarah von dem neuen Job berichtete, saß sie nur mit übergeschlagenen Beinen auf dem Bett und starrte ihn an. »Es ist noch keine Woche her, Johnny. Wie kannst du nach so kurzer Zeit wieder eine Waffe in die Hand nehmen?«

»Ich werde sie nicht in der Hand haben. Ich verspreche dir, daß ich sie nicht einmal ziehen werde.«

»Und was ist, wenn Jugendliche in eins der Häuschen einbrechen?«

»Sandy, es ist ein Job! Es ist das einzige, worauf ich mich verstehe. Mit fünfundsiebzig in der Woche können wir heiraten.«

»Wir können auf jeden Fall heiraten. Ich hab' selbst Arbeit gefunden, drunten im Supermarkt.«

Kendell starrte durch das Fenster auf einen fernen Hügel, der mit Schneeflocken bedeckt war. »Ich hab' ihm gesagt, daß ich den Job annehme, Sandy. Ich dachte, du wärest auf meiner Seite!«

»Das bin ich, und das war ich auch immer. Aber du hast einen Mann getötet, Johnny. Ich will unter gar keinen Umständen, daß das noch mal passiert.«

»Es wird nicht mehr geschehen.«

Er ging zum Bett hinüber und küßte sie. Ihre Lippen berührten sich nur leicht.

An diesem Abend nahm ihn Sheriff Dade mit auf die erste Runde um den See. An einer Reihe der verlassenen Ferienhäuser hielt er an und unterwies ihn in der Kunst, Eindringlinge aufzuspüren. Der Abend war kalt, doch der Mondschein spiegelte sich hell auf dem zugefrorenen See. Kendell trug seinen eigenen Anzug und Mantel, und nur der Sheriffstern und Revolver wiesen aus, daß er in den Wagen des Sheriffs gehörte. Er wußte sofort, daß er Spaß an dieser Arbeit finden würde, auch wenn es eintönig war, und er hörte den Anweisungen des Sheriffs aufmerksam zu.

»Machen Sie ungefähr einmal in der Stunde Ihre Runde um den See. Das dauert zwanzig Minuten plus der verschiedenen Aufenthalte zum Nachschauen. Verfallen Sie aber nicht in eine starre Routine, damit nicht jemand genau im voraus sagen kann, wann Sie an einem bestimmten Häuschen vorbeikommen. Ändern Sie die Route und überprüfen Sie selbstverständlich auch die Bars hier entlang. Vor allem an den Wochenenden haben wir hier einen Haufen Jugendliche, die sich für gewöhnlich vollaufen lassen und dann beschließen, eins der Häuschen aufzubrechen.«

»Kommen sie sogar im Winter hier raus?«

»Dies ist nicht länger nur eine Stadt nur für den Sommer. Aber manchmal habe ich einige Mühe, dies den Bewohnern der Sommerhäuschen klarzumachen.«

Schweigend fuhren sie eine Weile dahin, und das Gewicht des Revolvers drückte schwer gegen Johnny Kendells Hüfte. Schließlich kam er zu einem Entschluß. »Sheriff«, begann er, »es gibt da was, das ich Ihnen sagen möchte.«

»Und was?«

»Sie werden's ohnedies herausbekommen, wenn Sie sich drüben im Osten nach mir erkundigen. Ich habe im Dienst einen Mann getötet. Erst letzte Woche. Er war ein Säufer, der in ein Spirituosengeschäft eingebrochen war, und ich glaubte, er hätte eine Schußwaffe, deshalb feuerte ich auf ihn. Ich quittierte den Dienst, weil eine Menge Aufhebens davon gemacht wurde.«

Sheriff Dade kratzte sich seinen kahlen Schädel. »Nun, ich halte Ihnen das nicht vor. Bin froh, daß Sie's erwähnt haben. Denken Sie immer dran, das gefährlichste, mit wem Sie es hier draußen wahrscheinlich zu tun haben, ist eine Horde Teenager, die einen Haufen Bier in sich hineingeschüttet haben. Und für die braucht's kein Schießeisen.«

»Ich weiß.«

»In Ordnung. Setzen Sie mich am Gerichtsgebäude ab, und dann sind Sie auf sich allein gestellt. Viel Glück.«

Eine Stunde später begab sich Kendell auf die erste Solorunde um den See. Er konzentrierte seine Aufmerksamkeit auf die Häuschen mit den verschlossenen Fensterläden, die wie Wachen gegen jeden Eindringling vom zugefrorenen See her dastanden. Einmal hielt er den Wagen, um vier Gestalten genauer in Augenschein zu nehmen, die sich auf dem See bewegten, doch es waren nur Kinder, die kühn auf der blanken Fläche ihre Schlittschuhe ausprobierten.

Am anderen Ende des Sees überprüfte er stichprobenartig einige Häuschen. Dann schwenkte er ab und parkte neben einer Bar mit dem Namen »Blaues Zebra«. Hier standen mehr Autos als vor den anderen Bars, und selbst von außen war die Fröhlichkeit eines Freitagabends wahrzunehmen. Er trat ein und ließ seinen Mantel offen über seinem Abzeichen, das am Revers seines Anzugs befestigt war. Die Bar war voll, alle Tische waren besetzt, doch konnte er nirgendwo eine Gruppe Minderjähriger entdekken. Die Gäste bestanden aus jungen Männern, die selbstbewußt ihren Begleiterinnen zu gefallen suchten, biertrinkenden Gruppen von Männern, die vom allwöchentlichen Bowling kamen, und vereinzelten Frauen kurz vor den mittleren Jahren, die man in jeder Bar auf den Hockern an der Theke findet.

Kendell unterhielt sich einige Augenblicke mit dem Besitzer und ging dann wieder nach draußen. Da drin gab's für ihn nichts zu tun. Er hatte das unvermeidliche Glas abgelehnt, weil es noch zu früh am Abend war und zu bald nach Beginn seiner Arbeit, um entspannend zu wirken.

Als er eben in den Wagen kletterte, rief ihn eine Stimme von der Tür des »Blauen Zebra« her an. »Hallo, Deputy!«

»Was ist los?«

Der Mann war groß und schlank und nicht viel älter als Kendell. Langsam kam er die Stufen der Bar herunter. Er sprach erst wieder, als er knapp einen Schritt entfernt war. »Ich wollte nur gerne einen Blick auf Sie werfen, sonst nichts. Bis letzte Woche hatte ich diesen Job.«

»So?« sagte Kendell, denn was anderes fiel ihm nicht ein.

»Hat Ihnen der alte Dade nicht gesagt, daß er mich gefeuert hat?«

»Nein.«

»Nun, er hat's getan. Fragen Sie ihn gelegentlich nach dem Grund. Fragen Sie ihn, warum er Milt Woodman rausgeworfen hat.« Er lachte, als er sich umdrehte und zur Bar zurückging.

Kendell zuckte die Achseln und stieg zurück in den Wagen. Es ging ihn eigentlich nichts an, daß ein Mann namens Milt Woodman verbittert war, weil er seinen Job verloren hatte. Seine Gedanken richteten sich auf die Zukunft und auf Sandy, die im Motel auf ihn wartete . . .

Sie schlief, als er in ihre Zimmer zurückkehrte. Ruhig trat er ein, setzte sich auf den Rand des Bettes und wartete, bis sie aufwachte. Auf einmal schlug sie die blauen Augen auf und sah ihn. »Oh, wie ging's?«

»Prima. Ich glaube, ich werde Spaß dran haben. Komm, steh auf und schau dir mit mir den Sonnenaufgang an.«

»Ich muß zur Arbeit in den Supermarkt.«

»So ein Unsinn! Wenn wir beide arbeiten, werde ich dich nie zu Gesicht bekommen.«

»Wir brauchen das Geld, Johnny. Wir können uns dieses Motel oder diese beiden Zimmer nicht mehr lange leisten.«

»Bitte, laß uns darüber später reden!« Plötzlich bemerkte er, daß er ihr Lachen seit Tagen nicht mehr gehört hatte, und dieser Gedanke machte ihn traurig. Sandys Lachen war immer ein wichtiger Teil ihrer selbst gewesen.

Diese Nacht verging wie die vorige mit Streifenfahrten rund um den See und häufigem Nachschauen in den überfüllten Bars. Er sah Milt Woodman wieder, beobachtete ihn durch den Dunst des Zigarettenqualms, im ›Blauen Zebra‹, doch diesmal sprach der Mann ihn nicht an. Am nächsten Tag jedoch fiel es Kendell ein, Sheriff Dade nach ihm zu fragen.

»Am Freitagabend bin ich auf einen Burschen mit Namen Milt Woodman gestoßen«, sagte er.

Dade runzelte die Stirne. »Hat er versucht, Scherereien zu machen?«

»Nein, eigentlich nicht. Er sagte nur, ich sollte Sie mal fragen, warum Sie ihn gefeuert haben.«

»Und – wollen Sie das fragen?«

»Nein. Mich berührt das in keiner Weise.«

Dade nickte. »Ganz richtig. Aber sagen Sie es mir, wenn er Sie belästigt.«

»Warum sollte er das?« fragte Kendell, verwirrt von dieser Bemerkung.

»Ich weiß nicht. Bleiben Sie nur immer schön auf Draht.«

Am folgenden Abend, dem Montag, hatte Johnny frei. Er beschloß, zur Feier des Tages Sandy in ein nahegelegenes Drive-in-Restaurant auszuführen, dessen Bewirtschaftung den ganzen Winter offenhielt und für jedes Auto kleine Heizöfen zur Verfügung stellte.

Dienstagnacht fuhr Kendell kurz nach Mitternacht auf den Parkplatz des »Blauen Zebra«. Die Musikbox spielte eine klagende Melodie, und die Bar war fast leer. Der Wirt bot ihm einen Drink an, und er entschied, daß er's riskieren konnte.

»Hallo Deputy«, ließ sich eine Stimme an seiner Schulter vernehmen. Noch ehe er sich umdrehte, wußte er, daß das Milt Woodman war.

»Ich heiße Johnny Kendell«, sagte er und blieb freundlich.

»Netter Name. Meinen kennen Sie ja.« Er kicherte leise. »Hübsche Frau haben Sie. Ich sah Sie gestern abend zusammen im Kino.«

»So?« Kendell rückte instinktiv von ihm ab.

Milt Woodman behielt sein Lächeln bei. »Hat Dade Ihnen gesagt, warum er mich gefeuert hat?«

»Ich hab' ihn nicht danach gefragt.«

Das Kichern steigerte sich zu lautem Lachen. »Braver Junge! Halten sich aus allem raus. Wollen die fünfundsiebzig Kröten pro Woche nicht verlieren.« Er drehte sich um und ging auf die Türe zu. »Ich pack's jetzt.«

Kendell trank aus und folgte ihm. Die Luft roch nach Schnee, und der Mond war heute nicht zu sehen. Ein Stück voraus leuchteten die Doppelschlußlichter von Woodmans Wagen für einen Augenblick auf, ehe sie um eine Kurve verschwanden. Kendell jagte sein Auto los, denn plötzlich hatte ihn der Drang gepackt, dem Mann zu folgen, doch als er selbst die Kurve erreichte, war die Straße vor ihm leer. Woodman war irgendwo abgebogen.

Der Rest der Woche verlief ruhig, doch am Freitag erlebte er einen Schock. Es war ihm immer schwergefallen, tagsüber zu schlafen, und oft wachte er gegen Mittag nach nur vier oder fünf Stunden Schlaf auf. An diesem Tag beschloß er, Sandy von ihrer Arbeit zum Mittagessen abzuholen. Als er zum Supermarkt kam, sah er sie an der Kasse mit jemandem plaudern. Es war Milt Woodman, und beide lachten zusammen wie alte Freunde.

Kendell ging rund um den Häuserblock und versuchte sich einzureden, daß er keinen Grund zur Beunruhigung hatte. Als er zum Laden zurückkehrte, war Woodman verschwunden und Sandy bereit, zum Essen zu gehen.

»Wer war denn dein Freund?« fragte er beiläufig.

»Welcher Freund?«

»Ich kam vor ein paar Minuten vorbei, da hast du mit irgend so einem Burschen geredet. Man hatte den Eindruck, daß ihr euch köstlich amüsiert.«

»O, den kenne ich nicht, irgend ein Kunde. Er kommt oft rein und schlendert hier rum.«

Kendell erwähnte den Vorfall nicht mehr. Doch über das Wochenende fiel ihm auf, daß Sandy nicht länger auf baldige Hochzeit drängte und eigentlich von Heirat gar nicht mehr die Rede war.

Am Montagabend, Kendells freiem Tag, lud Sheriff Dade beide zum Dinner in sein Haus. Das war eine freundliche Geste, und Sandy war bemüht, sofort zuzusagen. Mrs. Dade erwies sich als gutaussehende Blondine Mitte Dreißig, und sie erfüllte ihre Aufgabe als Gastgeberin in der Art eines Menschen, der genau wußte, wie sich in Wagon Lake gut leben ließ.

Nach dem Essen ging Kendell mit Dade in seine Hobbywerkstatt im Keller. »Einfach ein Ort zum Rumwerkeln«, meinte der Sheriff. Er nahm eine Elektrosäge und fuhr liebevoll mit der Hand drüber. »Leider bleibt mir nicht soviel Zeit für hier unten, wie ich gerne möchte.«

»Sie sind ganz schön beschäftigt.«

Dade nickte. »Viel zu sehr. Aber mir gefällt Ihre Arbeit, Johnny. Wirklich.«

»Danke.« Kendell zündete sich eine Zigarette an und lehnte

sich gegen die Werkbank. »Sheriff, es gibt da etwas, was ich Sie fragen möchte. Ich hab' bisher nicht gefragt.«

»Worum geht's?«

»Warum haben Sie Milt Woodman rausgeschmissen?«

»Macht er Scherereien?«

»Nein, eigentlich nicht. Ich glaube, ich bin nur neugierig.«

»Schon gut. Es gibt keinen Grund, warum ich's Ihnen nicht erzählen sollte. Er pflegte zum anderen Ende des Sees zu fahren und den Wagen zwischen dem Gebüsch zu parken. Dann nahm er sich irgendein Mädchen mit in eins der Sommerhäuschen und verbrachte die halbe Nacht mit ihr. Ich konnte es nicht dulden, daß das so weiterging. Der Schwachkopf sollte die Häuser bewachen und sie nicht für seine privaten Partys benutzen.«

»Er ist wohl ein ganz schöner Draufgänger, wie?«

Dade nickte mürrisch. »Das war er schon immer. Er ist einfach ein Tunichtgut. Ich hätte ihn niemals einstellen sollen.«

Sie gingen wieder nach oben zu den Damen. Kein weiteres Wort über Woodmans Aktivitäten wurde gesprochen, doch als Kendell in der nächsten Nacht auf Streife war, entdeckte er ihn wieder im »Blauen Zebra«. Er wartete unten an der Straße, bis Woodman auftauchte, dann folgte er ihm um die Kurve bis zu der Stelle, an der er in der vergangenen Woche verschwunden war. Jawohl, er war in einen der steilen Zufahrtswege eingebogen, die zu den Sommerhäusern am Strand führten. Jeweils zwei Häuser besaßen eine Zufahrt, und so hatte Kendell den Ort auf eins von zwei Häusern eingeengt. Beide waren großzügig angelegt und stammten aus der Zeit, als Wagon Lake noch eine Sommerfrische für die ganz Reichen war.

Er rauchte eine Zigarette und versuchte zu entscheiden, was er tun sollte. Es war seine Pflicht, Leute von den Sommerhäusern fernzuhalten, doch aus irgendeinem Grund war er noch nicht bereit, Milt Woodman herauszufordern. Vielleicht wußte er, daß der Mann sich niemals willig seinen Anordnungen fügen würde. Vielleicht wußte er auch, daß er ein weiteres Mal die Waffe an seiner Hüfte würde benutzen müssen.

So unternahm er in dieser Nacht nichts wegen Milt Woodman.

Am nächsten Tag gab ihm Sheriff Dade eine hektographierte Liste. »Ich habe ein neues Verzeichnis von Namen und Adressen in der Stadt angelegt. Alle die Häuser samt den Telefonnummern der Bars und einiger anderer Plätze, die Sie kontrollieren, sind aufgeführt. Vielleicht sollten Sie es Ihrer Frau geben, falls sie Sie in der Nacht erreichen möchte.« Dade sprach von Sandy immer als Kendells Frau, obwohl er die Wahrheit wissen mußte. »Sie wohnen immer noch in dem Motel, nicht wahr?«

»Noch eine Weile«, erwiderte Kendell ausweichend.

Dade knurrte. »Haben Sie was von Woodman gesehen?«

»Vergangene Nacht hab' ich ihn mal kurz gesichtet. Ich hab' nicht mit ihm gesprochen.«

Der Sheriff nickte und sagte nichts weiter.

Am nächsten Abend, als Johnny sich für seine Arbeit fertigmachte, schien Sandy zurückhaltender als je zuvor.

»Was ist denn los?« fragte er schließlich.

»Ach, ich glaube, ich hab' einfach einen harten Tag gehabt. Die ganzen Wochenendeinkäufe fangen immer schon donnerstags an.«

»War dieser Kerl wieder da? Der eine, mit dem ich dich neulich reden sah?«

»Ich sagte dir doch, daß er häufig kommt. Warum?«

»Sandy –« Er ging auf sie zu, doch sie wandte sich ab.

»Johnny, du bist ganz verändert. Seit du den Mann getötet hast, bist du wie ein Fremder. Ich dachte, daß du die Sache wirklich bedauerst, aber nun hast du diese Tätigkeit übernommen, damit du wieder einen Revolver tragen kannst.«

»Ich hab' ihn ja noch kein einziges Mal aus dem Halfter genommen!«

»Noch nicht.«

»Schon gut«, sagte er endlich. »Es tut mir leid, daß du's so siehst. Wir sehen uns dann am Morgen.« Er ging hinaus, und deutlich nahm er das Gewicht des Revolvers an seiner Hüfte wahr.

Die Nacht war kalt, und wieder lag der Geruch von Schnee in der Luft. Er fuhr schneller als gewöhnlich und schaffte die Runde um den See in fünfzehn Minuten. Kaum achtete er auf die überfüllten Parkplätze entlang seiner Strecke. Der Wortwechsel mit Sandy hatte ihn mehr beunruhigt, als er sich eingestehen wollte. Auf der zweiten Runde um den See versuchte er, Woodmans Wagen auszumachen, konnte ihn jedoch nirgends entdecken. Oder war das Auto drunten bei einem von den Sommerhäusern versteckt?

Wieder dachte er an Sandy.

Gegen Mitternacht, als der Mond immer wieder hinter den Wolken auftauchte und sich in dem gefrorenen See spiegelte, fuhr Johnny zwischen seinen Streifenfahrten in die Stadt. Viel Zeit blieb nicht, und so ging er direkt zum Motel. Sandys Zimmer war leer, das Bett glatt und unberührt.

Er fuhr zurück zum See, und diesmal suchte er in den Häusern, von denen er wußte, daß Woodman sie benutzte, nach Licht. Doch alles schien dunkel und verlassen. Auch im ›Blauen Zebra‹ sah er keine vertrauten Gesichter. Er nahm einen Drink vom Geschäftsführer an, lehnte sich an die Theke und trank langsam. Seine Stimmung verschlechterte sich zusehends, und als ein College-Schüler hereinkam und einen Drink für sein Mädchen kaufen wollte, jagte ihn Kendell hinaus, weil er noch minderjährig war. So etwas hatte er nie zuvor getan.

Später, gegen zwei Uhr, als er ein weiteres Paar in einem weiter unten geparkten Wagen überprüfte, sah er Woodmans wohlvertrauten Wagen vorbeischießen. Auf dem Beifahrersitz saß ein Mädchen, die Haare unter einem Schal verborgen. Kendell stieß langsam die Luft aus. Wenn das Sandy war, dachte er bei sich, dann würde er sie wohl umbringen.

»Wo warst du vergangene Nacht?« fragte er am Morgen und versuchte, seiner Stimme einen beiläufigen Klang zu geben. »Ich hab' gegen Mitternacht einmal hereingeschaut.«

»Ich habe mir einen Spätfilm angeschaut.«

»Wo denn?«

Sie zündete sich eine Zigarette an und wandte sich halb von ihm ab, ehe sie antwortete. »Ich krieg's einfach über, jeden Abend hier allein rumzusitzen. Kannst du das denn nicht verstehen?«

»Ich verstehe das sehr wohl«, sagte er.

Am späten Nachmittag, als die winterliche Dunkelheit sich schon über Stadt und See gesenkt hatte, verließ er frühzeitig sein Zimmer und fuhr zu den alten Sommerhäusern jenseits des »Blauen Zebra« hinaus. Er parkte abseits der Straße an dem versteckten Fleck, den Woodman benutzte, wie ihm bekannt war.

Er näherte sich dem vorderen der Häuser, an dem er jedoch nichts Ungewöhnliches und keinerlei Anzeichen für unbefugtes Eindringen bemerkte. Nun wandte er seine Aufmerksamkeit dem Haus auf der anderen Seite der Zufahrt zu, entdeckte hier auf der dem See zugewandten Seite ein entriegeltes Fenster und stieg ein.

Das Haus war wie ein feudaler Landsitz ausgestattet. Große weiße Tücher waren über die Möbel gebreitet, um sie vor dem Staub des Winters zu schützen. Noch nie hatte er ein so großartig eingerichtetes Sommerhaus gesehen, aber er war nicht gekommen, um Möbel zu besichtigen. Im Schlafzimmer oben fand er, was er suchte. Man hatte einen Versuch unternommen, die Bierflaschen zu einem ordentlichen Stapel zusammenzutragen, sich aber keine Mühe gegeben, die Bettücher wieder glattzustreichen.

Er schaute in den Aschenbecher und erblickte Sandys Marke. Nun ja, versuchte er sich einzureden, das bewies noch gar nichts, jedenfalls nicht sicher. Dann sah er auf dem Boden ein Papierknäuel, das sie zum Abtupfen des Lippenstifts benutzt hatte. Er strich es glatt, von dumpfer Ahnung erfüllt und doch gewiß, was er finden würde: Die hektographierte Liste, die Sheriff Dade ihm erst vor zwei Tagen gegeben und die Sandy in ihre Tasche gesteckt hatte.

Nun wußte er Bescheid.

Er ließ alles, wie er es vorgefunden hatte, und stieg durch das Fenster hinaus. Selbst Woodman würde es nicht wagen, eine solche Unordnung für längere Zeit zu hinterlassen. Er hatte also vor, wiederzukommen, und zwar bald, vielleicht noch in dieser Nacht. Gewiß würde er auch kein anderes Mädchen mitbringen, ehe er noch das Durcheinander von seinem Tête-à-Tête mit der vorigen Freundin beseitigt hatte. Nein, seine Begleiterin würde abermals Sandy sein.

Kendell fuhr zum ›Blauen Zebra‹ und stürzte zwei Drinks hinunter, ehe er mit seinen Streifenfahrten begann. Als er den See umrundete, hielt er besonders nach Woodmans Wagen Ausschau. Um Mitternacht kehrte er in die Bar zurück und erkundigte sich beim Geschäftsführer, ob Woodman an diesem Abend dagewesen sei.

»Woodman? Doch, ja, er hat mal kurz reingeschaut und Zigaretten und Bier geholt.«

»Danke.«

Kendell ging zur Telefonzelle und rief im Motel an. Sandy war nicht in ihrem Zimmer. Er verließ die Bar und fuhr die Straße hinab an dem Haus vorbei. Lichter waren nicht zu sehen, doch entdeckte er Woodmans Wagen an der üblichen Stelle. Sie waren also tatsächlich gekommen.

Er parkte weiter unten an der Straße, blieb lange Zeit im Auto sitzen und rauchte. Auf einmal nahm er den .38er aus dem Halfter und sah nach, ob er geladen war. Dann fuhr er zum ›Blauen Zebra‹ zurück und kippte noch zwei Drinks in sich hinein.

Als er zum Sommerhaus zurückkam,stand Woodmans Wagen immer noch an der gleichen Stelle. Kendell ging zur Vorderfront und öffnete leise das Fenster. Während er die Treppe hinaufging, hörte er die gedämpften, flüsternden Stimmen.

Die Tür zum Schlafzimmer stand offen, und er blieb einen Augenblick im Flur stehen, um seine Augen an das Dunkel zu gewöhnen. Sie hatten ihn nicht kommen hören.

»Woodman«, sagte er.

Beim Klang seines Namens fuhr der Mann hoch und stand fluchend vom Bett auf: »Was zum Teufel!«

Kendell gab beim Laut der Stimme einen Schuß ab, hörte den Entsetzensschrei des Mädchens und feuerte weiter. Er ließ den Finger nicht vom Abzug, denn diesmal war kein Sergeant Racin da, der ihm den Revolver aus der Hand schlug. Diesmal hielt ihn nichts ab, alle sechs Schuß auf die Gestalt im Bett abzugeben.

Dann ließ er die Waffe zu Boden fallen und zündete ein Streichholz an. Milt Woodman lag auf dem Boden ausgestreckt, um seinen Kopf bildete sich langsam eine Blutlache. Der Körper des Mädchens befand sich noch unter dem Laken. Vorsichtig näherte er sich ihr.

Es war nicht Sandy.

Es war Mrs. Dade, die Frau des Sheriffs.

Er wußte, daß sie ihm diesmal dicht auf den Fersen wären. Diesmal gab es keine andere Stadt, kein neues Leben.

Doch er mußte weiter, immer weiter laufen.

›Off Season‹. *The Alfred Hitchcock Hour,* 10. Mai 1965. Regie William Friedkin. Fernsehspiel von Robert Bloch nach Edward D. Hochs Kurzgeschichte ›Winter Run‹ (*Alfred Hitchcock's Mystery Magazine,* Januar 1965). Mit John Gavin (Johnny Kendell), Indus Arthur (Sandy), Tom Drake (Sheriff Dade).

›Winter Run‹, das in der Fernsehfassung den Titel ›Off Season‹ erhielt, bildete den Abschluß der neuen Show im Rahmen von *The Alfred Hitchcock Hour,* ehe die Serie auslief. Es war die erste Geschichte von mir, die für das Fernsehen übernommen wurde. Diese Aussicht beglückte mich so, daß ich mir die Aufführung völlig unkritisch ansah und nicht einmal auf eine geringfügige Veränderung der Schlußszene achtete. Immerhin stammte das Drehbuch von Robert Bloch, einem der Spitzenautoren in diesem Geschäft. Ich erinnere mich jedoch, daß ich Bloch ein oder zwei Jahre später in New York auf einer Party traf; dabei erzählte er mir, sein ursprüngliches Manuskript hätte sich sehr genau an meine Vorlage gehalten. Er gab dem Regisseur die Schuld an einigen Änderungen in letzter Minute. Wie immer die Umstände sein mochten, das Endresultat gefiel mir recht gut.

Edward D. Hoch

Quellennachweis

›And So Died Riabouchinska‹ by Ray Bradbury. Copyright © 1953; copyright renewed 1981 by Ray Bradbury. Reprinted by permission of Don Congdon Associates, Inc.

›The Orderly World of Mr. Appleby‹ by Stanley Ellin. Copyright © 1950; copyright renewed 1978 by Stanley Ellin. Reprinted by permission of Curtis Brown, Ltd.

›Momentum‹ by Cornell Woolrich. Copyright © 1940 by Cornell Woolrich. Reprinted by permission of the agents for the author's estate, Scott Meredith Literary Agency, Inc., 845 Third Avenue, New York, New York 10022.

›The Better Bargain‹ by Richard Deming. Copyright © 1956 by Richard Deming. Reprinted by permission of the agents for the author's estate, Scott Meredith Literary Agency, Inc., 845 Third Avenue, New York, New York 10022.

›The Dangerous People‹ by Fredric Brown. Copyright © 1945 by Fredric Brown. Reprinted by permission of International Creative Management.

›Enough Rope for Two‹ by Clark Howard. Copyright © 1957. Reprinted by permission of the author.

›Suburban Tigress‹ by Lawrence Treat. Copyright © 1970 by Mystery Writers of America, Inc. Reprinted by permission of the author.

›The Day of the Execution‹ by Henry Slesar. Copyright © 1957 by H.S.D. Publications, Inc. Reprinted by permission of the author.

›The $ 2 000 000 Defense‹ by Harold Q. Masur. Copyright © 1958 by Harold Q. Masur. Reprinted by permission of the author.

›The Dusty Drawer‹ by Harry Muheim. Copyright © 1952 by Harry Muheim. Reprinted by permission of the author.

BASTEI LÜBBE Paperback

Isaac Asimov
Best of Asimov

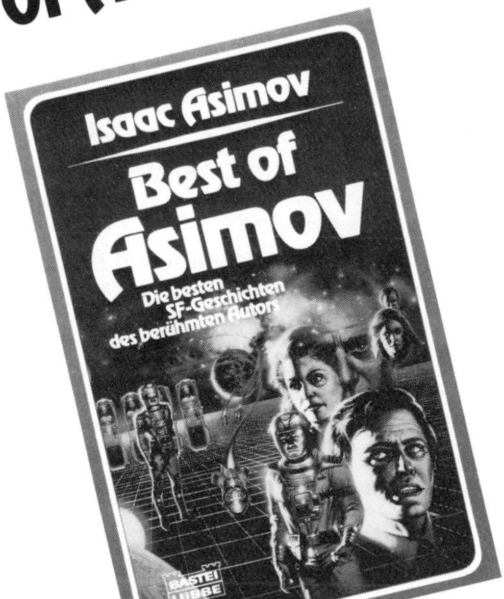

Band 28113

„Isaac Asimov gehört zu den fleißigsten Schriftstellern der Menschheitsgeschichte. Er hat soviel veröffentlicht, daß einige Rezensenten glauben, sein Name müsse ein Pseudonym sein, unter dem eine ganze Gruppe von Schriftstellern ihre Ideen vereinigte. Vor zwanzig Jahren kannte man außerhalb der Science Fiction nicht einmal seinen Namen. Heute steht er auf über zweihundert Büchern, und dazu kommen noch soviele Kurzgeschichten und Essays, daß eine komplette Bibliographie seiner Veröffentlichungen nicht existiert".

CHARLES PLATT in »Gestalter der Zukunft«